어떻게 말해야
사람의 마음을 얻는가

일러두기
- 이 책은 국립국어원 표준국어대사전의 표기법을 따랐다.
- 용어의 원어는 첨자로 병기하였으며, 독자의 이해를 돕기 위한 옮긴이 주는 괄호에 '옮긴이'로 표기하였다.
- 국내 번역 출간된 책은 한국어판 제목으로 표기하였으며, 미출간 도서는 원어를 병기하였다.

TALK: The Science of Conversation and the Art of Being Ourselves
Copyright ⓒ 2025 Alison Wood Brooks
All rights reserved.

Korean translation copyright ⓒ 2025 by Woongjin Think Big Co., Ltd.
Korean translation rights arranged with Park, Fine & Brower Literary Management
through DANNY HONG AGENCY

이 책의 한국어판 저작권은 DANNY HONG AGENCY를 통해
Park, Fine & Brower Literary Management와 독점 계약한 주식회사 웅진씽크빅이 소유합니다.
저작권법에 의하여 한국 내에서 보호를 받는 저작물이므로 무단 전재 및 복제를 금합니다.

어떻게 말해야 사람의 마음을 얻는가

ALISON WOOD BROOKS

결국 목적을 달성하는 과학적 대화의 법칙

앨리슨 우드 브룩스 지음 | 이수경 옮김

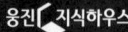

추천의 글

말을 해도 될까, 언제 어떻게 말할까. 우리는 매 순간 망설인다. 자칫 말실수 때문에 갈등을 만들고 일에 차질을 빚을까 두렵기 때문이다. 내 사람을 얻는 대화, 마음을 여는 대화, 멀어진 관계를 복원하는 대화. 이런 대화를 원한다면 앨리슨 우드 브룩스의 조언에 귀 기울여보기를 권한다. 성공적인 대화를 위한 네 가지 과학적 원칙을 제시하는 이 책과 함께라면 일상이 편안해지고 일은 수월해질 것이다.
— 이금희(방송인)

'진심이면 통한다'는 말은 매력적이지만, 삶은 그리 단순하지 않다. 서로 다른 가치와 의견이 충돌하며 진정성만으로 해결되지 않는 순간이 반드시 찾아온다. 마음을 얻는 길을 '감성'에 두는 접근과 달리, 이 책은 다른 길을 제안한다. 저자에 따르면 마음은 '로직'을 통해 비로소 안정된다. 감정의 공감이 순간의 징검다리를 놓는다면, 논리적 대화는 오래 버틸 수 있는 대교를 세운다. 이 책을 통해 새로운 대화의 지도를 손에 넣기를 바란다.
— 오상진(아나운서)

이 책을 읽는 것은 세계 최고의 대화 전문가와 마주 앉아 대화를 나누는 것과 같다. 앨리슨 우드 브룩스는 이 분야의 세계적인 권위자로서 대화의 과학을 최고의 따뜻함과 공감, 그리고 기쁨으로 생생하게 전달한다. 내가 아는 모든 이들에게 내 대화의 수준을 한 단계 끌어 올려준 이 책을 추천한다.
— 엔절라 더크워스(펜실베이니아대학교 심리학과 교수, 『그릿』 저자)

행동과학 분야의 슈퍼스타 중 한 명인 앨리슨 우드 브룩스는 더욱 생산적이고 흥미로우며 인간적인 대화를 나누는 방법을 가르쳐준다. 과학적 근거를 바탕으로 한 유머 넘치는 이 책은 매력적이고 통찰력 있는 이야기로 가득하다. 이 책은 이미 현대의 고전으로 자리매김했다.
— 이선 크로스(미시간대학교 심리학과 교수, 『채터, 당신 안의 훼방꾼』 저자)

명확하고, 생동감 넘치며, 놀라울 정도로 유용한 안내서. 당신이 가진 가장 중요한 기술을 향상시켜주는 필수적인 책. 앨리슨 우드 브룩스는 풍부한 통찰과 실용적인 도구, 검증된 모델을 제공해, 당신이 더 나은 리더 혹은 팀원, 부모, 배우자, 그리고 친구로 거듭나도록 돕는다.
— 대니얼 코일(저널리스트, 『탤런트 코드』 저자)

현대사회에서 많은 이들이 잃어버린 예술 중 하나가 '대화'다. 앨리슨 우드 브룩스의 이 책이 그 해결책을 제시한다. 이 책과 함께라면 분명 당신의 삶은 개선될 것이다.
— 아서 브룩스(하버드 비즈니스 스쿨 교수, 『우리가 결정한 행복』 저자)

철저한 증거 기반으로 작성된, 이 분야의 리더가 쓴 책. 게다가 읽는 즐거움까지 주니 그야말로 완벽한 조합이다. — 에밀리 오스터(브라운대학교 경제학과 교수)

좀처럼 만나기 어려운 즐거움을 선사하는 책이다. 똑똑하고, 통찰력 있으며, 즉시 쓸모 있고, 읽는 즐거움이 넘친다. 주위 모든 이들에게 바로 적용할 수 있는 새로운 아이디어들로 가득하다. 이 책은 '진정한 대화'가 무엇인지에 대한 우리의 생각을 바꿔놓았다.
— 샤일라 힌·더그 스톤(베스트셀러 『어려운 대화Difficult Conversations』 공동 저자)

주목받는 법, 더 잘 듣는 법, 어색한 잡담을 피하는 법, 그리고 타인과 잘 지내는 비결을 알고 싶은 이들에게 이 책을 추천한다. 한 번이라도 입을 열어 무언가를 말해본 적이 있다면, 이 책은 당신을 위한 것이다. — 비앙카 보스커(저널리스트, 《뉴욕 타임스》 베스트셀러 작가)

앨리슨 우드 브룩스는 누구나 편안하게 읽을 수 있는 문체로 대화의 본질을 날카롭게 포착한다. 그렇듯, 대화는 복잡하고, 좋은 대화는 그보다 더 복잡하다. —《뉴욕 타임스》

이미 전문가인 사람은 물론, 대화 분석이라는 학문 분야가 있다는 사실조차 몰랐던 사람까지 모두 사로잡을 것이다. —《북리스트》

이 책이 인간 커뮤니케이션의 몇 가지 신비를 풀어냈다. —《퍼블리셔스 위클리》

대화를 완전히 다른 시각으로 바라보게 해준 책. 인간은 대화로 서로 연결될 수 있지만, 우리는 이 주제에 대해 거의 노력을 기울이지 않는다. 앨리슨 우드 브룩스는 단순하면서도 매력적인 방식으로 더욱 흥미롭게 대화에 접근하도록 돕는다. — 아마존 리뷰

나의 쌍둥이 자매, 세라에게 바칩니다.

차례

추천의 글 4

강의를 시작하며 | 우리는 대화를 더 잘하는 법을 배울 수 있다 12

제1강 : 대화의 원칙을 파고들기 전에

칸트의 품위 있는 대화에 대하여 38 | 대화는 조정 게임이다 42
이 시대의 대화 49 | 말은 행위를 동반한다 51 | 그라이스 대화의 격률 58
엿듣기의 역사 61 | 핵심은 TALK 원칙이다 65

제2강 : 첫 번째 원칙, 'T'는 주제(Topics)다

주제, 대화라는 건축물을 짓는 벽돌 76 | 좋은 대화 주제가 따로 있을까 79
주제도 관리가 필요하다 82 | 성공하려면 미리 준비하라 82 | 미리 생각하기 88
스몰 토크의 힘 89 | 보물을 찾아 나서자 96
주제 피라미드의 어디에 이를 것인가 98 | 대화 주제를 자주 바꿔야 하는 이유 104
전환할 타이밍을 간파하라 109
대화의 질은 주제에 달려 있지 않다 113

제3강: 두 번째 원칙, 'A'는 질문하기(Asking)다

오로지 인간만이 질문을 한다 129 | 호감을 높이는 질문의 힘 130
ZQ가 되지 마라 132 | 민감한 질문을 해도 될까 135 | 언제나 맥락이 중요하다 137
질문에도 종류가 있다 141 | 후속 질문은 우리를 어디로 데려가는가 148
후속 질문의 달인들 150 | 질문의 개수도 전략적으로 153
부정적 결과를 가져오는 질문 패턴들 157 | 열린 질문과 닫힌 질문 162
질문은 대화라는 바퀴를 굴리는 동력 164

제4강: 세 번째 원칙, 'L'은 가벼움(Levity)이다

가벼움의 기술 178 | 가벼움이 가져오는 다양한 이로움 182
우리는 왜 웃음을 잃어버렸나 185 | 유머, 실패해도 좋다 187
유머라고 다 같은 유머가 아니다 190 | 자기 비하적 유머도 괜찮을까 192
웃음은 다양한 이익을 가져다준다 200 | 웃는 데 망설일 필요가 없다 207
제대로 된 칭찬에는 힘이 있다 209 | 후회 없는 삶을 위하여 213

제5강: 네 번째 원칙, 'K'는 배려(Kindness)다

타인의 필요와 욕구에서 출발하라 225 | 배려에도 노력이 필요하다 228
어떻게 존중의 언어를 사용할 것인가 233 | 무례함도 전염된다 241
말하는 것만큼 듣는 것도 중요하다 245 | 당신은 얼마나 경청하는가 247
추임새 피드백 249 | 가짜 추임새는 독이 된다 251 | 반응하며 듣기의 도구들 253
적극적인 반응이 주는 효과 255 | 존과 클레어의 대화 실험 257

쉬어 가기 264

제6강: 그룹 대화를 성공적으로 이끄는 방법

집단 대화에 따르는 문제 272 | 대화에서 암묵적 지위의 위력 276
발언권 확보가 관건이다 278 | 지위에 대한 사례 연구 280
지위가 높은 자의 포용 284 | 어느 가족의 품격 있는 크리스마스 297
무질서를 막는 것도 능력이다 301 | 질서를 부여하라 302
때로는 질서를 때로는 여유를 307 | 집단 대화, 혼란스럽지만 즐겁지 않은가 309

제7강: 갈등과 균열을 넘는 대화의 기술

어려운 대화 317 | 우리는 여러 차원에서 서로 다르다 320
의견이 충돌할 때 뇌에서 일어나는 일 324 | TALK 원칙으로 문제를 돌파하다 325
'다름'을 대하는 열린 태도 328 | 수용하는 마인드셋 338
다름을 넘어서는 대화 342 | 타인의 입장에서 바라보기 347
타인의 관점을 파악하기 351 | 대화가 과열될 때 354
갈등과 긴장감을 해소한 사례 361

제8강 : 끊어진 관계를 되살리는 사과의 힘

신뢰를 회복하는 방법 376 | 사과, 선택인가 필수인가 382
제대로 된 사과는 마음을 움직인다 386 | 역사상 최악의 사과 388
사과, 그리고 변화하겠다는 약속 394 | 사과에도 타이밍이 있다 400
마지막 과제 406 | 관계는 회복될 수 있다 412

강의를 끝내며 | 대화의 빛을 밝혀라 416

특강 | TALK 원칙의 올바른 실행 424

대화에 대해 새겨볼 만한 명언 442

감사의 글 446

주 452

찾아보기 480

강의를 시작하며

우리는 대화를 더 잘하는 법을
배울 수 있다

오래전 어느 날 우리 집 셋째 샬럿이 처음으로 "사랑해Love you"라고 말하며 내 코끝을 핥았다. 장난꾸러기 두 오빠 뒤를 항상 졸졸 쫓아다니는 사랑스럽고 산만한 딸아이였다. 순간 말할 수 없는 행복감으로 가슴이 저릿했다. 감정이라곤 메말랐을 것 같은 진지한 학자인 나도 그 순간만큼은 눈에 눈물이 그렁그렁했다. 15개월 동안 젖 먹이고, 어르고, 노래해주고, 노력하고, 웃고, 절망하고, (대부분은) 속으로 비명을 지르며 키운 작고 예쁜 녀석의 입에서 "사랑해"라는 말이 나오다니. 정말 기적 같았다. 육아 일기에 꼭 적어야 할 사건이었다. 가슴 따뜻한 동화에 나와도 어울릴 법한 순간이었다.

그런데 샬럿을 아기 침대에 눕혀 재우고 조용히 방문을 닫은 뒤 복도를 살금살금 걸어가다 불현듯 깨달았다. 딸아이가 한 말이 "핥을래Lick you"였다는 사실을 말이다. 그렇게 말하고 나서 딸아이는 내 코끝을 핥았다.

잘잘못을 따지는 일은 제쳐두자. 이것은 분명히 발음이 부정확한 샬럿 탓이었으니 말이다. 이런 오해는 이제 막 말을 배우는 아기와 대화할 때만 생기는 것이 아니다. 대화라는 행위는 늘 우리의 불완전함과 한계를 드러낸다. 아이도 어른도 마찬가지다. 우리는 대화를 통해 뭔가 배우거나 즐거움을 느끼거나 발전하거나 교감하고 싶어 하지만 실제로는 어색한 기분이나 불편함, 긴장감, 따분함을 맞닥뜨리곤 한다.

그리고 반드시 잘못 알아듣는 것 때문에 문제가 생기는 것도 아니다. '핥을래' 사건이 일어나기 몇 년 전, 시내에 있는 세련된 식당에서 친구를 만나 저녁으로 만두를 먹으며 이야기를 나눴다. 그날 나는 용기를 내서 그녀의 남자 친구가 정말 좋은 짝인지 확신이 들지 않는다고 말했다. 1년 전쯤부터 해온 생각이었다. 그녀는 인품도 능력도 너무나 멋진 데 비해 남자 친구는 그저 그렇다고 내 생각을 솔직히 말했다. 친구의 행복과 미래가 걱정됐다. 친구는 내 의견을 고맙게 받아들였다. 크게 놀란 것 같지 않았고, 내 의견에 귀 기울이며 적극적으로 대화를 나눴다. 그러다 친구의 눈에 눈물이 살짝 고이는 듯한 기미가 느껴져 얼른 다른 화제로 넘어갔다. 나는 그녀가 내 의견을 충분히 이해했다고 생각했기에 그 이야기를 더는 하지 않았다.

이틀 뒤 친구에게 문자메시지가 왔다. 순간 이런 생각이 스쳤다. '나와 이야기를 더 나누고 싶은 걸까? 남자 친구 때문에 힘든 점이나 실은 자신도 남자 친구와 계속 만날지 망설여진다는 사실을 솔직하게 털어놓고 싶은 걸까?' 아니었다. 메시지에는 햇빛을 받아 반짝이는 다이아몬드 반지 사진이 첨부돼 있었다. 사진 속 손이 친구의 손이라는 것을 금방 알아볼 수 있었다. 이틀 전 함께 만두를 먹은 날 본, 친구 손톱에 칠해진 빨간색 매니큐어 때문이었다. 남자 친구가 청혼했고, 그녀는 청혼을 받아들인 것이다.

나는 그날 우리의 대화가 순조롭게 진행됐다고 믿었고 용기를 내서 조언했다는 사실이 내심 뿌듯했지만 사실은 친구에게 전혀 도움이 되지 않았던 것이다. 게다가 나는 단순히 친구의 말을 잘못 알아들은 것이 아니라 그녀를 완전히 잘못 이해했다. 수심 어린 표정으로 조용히 귀 기울이는 친구가 내 조언을 고맙게 받아들이고 있다고, 그녀 역시 남자 친구에 대해 확신하지 못한다는 속내를 금방이라도 털어놓으리라고 믿었다. 하지만 사실 그녀는 이미 반지도 골라놓은 상태였고, 눈앞의 친구가 엉뚱한 조언을 하고 있다는 사실을 어떻게 말해줘야 할지 몰랐던 것이다.

나는 다이아몬드 반지 사진에 곧장 답장을 보냈다. '와! 남자 친구 센스 대박이네! 반지 너무 예쁘다, 꼭 너처럼. 네가 정말로 행복했으면 좋겠어.' 마음속으로는 이틀 전에 한 엉뚱한 조언이 내 호들갑스러운 반응에 묻혀 지워지길 바랐다. 내가 부적절한 타이밍에 부적절한 대화 주제를 꺼냈다는 사실을, 그리고 그녀의 신호를 잘못 해석했다는 사실을 그녀가 잊어버리길 바랐다.

• • •

어떤 대화를 할 때든 우리는 작은 결정을 수없이 내린다. 무슨 말을 할지, 어떻게 말할지, 언제 말할지 순간순간 판단해 선택한다. 어떤 결정은 해롭지 않지만 어떤 결정은 그렇지 않다. 아주 평범한 결정이나 좋은 의도로 내린 매우 합리적인 결정도 문제를 일으킬 수 있다. 그 결과 인간관계에 작은 균열이 생기거나 사이가 완전히 틀어진다. 때로 우리는 자신이 한 말이 대화 또는 상대방과의 관계에 부정적 영향을 미쳤다는 사실을 깨닫는다. 하지만 때로는 뭔가 잘못됐다는 사실을 인지하지 못하거나 왜 잘못됐는지 알지 못한다. 별것 아닌 사소한 문제는 순식간에 지나가기도 한다. 그러나 경우에 따라서는 대화 도중 일어난 실수나 오해가 중요한 결과를 불러온다. 즉 불안해지거나, 혼란에 빠지거나, 관계가 거북해지거나, 적대감이 생기거나, 우울해지거나, 마음에 깊은 상처를 입는다.

대화는 우리 일상에서 떼어놓을 수 없는 일부다. 우리는 '항상' 대화를 한다. 그럼에도 대화만큼 어렵고 리스크가 큰 행위도 없다. 사실 인간의 모든 행위 중 대화만큼 복잡함과 불확실성이 수반되는 것도 흔치 않다. 그것은 우리의 가장 큰 인지적 노력이 요구되는 행동 중 하나다. 그럴 수밖에 없는 두 가지 중요한 이유가 있다. 바로 '맥락context'과 '목적purposes'이다.

맥락 아리아나 그란데Ariana Grande는 2020년 〈포지션스Positions〉의 뮤직비디오에서 미국 대통령으로 등장한다. 영상에서는 그녀를 둘러싼 상황이 계속 바뀐다. 그녀가 백악관 집무실에서 전화 통화를 하는 동안 보좌관이 그녀의 귀에 뭔가 속삭인다. 금세 바뀐 화면 속에서는 중요한 문제를 두고 격렬히 토론하는 세계 지도자들과 함께 회의실에 앉아 있다. 그다음엔 공보관과 보좌관을 뒤에 세워둔 채 브리핑 룸 연단에 올라 기자들을 향해 이야기한다. 잠시 후엔 강아지들을 데리고 백악관 앞 눈 덮인 잔디밭을 가로질러 걸어간다. 이런 빠른 장면 전환은 우리 삶에서 대화가 이루어지는 맥락의 변화와 비슷하다. 함께 있는 사람, 대화 주제, 대화가 일어나는 장소와 시간, 대화하는 이유, 말하는 방식 등 우리를 둘러싼 온갖 요소가 빠르게 바뀌곤 한다. 대화 도중 일어나는 작은 변화도 중요한 영향을 미친다. 예컨대 누군가가 의자를 가까이 끌어당겨 앉거나, 음악을 틀거나, 보드게임을 꺼내거나, 조명을 어둑하게 낮추거나, 밖으로 나가거나, 화제를 바꾸는 것 등이다. 그리고 맥락에 변화가 생길 때마다 우리는 거기에 맞춰 순간순간 민첩하게 자신을 조정해야 한다. 즉 분위기를 읽고 가장 적절한 언행을 보여야 한다.

목적 끊임없이 변화하는 대화의 맥락에서 매우 까다로운 점 중 하나는 사람들의 우선순위가 저마다 다르고 종종 충돌한다는 것이다. 대화의 목적, 즉 대화에 참여하는 이유는 대단히 다양하고 복잡하다. 우리는 속상해하는 친구의 이야기를 들어주고 싶어서, 낮은 임금에 항의하기 위해, 새로운 정보를 알고 싶어서, 조언을 해주려고, 상대방의 생각을 알기 위해, 즐거운 시간을 보내려고, 속에 쌓인 감정을 분출하기 위해, 또는 우리 자신이나 다른 사람을 위해 어떤 행동을 하도록 상대방을 설득하기 위해 대화한다. 때로는 같은 대화에서도 여러 목적이 부딪히고, 때로는 우리가 지닌 목적을 인식하지 못하는 경우도 있다. 예를 들어 당신이 직원과 의논해 사무실 벽에 걸 그림을 고른다고 치자. 그저 사무실에 잘 어울리는 멋진 그림을 결정하는 단순한 대화 같지만, 당신 내면에서는 다른 중요한 동기가 작동할 수 있다. 예술 작품에 대해 잘 아는 사람처럼 보이고 싶다든지, 직원은 멋지다고 하지만 당신이 보기에는 괴상한 그림을 선택하고 싶지 않다든지 하는 것 등이다. 이런 간단한 대화에서조차 상대방 역시 나름의 목적과 동기가 있기 때문에 우리는 그것을 파악하고 조율 지점을 찾아야 한다.

본질적으로 대화는 다양한 필요와 욕구가 작동하는 가운데 이뤄지는 지속적인 협업 행위다. 맥락 변화에 따라 대화 참여자 사이에 끊임없이 미세한 결정이 미묘하게 조율된다. 우리는 하루에도 수없이 많은 대화를 한다. 그러니 '당연히' 대화 전문가일 것 같지만 실제로는 아마추어에 불과하다.

그러나 좋은 소식이 있다! 우리는 대화를 더 잘하는 법을 배울 수 있다. 맥락을 정확히 판단해 그에 맞게 자신을 조정하는 능력을 키울 수 있다. 우리의 목적을, 그리고 그 목적이 우리의 말과 행동에 영향을 미치는 방식을 의식하며 대화할 수 있다. 무엇보다 반가운 사실은 대화 능력이 '조금만' 향상돼도 삶에 '큰' 변화가 찾아온다는 점이다. 가까운 주변 사람이나 친구와의 관계도, 당신이 타인에게 주는 인상도, 직업적 성공도, 당신이 세상이 미치는 영향도 크게 달라질 것이다.

이 책이 파티에서 재치 있게 맞받아치며 멋지게 대화를 이어가는 법을 가르쳐줄까? 판단력이 빠르고 공감 능력도 뛰어난 리더가 되는 전략을 알려줄까? 데이트 상대를 사로잡는 대화 전술을 알려줄까? 물론이다! 하지만 당신이 상상하는 방식은 아닐 것이다. 특정한 단어나 마법 같은 표현을 구사한다고 해서 대화를 잘할 수 있는 것이 절대 아니다. 훌륭한 대화 능력을 갖추려면 그 이상의 무언가가 필요하다. 우리가 하는 대화의 종류는 너무나 많고 범위도 넓기 때문에 당연히 한 가지 대본이나 방법론을 따를 수 없다. 게다가 대화 상대가 보일 반응도 천차만별이다. 대화를 잘한다는 것은 무엇을 뜻할까? 항상 올바른 단어와 표현을 구사하거나, 정해진 일련의 기술을 활용하거나, 의견 충돌을 피하거나, 균열을 일부러 못 본 척하는 것을 의미하지 않는다. 대화를 잘한다는 것은 문제를 '예상'하고 알아채고 최대한 해결하려 노력하는 것이다. 그리고 이왕이면 즐거움도 느끼고 말이다. 그래야 서로를 이해하려 애쓰면서 대화에 수반되는 미세한 결정을 더 현명하게 내릴 수 있다. 인간관계에서 만나는 어떤 대화 상황에서도 마찬가지다.

• • •

사람들이 대화 기술을 향상시키지 못하는 이유 중 하나는 피드백이 부족하기 때문이다. 내가 아는 한 남자는 자신이 골프 스윙하는 모습을 녹화해 여러 번 돌려 보면서 자세를 교정하기 위해 노력했다. 많은 스포츠에서 으레 그렇듯(고등학교 시절 우리 농구 감독님은 슛 동작을 진단하고 고쳐주는 이른바 '슛 닥터'에게 선수들을 데려갔다) 그는 그 방법이 도움이 된다고 단언했다. 안타깝게도 대화에서는 좀처럼 그럴 수 없다. 누군가와 대화를 시작하기 전에 "나중에 제 실수를 확인해 고치고 싶으니 이 대화를 녹화해도 괜찮을까요?"라고 물어볼 수는 없는 노릇이다. 그러니 우리가 영상통화를 할 때 나르시스로 변해 화면 속 자기 얼굴로 자꾸만 시선이 가는 것이다. 또 어쩌다 영상에 찍힌 자기 자신을 볼 기회가 생기면 거기에 정신없이 빠져드는 동시에 창피하고 당황스러운 감정을 느끼는 이유도 이 때문이다. 만일 대화 도중에 우리의 몸짓과 얼굴 표정을 관찰할 수 있도록 상대방이 거울을 들고 있는다 해도 아마 우리는 편향된 자아 분석에서 벗어나지 못할 것이다. 대개 우리는 자신의 대화 능력이 실제보다 나쁘다고 여기면서 실수했거나 마음에 들지 않는 부분에만 집중하는 경향이 있기 때문이다.

나 역시 친구와 나눈 대화와 관련해 그랬던 것 같다. 나 자신에게 가혹하게 굴면서 필요 이상으로 자책했는지도 모른다. 사실 나는 친구가 그날 어떻게 느꼈는지 알 수 없다. 그날로부터 10년이 넘게 흘렀고, 그동안 다른 주로 이사하고 각자의 일에서 성공과 실패를 경험하고 임신과 유산을 겪는 동안 우리는 그날 내가 했던 지각없는 조언에 대해 한 번도 이야기를 나눈 적이 없다. 어쩌면 친구는 내 말을 진지하게 경청했지만 남자 친구와의 관계를 다시 생각해볼 만큼 마음이 움직인 건 아니었는지도 모른다. 그래서 내가 민망해질까 봐 다시는 그 이야기를 꺼내지 않았을지도 모른다. 아니면 곧 약혼한다는 사실에 마음이 잔뜩 들떠서 나의 바보 같은 말을 듣자마자 그냥 한 귀로 흘려버렸을 수도 있다. 또는 최신 유행 음악이 크게 들려오는 식당에서 마음이 눈앞의 만두가 아니라 다이아몬드 반지에 온통 쏠려 있던 탓에 내 말을 전혀 듣지 않았을지도 모른다.

우리는 자신이 잘하고 있는지 아닌지 알기 어렵다. 대화 상대방이 진심으로 건설적 피드백을 곧장 해주는 경우는 거의 없다. 이런 식으로 말이다. "당신은 화난 사람처럼 보였어요. 그래서 사람들이 불편해한 것 같아요." "네가 갑자기 화제를 바꿔버려서 기분이 나빴어." "네가 내 남자 친구를 마음에 안 든다고 말하는 건 좀 아닌 것 같아. 우리 곧 약혼할 예정이거든." 또 상대방이 이런 긍정적 피드백을 해주는 경우도 별로 없다. "와, 당신의 농담 덕분에 서먹한 분위기가 확 풀렸어요." "당신의 미소에는 전염성이 있어요." 또한 상대방은 우리가 할 수도 있었는데 실제로는 하지 않은 말에 대해서도 당연히 피드백을 줄 수 없다. 우리가 뭘 잘했고 뭘 잘못했는지 모른다면, 그리고 왜 그런지 모른다면 대화 능력을 향상시키기 어렵다.

감사하게도 나는 많은 시간 동안 바로 그런 피드백을 얻는 행운을 누렸다. 언젠가 나는 나 자신이 환경적 지속 가능성과 임팩트 투자를 주제로 업계 전문가 2명과 대화 나누는 모습을 지켜보고 있었다. 나는 검은 바지에 올이 굵은 트위드 재킷을 입었고, 곱슬거리는 머리를 위쪽으로 빗어 올려 고정한 모습이었다. 풍부한 지식과 열정이 있어 보였고 가끔은 꽤 매력적이었다. 나는 업계 전문가인 남성 2명이 대화를 장악하면 약간 짜증이 나는 것 같았다. 하지만 많은 청중이 지켜보고 있음에도 전혀 위축되지 않고 단호하게 의견을 말했다. 나는 미소 지으며 두 사람의 견해를 지지하기도 했다. 그리고 나는 내가 대화 중간에 잠깐 시선을 아래로 던지면서 웃을 때 무슨 생각을 했을지 궁금했다. 그도 그럴 것이, 웃고 있는 그 사람은 사실 '내'가 아니었기 때문이다. 그 사람은 나의 일란성쌍둥이 자매 세라였다.

나는 세상에 태어난 순간부터 나와 똑같이 생긴 누군가가 온갖 종류의 소소한 결정을 내리는 것을 곁에서 지켜봤다. 어릴 적부터 세라는 같은 상황이라면 나도 했을 법한 선택을 하곤 했다. 바나나 대신 사과를 먹었고, 역사 대신 고급 수학을 공부했으며, 선크림 대신 베이비오일을 발랐다(이건 그러지 말았어야 했다). 우리 둘의 선택은 너무나 비슷해서 고등학교 때 시험을 보면 늘 똑같은 점수를 받았다(소름이 끼쳤다). 물론 다른 선택을 할 때도 있었다. 세라는 플루트를 배웠고 나는 오보에를 배웠다. 세라는 컬이 들어간 머리를 좋아했지만 나는 아침마다 스트레이트너로 머리를 폈다. 세라는 3점 슛을 좋아했지만 나는 중거리 점프 슛을 좋아했다. 우리는 우리의 의도와 상관없이 신이 떠맡긴 기이한 자연 실험 같은 성장기를 보냈다(부모님도 느닷없이 찾아온 상황에 놀라기는 마찬가지였다. 부모님은 내가 태어난 직후 의사가 "세상에, 아기가 하나 더 있군요"라고 말하기 전까지 쌍둥이라는 사실을 몰랐다).

이렇듯 내게는 태어날 때부터 대화 파트너이자 거울 같은 존재가 옆에 있었다. 그래서 나와 판박이인 누군가가 세상 사람들과 상호작용하는 모습을 날마다 지켜보면서 풍부한 정보를 얻고 많은 것을 깨달을 수 있었다. 우리는 학교 구내식당에서 함께 밥을 먹고, 같은 축구장과 농구 코트를 누볐으며, 화학 수업 시간에 같은 질문에 대답하려고 손을 번쩍 들었고, 카드 게임과 댄스파티에도 늘 함께 참여했다. 나는 세라가 부적절한 타이밍에 농담을 하거나 짜증이 나서 누군가에게 날카로운 말을 내뱉으면 민망해서 얼굴이 화끈거렸다. 세라가 어려운 질문을 훌륭한 솜씨로 받아넘기거나 그녀의 유머 감각 때문에 점심 식사 테이블이 웃음바다로 변하면 나도 덩달아 기분이 좋았다. 나는 세라가 한 실수를 저지르지 않으려 노력했고 세라가 잘한 것을 똑같이 하려 노력했다.

그리고 다른 형제자매(쌍둥이든 아니든)가 으레 그러듯 우리도 서로에게 가차 없이 직설적인 피드백을 주었다(예상하겠지만, 즐겁지만은 않았다). 우리는 마음에 안 든다는 표정과 함께 "너 진짜 못됐다", "으휴!", "하지 마"라고 말하거나 잘했다는 신호를 눈빛으로 보냈다(지금도 마찬가지다). 함께 경험한 수많은 상황에서 그렇게 했다. 부모님 앞에서 저글링 쇼를 할 때, 동네 친구들과 카드놀이를 할 때, 호수에서 뒤로 돌아서서 백 다이빙을 할 때, 학교 농구팀을 위해 응원 구호를 외칠 때 등등. 나는 쌍둥이로 태어난 덕분에 늘 대화와 관련된 피드백을 받는 행운을 누렸지만 남들은 그런 피드백 없이 어떻게 사회적 기술을 익힐까 싶었다.

사람 사이의 상호작용을 이해하고 더 좋은 쪽으로 변화시키는 문제에 관심이 많았던 나는 프린스턴대학교에 들어가(이번엔 내 도플갱어가 곁에 없었다) 인간 행동의 과학을 공부했고, 그 이후에는 펜실베이니아대학교 와튼 스쿨에 진학해 '감정'이 행동에 영향을 미치는 방식을 연구했다. 그리고 하버드 비즈니스 스쿨 교수가 되고 나서는 협상에 대해 강의하고 연구할 계획을 세웠다.

하지만 그 무렵 나는 사람들이 협상 같은 '어려운 대화'에서만 실수하는 것이 아니라는 사실을 깨달았다. 사람들은 쉽다고 생각하는 대화에서도 실수한다. 그리고 부적절하거나 당혹스러운 화제가 등장하면 또는 서로에게 가시 돋친 말을 쏟아내면 쉬워 보이는 대화도 순식간에 굉장히 어려워질 수 있다. 그래서 나는 내 연구소의 박사과정 학생, 연구원, 동료 교수들과 함께 협상을 비롯한 까다로운 대화는 물론이고 갖가지 상황에서 이뤄지는 다양한 대화를 검토하고 분석했다. 여기에는 스피드 데이트, 가석방 심리, 의사와 환자의 대화, 협상, 세일즈 콜, 인스턴트 메시지, 낯선 타인과의 대화, 그리고 친구나 애인, 가족을 만나 나누는 일상적 대화 등이 포함됐다. 우리는 사람들의 대화를 녹화 또는 녹음한 뒤 그 내용을 글로 기록했으며, 얼굴 표정과 보디랭귀지를 체크했고, 그들이 말하면서 어떤 생각을 하는지 파악했다. 또 그들이 대화 중에 하는 선택과 특정한 결과의 연관성을 분석했다. 이것은 대화의 과학을 발견하는 과정이었으며, 내가 오랫동안 찾던 것이기도 했다. 과학자들이 알고 싶어 하는 '인간은 어떤 존재인가'라는 질문의 답에 한층 가까이 다가갈 수 있었다는 얘기다.

금융에 대해 이해하고 싶다면? 부부가 돈에 대해 이야기하거나 재무 분석가가 그의 상사와 대화하는 방식을 살펴보면 된다. 법에 대해 알고 싶다면? 변호사가 고객이나 동료 변호사와 대화하는 것을 관찰하면 된다. 예술계에 대해 알고 싶다면? 미술품 딜러가 고객이나 화가와 대화하는 내용을 들어보라. 음악을 알고 싶다면? 밴드 멤버들이 함께 곡을 만드는 과정을 지켜보고 그들이 연습하면서 나누는 대화를 들어보라.

한편으로 협상에 대해 연구하며 가르치고 다른 한편으로는 수많은 종류의 대화를 분석하면서 확실히 깨달은 것이 있다. 전략적 기술과 전문적 능력은 사람들이 앞서나가는 데 여러모로 도움이 될 수 있지만 성공에 중요한 역할을 하는 것은 결국 인간관계다. 그리고 인간관계의 핵심은 '대화'다. 우리가 비즈니스 스쿨에서 양성하려는 리더는 사람들을 이해하고 그들과 교감하며 그들에게 배울 줄 알고 긍정적 감화를 주는 리더다(다른 분야도 마찬가지일 것이다). 대인 관계 기술은 가르치기가 결코 쉽지 않다. 물론 소통과 협상, 힘과 영향력에 대해 가르치는 강의가 있다. 내가 보기에 그런 강의 대부분에는 뭔가가 빠져 있었다. 그런 강의는 커뮤니케이션을 가르치지만 실제 커뮤니케이션 행위의 본질에 초점을 맞추는 경우는 거의 없다. 그들은 정보를 교환하고 활용하는 법을 가르치지만, 정보를 교환하는 동시에 견고하고 섬세하며 의미 깊은 관계를 구축하는 방법은 가르치지 않는다.

어떤 대화에서든 우리가 달성하려는 목표 중 상당 부분은 관계의 질과 특성에 좌우된다. 설령 만난 지 얼마 안 된 관계라도 그렇다. 사람들은 상대방을 싫어하거나 존중하지 않으면, 또는 심리적으로 불편하거나 존중받지 못한다는 기분이 들면 솔직한 태도로 대화에 임하지 않을 가능성이 크다. 너무 화가 났거나 불안하면, 또는 지루함을 느끼면 대화 자체가 하기 싫어진다. 적극적으로 말하고 듣기보다 가급적 대화를 끝내고 싶어 한다. 조직 행동 학자 숀 마틴Sean Martin의 연구에 따르면, 업무 미팅 시작 전에 일과 무관한 주제에 대해 대화를 나눈 사람들의 경우 유용한 정보(업무와 관련된!)를 얻고, 협력적 언어를 사용하고, 몇 주나 몇 개월 후에도 관계를 유지하는 비율이 훨씬 높았다. 내가 진행한 연구에서는 피험자들이 불안감을 느끼면 협상 테이블을 떠나버리는 경향이 강해졌고, 화가 나면 상대방에게 정보를 숨기려는 경향이 강해졌다. 우리가 대화하는 방식은 서로에 대한 감정에 영향을 미치고, 그 감정은 다시 말하는 방식에 영향을 미치며, 이는 생각에 영향을 미치고, 이는 다시 서로에 대한 감정에 영향을 미친다. 이와 같은 끝없는 순환은 '관계'라는 단면의 불가피한 일부다.

다행히 나와 친구의 관계는 매우 견고했다. 우리는 그날 식당에서 만나기 전 10년 가까이 우정을 쌓은 사이였다. 그 세월 동안 서로에 대한 애정을 표현하고 즐거움을 느낀 순간이 무수히 많았다. 비록 친구의 약혼이 코앞인 시점에 그녀의 남자 친구에 대해 의문을 제기했다는 점이 민망했지만, 나는 그녀가 그것을 우리의 우정이 단단하다는 신호라고 받아들였을 것이라 추측한다. 친구는 내가 그만큼 그녀를 사랑하고 걱정하기 때문에 그런 말도 했으리라고 생각할 것이다. 관계가 단단하면 당혹스럽거나 후회되는 일도 못 본 척 넘기거나, 회복하거나, 또는 잊어버리는 것이 가능한 법이다.

나는 2019년 하버드 비즈니스 스쿨에서 대화에 대한 과학적이면서 관계 중심적인 관점을 가르치는 강의를 시작했다. 강의 이름은 'TALK: 비즈니스와 삶에서 대화 능력을 향상시키는 법TALK Course: How to talk gooder in business and life'이며 간단히 'TALK'라고도 부른다. 이 강의에서는 정보교환을 위한 효과적인 대화는 물론이고 그런 목적과 무관한 대화에 필요한 요소도 가르친다. 때로 우리는 대화하면서 자신감을 얻거나, 즐거운 시간을 보내거나, 프라이버시를 지키거나, 깊은 유대감을 경험하고 싶다는 목적을 지닌다. 강의는 큰 호응을 얻었고 그만큼 보람도 컸다. 4년 동안 1,000명이 넘는 MBA 학생과 기업 중역이 내 강의를 들었고 지금도 강의를 신청한 대기자가 줄을 서 있다. 요즘은 교육, 의료, 금융, 스포츠 등 다양한 분야에서 내게 조언을 구하러 찾아온다. 종류를 막론하고 모든 조직과 업계에서 효과적인 대화의 중요성을 깨닫고 있는 것이다. 프로 농구 팀 보스턴 셀틱스Boston Celtics로부터 팀의 코칭스태프를 위한 컨설턴트가 되어달라는 요청이 왔을 때 처음에는 의아했다. 하지만 곧 스포츠 팀에서도 대화가 무엇보다 중요하다는 사실을 깨달았다. 감독과 코치, 선수, 스태프, 매니저, 구단주 모두가 개별적으로, 그리고 팀 차원에서 얼마나 효과적으로 소통하느냐가 팀의 성과를 좌우하기 때문이다. 사람이 모인 곳이라면 어디에서든 대화는 관계와 성과를 위한 핵심 열쇠다.

이 책은 'TALK' 강의를 보완한 것이다. 당신이 자신감을 갖고 대화에 임하며 대화 능력을 키우도록 돕는 것이 이 책의 목표다. 나는 당신이 대화의 탄탄한 기본기를 갖춘 상태로 더 많은 기회를 붙잡고, 일상의 대화를 통해 더 많은 것을 성취하도록 돕고 싶다. 내 강의는 들을 수 있는 인원이 한정되지만 이 책은 누구나 읽을 수 있다. 내향적인 성격이든 외향적인 성격이든 상관없이, 그리고 조직과 단체, 가족 내에서 어떤 역할을 맡았든 상관없이 도움이 될 것이다.

내가 책을 쓰기로 마음먹은 것은 이 세상에 내 학생들과 비슷한 이들이 너무나 많기 때문이다. 그들은 대화에 자신은 없지만 대화를 통해 의미 있고 즐거운 삶을 일구고 싶은 열망이 강하다. 좋은 대화는 삶을 충만하게 변화시킬 수 있다. 좋은 대화는 오늘날 사회의 심각한 문제 중 하나인 외로움을 치유할 수 있으며, 다른 어떤 활동도 주기 힘든 만족감을 줄 수 있다. 다행히 그것은 한정된 자원이 아니다. 오히려 그 반대다. 대화를 잘하는 사람이 늘어날수록 우리 모두가 더 나은 인생을 살 수 있다.

· · ·

이 책에서 나는 강의실에서와 비슷한 방식으로 대화의 세계를 탐구할 것이다. 제1강에서는 대화가 조정 게임coordination game이라는 점을 살펴본다. 이 게임은 상당히 까다로우며, 미로 같은 복잡한 결정들 사이에 예상치 못한 작은 문과 도전 과제가 곳곳에 숨어 있다. 하지만 대화를 일종의 게임으로 바라보면 대화가 여러 플레이어가 함께 만들어가는 활동임을, 그리고 '즐거운' 행위도 될 수 있다는 점을 이해하는 데 도움이 된다. 좋은 대화를 위해서는 우리의 대화 능력을 향상시키는 것뿐 아니라 상대방이 편안하고 효과적으로 대화할 수 있게 돕는 것 또한 중요하다. 대화는 승패가 존재하는 게임이 아니라 상대방과 협력해 진행하는 게임이다.

그다음에는 언어와 대화에 대한 연구로 유명한 철학자 폴 그라이스Paul Grice에게 영감을 얻어 개발한 'TALK'라는 프레임워크를 소개하겠다. TALK 원칙은 다음과 같은 네 가지 요소로 이뤄지며, 이는 보다 활기차고 풍부하며 효과적인 대화를 위한 기본 토대다.

주제Topics: 대화를 잘하는 사람은 적절한 주제를 택하고 어떤 주제든 더 나은 방향으로 발전시킨다.

질문하기 Asking: 질문을 활용해 다른 주제로 이동하거나 주제를 더 깊이 파고들 수 있다.
가벼움 Levity: 대화가 따분해지는 것을 막는다.
배려 Kindness: 대화를 잘하는 사람은 상대방을 배려하고 그것을 표현한다.

'주제'와 '질문하기'는 대화의 구조적 측면이며, 대화의 방향을 올바르게 끌어가는 선택과 관련된다. 그런 선택을 해야 대화를 통해 원하는 것을 얻을 가능성이 높아진다. '가벼움'은 대화에 즐거움과 활기를 가미해 따분함을 없애준다. 좋은 대화에는 서로에 대한 관심과 적극적인 참여가 필요하다. 한편 '배려'는 타인에 대한 존중과 경청하는 태도를 의미한다. 대화 참여자가 자신의 말을 상대방이 경청한다는 기분을 느끼게 하는 것뿐 아니라 '실제로' 경청이 이뤄지는 것이 중요하다.

TALK 원칙을 위 순서대로 살펴봐도 좋지만 사실 이것들은 상호 보완적 관계다. 우리는 질문을 던져 대화 주제를 자연스럽게 전환할 수 있다. 현재의 주제를 계속 끌고 가면 꼭 묻고 싶은 어려운 질문을 던질 기회를 잡을 수 있다. 가벼움을 통해 밝고 긍정적인 분위기를 조성하면 더 깊은 질문이나 민감한 질문을 던지기가 쉬워진다. 다른 사람의 관심사와 목적을 고려해 주제를 택하는 것은 배려하는 태도다. 지난번 만났을 때 나눈 이야기를 다시 꺼내 상대방의 말에 반응하며 성의껏 경청하면 그 대화에는 웃음이 동반되기 마련이다.

물론 이 모든 과정에는 난관도 많다. 대화를 나눌 때는 크고 작은 수많은 결정이 끊임없이 이루어지며, 우리는 상대방이 이 게임을 진행하는 방식을 통제하는 것이 거의 불가능하다. 책의 후반부에서는 TALK 원칙의 시험대가 되는 상황을 살펴본다. 대화 참여자의 수가 많아지면 조정 게임이 훨씬 복잡해진다는 것, 문제나 곤혹스러운 상황이 언제든, 어떤 이유로든 발생할 수 있다는 것, 그리고 이런 난관을 다루기는 쉽지 않지만 분명히 해결할 수 있다는 것을 살펴보겠다.

마지막으로 사과에 대해 다룬다. 우리가 맺는 인간관계가 지닌 여러 형태의 궤적을 들여다보고 "미안합니다"라는 한마디가 관계를 망치느냐, 한층 더 끈끈한 관계가 되느냐를 좌우할 수 있음을 살펴본다. 우리는 크고 작은 실수를 하며 살아갈 수밖에 없다. 사과는 소중한 관계를 지키기 위해 활용할 수 있는 가장 강력한 도구인지도 모른다. 우리는 대화를 통해서만 다른 이들과 함께하는 소중한 삶을 지킬 수 있다. 당신과 상대방이 함께 일구는 그 세계는 시간이 흐를수록 더 견고하고 풍성하며 만족스러워질 수도 있고, 아니면 갈수록 악화돼 무너져버릴 수도 있다.

• • •

내 코를 핥고 싶다는 말을 저만의 방식으로 표현한 뒤 몇 개월이 지나, 샬럿은 '핥다lick'와 '사랑하다love'를 정확히 구분해 발음했다. 4년이 지난 지금 우리는 "핥을래"라는 말로 서로 장난스럽게 애정을 표현하곤 한다. 어느 날 밤 내가 샬럿을 침대에 누이면서 어서 자라고, 엄마는 원고 작업을 해야 한다고 말했다. 그러다 무심결에 일 때문에 스트레스를 받는다는 말까지 하고 말았다. 그러자 샬럿이 몸을 내게 기대더니 두 팔로 나를 안으며 위로해주었다. 그런 샬럿을 함께 꼭 안으며 가슴이 뭉클했다. 샬럿은 두 눈을 감은 나의 코를 부드럽게 핥아주었다.

인간은 끊임없이 대화를 통해 타인과 소통해야 하는 운명을 타고났다. 무엇이 좋은 대화인가? 이것은 300년 전 칸트와 애덤 스미스, 데이비드 흄 같은 지식인에게도 중요한 탐구 주제였다. 그러나 과거의 대화와 오늘날의 대화는 '불확실성' 측면에서 다른 점이 있다. 오늘날 행동과학자들은 대화를 '복잡한 조정 게임 coordination game'이라고 부른다.

제1강

대화의 원칙을 파고들기 전에

THE COORDINATION GAME

당신이 최근에 나눈 대화를 생각해보라. 어떤 장면이 떠오르는가? 집에서 가족과 대화를 나누는 모습? 줌Zoom이나 마이크로소프트 팀즈Microsoft Teams를 통해 사각형 화면 속의 얼굴을 보며 아이디어 회의를 한 일? 슈퍼마켓에서 다른 손님과 수다 떠는 상황? 망친 첫 데이트? 아니면 정신없는 단체 채팅방의 대화, 오랜만에 엄마와 밀린 이야기를 나눈 일, 지저분한 골목에서 친구와 담배를 피우며 나눈 잡담, 잠자리에서 배우자와 나눈 이야기, 아이들과 나눈 즐겁고 산만한 대화, 긴장된 업무 미팅, 계산대 직원과 선을 넘지 않는 농담을 주고받은 일, 또는 누군가와 속마음을 툭 터놓고 이야기한 일이 떠오를지도 모른다.

오늘날 우리는 2명 이상이 서로 말을 주고받는 행위를 '대화'라고 부른다. 내가 몸담은 행동과학 분야에서는 물론이고 세계 어디서든 대다수 사람이 그렇게 여긴다.* 메리엄웹스터 사전은 대화를 '감정이나 논평, 의견, 생각을 말로 주고받는 행위'라고 정의하며, 위키피디아는 '2명 이상의 사람 사이에 이뤄지는 쌍방향 의사소통'이라고 설명한다. 옥스퍼드 사전에는 '2명 이상의 사람이 정보나 아이디어를 교환하는, 특히 비공식적인 말하기'라고 정의돼 있다. 오늘날 우리가 생각하는 대화의 정의는 실용적 성격이 강하지만 과거에도 항상 그랬던 것은 아니다.

300여 년 전 '대화'가 의미하는 바는 지금과 상당히 달랐으며 매우 특정한 행위를 가리켰다(앞에 나열한 예는 대화라고 할 수 없었을 것이다!). 대화는 오페라, 시, 정치, 자유 등 고상한 주제에 대해 품위 있게 의견을 교환하는 행위이자 고급 기술이었다. 특정한 사람들, 즉 세련되고 교양 있는 귀족과 당대의 뛰어난 문인, 사상가가 대화를 향유했다. 이들에게는 대화의 기술 자체도 대화의 매력적인 주제였다. 대화에 관련된 대화가 처음으로 꽃을 피운 시기였다. 대화란 무엇인가? 특히 좋은 대화란 어떤 것인가? 어느 민족이 가장 훌륭한 대화 관습을 지니고 있는가? 당시는 그야말로 '대화의 시대'였으며, 엘리트와 지식인이라면 누구라도 대화의 기술에 대해 나름의 견해를 지니고 있었다.

데이비드 흄David Hume, 애덤 스미스Adam Smith, 조너선 스위프트Jonathan Swift, 제르맨 드 스탈Germaine de Staël, 요한 볼프강 폰 괴테Johann Wolfgang von Goethe 등 위와 같은 질문을 숙고한 철학자와 사교계 명사는 대화가 모든 참여자에게 '즐거움'을 주고 '기분 좋은' 분위기를 조성해야 하며 '강한 의견을 내세우는 태도'를 지양

---

* 이 책에서는 주로 사람들이 서로에게 즉시 반응하며 말하는 동시적 대화를 다룬다. 여기서 논하는 원칙(주제 관리, 질문하기, 가벼움, 배려)이 비동시적 소통(문자메시지, 이메일, 소셜 미디어 등)에도 적용 가능한지 생각해보길 바란다.

해야 한다는 데 동의했다. 파리에서 내로라하는 지식인과 문인이 모이는 살롱을 주도한 제르맨 드 스탈은 「대화의 정신The Spirit of Conversation」(1813)이라는 에세이에서 대화를 음악에 비유하며 이렇게 썼다. "대화는 특정한 방식으로 서로에게 영향을 미치고, 상호적이고 즉각적인 즐거움을 주며, 뭔가가 생각난 동시에 말하는 행위다. … 대화가 순간순간 만들어내는 불꽃은 쾌활한 사람의 넘치는 에너지를 발산시키고 사람들을 깨워 따분한 무관심 상태에서 벗어나게 한다."

당신은 '대화가 즐거워야 한다는 것은 당연한 얘기 아닌가?'라는 생각을 할지도 모른다. 극히 일부 참석자만 즐거워할 모임을 주최하고 싶은 안주인이 어디 있겠는가? 그러나 얼핏 당연하고 평범해 보이지만, 당시 지식인들이 대화의 즐거움을 강조한 것은 모종의 의도가 담긴 날카로운 말이었다. 그들에게 대화는 '정신적 깨우침'을 위한 통로였고, 지성과 세련된 교양을 갖춘 이들의 활발하고 재기 넘치는 토론과 교류의 수단이었다. 그리고 무엇보다 대화는 전제군주제 사회와 궁정 생활의 특징인 엄격한 계급 구조와 관습으로부터의 자유를 의미했다. 프랑스혁명을 전후한 수십년 동안 왕의 통치에 대한 시민의 불만이 걷잡을 수 없이 커졌다. 그리고 대화와 토론은 구체제 질서에 대한 새로운 대안으로 떠올랐다. 이른바 '편지 공화국(republic of letters: 17~18세기 유럽과 미국에서 장거리 편지 교환을 통해 지식의 공감대를 형성하고 교류의 폭을 넓힌 문화적 공동체-옮긴이)'을 구성한 많은 지식인이 파리의 살롱에 모여 나눈 대화는 왕이 정한 규칙에 따라 왕을 즐겁게 하기 위한 것이 아니었다. 그들은 깨어 있는 이들의 즐거움을 위해 대화를 나눴으며, 그들 스스로 만든 규칙에 따라 토론했다.

칸트의 품위 있는 대화에 대하여

　살롱 문화의 심장은 파리였지만 '품위 있는 대화'는 파리뿐 아니라 유럽 전역의 지식인을 사로잡은 주제였다. 시대정신이 집약된 에세이 「계몽이란 무엇인가?What is Enlightenment?」(이 글은 지금도 전 세계 대학들에서 강의 교재로 사용한다)를 쓴 18세기의 위대한 독일 철학자 이마누엘 칸트Immanuel Kant도 품위 있는 대화가 주는 이로움과 그것을 행하는 가장 바람직한 방식에 대해 나름의 견해를 지니고 있었다.

　인생의 긴 시간 동안 칸트는 대학 정교수가 되기를 꿈꾸며 가정교사와 시간강사, 도서관 사서로 일하면서 근근이 생계를 꾸렸다. 수입이 변변치 않아 셋방을 얻어 살았기에 지인 집의 저녁 식사에 초대받지 못하면(그런 날이 많았다) 동네 술집에서 함께할 무리를 찾곤 했다. 칸트는 금욕적이고 절제된 삶을 산 것으로 유명하지만* 동시대 기록을 보면 꽤 쾌활하고 호감 가는 손님이었음을 알 수 있다. 지역의 저명인사들이 앞다퉈 그를 초대하고 싶어 했다. 칸트는 그런 모임을 좋아했지만, 주로 식당과 호텔에서 사

---

*　칸트는 평생 고향 쾨니히스베르크를 거의 벗어나지 않았으며 하루 일과를 매우 엄격하게 지켜서 이웃들이 그를 '쾨니히스베르크의 시계'라고 불렀다.

람들을 만나다 보니 그곳의 식사 테이블에서 이뤄지는 떠들썩하고 진부한 대화에 싫증이 났다. 그래서 마침내 대학교수 자리를 얻은 뒤 예순 살 생일을 얼마 안 남겨두고 자신의 집을 장만하고 나서는 직접 손님을 식사에 초대했다. 이제 원하는 사람만 골라 초대할 수 있었고 대화 주제도 선택할 수 있었다. 평생 조용한 소도시에 살아도 얼마든지 활기차고 멋진 인생을 살 수 있다. 칸트처럼 말이다! 많은 이들이 칸트의 모임에 초대받기를 갈망했다. 한 손님은 '쾨니히스베르크Königsberg의 왕이 여는 식사 모임에 초대받았다'는 사실에 들뜬 마음을 감추지 못했다.

높은 지성미와 사교성을 갖춘 칸트 자신의 존재감 외에도 이 식사 모임이 특별한 것은 그가 정한 대화 규칙 때문이었다. 일부 규칙은 대화의 시대를 살았던 지식인이 흔히 아는 것이었다. 말허리를 끊고 끼어들지 않기, 자기 이야기만 하며 대화를 독점하지 않기, 일에 대해 이야기하지 않기 등이었다. 하지만 칸트가 만든 특별한 규칙도 많았다. 손님들은 연령대와 직업이 다양하게 섞여 있어야 했다. 교수, 의사, 성직자가 함께 모여 이야기꽃을 피우곤 했다. 인원은 최소한 3명은 되어야 하지만 9명을 넘어서는 안 되었다. 보통 5~8명이 모이곤 했다. 정확히 오후 1시에 맞춰 도착한 뒤 그날의 뉴스나 날씨, 소문 같은 가벼운 화제부터 시작해 마치 코스 요리처럼 단계별로 나뉜 세 코스짜리 대화가 이어졌다.

주요리를 먹는 동안에는 화학, 기상학, 자연사, 정치 등 진지한 주제에 대해 토론했다(특히 프랑스혁명은 칸트를 사로잡은 주제였다). 특히 정치 이야기는 식사가 나오기 '전에' 절대 화제로 올리지 않았다. 식사를 마칠 무렵에는 가벼운 농담을 주고받으며 웃고 즐기는 분위기가 조성됐다. 칸트의 말에 따르면 이런 편안한 농담은 '횡격막과 장을 움직임으로써 음식물의 소화 과정에 도움을' 주었다. 모임에는 음식과 와인이 부족함 없이 준비되어야 했지만 맥주와 음악, 게임은 금지였으며, 대화가 끊겨 적막해져서는 안 됐다. 그리고 칸트가 가장 중요하게 여긴 규칙은 뭐든 다 안다는 듯이 똑똑한 척하지 말아야 한다는 것이었다.* 그는 대화 중 의견 충돌이 일어나면 해당 주제를 그만 다루자고 말했다.

칸트가 보기에 이처럼 집에서 여는 모임은 대중적인 식사 공간의 왁자지껄한 소란함과 거리를 두는 피난처이자 대화의 예술이 꽃필 수 있는 은신처였다. 물론 어떤 이들에게는 시끄러운 술집에서 나누는 대화가 비록 '품위 있거나' 고상하지 않을지라도 칸트의 식사 모임보다 더 즐거웠을 것이다. 그런데 칸트가 집에서 이런 대화 모임을 열고 있을 무렵, 편지 공화국에 속하는 유럽 지식인들은 대화의 예술이 쇠퇴하고 있음을 감지했다. 민주주의를 위한 거대한 사회적, 정치적 실험이 진행되고 있던 바다 건너 미국에서 들려오는 소식이 그런 징후를 뚜렷이 보여주었다. 신세계 엘리트들은 칸트를 비롯한 구세계 엘리트들이 중요하게 여기는 품위 있는 대화의 많은 규칙을 어겼다. 특히 그들은 돈이나 일처럼

---

* 칸트가 실제로 한 말은 이것이다. "교양 있는 연회를 위해서는 Rechthaberei가 나타나거나 지속되게 놔두면 안 된다." 내가 갖고 있는 칸트의 『실용적 관점에서 본 인간학Anthropology from a Pragmatic Point of View』에는 'Rechthaberei'가 '독단'으로 번역돼 있으며 이는 바꿔 표현하면 '똑똑한 척하는 태도'다.

천박한 주제를 화제로 삼거나 자기 자신에 대해 이야기하곤 했다.**

런던에서도 대화가 교양이나 세련미와 점점 멀어졌다. 상업과 교역이 빠르게 발전하고 부를 창출하는 새로운 수단과 온갖 계층의 사람이 모여들어 도시가 커지면서, 사회적 상호작용의 예측 불가능성에 대해 논의하고 숙고하는 이들이 많아졌다. 사적인 연회나 살롱 같은 세심하게 조정된 세계의 바깥에 존재하는 삶, 즉 거리와 시장, 상점, 공원, 술집 등에서는 공통된 규칙이나 역사, 관습을 공유하지 않는 사람들 사이의 대화가 필요했다. 과거에는 공통된 규칙과 관습이 사람들의 계급과 위치를 규정하고 적절한 행동이 무엇인지 알려주었지만, 이제 더는 그런 확실성에 의존하기 힘들었다. 스코틀랜드 출신의 철학자 애덤 스미스의 말마따나 사람들은 정신없이 돌아가는 도시에서 지인이나 낯선 타인을 끊임없이 예측 불가능한 방식으로 마주치며 혼란스러워했다. 그리고 그런 혼란 속에서 '타인의 행동을 끊임없이 관찰'하는 동시에 지속적으로 자신의 행동을 '조정'하고 '타협'해야 했다. 온갖 배경과 계층의 사람들이 과거 어느 때보다 더 자주, 그리고 더 다양한 장소

** 유럽 지식인들은 품위 있는 대화의 일부 세부적 요건(누가 그런 대화의 모범인가, 어떤 규칙을 정해야 하는가 등)에 대해서는 의견이 달랐지만, 미국인의 대화가 형편없다는 사실에는 하나같이 동의했다. 프랑스 귀족이자 정치가인 알렉시 드 토크빌Alexis de Tocqueville과 노동자 출신의 영국 작가 찰스 디킨스Charles Dickens는 장기간 미국을 방문한 뒤 미국인의 단점으로 억양과 문법, 침 뱉는 습관을 꼽았지만, 대화가 형편없다는 것은 단순히 그런 점 때문이 아니었다. 미국인은 사교 모임에서 일 이야기를 하고 쉴 새 없이 자기 자신에 대해 떠드는 등 품위 있는 대화의 가장 기본적인 규칙을 지키지 않았다.

에서 마주치는 '낯선 이들의 사회'에서 이뤄지는 대화에서는 이제 명시적 규칙을 따르는 것이 중요하지 않았다. 그보다는 암묵적 규칙을 이해하고 그때그때 상황에 맞게 자신을 조정하는 것이 점점 더 중요해졌다. 상대방에게 어떻게 말을 걸어야 하는가? 어떤 이야기를 해야 하는가? 얼마나 오래 대화하는 것이 적절한가? 상대방과 내가 공통된 정보를 얼마나 갖고 있다고 가정하는 것이 옳은가? 이제는 하녀와 여주인의 옷차림이 비슷한데 둘을 어떻게 구분할 것인가? 그리고 그것이 중요한 문제인가?

대화는 조정 게임이다

애덤 스미스가 점차 주변에서 늘어나는 것을 목격한 그 대화 유형을 오늘날 행동과학자들은 '조정 게임 coordination game'이라고 부른다. 이는 다수의 참여자가 서로 의사소통 없이 동시에 선택하는 상황을 말한다. 조정 게임의 결과는 어느 한 참여자가 아니라 참여자 모두의 선택에 따라 좌우된다. 조정 게임 중에는 '비협력적' 게임이 있다. 대표적 예는 공범인 용의자 2명을 각자 다른 방에서 신문하는 상황을 가정하는 죄수의 딜레마다. 만일 두 사람 모두 침묵하면 둘 다 짧은 징역형을 살게 된다. 최악의 시나리오는 둘 다 자백하는 경우다. 이 경우 둘 다 오랜 기간 감옥에 갇혀야 한다. 따라서 입을 다무는 것이 최선의 전략처럼 보이지만 여기에는 문제가 하나 있다. 만일 한 사람이 자백하고 다른 사람은 침묵하면 자백한 사람은 처벌받지 않고 풀려날 수 있다. 따라서 두 용의자는 상대방을 배신하고 싶은 유혹을 느낀다. '딜레마'가 발생하는 것이다.

한편 '협력적' 조정 게임에서는 두 참여자가 같은 선택을 할 경우 둘 모두 최선의 결과를 얻는다. 예컨대 서로 취향이 다른 남녀의 데이트 장소 결정 상황을 가정하는 '성 대결 게임battle of the sexes'에서 두 사람 모두 같은 데이트 장소에 가는 것, 도로에서 차 2대가 서로를 향해 질주하는 '치킨 게임game of chicken'에서 둘 다 핸들을 틀어 정면충돌을 피하는 것이 그에 해당한다. 그런데 어떻게 두 사람이 의사소통 없이 같은 선택을 해서 최선의 결과를 얻을 수 있을까? 이런 난점 때문에 조정 게임을 때로는 조정 '퍼즐' 또는 '문제'라고도 부른다.

조정 퍼즐은 일상에서 흔히 발생해 우리를 당황스럽게 한다. 좁은 골목길을 가는데 맞은편에서 행인이 당신을 향해 걸어온다고 상상해보라. 당신과 행인은 둘 다 서로에게 길을 양보하려다가 자꾸 부딪힐 뻔한다. 또는 당신이 누군가와 통화하는 도중에 전화가 끊어졌다고 하자. 둘 중 누가 누구에게 전화를 다시 걸 것인가? 두 사람 모두 다시 통화하고 싶지만, 서로 동시에 전화를 거는 바람에 둘 다 상대방의 음성 사서함으로 연결된다. 두 사례 모두에서 조정 게임 참가자들은 상대방이 어떻게 행동할 것인가에 대한 가정과 추측만을 토대로 각자 자신의 행동을 선택한다.

게다가 두 경우 모두 머리 아픈 수많은 질문이 동반된다. 나는 어떤 행동을 택할 것인가? 상대방은 내가 어떤 행동을 하리라고 추측할까? 상대방은 내 욕구를 예상하고 그것을 채워줄 마음이 있을까? 또는 그럴 수 있는 상황일까? 상대방이 그런 생각을 하기는 할까? 상대방은 무엇을 선택하고 싶을까? 그가 선택할 가능성이 가장 높은 행동은 무엇일까? 나는 그의 선택을 따라야 할까, 아니면 내가 원하는 것을 고집해야 할까? 둘 중 누가 먼저 행동을 선택하게 될까? 앞의 좁은 골목길과 전화 통화 상황에서 두 사람은 각자 결정을 내리고 행동한다(왼쪽 혹은 오른쪽으로 걷고, 전화를 걸거나 상대방에게 전화가 오기를 기다린다). 그리고 서로의 생각을 추측하는 조정 게임의 결과(두 사람이 아무 일 없이 지나치거나 충돌하는 것, 수차례 음성 메시지를 남기거나 통화에 성공하는 것)는 모든 참가자의 선택에 좌우된다.

노벨 경제학상을 받은 세계적 석학 토머스 셸링Thomas Schelling은 1950년대에 사람들 사이의 상호 조정에 대한 문제에 큰 관심을 가졌다. 그는 사람들에게 만일 뉴욕시에서 누군가를 만나야 하는데 서로 소통할 수 없다면 어느 장소로 가겠느냐고 물었다. 그랬더니 놀랍게도 많은 이들이 정오에 그랜드 센트럴 터미널(뉴욕의 기차역-옮긴이)의 안내소 앞으로 가겠다고 답했다. 서로 약속하거나 소통하지 않았는데도 그들이 같은 선택을 할 수 있었던 것은 그랜드 센트럴 터미널이 셸링이 말하는 '포컬 포인트focal point' 이기 때문이다. 포컬 포인트란 상호 소통이 없는 상황에서 사람들이 두드러지는 대안이기 때문에 자연스럽게 택하는 합의점을 뜻한다. 물론 포컬 포인트가 항상 성공을 보장하는 것은 아니다. 뉴욕의 만남 장소로 사람들이 꼽은 곳으로는 엠파이어스테이트빌딩 꼭대기, 자유의여신상, 타임스스퀘어도 있었다. 이들 장소로 간다면 그랜드 센트럴 터미널로 향한 사람을 만날 수 없다(그리고 관광객 무리에 휩쓸려 길을 잃을 수도 있다). 조정 게임에서는 추측 가능한 경우의 수가 무수히 많기 때문에 결과에 대한 불확실성이 우리를 당혹스럽게 한다.

대화는 가장 높은 수준의 조정 게임이다. 비록 셸링을 비롯한 게임 이론 전문가들은 대화를 조정 게임으로서 연구하지 않았지만 말이다. 전통적인 조정 게임에서와 마찬가지로 우리는 대화하는 동안 모든 것에 대해 상호 소통할 수는 없다. 입으로 계속 말하면서도 수많은 정보를 추측하고 상대방의 마음을 읽어야 한다. 대화가 모든 참여자에게 만족스러운 방향으로 흘러가는지 파악하려 애쓰면서 상대방이 뭘 원하는지 생각하고 그들의 행동을 추측해야 한다.

그런데 대화는 게임 이론 전문가들이 연구하거나 셸링이 피험자들에게 요청한 단순한 선택의 상황과 크게 다르다. 가장 큰 차이점은 대화에 '훨씬 더' 많은 결정과 선택, 추측이 필요하다는 사실이다. 단순히 자백하고 싶은 유혹과 싸우거나 동시에 같은 장소에 도착하는 일(물론 이것도 상당히 쉽지 않은 일이다)과는 차원이 다르다는 얘기다. 대화할 때는 그야말로 '끊임없이' 조정 결정을 내려야 한다. 우리는 상대방이 대화하고 싶어 하는지(이것은 대단히 불확실한 문제다) 파악해야 한다. 그리고 만일 상대방이 대화할 마음이 있다면 무엇을 화제로 삼아야 할까? 만일 일식이 일어나는 날이라면 상대방 역시 세상이 갑자기 어두워지는 신기한 천체 현상에 관심이 있을 가능성이 높다. 그러니 이는 꽤 괜찮은 대화 주제다. 하지만 만일 그가 오늘 누군가를 만날 때마다 일식 이야기를 나눴다면? 그 주제가 지겹지 않을까? 그리고 잠시 일식 현상에 감탄하고 나서는 무슨 이야기를 할 것인가? 당신은 상대방이 슈퍼볼 경기에 관심이 있다고 확신할 수 있을까? 그것이 두드러진 포컬 포인트가 맞을까? 게다가 그가 당신이나 당신의 모든 주변 사람과 마찬가지로 홈팀을 응원한다고 확신하기는 더더욱 어렵다. 그렇다면 다가오는 선거 이야기를 꺼내는 건 어떨까? 상대방도 틀림없이 선거에 관심이 있을 것이다. 하지만 선거에 대해 어떤 생각을 갖고 있을까? 상대방은 어떤 후보에게 투표할 생각이며 어떤 이슈를 중요하게 여길까? 당신이 이런 질문을 직접 던지는 게 나을까, 아니면 아예 언급하지 않는 게 나을까? 당신이 그렇게 행동하면 상대방이 어떻게 느낄까? 당신은 이 대화에서 무엇을 얻고 싶은가? 상대방은 무엇을 원할까? 당신은 그 추측을 확신할 수 있을까?

   가족, 친구, 애인, 동료 등 당신이 잘 아는 사람들과의 대화도 크게 다르지 않다. 친밀한 이들과 대화할 때도 불확실성 속에서 수많은 결정을 내려야 한다. 친구 어머니의 병환에 대해 물어보는 게 나을까? 혹시 그 이야기를 꺼내면 친구가 속상해할까? 정확히 알 수 없다. 하지만 일단 물어본다고 가정하자. 친구가 어떻게 반응할까? 당신에게 고마워하고 든든한 친구라고 느끼면서 어머니에 대해 자세히 이야기할까? 아니면 우울해하거나, 따분해하거나, 짜증을 내거나, 또는 화를 낼까? 친구의 반응에 따라 당신은 그 이야기를 계속할지 아니면 다른 화제로 넘어갈지 결정할 것이다. 또 어떤 식으로 그렇게 할지도 결정해야 한다. 가벼운 농담을 할 것인가? 미안하다고 사과할 것인가? 예쁜 실내장식이나 김빠진 맥주를 언급할 것인가? 얼마나 친근하게 또는 얼마나 정중하게 말하는 것이 적절한가? 그리고 흘러가는 분위기상 언제 대화를 그만둬야 하는가?* 우리는 이처럼 얼핏 사소해 보이는 선택을 '미세 결정micro-decision'이라고 부를 것이다. 여기에는 무엇을 말할지, 어떤 표정을 지을지, 어떤 목소리 톤으로 말할지 등 대화자가 하는 모든 선택이 포함된다. 모든 미세 결정은 각각 그와 관련된 조정 문제를 해결하고 고유한 포컬 포인트를 지니며 다양한 수준의 불확실성을 동반한다.

칸트는 대화에 혼란이 일어나는 것을 원치 않았기 때문에 그것을 방지할 명시적 규칙을 만들었다. 그의 모임에는 구체적 지침이 있었고(참여자 수 제한하기, 날씨 이야기로 시작하기, 주요리를 먹을 때 정치를 화제에 올리기, 가벼운 농담으로 마무리하기), 이는 상호 조정을 통해 모두가 대화의 즐거움을 경험할 가능성을 높였다. 그는 여러 규칙은 정했지만 대화의 대본까지 만들지는 못했다. 당시 유행한 음악 장르인 실내악과 달리 대화는 대본을 정해놓고 할 수 있는 활동이 아니기 때문이다. 그럼에도 칸트는 손님들이 둘러앉

---

*   심리학자 애덤 마스트로이안니Adam Mastroianni와 거스 쿠니Gus Cooney가 진행한 최근 연구에 따르면 대화자가 끝내고 싶은 타이밍에 대화가 끝나는 경우는 거의 없다. 대화의 종료는 조정이 필요한 마지막 미세 결정이며, 이 때문에 대화를 끝내는 것이 어색한(그리고 불만족스러운) 경우가 많은 것이다.

은 테이블에 착석하고 나서, 마치 제1바이올린 연주자인 악장이나 지휘자가 실내관현악단에게 고갯짓으로 연주를 시작하라는 신호를 보내듯 냅킨을 펼치면서 "자, 여러분, 이제 시작합니다!"라고 대화의 시작을 선언하곤 했다.

오늘날 우리는 과거에 사람들이 지킨 규칙이 없는 상황에 놓일 때가 많다. 사회학자 알리 혹실드Arlie Hochschild는 현대인의 대화를 "인간의 상호작용이 만들어내는 재즈"라고 불렀다. 실내악과는 완전히 다른 장르의 음악인 것이다. 오늘날 우리에게는 어떻게 대화할지, 누구와 대화할지에 관련해 엄청난 자유가 주어진다. 영상통화로, 이메일로, 문자메시지로도 이야기를 나누며 가까운 곳은 물론 멀리 있는 이들과도 대화를 나눈다. 따라서 대화를 잘하는 방법이 무엇인지 아리송하고 불확실성이 커진다. 불확실성은 때로 스트레스의 원인이다. 대화를 망칠 만한 변수가 너무 많은 탓이다! 하지만 동시에 이는 칸트가 누리지 못한, '좋은' 대화를 할 수 있는 더 많은 자유와 기회가 존재한다는 의미이기도 하다. 즐거움을 느끼고, 창의적 상상력을 발휘하며, 상대방과 세상에 긍정적 영향력을 미치는 대화 말이다. 재즈 뮤지션처럼(또는 즉흥연주 밴드나 프리스타일 래퍼, 스탠드업 코미디언처럼) 우리는 대화의 예측 가능한 리듬과 패턴을 익힌 뒤 그것을 발판으로 즉흥적으로 대응하고 타인과 호흡을 맞추며 멋진 대화를 완성할 수 있다.

이 책에서는 트럼펫 연주자 윈턴 마살리스Wynton Marsalis가 재즈를 연주하듯이 대화에 접근하는 법을 배울 것이다. 재즈와 마찬가지로 대화에서도 우리는 무질서한 충돌을 사랑하고 그 충돌을 활용해 서로 조화로운 화합에 이를 수 있다. 마살리스는 이렇게 말했다. "재즈에서는 다른 이들의 결정을 받아들일 줄 알아야 한다. 당신은 어떤 때는 흐름을 주도하고 어떤 때는 흐름을 따라간다. 하지만 연주를 포기해서는 절대 안 된다. 재즈는 우아하게 변주를 협상하는 예술이다. 모든 공연의 목표는 어떤 상황에서든 뭔가를 만들어내는 것이다. 함께 만드는 것, 그리고 하나가 되는 것이다."

이 시대의 대화

오늘날 우리가 성공적인 대화를 위해 떠올려야 하는 질문은 칸트를 비롯한 철학자나 에밀리 포스트Emily Post 같은 에티켓 전문가, 또는 데일 카네기Dale Carnegie 같은 자기 계발 전문가가 추천한 사교적 지침보다 훨씬 더 많다. 우리가 던지는 질문은 특정한 상황에서 특정한 사람과 관련된 것이며, 그들의 '마음속 생각'에 대한 질문이다. 정중한 이 사람은 속으로 어서 대화가 끝나기를 바라는데도 겉으로 예의 바른 척하면서 내 비위를 맞춰주는 것일까? 열심히 고개를 끄덕이는 이 사람은 내 말을 하나도 놓치지 않으려 애쓰며 경청하는 것일까? 내가 직업을 물었을 때 그는 애매하게 답한 것일까? 아니면 적극적으로 이야기할 마음이 있었을까? 그 웃음은 진짜였을까, 예의를 차리기 위한 가식적인 웃음이었을까? "네, 좋아요"라는 그 사람의 말은 진심이었을까?

이론상으로는 상대방에게 어떤 주제에 대해 이야기를 나누고 싶은지 말해달라거나 그가 한 말의 의미를 정확히 설명해달라고, 또는 어떤 기분을 느꼈는지 알려달라고 부탁할 수 있다. 상황에 따라서는 그렇게 직접 요청하는 것이 가능하다. 예컨대 "이 주제는 너무 우울하네요. 다른 이야기를 하면 어떨까요?", "무슨 생각 해?", "그다음으로는 무엇에 대해 이야기할까요?"라고 말하는 것이다. 그러나 전통적인 조정 퍼즐에서처럼 많은 경우에는 그런 직접적 소통이 가능하지 않거나 바람직하지 않다. 때로 대화의 마법을 일으키는 것은 '자연스러움'이다. 의식적으로 애쓰지 않아도 흥미로운 이야깃거리를 연이어 자연스럽게 발견하고 직관적으로 서로의 마음을 정확히 읽을 때 우리는 짜릿한 만족감을 느낀다. 하지만 대화의 규칙을 명시적 의무 사항으로 정해놓는다면 그 마법은 순식간에 사라진다.

직접적 소통이 불가능한 모든 조정 게임과 마찬가지로 대화에는 자신 읽기, 타인 읽기, 분위기 읽기를 해내는 엄청난 능력이 필요하다. 애덤 스미스가 말한 관찰과 조정, 타협의 끊임없는 프로세스가 동반된다. 자신과 매우 다른 사람들과 관계를 맺으며 살아야 하는 현대사회에서 그런 능력을 발휘하는 일은 훨씬 더 힘든 과제다. 그들은 우리에게 익숙하지 않은 습관이나 관심사, 취향, 가치관을 지니고 있기 일쑤다. 게다가 우리는 온갖 다양한 맥락에서, 즉 지하철에서, 휴게실에서, 대기실에서, 생일 파티에서, 예배당에서, 회사 야유회에서, 칸트의 모임과 비슷한 디너파티에서 그들을 마주친다.

말은 행위를 동반한다

언어철학자 J. L. 오스틴J. L. Austin은 이와 같은 인간의 사회적 삶에 관심을 갖고 이른바 '일상 언어ordinary language'를 연구했다. 그는 언어의 주요 기능이 세계를 표현하고 설명하는 것이라고 가정하면 언어를 제대로 이해할 수 없다는 사실을 보여주었다. 우리는 화자가 말을 함으로써 '어떤 행위'를 하고 있는지 이해해야 한다. 화자는 요청하기, 문의하기, 간청하기, 약속하기, 사과하기, 또는 그 밖의 다른 행위를 하고 있는가? 오스틴의 요지는 사람들이 말을 할 때 언제나 특정한 행위를 수행한다는 것이다.

제1강 도입부에서 당신이 떠올린 최근의 대화를 생각해보라. 그때 당신은 말을 통해 어떤 행위를 하고 있었는가? 어떤 목적을 달성하고 싶었는가? 당신의 답은 다음 중 하나일지 모른다. "즐거운 시간을 보내고 싶었다", "그저 상대방의 말에 습관적으로 반응했다", "속에 쌓인 감정을 발산하고 싶었다", "상대방에게 힘이 돼주고 싶었다", "무례하다는 인상을 주고 싶지 않았다" 등등. 상대방은 어땠을까? 그는 자신의 말로 어떤 행위를 하고 있었을까?

어떤 이들은 이런 질문에 반발할지도 모른다. 자신의 말에 특별한 이유가 없었다고 말이다. 그러나 우리는 언제나 적어도 한 가지 이상의 목적을 지니고 있다. 즉 말하면서 어떤 '행위'를 한다. 그렇지 않다면 애초에 대화를 할 필요도 없을 것이다. 당신과 대화하는 상대방도 마찬가지다. 그들에게도 최소한 한 가지 동기는 늘 있다. 설령 그 동기가 눈앞의 대화 상대자에게 뭐라고든 반응해야 한다는 사회적 의무감이라 할지라도 말이다(우리에게는 차례로 말을 주고받으려는 본능이 있다). 목적(즉 말을 함으로써 달성하고 싶은 것)은 우리가 대화할 때 자신 읽기와 타인 읽기를 통해 알아내야 하는 가장 기본적인 요소다. 자신 읽기는 내가 얻고 싶은 것을 파악하는 일이고, 타인 읽기는 상대방이 얻고자 하는 것을 알아채는 일이다.

이 두 프로세스는 굉장히 어렵다. 대화에는 매우 다양한 목적이 있을 수 있기 때문이다. 가령 당신의 목적은 지난번 만남 이후 친구에게 일어난 일을 듣는 것이나 어떤 결정을 내리는 것, 즐거운 시간을 보내는 것, 친구의 견해를 이해하는 것, 당신의 의견을 강조하는 것, 또는 비밀이 새어 나가지 않게 하는 것일 수 있다. 사람들이 대화에 참여하는 이유는 무수히 많다. 이와 같은 목적을 53쪽의 '대화 나침반conversational compass'을 이용해 표현할 수 있다.

대화 나침반은 다양한 종류의 대화에서 우리가 지니는 목적을 보여준다. 동서 방향으로 뻗은 '관계' 축은 대화 참여자 모두 또는 우리 자신을 만족시키려는 동기의 강도를 나타낸다. 관계적 성격이 강한 목적은 참여자 모두를 위해 가치를 창출하는 반면(예컨대 상대방을 즐겁게 해주거나, 문제 해결을 돕거나, 상대방에게 새로운 뭔가를 가르쳐주려는 목적), 관계적 성격이 약한 목적은 자기 자신을 위한 가치를 추구한다(감정을 분출하거나, 자신의 견해를 표현하거나, 대화를 끝내고 싶은 경우).

남북 방향으로 뻗은 '정보' 축은 정확한 정보교환을 추구하는 정도를 나타낸다. 흔히 사람들은 정보교환이 대화의 주요 이유라

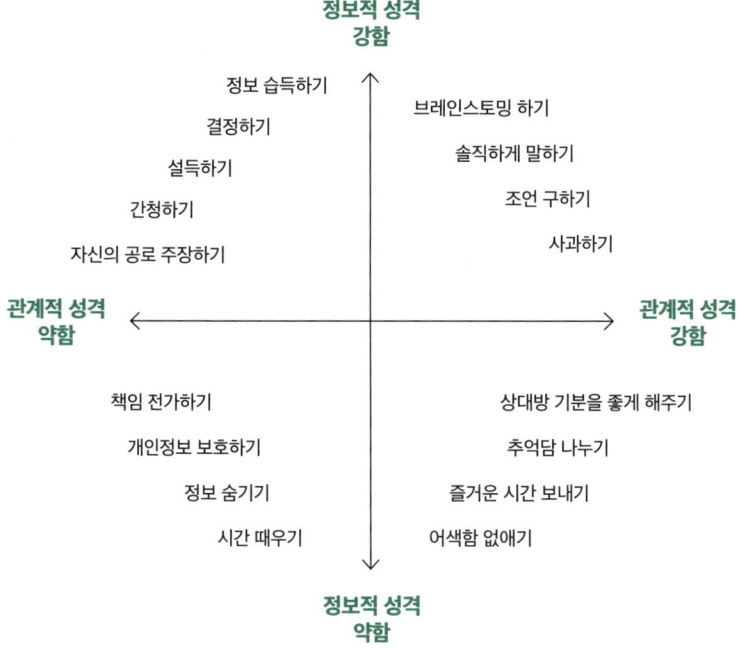

대화의 목적을 보여주는 대화 나침반

고 생각한다. 어쨌든 인간이 소통하는 법을 익힌 까닭은 정보를 공유하기 위해서니까 말이다. 하지만 정보교환을 지나치게 강조하는 관점은 중요한 것을 놓칠 수 있다. 종종 우리는 정보를 알려주기보다 드러내지 않으려 하거나, 어려운 결정을 내리는 것을 피하려 하거나, 정보를 얻기 위해서가 아니라 편안한 휴식을 위해 대화를 하고 싶어 한다. 이것은 모두 정보적 성격이 약한 목적에 해당한다.

나침반의 네 사분면에는 각각에 어울리는 중요한 동기가 존재하며 이들 동기는 연결, 즐거움, 방어, 발전이라는 단어로 나타낼 수 있다. 말을 통해 특정한 행위를 하는 우리는 네 사분면 위에서 살아간다.

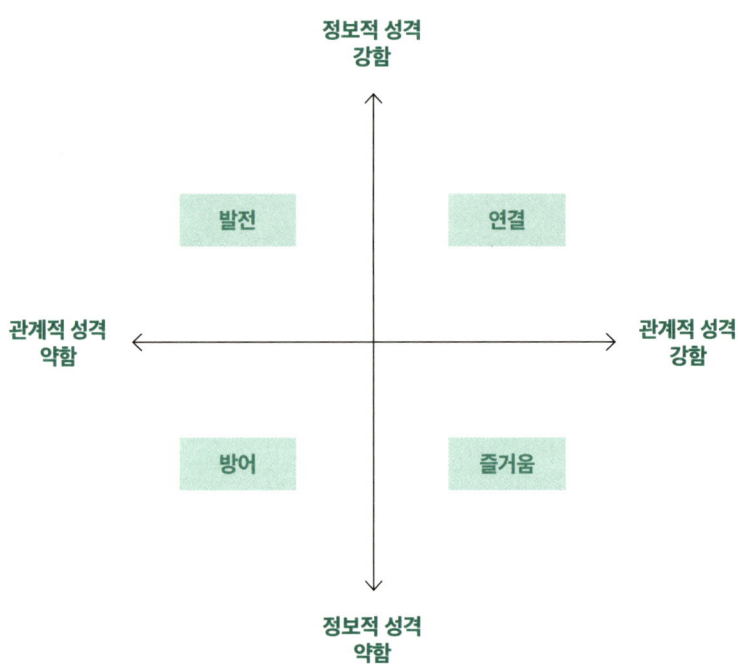

사람들이 대화하는 목적은 셀 수 없을 만큼 다양할 뿐만 아니라 하나의 대화에도 여러 목적이 동시에 존재할 수 있다. 당신이 친구와 대화한다고 가정해보자. 당신은 친구에게 두 가지 간단한 정보와 한 가지 복잡한 정보를 알려주고, 친구가 최근에 참석한 결혼식 이야기도 듣고, 다음 주말에 당신의 아이를 봐달라는 부탁

도 하고, 다가오는 데이트에서 친구가 입을 옷에 대해 조언도 해주고, 친구의 기분을 상하지 않게 하고, 다정하고 야무지다는 인상을 주고, 많이 웃으며 최대한 즐거운 시간을 보내고 싶다. 그리고 예정된 업무 통화 때문에 15분 뒤에는 대화를 끝내야 한다. 54쪽 그림은 이 동기들을 대화 나침반의 어디에 위치시킬 수 있는지 보여준다(하지만 그 위치를 정하는 것은 최종적으로 당신에게 달려 있다).

나침반에서 동기들이 서로 멀리 떨어져 있을수록 강한 긴장 관계가 형성된다. 당신이 결혼식 이야기를 자세히 듣고 싶다면 주말에 아이를 봐달라는 얘기를 꺼내기 힘들다. 친구의 기분을 상하지 않게 하면서 솔직하고 유용한 패션 조언을 해주기는 힘들지도 모른다. 또 15분 사이에 그 모든 화제를 다루면서 최대한 즐거운 시간을 보내기는 어렵다. 당신은 이들 목적 가운데 어떤 것을 우선적으로 추구할 것이며 어떤 방식으로 달성할 것인가?

당신이 친구에게도 그만의 대화 나침반이 있고(이 나침반은 누구에게나 있다!) 그가 우선적으로 추구하는 목적 일부가 당신의 목적과 충돌한다는 사실을 깨달으면 상황은 더욱 복잡해진다. 뉴욕에서 만날 장소를 택하는 셸링의 조정 게임에서 참가자들은 공통된 목적을 지녔다. 그 목적은 정오에 어딘가에서 만나는 것이었다. 그러나 조정 게임에는 '비협력적' 목적이 동반되는 경우가 많다. 죄수의 딜레마에서 다른 죄수를 배신하려는 이기적 유혹이 작동하는 것을 생각해보라. 그리고 이는 대화라는 조정 게임에서도 마찬가지다. 당신의 친구는 다음 주말에 당신의 아이를 봐주고 싶은 마음이 없거나, 지난번 참석한 결혼식장에 신랑이 나타나지 않았

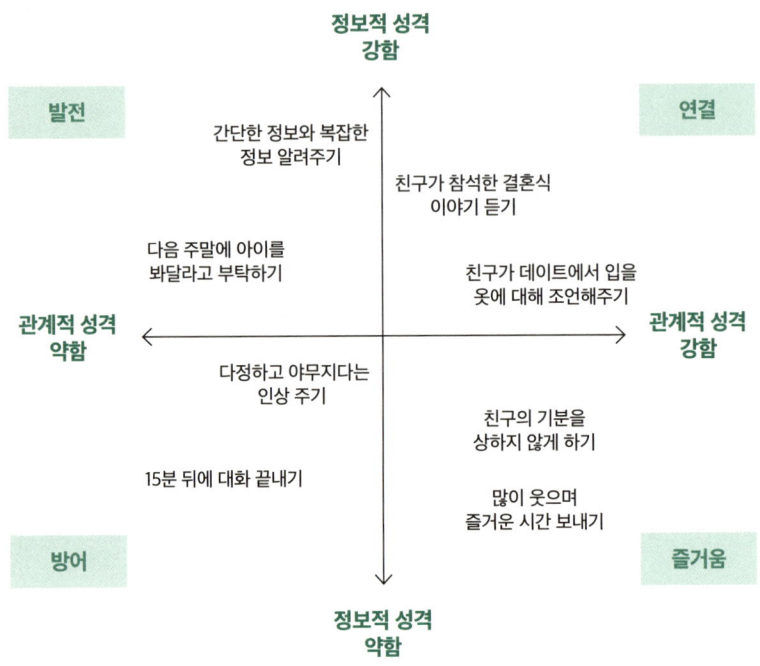

기 때문에 (결혼식에 대해 즐겁게 수다 떠는 것은 고사하고) 그날에 대해 딱히 할 이야기가 없다고 상상해보라. 게다가 친구는 당신에게 옷에 관련된 조언도 받고 고민도 털어놓으면서 당신을 15분이 아니라 (적어도) 3시간은 붙잡아두고 싶어 한다. 그렇다면 당신은 누구의 욕구를 더 우선시해야 할까? 당신의 욕구를 만족시키기 전에 친구가 원하는 바를 얼마나 충족시켜야 할까? 당신과 친구의 목적 중 어떤 것이 양립할 수 있는지, 그리고 어떤 것이 충돌하는지 어떻게 알 수 있을까?

대화 나침반은 대화 시작 전에 당신과 상대방의 우선적 관심사가 무엇일지 이해하는 데 도움을 줄 수 있다. 또 대화가 끝난 뒤 당신이 대화하며 특정한 방식으로 행동한 이유를 이해하는 데도 도움이 된다. 당신의 목적과 상대방의 목적을 단 30초만 생각해봐도 매우 유용하다. 하지만 대화 나침반이 확실한 해결책은 아니다. 참여자 모두의 관심사와 목적을 이해하는 것은 그것을 달성하기 위한 첫 단계에 불과하다. 왜일까? 대화에서는 어느 순간에라도 맥락이 바뀔 수 있고 대화 나침반이 다시 설정될 수 있기 때문이다. 각각의 새로운 국면은 당신의 목적과 우선순위를 약간 또는 완전히 바꿔놓을 수 있다.

이런 상황을 가정해보라. 당신이 친한 친구와 저녁을 먹으러 만났는데 친구가 이렇게 말한다. "네 배우자가 바람을 피우는 것 같아." 그러면 주말을 어떻게 보냈는지 들으며 수다를 떨던 시간이 갑자기 바람을 피운다고 의심되는 배우자에 대해 최대한 많은 정보를 친구를 통해 알아내려는 수사의 시간으로 바뀐다. 또는 당신이 직장에서 중요한 프레젠테이션을 끝낸 것을 동료와 축하하고 있을 때 동료가 "마지막 슬라이드 몇 개는 별로였어요" 또는 "나는 당신이 하워드의 질문에 답변한 내용에 동의하지 않아요"라고 말한다. 그 순간부터 프레젠테이션의 성공을 축하하던 대화는 건설적인 피드백을 구하고 몰랐던 것을 배우는 대화(또는 동료 때문에 짜증이 나는 대화)가 된다.

대화할 때 우리는 자신 읽기(나를 이해하기)와 타인 읽기(타인을 이해하기)뿐만 아니라 분위기 읽기(우리를 둘러싸고 계속 변하는 맥락을 이해하기)도 해야 한다. 즉흥성과 끊임없는 변화가 동반되기 때문에 대화가 어려우면서도 흥미로운 활동인 것이다. 우리는 다음 순간에 어떤 일이 벌어질지 결코 알 수 없다. 당장 갖고 있는 자원과 우리가 아는 정보만을 이용해 대화라는 퍼즐을 풀어야 한다.

그라이스 대화의 격률

오스틴과 동시대에 활동한 언어철학자 폴 그라이스Paul Grice는 이처럼 쉴 새 없이 변하는 상황에서 사람들이 조정 활동을 하는 방식에 관심을 가졌다. 그라이스는 오랫동안 대화에 대한 생각을 발전시켜 마침내 1967년 하버드대학교에서 자신의 이론을 강의했다. 강의를 통해(이 강의는 그가 세상을 떠난 뒤 『언어 사용에 대한 연구Studies in the Way of Words』라는 책으로 출간됐다) 자신의 대화 이론의 주요 요소를 설명했으며, 그중 핵심 개념은 대화가 서로 협력하려는 기본 전제를 바탕으로 이루어진다는 '협력의 원리cooperative principle'였다. 이전에 그가 '도우려는 의도'라고 단순하게 표현한 것에 비해 새롭고 과감한 접근법이었다. 이후 그의 이론은 수많은 논쟁을 촉발했다.

그라이스는 정말로 대화가 협력하려는 동기에 따라 이뤄진다고 생각했을까? 사람들은 종종 거짓말을 하고, 교묘하게 협상하고, 고집을 부리고, 부정직한 속임수를 쓰지 않는가? 또 서로 원하는 목적이 충돌하고 비협력적인 조정 결정을 내리지 않는가? 하지만 그라이스는 그런 대화의 양상을 모르지 않았다. 그가 말하려는 요지는 최소한 협력의 요소가 있어야 대화가 가능하다는 점이었다. 누군가에게 거짓말을 할 때도 우리는 그들과 말을 주고받아야 한다. 그러려면 두 사람의 협력이 필요하다. 뒤에 오는 사람을 위해 문을 잡아주는 것처럼, 우리는 자신이 대화에 어떤 식으로 기여할지를 조정해서 상대방이 대화를 잘 따라오게 만든다. 또 우리는 상대방과 번갈아가며 말한다. 원활한 대화를 위해 크고 작은 방식으로 서로의 욕구를 충족시킨다. 서로 반대되는 의견이나 목적을 지니고 있을 때도 말이다.

그라이스는 이러한 협력의 원리를 부연하면서, 이전에 "화자가 적절한 대화를 위해 지켜야 하는 규칙"이라고 표현한 것에 '격률maxims'이라는 이름을 붙였다. 하지만 명시적 지침을 제공해 대화에 질서를 부여한 칸트의 규칙과 달리, 그라이스의 격률은 암묵적 규칙을 나타내기 위한 것이었다. 그가 말한 대화의 격률은 다음과 같다. (1) 질의 격률: 진실하게 말하라. (2) 양의 격률: 간결하게 말하라. (3) 관련성의 격률: 주제와 관련이 있는 말을 하라. (4) 방법의 격률: 명료하게 말하라. 그라이스는 이들 네 격률을 잘 지키면 정보를 필요한 만큼만 전달하고, 참여자의 시간과 에너지, 주의력을 절약하며, 불필요하게 주제를 이탈하지 않고, 모호함과 중의성, 오해를 제거한 대화가 가능하다고 생각했다.

하지만 우리는 실생활에서 대화할 때 그라이스의 격률을 끊임없이 위반한다. 우리는 대화의 완벽한 조정자가 아니며 그렇게 될 수도 없다.* 대화를 연구하는 전문가가 아니더라도 그라이스의 격률이 실제 대화의 혼란스러움과 비합리성을 제대로 반영하지 못한다는 사실을 알 수 있다. 우리는 '진실하게' 말하지 않을 때가 많다. 때로 우리는 상대방이 자신의 생각이나 감정에 대한 지지를 얻고 싶어 한다는 것을 알기 때문에 정직함 대신 다정함을 택한다 ("그 옷 정말 잘 어울린다!"). 우리는 '간결하게' 말하지 않을 때도 많다. 어떤 경우에는 우리가 어색한 침묵을 채워주길(칸트가 손님들을 위해 그랬던 것처럼) 상대방이 원하고, 어떤 경우에는 짧은 답변이 의심을 불러일으키거나 무례하다는 인상을 줄 수 있다. 우리는 항상 주제와 '관련성이 있는' 말만 할 수 없다. 대화 주제와 무관한 말을 수시로 한다. "화이트 피노누아나 스파클링 레드 와인 람브루스코 마셔봤어요?", "너 바지 지퍼 열렸어!", "얼마 전에 스케이트 여행 갔던 이야기 해줄까?", "수염이 정말 매력적이네요!" 등등. 사실 좋은 대화에는 관련 있는 이야기(주제에 대해 말하기)와 무관한 이야기(갑자기 새로운 화제 꺼내기)가 늘 섞여 있기 마련이다. 그리고 우리는 항상 '명료하게' 말할 수만은 없다. 자신의 생각을 정확하게 설명하지 못하거나 "음…", "저기…"처럼 머뭇거리는 말을 사용할 때도 많다. 사실 따지고 보면 대화의 공백을 메우는 감탄사는 중요한 역할을 한다. 우리가 뭔가를 확신하지 못한다는 신호를 전달하는 것이다. 대화에는 완벽한 대본이나 규칙이 없으며 우리는 순간순간 상황에 반응하고 적응하며 대화를 만들어간다.

* 그렇다고 낙담하지는 마라. 그라이스 자신도 이들 격률이 비현실적이라는 것을 잘 알았다. 사실 그가 이 격률을 만든 이유 중 일부는 격률을 무심코 어기는 것과 의도적으로 어기는 것의 차이를 강조하기 위해서였다. 또 그는 우리가 격률을 의도적으로 어길 때(화자와 청자 모두 이해하는 미묘하거나 흥미롭거나 위트 있거나 독특하거나 간접적인 신호가 동반된) 종종 가장 좋은 대화가 이뤄진다고 생각했다.

엿듣기의 역사

그라이스가 대화 이론을 정립한 것과 비슷한 시기에 다른 학자들은 실제 일상생활의 대화를 '있는 그대로' 녹음하는 작업을 시작했다. 유명한 사회학자 어빙 고프먼Erving Goffman은 20세기 중반에 사람들이 실제로 상호작용하는 방식을 관찰한 사회과학자 중 한 명이었다.

고프먼은 대화 엿듣기의 전문가였다.** 그는 동네 상점, 정신병원, 카지노, 일반 가정 등 다양한 삶의 현장을 직접 관찰해, 사람들의 일상적인 상호작용과 체면을 지키려는(즉 창피와 굴욕을 면하려는) 끊임없는 노력을 지배하는 의례ritual를 발견했다. 다른 많은 언어학자와 사회학자도 고프먼과 마찬가지로 일상에서 이뤄지는 미시적 차원의 상호작용에 큰 관심을 가졌으며 마침내 대화 분석Conversation Analysis이라는 방법론을 정립했다. 그들은 마이크로 대화를 녹음한 뒤 그 내용을 손으로 기록했으며 때때로 주변 소음에 섞인 화자의 발화를 분간하기 위해 안간힘을 썼다. 그리고 기록한 내용을 자세히 조사해 대화에 자주 나타나는 습관 및 현상(한 번에

** 고프먼은 박사 논문을 위해 외딴 셰틀랜드제도에 살았고 나중에는 라스베이거스 카지노의 관리자로도 일했다. 모두 사람을 관찰하고 대화를 엿듣기 위해서였다. 하지만 고프먼의 대화 스타일에 대해서는 알려진 바가 거의 없다. 자신에 관련된 정보가 노출되는 것을 싫어했다고 알려진 그는 자신의 강의를 녹음하는 것을 금지했고, 사진도 찍지 않았으며, 공식적인 인터뷰도 단 두 번밖에 하지 않았다. 그는 학자가 자기 자신을 연구하는 것은 바람직하지 않다면서 "자신의 삶을 연구 대상으로 삼는 것은 얼간이나 하는 짓이다"라고 말했다.

한 사람씩 말하는 것, 발언 기회 분배하는 것, 말이 겹치는 것 등으로 최근 한 연구에서는 코를 훌쩍이는 습관도 포함했다)을 분석하고 정교한 표시법을 고안했다.

그들은 처음엔 일상 대화에 집중하다가 나중에는 병원이나 법정, 법 집행기관, 상담 전화 서비스, 교실 등 특수 상황에서 이뤄지는 대화도 연구했다. 한 번에 한 건의 대화 또는 서로 긴밀히 연결된 여러 건의 대화를 분석했다. 이들은 섬세한 분석을 통해 화자가 번갈아가며 말하는 것이 상호작용의 기본 구조라는 점, 사람들이 상대방에게 주는 인상을 관리한다는 점, 상대방의 말을 정확히 이해하지 못했다는 미묘한 신호를 보내고 때로 그것을 만회하려 노력한다는 사실을 보여주었다. 하지만 이 학자들은 대화가 참여자에게 만족스럽게 진행됐는지 아닌지는 판단할 수 없었다. 그것을 판단하려면 참여자의 목적, 즉 그들이 말을 통해 달성하고자 하는 바를 알아야 하기 때문이다. 또한 더 일반적인 결론을 도출하려면 많은 대화 사례를 연구해야 했다. 즉 더 방대한 데이터가 필요했다.

그리고 얼마 후 디지털 혁명이 일어나면서 훨씬 짧은 시간에 효율적으로 대화를 녹음하고 기록할 수 있는 새로운 기술이 등장했다. 21세기 초에는 자동 녹음 및 기록 도구가 과거 고프먼과 여러 학자가 대면 대화를 녹음하며 수행해야 했던 물리적 노동의 상당량을 줄여주었다. 아울러 머신 러닝machine learning과 자연어 처리(Natural Language Processing, NLP: 컴퓨터가 인간의 언어를 이해, 생성, 조작할 수 있도록 하는 기술-옮긴이) 덕분에 연구자들이 과거와는 다른 방식으로 데이터를 분석할 수 있게 됐다. 이러한 기술 발전은 한마디로 혁신적 변화를 가져왔다. 말이든 글이든 전통적으로 언어는 그 의미와 맥락, 감정 뉘앙스를 정확히 측정하기 어렵거나 질적 분석의 대상만 될 수 있다고 여겨졌지만, 이제는 언어를 수치 데이터로 나타낼 수 있다. NLP는 문자를 숫자로 바꿔서 처리한다.

이러한 기술 발달이 주는 이점은 무엇일까? 행동과학자들이 기술 도구를 활용해 인간의 특성이나 우리가 일하는 방식에 대해, 그리고 더 효과적으로 대화하는 방법에 대해 보다 정확하고 질 높은 연구 결과를 얻을 수 있다. 성별 문제를 예로 들어보자. 대화 방식의 남녀 간 차이에 대한 가설을 세우거나 몇몇 남녀 커플의 대화를 연구하는 대신, 이제는 수천 명에 대한 데이터를 토대로 남성과 여성의 말하는 양이 비슷하다는 사실(심리학자 마티아스 멜Matthias Mehl은 남성과 여성 모두 하루에 평균 약 1만 6,000개의 단어를 말한다는 사실을 발견했다), 남성과 여성이 장소에 따라 말하는 방식이 다를 수 있다는 사실을 알아낼 수 있다. 예컨대 심리학자 질리언 샌드스트롬Gillian Sandstrom의 최근 연구에 따르면 학술 세미나에서 여성이 남성보다 질문을 더 적게 하며 특히 첫 질문자가 남성인 경우 그런 경향이 더 강하게 나타난다. 하지만 남녀의 데이트에서는 여성이 남성보다 질문을 더 많이 하는 경향이 있다. 이런 연구 결과를 토대로 우리는 사람들이 특정한 방식으로 말하는 이유를 이해하고, 대화 중 내리는 미세 결정이 장기적 결과에 어떤 영향을 미치는지 평가할 수 있다. 세미나 참석자들이 세미나 후 서로 대화를 나눴는가? 그들은 서로 협력했는가? 획기적 아이디어를 함께 발견했는가? 그들은 직업적으로 어느 정도의 성공을 거뒀는가? 데이트를 한 남녀는 이후 다시 만났는가? 결혼했는가? 행복한 생활을 하고 있는가?

이러한 발견의 시대는 이제 막 시작됐으므로 아직은 더 탐구해 알아내야 할 것이 많다. 하지만 연구자들은 인간 상호작용의 비밀을 풀기 시작했으며, 일부 영역에서는 구체적인 답을 얻고 있다. 그런 답들은 사람들이 대화의 불확실성과 복잡성을 인정하면서 대화 나침반의 '모든' 사분면에서 조정 게임을 해야 한다는 사실을 보여준다.

일상에서 나누는 대화는 불확실하고 복잡하다. 동료 연구자들과 내가 분석하는 대화 기록을 검토해보면 혼란스럽기 그지없다. 시트콤이나 영화에 나오는 대화와 달리 실생활의 대화는 정돈되고 깔끔한 대본을 따르지 않는다. 사실 일상생활의 대화는 부조리하고 이상할 때가 많다. 불완전한 아이디어와 순환적이고 어설픈 논리가 곳곳에 존재하고 애정 표현이나 방어적 발언도 다양한 방식으로 간간이 섞여 있다. 그래도 괜찮다! 무덤 속 칸트는 이 말에 질색하겠지만 말이다. 그것이 우리가 사람들과 실제로 소통하고 관계 맺는 방식이기 때문이다. 인류가 200만 년 동안 익혀온 기술이자 우리 모두가 아기 때부터 익혀온 기술인 대화는 보기보다 훨씬 어렵다. 대화를 위한 명시적 규칙(칸트가 제시한 것 같은)이나 합리적 화자에게 필요한 태도(그라이스의 격률)를 아는 것도 도움이 될 것이다. 그러나 그 어느 때보다 지금은 우리의 대화 능력을 올바른 방향으로 발휘하게 도와줄, 간단하면서도 과학적으로 검증된 조언이 필요하다.

핵심은 TALK 원칙이다

그렇기 때문에 TALK 원칙이 필요하다. TALK 원칙, 즉 주제, 질문하기, 가벼움, 배려는 우리가 대화 나침반의 네 사분면에서 효과적으로 목적을 이루게 도와준다. 특히 대화 도중 엉뚱한 방향으로 흘러가거나 잘못된 조정 활동을 할 때가 많기에 더욱 이들 원칙이 필요하다. 나는 10년간 대화를 연구한 결과를 토대로 이들 원칙을 도출했다. 각 원칙은 직관적으로 이해하기 쉽다. 당신이 만족스럽지 못했거나 삐걱거린 대화가 있었다면 이들 원칙의 일부 또는 전부와 관련해 문제가 있었던 것이다.

나는 사람들이 효과적인 대화 방식을 배우고 실생활에서 활용할 수 있는지 연구했다. 다행스럽게도 그것은 얼마든지 가능하다! 자신 있게 말할 수 있는 이유는 그것을 연구 과정에서도 강의실에서도 거듭 목격했기 때문이다. 내가 진행하는 하버드 강의에서 학생들은 대화하기를 연습한다. '공장의 구매자'나 '집주인'처럼 억지로 꾸민 역할을 맡는 것이 아니라 그들의 원래 모습 상태로 대화한다. 학생들은 주제를 택하고, 서로에게 질문하고, 자신의 목적을 고려하고, 상대방의 기운을 북돋고, 대화 기술을 다양한 상황에서 활용할 때 만나는 어려움과 기회에 대해 이야기를 나눈다.

강의가 끝날 무렵이면 그들은 눈에 띄게 달라져 있다. 지나치게 진지했던 학생에게서 약간 발랄함이 느껴지고, 말하기를 두려워하는 소심한 학생이 그룹 대화에서 의견을 표현한다. 원래 자신감 있게 말하는 스타일의 학생은 더 정확하게 말하려 노력한다. 그리고 모두가 타인의 단점에 대한 이해와 수용의 폭이 넓어지며, 상대방이 잘한 것을 더 기꺼이 인정하는 태도를 보인다.

나는 이런 변화를 관찰하는 데서 그치지 않고 '측정'한다. 매 학기가 시작될 때와 끝날 때 학생들에게 같은 과제를 내준다. 살면서 겪은 힘든 일에 대해 다른 학생과 10분간 대화를 나누라고 한다. 학기가 끝나는 시점에 우리는 두 번의 대화 내용을 분석하고 비교하며, 이를 통해 그들은 자신의 대화 방식이 어떻게 변했는지 깨닫는다. 대개는 자신감이 늘고 대화에 더 적극적으로 참여하며 상대방과 유대감을 더 잘 형성하는 사람으로 변해 있다. 그리고 때로는 두렵고 때로는 즐거운 대화라는 행위 자체에 대해 불안감 없이 더 열린 태도를 지니게 된다.

당신도 그들과 같은 경험을 해볼 준비가 되었는가? 그렇다면 먼저 목부터 가다듬길 바란다. 이제 대화의 세계로 들어가보자.

SUMMARY

- 대화는 복잡하고, 유쾌하고, 미세한 **조정 게임**coordination game이다.
- 대화는 시대와 장소에 따라 진화해왔다.
  오늘날 우리는 대화를 조정 게임으로 바라봐야 한다.
- 대화의 목적을 '**정보**'와 '**관계**'라는 두 축을 따라
  대화 나침반에 나타낼 수 있다.

- TALK의 네 가지 원칙, 즉 **주제**Topics, **질문하기**Asking, **가벼움**Levity, **배려**Kindness는 대화의 목적을 제대로 이룰 수 있도록 도와준다.

대화라는 미묘하고 복잡한 조정 게임은 기본적으로 '주제'로 이루어져 있다. 어떤 주제로 이야기를 나누는지에 따라 대화 방식이 달라진다. 그러므로 서로의 목적을 달성하는 대화를 하기 위해서는 반드시 주제를 미리 준비해야 한다. 제2강에서는 주제를 관리함으로써 스몰 토크와 맞춤 대화를 거쳐 대화 피라미드 꼭대기의 깊은 대화에 이르는 방법을 알아본다.

제2강

첫 번째 원칙, 'T'는 주제(Topics)다

T IS FOR TOPICS

강의를 막 시작하려는 참이었다. 학생들이 속속 강의실에 도착했다. 강의용 슬라이드를 열고 있을 때 앞쪽에 앉은 조시가 질문을 했다.

"어제 왜 대화 주제를 생각해 오라고 하셨어요?" 내 요구가 몹시 못마땅하다는 목소리였다. 전날 나는 학생들에게 다른 학생과 이야기 나눌 주제를 적어도 다섯 가지씩 적어 오라고 말했다.

"어려웠나요?"라고 내가 물었다.

"아뇨, 금방 끝났어요. 하지만 대화를 위해 '준비'한다는 게 좀 이상해서요."

대화 주제를 준비하는 것은 시간을 많이 잡아먹는 과제가 아니다. 하지만 늘 일부 학생은 불만을 느낀다. 그들의 심리적 불편함과 호기심을 자극하는 것이 나의 일이므로, 나는 눈썹을 치켜올리며 '불만을 말해줘서 고마워요. 계속 강의에 집중하길!'이라는 뜻의 미소를 조시에게 보냈다.

그날은 '대화 서클의 날chat circle day'이었다. 늘 학기 시작 무렵에 진행하는 활동이다. 그동안 대화 서클을 숱하게 진행했는데, 영상을 통해 하든 직접 대면 대화를 하든 늘 나오는 반응이 있다. 즉 대화를 '계획'한다는 것에 심한 반발감을 느끼는 사람들이 꼭 있다. 평소 업무 회의 안건을 꼼꼼하게 준비하거나 취업 면접에서 할 답변을 열심히 연습하는 사람도 그렇다. 그들은 일상적 대화를 위해 준비하는 것은 거짓되고 조작적인 행동이라고, 또는 당혹스럽거나 불필요한 행동이라고, 심지어 비생산적인 행동이라고 여긴다. 대화를 앞두고 준비하면 역효과가 날 것이라고 확신한다. 말하는 태도가 마치 '연습한 것처럼' 부자연스럽고 어색해져 상대방이 대화에 흥미를 잃을 것이라 생각한다.

내가 강의실에서 대화 서클을 진행하는 목적은 여러 가지다. 서로에 대해 알고, 대화를 녹음하고 분석해 뭔가 배우는 과정에 익숙해지고, 자신과 타인이 준비한 주제로 대화하는 것을 연습하고, 대화의 즐거움을 느끼게 하기 위해서다. 그날은 강의의 겨우 셋째 날이라서 일부러 이런 목적을 정확히 설명하지 않은 상태였다. 그래서 조시뿐 아니라 다들 속으로 이런 의문을 품고 있었다. 대체 이런 걸 왜 하는 거지?

강의실에는 의자들을 2개의 큰 동심원 형태로 배치했다. 안쪽 원의 의자가 바깥쪽 원의 의자와 마주 보도록 한 형태였다. 학생들은 다섯 번 연속으로 매번 다른 파트너와 각각 5분씩 대화하며, 모든 대화는 휴대전화에 자동으로 녹음된다. 나는 그들에게 주요 목표가 '대화를 나누며 즐거운 시간을 보내는 것'이라고 말했다. 그리고 대화가 끝난 뒤 각 대화를 얼마나 즐겁게 느꼈는지 평가하고, 녹음한 대화를 다시 들어보고, 다음 강의 때 특정 대화가 다른 대화보다 즐거웠던 이유에 대해 함께 이야기를 나눌 것이라고 설명했다.

다섯 번 중 첫 번째 라운드는 일종의 준비운동이었다. 이때는 학생들이 대화 주제를 선택하지 않고 내가 정해주었다. 예컨대 다음과 같은 주제였다.

"만일 순간 이동이 가능하다면 어디로 가고 싶은가요?"
"당신이 잘하지만 별로 하고 싶지 않은 일은 무엇인가요?"
"영화나 TV 캐릭터 중 친해지고 싶은 사람은 누구인가요?"

5분간의 대화가 끝나면 휴대전화 앱을 열어 2분간 다음과 같은 질문에 답했다. '파트너와 나눈 대화와 관련해 다음 문장에 얼마나 동의합니까?' 학생들은 각 문장에 대해 1~7점으로 답했다. '즐거웠다', '어색했다', '파트너와 함께 많이 웃었다', '내가 대화 주제를 통제했다', '주제가 마음에 들었다', '내가 준비해 온 주제 중 하나에 대해 이야기했다', '내가 자신감 있게 말한다고 느꼈다', '파트너가 내 말을 주의 깊게 경청했다' 등.

첫 번째 라운드가 끝나면 바깥쪽 원에 앉은 학생들이 자리를 옮겨 대화 파트너가 바뀌었다. 이후 네 번의 라운드에서 그들이 주제를 결정했다. 각 라운드가 시작되기 전에 나는 원한다면 준비한 주제 목록 중 택해도 된다고 말했다. 하지만 준비한 주제로 말하는 것을 꺼리는 이들이 많다는 것을 알기 때문에, 반드시 그중에서 선택할 필요는 없다는 말도 덧붙였다. 대화를 자연스러운 흐름에 맡겨도 된다고 말이다.

두세 번 대화 라운드를 진행하고 나니 대부분의 학생들이 그 시간을 즐기고 있는 듯이 보였다. 조시까지도 말이다. 마지막 라운드까지 다 끝난 뒤 학생들은 지친 모습이었다. 처음의 원 모양은 온데간데없어지고 바퀴 달린 의자가 여기저기 흩어져 있었다. 대화 서클이 아니라 대화 축제가 한바탕 벌어진 뒤의 풍경 같았다.

"여러분 모두 잘했어요!" 나는 진심으로 그들이 자랑스러웠다. 25분 동안 집중해서 상대의 말을 들으며 대화하는 것은 쉬운 일이 아니기 때문이다. 그들도 자신에게 박수를 보냈다. 간식이나 음료도 없는 상황에서 그들은 함께 즐거운 시간을 보냈다. 우리는 의자를 다시 하나의 큰 원 형태로 배치한 뒤 각자의 경험에 대해 이야기를 나눴다.

다른 해의 학생들과 마찬가지로 이들 역시 대화 서클이 상당히 재밌다는 사실에 놀랐다. 친구들에 대해 조금 더 잘 알게 된 기회였다며 고마워했다.

하지만 매년 그렇듯 이번에도 일부 학생은 대화 주제를 준비한다는 데 반감을 느꼈다. 몇몇은 전날 준비한 주제를 잊어버려서 꺼내지 않았다고 말했다. 또 조시를 비롯한 몇몇은 다른 이유로 그 주제를 꺼내지 않았다. 그러고 싶지 않았거나 그럴 필요가 없다고 느낀 것이다.

나는 그들을 안심시켰다. "괜찮아요. 꼭 준비한 주제로 대화해야 하는 건 아니에요."

하지만 이제 내가 반론을 펼칠 차례였다. "여러분이 파트너와 대화하는 동안 내가 돌아다니며 관찰해봤는데, 미리 생각해 온 주제로 이야기를 나누는 학생은 부자연스럽지도, 인간미가 없어 보이지도 않았어요. 화기애애한 분위기로 대화가 진행됐죠. 서로 죽이 잘 맞아 보이던걸요. 어떻게 된 일일까요?"

그러자 너도나도 의견을 냈다. 많은 학생이 뜻밖에도 준비한 주제가 큰 도움이 됐다고 말했다. '투표했습니다(I VOTED)' 배지를 옷깃에 단 붉은 머리의 여학생은 "사실 그것을 사용하지 않을 줄 알았어요. 하지만 미리 목록을 만들어놓아서 다행이에요"라고 말했다.

"다른 파트너와 대화할 때마다 미리 준비한 같은 주제로 이야기했는데 매번 재미있었어요." 하버드 비스니스 스쿨 집업 재킷을 입은 학생이 말했다.

두꺼운 뿔테 안경을 쓴 또 다른 학생은 이렇게 말했다. "주제 목록에 대해 별생각이 없었는데 결국 굉장히 요긴했어요."

"학생은 어떻게 생각해요?" 나는 수업이 끝나고 짐을 챙기는 조시에게 물었다.

조시는 주제를 미리 생각해 오는 방식이 여전히 100퍼센트 마음에 들지는 않지만 그래도 대화 서클 동안 파트너와 〈왓치맨The Watchmen〉의 닥터 맨해튼에 대해 매우 "재밌게" 이야기를 나눴다고 대답했다. 그때 마침 조시의 파트너가 옆을 지나가기에, 나는 그녀에게도 물어보았다. 그녀는 그것이 준비한 주제였다고 말해 조시를 놀라게 했다.

그다음 수업에서 나는 학생들에 대한 데이터를 공유했다. 그들이 대화에 매긴 평균 점수, 그리고 대화의 즐거움과 높은 상관관계를 지닌 변수를 알려주었다. 데이터 양상은 다른 대화 서클 때와 비슷했다. 즉 그들은 즉흥적으로 진행한 대화보다 준비된 주제로 나눈 대화가 훨씬 더 재미있었다고 답했다.

나머지 학기 동안 학생들은 강의실과 일상에서 주제를 준비하고 대화하는 연습을 계속했다. 처음에는 의무적 과제로, 나중에는 선택에 따라서 했다. 그런 연습이 거듭되면서 조시 또한 주제를 미리 생각해놓으면 훨씬 만족스러운 대화를 할 수 있다고 생각이 바뀌었다. 학기가 끝날 무렵에는 90퍼센트가 넘는 학생이 '화제 준비하기'를 내 강의에서 배운 가장 중요한 내용 세 가지 중 하나로 꼽았다.

그런데 어째서 주제를 미리 준비해도 조시가 걱정한 것처럼 대화가 부자연스러워지거나 상대방의 흥미를 떨어뜨리지 않는 것일까? 30초만 투자해 대화 주제를 미리 구상하면 정말로 만족스러운 대화가 가능할까? 여기에 답하려면 먼저 일반적으로 대화 주제를 관리하는 일이 얼마나 어려운지 알아야 한다.

주제, 대화라는 건축물을 짓는 벽돌

이탈리아 작가 프리모 레비Primo Levi는 1963년 출간한 회고록 『휴전La Tregua』에서 나치가 만든 죽음의 수용소에서 해방된 뒤 고향 이탈리아로 돌아가는 고난에 찬 여정을 묘사한다. 이 여정에서 그가 만난 유대계 그리스인 모르도 나훔Mordo Nahum은 이탈리아 병사들의 마음을 사로잡는다(제2차 세계대전 중 이탈리아는 그리스의 적국이었다). 레비는 나훔의 재능에 경탄하며 이렇게 적었다. "나훔은 평범한 그리스인이 아니었다. 대화의 귀재이자 카리스마 넘치는 탁월한 그리스인이었다. 이야기를 시작한 지 단 몇 분 만에 기적을 일으키고 분위기를 휘어잡았다. 그는 적절한 도구를 갖춘 것(이탈리아어를 할 줄 알았다)은 물론이고 이탈리아어로 '무슨 이야기를 해야 할지' 잘 알았다(더 중요할 뿐 아니라 많은 이탈리아인에게 부족한 능력이다). 나는 그를 보며 놀라움을 금치 못했다. 그는 여자와 스파게티에 대해, 축구 클럽 유벤투스와 오페라에 대해, 전쟁과 임질에 대해, 와인과 암시장, 오토바이, 사기꾼에 대해 전문가처럼 이야기를 풀어냈다." 나훔은 다양한 이야깃거리로 철천지원수들과 금세 친구가 되었다.

물론 누구나 그렇게 대화를 능란하게 끌어가는 것은 아니다. 나훔이 이탈리아인의 마음을 사로잡은 것과 비슷한 시기인 1939년, 영국 작가 버지니아 울프Virginia Woolf는 시인 스티븐 스펜더Stephen Spender와의 실망스러운 점심 식사를 이렇게 회상했다. 그의 "엉성한 정신"이 너무나도 "모호하고 불명료한" 주제를 옮겨 다녀서 울프가 나중에 대화 내용을 일기에 적으려 해도 좀처럼 기억이 나지 않았다. "우리는 항문 성교, 여자, 글쓰기, 익명성 등 이 주제에서 저 주제로 마구 옮겨 다녀서 무슨 이야기를 나눴는지도 모르겠다."* 그날의 대화는 두 사람의 협력을 불가능하게 했다.

울프와 스펜더가 좋은 대화를 나누지 못한 데는 분명 여러 이유가 있을 것이다. 서로 번갈아 말하는 박자가 삐걱댔거나 집중력을 흐트러뜨리는 주변 요인도 있었을지 모른다. 같은 나라 사람이고 비슷한 계층이며 둘 다 문인인 울프와 스펜더는 점심을 먹으며 대화로 교감하는 데 실패한 반면, 어떻게 그리스인 나훔은 과거의 적들을 마주한 최악의 상황에서 "분위기를 휘어잡았"을까? 레비와 울프는 대화의 가장 기본적인 요소, 즉 '주제'를 강조하고 있다. 대화 서클에서 학생들이 나눈 대화와 마찬가지로, 어떤 주제는 다른 주제보다 참여자의 호응을 더 강하게 끌어냈다. 나훔이 택한 스파게티와 와인, 축구 클럽, 오토바이라는 화제는 글쓰기와 익명성에 대한 스펜더의 모호한 이야기보다 상대방의 머릿속에 더 강하게 남았다.

우리가 입말이나 글자로 상대방에게 전달하는 것, 즉 '언어적$_{verbal}$' 내용물이 있기 때문에 대화가 성립된다. '비언어적' 내용물(얼굴 표정, 손짓 같은 보디랭귀지)과 목소리의 청각적 특징(어조, 웃음, 속도, 말 멈춤)도 물론 매우 중요하지만, 언어적 소통, 즉 '말'이 없는 상호작용은 대화라고 할 수 없다. 우리는 말을 여러 방법으로, 다시 말해 구, 문장, 단락, 음절 단위로 해부하고 분석할 수 있지만, 대화 참여자가 선택하고 따라가고 관리하고 기억하는 것은 다름 아닌 대화의 주제다. 따라서 대화를 잘하는 방법을 알고자 한다면 무엇보다 주제라는 요소에 주목해야 한다. 주제는 대화의

---

* 스펜더는 준비한 대화 주제를 적는 쪽지에 '항문 성교'라고 썼을지도 모른다.

소재를 뜻하는 동시에 그 이상이기도 하다. 엄밀히 말하면 내용적으로 연관된 발화의 덩어리 전체를 주제라고 할 수 있다. 빠른 속도로 나열되는 단어나 어구와 달리 주제는 우리의 머리가 따라갈 수 있는 약간 더 느린 속도로 펼쳐지는 경향이 있다.

앞에서 말했듯이 대화는 복잡한 조정 게임이다. 그리고 이 조정 게임의 가장 기본적인 요소는 주제다. 우리는 '주제'가 대화의 '방식'을 결정한다는 사실을 직관적으로 안다. TALK 원칙 중 첫 번째가 주제인 까닭은 그것이 대화라는 건축물을 구성하는 기본적이고 중요한 벽돌이기 때문이다. 그리고 능숙하게 주제를 관리하기 위해서는 자신 읽기와 타인 읽기, 분위기 읽기가 필요하다. 다시 말해 내가 이야기하고 싶은 것을 이해하고, 상대방이 이야기하고 싶은 것을 파악하며, 어떤 방식이 효과가 있을지 알아내야 한다.

좋은 대화 주제가 따로 있을까

아름다움과 마찬가지로 좋은 주제도 보는 사람에 따라 다르다. 여자와 스파게티라는 화제는 나훔이 만난 이탈리아 친구들에게 잘 먹혔지만 스펜더와 울프의 대화에서는 별 소용이 없었을 것이다. 어떤 사람은 빈티지 자동차에 대해 이야기하는 일이 신날지 모르지만, 다른 사람은 이해하기 힘들거나 지루하거나 짜증 나거나 분위기에 맞지 않는 화제라고 느낄 수 있다. 이는 어떤 주제든 마찬가지다.

그럼에도 이론상으로는 어떤 주제가 낯선 사람과 이야기하기 좋고 어떤 주제가 그렇지 않은지에 대한 사람들의 의견이 대체로 일치한다. 나는 동료 연구자 마이크 요먼스Mike Yeomans와 함께 다음과 같은 조사를 실시했다. 우리는 1,000명에게 50가지 주제를 제시한 뒤 잘 모르는 타인과 대화하기 좋은 화제인지 아닌지 평가해달라고 했다. 이 목록에는 불쾌감을 주지 않는 무난한 화제('최근에 흥미롭게 읽은 책이 무엇인가요?')부터 감정을 자극하는 화제('누군가 앞에서 또는 혼자 있을 때 마지막으로 울어본 게 언제인가요?')까지 다양한 주제가 섞여 있었다. 응답자들은 상대방의 기분을 상하게 하거나 부정적 감정을 유발하지 않으면서 대화를 이어갈 수 있는 주제를 선호했다. 예컨대 이런 것이다. '지금 사는 지역이 마음에 드나요? 아니면 다른 곳으로 이사 가고 싶은가요?', '당신에게 완벽한 하루란 어떤 날인가요?', '좋아하는 노래·음식·TV 프로그램·영화·책이 무엇인가요?' 한편 대다수 응답자가 슬픔이나 죽음과 연관된 주제는 피하고 싶어 했다. '가족 중에 누가 세상을 떠나면 가장 힘들 것 같나요? 그 이유는 무엇인가요?'라는 질문을 가장 이야기하고 싶지 않은 주제로 꼽았다.

하지만 문제는 그렇게 간단하지 않다. 응답자들이 이론상 가장 낫다고 생각한 주제가 꼭 실제 대화에서 가장 만족스럽거나 즐거운 주제는 아니었던 것이다. 우리는 그들에게 이들 주제에 대해 실제로 대화를 나눠보게 한 뒤 놀라운 결과를 발견했다. 그들은 피하고 싶다며 가장 낮은 점수를 준 주제에 대해 실제로 대화해보고 가장 큰 즐거움을 얻은 경우가 많았다. 예를 들어 '누군가 앞에서 또는 혼자 있을 때 마지막으로 울어본 게 언제인가요?'라는 주제(점수가 끝에서 두 번째였다)로 이야기를 나누고 매우 만족스러워했다. 우울한 주제라고 해서 그것에 대해 이야기를 나눴을 때 반드시 우울해지는 것은 아니다.

특정한 주제가 좋은지 나쁜지 미리 아는 것은 거의 불가능한 일이다. 특히 상대방이 우리가 잘 모르는 사람인 경우 직접 대화해보기 전까지는 그것을 알기 어렵다. 대화 주제에 대한 만족도는 음식이나 색깔, 영화, 신발에 대한 만족도와 완전히 다른 범주에 속하는 문제다. 주제는 (대화의 다른 측면과 마찬가지로) 참여자가 '함께 만들어가는' 것이기 때문이다. 만일 당신이 어제 작은아버지와 아침 식사에 대해 이야기를 나누고 짜증이 났다면, 아침 식사라는 주제가 부적절했다고 생각할지 모른다. 하지만 당신의 동료나 다른 작은아버지와 아침 식사에 대해 이야기를 나누면, 또는 같은 작은아버지와 다른 시간에 대화를 나누면 즐겁게 시간을 보낼지도 모른다. 프레드 작은아버지가 1971년에 아침 식사로 채소를 잔뜩 넣은 염소 치즈 오믈렛을 만들어주면서 플로 작은어머니에게 구애했다는 사실을 누가 알았겠는가? 장모님이 아끼는 파이 틀로 프렌치토스트를 만들다가 홀랑 태웠다는 친구의 이야기를 들으며 당신이 배꼽을 잡게 될 줄 누가 알았겠는가? 대화가 얼마나 즐거우냐를 좌우하는 것은 아침 식사라는 주제 자체가 아니다. 그보다는 우리와 대화 상대방, 그리고 대화 상황의 모든 특정한 요소가 그것을 좌우한다.

주제도 관리가 필요하다

대화 주제에 좋은 것과 나쁜 것이 있다고 추상적으로 생각하기보다 당신과 대화 파트너의 관계, 파트너와 주제의 관계, 그리고 당사자 모두의 목표를 토대로 주제를 개발하는 것이 도움이 된다.

내가 연구한 바에 따르면, 좋은 대화의 관건은 좋은 주제 선택이 아니다. 그보다는 '주제 관리'를 통해 어떤 주제든 좋은 주제로 만드는 것이 더 중요하다. 대화를 할 때 우리는 참여자 모두에게 만족스러운 주제를 함께 찾는다. 이런 끊임없는 주제 관리(대화 중 이야깃거리를 택하고 특정 방향으로 이끌어가는 것)는 대화라는 조정 게임이 어려울 수밖에 없는 또 다른 이유다. 대화 중 모든 순간에 화자는 현재의 주제에 대해 계속 이야기할지, 새로운 화제로 바꿀지, 아까 다룬 주제를 다시 꺼낼지 결정할 수 있다. 이런 미세 결정(대화를 끌어가는 방법 정하기, 상대방이 원하는 주제에 동의하거나 거절하기로 선택하기 등)에 따라 우리가 대화에서 어떤 보물을 발견할지가 달라진다. 어떤 주제를 택하느냐는 물론이고 그것에 대해 무엇을 어떻게 말할지 선택하는 것도 중요하다.

성공하려면 미리 준비하라

주제를 관리하기 위해서는 주제를 준비하는 것이 필요하다. 주제 준비를 어려운 조정 게임을 풀어나가게 도와주는 일종의 치트

키로 생각하라.

조시처럼 대부분의 사람들은 주제를 미리 준비하는 데 반감을 느낀다. 우리는 대화를 잘하는 사람은 '계획'을 하지 않는다고 생각한다. 그들은 타고난 재능이 있고, 원래 직관적 판단과 공감 능력이 뛰어나고 카리스마가 있으며, 머리 회전이 빠르고 순발력이 있다고 말이다. 우리와 달리 그들은 타고나기를 물 흐르듯 대화하며 자연스럽게 타인과 교감할 줄 안다고 말이다. 내 학생들도 주변의 카리스마 넘치는 사람을 부러워하면서 그것을 타고난 재능으로 믿는 경우가 많다. "제 친구는 대화에 얼마나 능숙한지 몰라요. 말하는 데 주저함이 없어요. 저도 그 친구를 닮고 싶어요." 이렇듯 대화를 잘하는 사람을 보면서 그것이 축적된 경험이나 노력 때문이 아니라 선천적 재능 덕분이라고 믿는 것이 '자연스러움에 대한 신화'다. 누군가가 대화를 잘하면 별 노력 없이 수월하게 하는 것처럼 보인다. 우리는 그것이 '실제로' 노력 없이 가능한 일이라 믿고 우리 자신도 별 노력 없이 자연스럽게 할 수 있어야 한다고 믿게 된다.

자연스러움에 대한 신화는 여러 문제를 낳는다. 그중 하나는 화제를 준비하는 데 거부감을 갖는 것이다. 내가 진행한 연구에서는 27퍼센트의 사람들이 대화를 앞두고 어떤 옷을 입을지 결정하는 데 적어도 5분을(그리고 종종 그보다 훨씬 긴 시간을) 사용한다고 답한 반면, 이야깃거리를 미리 생각한다고 답한 사람은 18퍼센트에 불과했다. 일부 사람은 주제를 미리 생각해두면 오히려 대화에 방해가 되고, 준비한 이야깃거리를 떠올리려 애쓰는 데 지나치게 집착하게 될 것이라 생각했다. 그들은 준비한 주제를 잊어버리면 당황하고 집중력이 흐트러져 대화에 어색한 공백이 생길 것이라고 걱정했다. 절반 이상에 해당하는 사람(53퍼센트)이 주제 준비가 불필요하다고 생각했다. 특히 잘 아는 누군가를 만날 때는 무슨 이야기를 해야 할지 자신이 잘 안다고 확신했다. 3분의 1이 약간 넘는 사람(34퍼센트)이 주제를 준비하면 마치 할 일 목록을 처리하거나 정해진 대본을 따르는 것처럼 대화가 부자연스럽게 흘러갈 것이라고 답했다. 그리고 무려 50퍼센트가 이야깃거리를 준비하면 대화의 즐거움이 '감소'할 것이라 믿었다. 대화의 즐거움이 커질 것이라고 생각한 사람은 12퍼센트에 불과했다.

이렇듯 대다수 사람은 상황의 맥락과 대화자들의 목적이 수시로 바뀌는 가운데 서로 번갈아 말하는 동안 그때그때 화제를 택하는 방식에 전적으로 의존한다. 심리학자들은 이처럼 빠르고 직관적이며 감정에 기반을 둔 사고를 '시스템 1 사고system 1 thinking'라고 부른다. 이는 자동적으로 작동하는 시스템이다. 우리가 대화하는 동안에는 시스템 1 사고에 따라 주제 관리가 이뤄진다. 비록 의식하지 못해도 우리는 '말을 할 때마다' 주제에 대해 직관적 결정을 내린다. 특정 주제를 계속 이야기하거나, 미묘하게 다른 이야기로 방향을 틀거나, 갑자기 다른 화제로 바꾸기로(그와 동시에 해당 화제에 대해 무슨 말을 할지도) 수시로 결정한다. 그리고 우리의 대화 상대방 역시 그렇게 한다.

문제는 시스템 1 사고가 강력하긴 하지만 우리를 부적절한 방향으로 이끌곤 한다는 점이다. 우리는 마음속에 떠오른 주제를 본능적으로 붙잡는다. 하지만 그런 주제는 좋은 대화에 기여하지 못할 수 있다(오히려 그럴 가능성이 적다). 우리는 정말로 관심 있는 질문이나 이야기, 아이디어가 아니라 가장 먼저 떠오른 화제를 꺼낸다. 예를 들어 화창하거나 춥거나 비가 오는 날씨에 대해, 시야에 들어오는 어떤 남자에 대해, 방금 나온 짠 애피타이저에 대해 말한다. 우리는 상대방이 아는 것 또는 알고 싶어 하는 것을 파악하려 노력하거나, 어려운 주제를 꺼내거나, '두 사람 모두' 관심이 있는 주제를 찾기보다 자신이 아는 것이나 알고 싶은 것, 또는 편한 주제에 대해 이야기한다. 또 상대방에게서 무엇을 배울 수 있을지, 어떻게 하면 상대방의 적극적인 대화 참여를 유도할지 생각하는 대신 우리 자신이 좋은 사람임을 또는 자신의 생각이 옳음을 증명하려 애쓴다(우리는 누구나 자기중심적으로 사고한다). 자연스러움에 대한 신화, 즉 직감을 믿어야 한다는 생각에 빠져 '지나치게' 직관적인 방식으로 대화가 흘러가게 놔둔다. 나와 상대방의 목적을 달성하는 데 더 효과적인 방법이 무엇일지는 좀처럼 생각하지 않는다.

흔히 사전 숙고 없이 대화하는 것은 대화가 쉽고 노력 없이 이루어져야 한다는 착각 탓이다. 하지만 사실 대화는 쉽지도, 노력이 필요 없지도 않다. 프리모 레비가 만난 그리스인이나 내 학생들이 부러워하는 카리스마 넘치는 친구의 경우도 마찬가지다. 좋은 연기나 글쓰기, 작곡, 공중그네 공연 등 숙련된 기술이 동반되는 모든 활동과 마찬가지로 좋은 대화에는 직관적 판단과 신중한 노력이 필요하다. 심리학자들은 후자에 해당하는 것, 즉 더 느리고 많은 생각이 필요한 논리적 프로세스를 '시스템 2 사고system 2 thinking'라고 부른다. 대화를 잘하려면 순간적 판단인 시스템 1과 깊은 생각에 해당하는 시스템 2를 동시에 활용해야 한다. 특정 순간에 어울리게 직관적으로 말하는 동시에 대화 전체에 대해 전략적으로 사고해야 한다. 대화 전체에 대해 깊이 생각하면 자신감이 생기고 대화 흐름도 매끄러워져 상황에 맞는 직관적인 판단에도 도움이 된다. '나와 상대방의 목적이 무엇인가?' 같은 거시적 질문도, '어떤 주제가 목적 달성에 도움이 될까?' 같은 미시적 질문도 필요하다.

사실 우리는 시스템 2 사고를 좀 더 활용해야 한다. 내 강의를 듣는 학생들은 〈왓치맨〉의 닥터 맨해튼 같은 이야깃거리를 미리 생각해 와서 더 재미있는 대화를 나눌 수 있었다. 물론 즉흥적으로도 매끄럽고 즐거운 대화가 이루어질 수 있지만, 주제를 미리 충분히 생각해두면 그런 대화로 흐를 가능성이 더 크다. 이는 심리학자들이 '인지적 부담 감소cognitive offloading'라고 부르는 현상 때문이다. 이것은 물리적 행동(예: 아이디어를 글로 적기)을 통해 특정 작업의 정보처리 요구량을 줄여 인지적 노력 수준을 낮추는 것을 말한다. 상대방의 말을 귀 기울여 듣고 적절한 대답과 반응을 하면서 '아, 이 주제 다음에는 무슨 이야기를 하지?'라는 걱정까지 해야 한다고 생각해보라. 대화를 하는 도중에 주제를 관리하기는 대단히 어렵다. 그보다 대화를 시작하기 전에, 즉 시스템 2 사고를 작동시킬 여유가 있을 때 주제를 미리 생각해놓는 것이 훨씬 더 쉽다. 그렇게 주제를 준비해두면 대화할 때 쓸 수 있는 정신적 에너지가 많아져 상대방 말에 더 집중할 수 있고 화제가 떨어져 당황하는 일도 줄어들며 막힘없이 대화를 이어갈 수 있다.

이야깃거리를 미리 생각해놓으면 대개 대화의 질이 놀랄 만큼 향상된다. 내가 진행한 실험에 따르면 참가자들에게 '단 30초만' 이야깃거리를 미리 생각해보게 해도 대화가 훨씬 매끄러워졌다. 특히 한 주제에서 다른 주제로 넘어가는 동안 어색해지기 쉬운 순간이 한결 자연스러워졌다. 이야깃거리를 준비한 사람은 말을 멈추는 공백이 더 짧았고 "음…", "저기…" 하며 말을 더듬는 일이 더 적었다. 또 스스로도 대화를 더 매끄럽게 끌어가고 있다고 느꼈다. 불안감을 덜 느끼고 자신감이 높아졌다. 그리고 대화가 '약간만' 더 매끄러워져도 큰 보상이 돌아온다. 연구에 따르면 대화를 매끄럽게 이어가는 능력이 뛰어날수록(특히 화제 전환이 부드러울수록) 관계 맺는 능력이 향상되고 유대감을 잘 형성한다. 우리는 얼마든지 당사자 모두가 더 편안함을 느끼고 어색함은 줄어드는 인간관계를 만들 수 있다.

대화 주제를 미리 생각하면 전달하는 정보의 정확성과 적절성도 높아진다. 누군가에게 꼭 말해야 할 내용이 있을 때 미리 생각하고 있으면 잊지 않고 떠올릴 가능성이 더 커진다. 또 주제를 준비하면 준비하지 않은 경우에 비해 '더 많은' 주제를 다룰 수 있다. 특히 대화가 너무 느리게 진행돼 참여자들이 흥미를 잃을 때 미리 준비한 이야깃거리가 유용할 수 있다. 준비한 주제를 활용하면 화제 전환이 더 쉽고 매끄러워진다(어색함이나 공백, 쓸데없는 말이 줄어든다). 따라서 사람들이 더 활발하게 화제를 바꾸고 그 과정에서 모두에게 만족스러운 주제를 발견할 확률이 높아진다.

미리 생각하기

그때그때 즉석에서 화제를 떠올리는 것이 더 편할지도 모른다. 하지만 주제 미리 생각하기의 중요성을 간과하지 마라. 이것은 누구에게나 도움이 된다.

가끔 특별히 중요한 대화를 앞두고 있을 때만 그렇게 하라는 얘기가 아니다. '모든' 대화를 하기 전에 주제를 미리 생각하는 습관을 들이길 바란다. 물론 거기에는 노력이 필요하지만 그만한 가치가 있다. 이야깃거리를 미리 생각해둘 수 있다는(그리고 그것이 큰 도움이 된다는) 사실을 인식하기만 해도 다가오는 대화와 상대방에 대해 생각해볼 가능성이 더 커진다. 또 어떤 행동이 불쾌한 상황을 방지하고 만족스러운 대화를 만들어낼지 생각해볼 가능성도 커진다. 주제를 준비하려면 자연스레 상대방에 대해 생각해야 한다. 앞으로 살펴보겠지만, 좋은 대화자가 되는 비결은 상대방의 관점을 더 깊이 이해하는 일과 직결돼 있다.

사람들은 처음엔 회의적이다가도 주제 준비하기의 긍정적 효과를 일단 경험하면 '적극적인' 찬성자가 된다. 나는 연구와 강의를 통해 이를 목격했다. 그들은 구글 캘린더에 대화 주제를 메모하고, 사람들을 만나기 전에 화제를 생각하는 시간을 따로 빼두고, 또 잘 모르는 타인과 대화하기 좋은 주제를 스프레드시트에 정리해둔다. 실제 대화에서 '반드시' 미리 준비한 주제로 이야기해야 하는 것은 아니지만, 필요한 순간에 꺼내 그것을 활용할 수 있다. 주제 준비의 효과를 경험해본 사람은 어김없이 또 그렇게 한다.

스몰 토크의 힘

'주제 준비하기'라는 효과적 접근법을 이용하지 못한 위고와 조시의 사례를 살펴보자.* 위고는 최근에 프랑스에서 미국 캘리포니아주로 이사했으며 영어를 상당히 잘한다. 조시는 스탠퍼드 대학원생이다. 아래는 4분마다 테이블을 옮기는 스피드 데이트에서 두 사람이 나눈 대화다.

조시: 캘리포니아는 어때요?
위고: 좋아요.
조시: 그래요?
위고: 멋져요.

오, 이런. 한 단어짜리 대답이 대화 진행을 어렵게 만들고 있다. 조시는 열린 질문을 던졌지만 위고의 대답은 조시가 뭔가 덧붙여 말할 여지를 주지 않는다. 가까스로 이어가는 대화가 된 상태에서 조시는 팰로앨토, 샌프란시스코 등 위고가 가볼 만한 지역을 몇 군데 추천한다. 그리고 나니 위고가 비상시에 가장 흔하게 꺼내는 화제로 전환한다.

위고: 캘리포니아는 날씨가 정말 좋아요.

* 이 책에 나오는 모든 대화는 실제 있었던 대화다. 그러나 연구 사례와 사적인 대화에 참여한 모든 이들의 이름 및 그들에 대한 세부 정보는 개인정보 보호를 위해 바꿨다.

조시: 이건 나쁜 축에 속해요! 작년 이맘때는 훨씬 좋았어요.

당신은 이런 생각이 들지 모른다. '아 제발, 날씨 얘기만은 하지 말기를!' 그렇다, 또 그놈의 날씨 얘기다. 대화는 이렇게 계속된다.

조시: 이맘때 프랑스 날씨는 어때요?
위고: 여기보다 따뜻해요.
조시: 아, 그래요?
위고: 하지만 비가 더 많이 와요. 영국처럼.
조시: 늘 비가 온다는 말이죠?
위고: 남부 지방은 꽤 더워요. 중남부는 날씨가 아주 좋죠.

당신은 이런 생각을 할 것이다. '듣고 있는 나까지 괴롭네.' 심지어 끔찍한 토네이도와 허리케인이 발생하고, 전혀 예상치 못한 시기에 엉뚱한 장소에서 눈보라가 치기 일쑤며, 오랜 가뭄으로 산불이 몇 개월씩 지속되는 요즘도 날씨만큼 최악의 대화 주제로 여겨지는 것은 없다. 날씨는 진부하고 따분하기 짝이 없는 주제다. 대화하는 당사자도, 그것을 우연히 들은 타인도 대놓고 그렇다고 인정하진 않지만 날씨 이야기는 끔찍한 대화로 가는 지름길이다. 날씨는 최악의 화제처럼 느껴진다. 무의미한 말을 영혼 없이 계속 번갈아 내뱉게 하고, 남는 게 없으며, 대화 당사자에게 도움이 전혀 안 되는 주제 같다.

조시와 위고도 그런 우울한 결과를 맞이했다. 연구 팀이 나중에 그들에게 대화의 만족도를 물었을 때 두 사람 모두 최저 점수를 주었다. 그들의 두 번째 데이트가 성사될 확률은 거의 없었다.

두 사람의 대화는 보통 우리가 스몰 토크를 할 때 경험하는 괴로움을 잘 보여준다. 도로 교통 상황, 주말을 보낸 방식, 아기의 수면 패턴 같은 화제가 나오면 우리는 따분해서 몸을 비비 꼬거나 대화를 끝낼 방법을 간절히 찾곤 한다. 심지어 양측 모두 공감대를 형성하고 싶은 마음이 있을 때도 그렇다.

대다수는 스몰 토크를 꺼리거나 두려워한다. 상대방을 만나자마자 스몰 토크가 싫다고 직설적으로 말하는 사람도 더러 있다(스몰 토크에 대한 공통적인 혐오감으로 공감대가 형성되어 스몰 토크를 벗어날 수도 있지만 그게 늘 가능하지는 않다). 그렇게 느끼는 데는 여러 이유가 있고, 이는 조시와 위고의 경우도 마찬가지다.

하지만 너무 속단하지 말길 바란다. 조시와 위고의 형편없는 대화가 스몰 토크의 무용함을 입증하는 것처럼 보이지만, 나는 반론을 제기하고 싶다. 즉 이들의 대화에서 스몰 토크 자체가 문제는 아니었다.

두 사람이 좋은 대화에 실패한 이유는 여러 가지다. 무엇보다 위고가 한 단어로만 짧게 대답하고 상대방에게 질문을 거의 하지 않은 점이 문제다. 이런 문제는 좀처럼 해결하기 어렵다. 하지만 실패의 결정적 원인은 스몰 토크 자체가 아니었다. 어쨌든 두 사람은 방금 처음 만난 사이라 서로에 대해 아무것도 모르니 스몰 토크를 나눌 수밖에 없다. 문제는 두 사람 모두 대화 주제를 관리하는 능력이 부족했다는 점이다. 그들은 스몰 토크의 쳇바퀴에 갇혀 다음 단계로 나아가지 못했다. 거기에 필요한 모든 요소가 있었음에도 말이다. 스몰 토크는 더 좋은 대화로 가기 위한 일종의 관문이지만, 두 사람은 그 문을 열고 들어가는 데 실패했다.

흔히 생각하는 것과 달리 스몰 토크는 매우 '결정적crucial'이다. 그것은 대화 초반의 시험장이자 통행이 많아 잘 다져진 길과 같으며, 종종 더 진지하고 의미 깊은 대화로 나아가게 해주는 도약대가 된다. 스몰 토크는 낯선 타인이나 우리가 잘 모르는 상대방과 대화할 수 있는 길을 터준다. 또 때로는 잘 아는 사람과 더 돈독한 친밀감을 쌓게 도와준다. 스몰 토크는 취향이 제각각이고 여러 종류의 관계가 섞인 사람들이 모였을 때도 중요한 역할을 한다. 여럿이 모인 자리에서 어떤 사람은 최근 뇌졸중으로 쓰러진 친구 어머니의 안부를 묻고 싶어 하는 반면, 다른 사람은 들새를 관찰한 이야기를 하고 싶을 수 있다. 이럴 때 일반적이고 가벼운 화제를 꺼내면 누군가를 불편하게 하거나 특정 사람의 관심사에 치우치지 않으면서 활발한 대화를 유도할 수 있다. 스몰 토크를 일종의 출발점으로, 즉 목적 자체가 아니라 목적을 위한 수단으로 여겨야 한다.

또 스몰 토크 화제는 '누구와도 이야기를 나눌 수 있는 간편하고 보편적인 화제'라는 더 넓은 카테고리의 일부분이다. 스몰 토크는 보편성 때문에 유용하다. 누구를 만나든 날씨나 주요 시사 이슈, 음식, 수면, 요즘 일상에서 일어난 일에 대해 이야기해도 이상하지 않다. 누구라도 그런 것에 대해서는 어렵지 않게 이야기를 나눌 수 있다. 그리고 이런 화제를 흔히 택하는 까닭은 즉각 떠올리기 쉽기 때문이다. 스몰 토크에서 주로 다루는 화제는 우리의 시스템 1 사고가 작동해 현재 상황에서 뽑아내는 것이다. 그럼에도 그 화제를 잘만 다루면 대화를 한 단계 더 높은 곳으로 끌고 갈 수 있다.

그런데 이 점도 기억해야 한다. 날씨나 음식 같은 익숙한 주제만 보편적 공감대를 형성할 수 있는 것은 아니라는 사실이다. 그것들은 보편성을 지닌 이야깃거리의 일부에 불과하다. '누구를 만나도 대화하기 적절한 보편적인 주제'에는 삶의 경험과 맞닿아 있는 좀 더 중요하고 추상적인 주제도 포함된다. 예를 들어 "최근에 어떤 즐거운 일을 경험했나요?", "당신에게 어떤 좋은 일이 있었나요?" 같은 것 말이다. 이런 주제는 상대방에 관련된 것이라 그의 관심을 확 끌어당기기 때문에 대화가 스몰 토크와는 다른 차원으로 즉각 변화한다. 날씨와 음식 이야기가 대화라는 사다리의 제일 아랫단이라면, 이런 주제는 사다리를 더 올라가 침체된 대화에서 빨리 벗어나게 도와줄 수 있다.

스몰 토크에서 시스템 1 대신 시스템 2 사고를 작동시킨다면 무수한 가능성의 세계가 열린다. 이때도 주제를 미리 생각해두는 것이 큰 도움이 된다. 언제든 꺼낼 수 있는 흥미로운 이야깃거리가 대기하고 있으므로 든든하고 대화에 자신감이 생긴다. 날씨나 교통 이야기보다 더 흥미로운 화제가 준비돼 있으면 그런 이야기는 얼마든지 건너뛸 수 있다.

사실 대화에서 꺼낼 수 있는 보편적 주제는 무궁무진하다. 내가 가르치는 학생들 일부는 어떤 상황에서든 활용할 수 있는 주제를 스프레드시트에 정리해놓는다. 나 역시 자주 활용하는 화제가 있다. 가령 "최근에 누구 때문에 크게 웃었어요?", "요즘 들은 음악 중에 좋은 게 뭐예요?" 같은 것이다.*

우리가 영감과 아이디어를 얻을 만한 것은 사방에 널려 있다. 내 동료의 남편이자 텍사스주 오스틴에 있는 기술 회사의 전략 책임자인 마이크는 매일 조깅하는 동안 〈디스 아메리칸 라이프This American Life〉를 들으면서 대화 주제를 준비한다. 공영 라디오 프로그램에서 시작해 이제는 팟캐스트로 자리 잡은 〈디스 아메리칸 라이프〉는 매주 에피소드를 하나의 주제에 맞춰 진행한다('요즘 아이들', '마감에 쫓기며 일하기', '해변에서 보내는 하루', '혈통' 등). 진행자 아이라 글라스Ira Glass가 저널리스트로 이뤄진 제작 팀과 함께 매주 주제에 맞춰 진행한 인터뷰를 토대로 스토리를 구성한다.

이 방송을 듣는 430만 명의 청취자 대부분과 달리 마이크는 단순히 개인적 학습이나 지적 성장을 위해 이 방송을 듣는 것이 아니다. 마이크는 이 방송을 들으면서 '사람들과의 대화에서 활용할' 다양하고 생생한 스토리와 시의적절한 정보, 흥미로운 아이디어를 얻는다.

---

* 물론 보편적으로 느껴지는 화제라 해도 모든 사람에게 통하는 것은 아니다. 공감대를 형성하기 쉬운 화제도 상황과 맥락에 따라 다른 효과를 낼 수 있다. 쉽게 떠올릴 수 있는 뉴스 헤드라인을 예로 들어보자. 세상에서 일어난 굵직한 사건을 화제로 올리는 것은 물론 괜찮은 접근법이다. 하지만 요즘은 뉴스를 화제로 택할 때 신중해야 한다. 사람들이 저마다 다른 관점을 지닌 다양한 출처를 통해 다른 방식으로 편집된 뉴스를 접하기 때문이다. 이런 차이 탓에 대화 상대방이 흥분하거나 대화 초반부터 갈등이 불거질 수 있다.

예를 들어 '룬 호숫가의 집'이라는 에피소드에서는 숲속에서 잡초가 우거진 이상한 집을 발견한 소년들의 이야기를 소개했다. 수수께끼에 싸인 이 집은 테이블에 식사가 차려져 있고 졸업 댄스파티용 드레스가 문에 걸린 채 버려져 있었다. 마이크는 누군가를 만날 때 이 내용을 적극 활용한다. 동료에게 "최근에 라디오에서 들은 이야기를 들려줄까요?"라고 말하고(대개 일 이야기를 하다가 잠시 공백이 생길 때) 이야기를 짧게 요약해 들려준 뒤 이런 식으로 묻는다. "그 사람들이 왜 떠났을 거라고 생각해요?"**

〈디스 아메리칸 라이프〉에서 이야깃거리를 찾는 데 성공한 마이크는 이후 다른 접근법도 시도했다. "가장 좋아하는 욕은 무엇입니까?", "싫어하는 소리는 무엇입니까?" 등 TV 토크쇼 〈인사이드 디 액터스 스튜디오Inside the Actors Studio〉 말미에 진행자가 던지는 질문을 활용한 것이다. 그는 팟캐스트와 TV 쇼에서 이런 이야깃거리와 질문을 얻었다는 사실을 굳이 숨기지 않는다. 일단 대화가 시작되면 이야깃거리를 어디에서 얻었는지는 중요하지 않다고 그는 말한다. 백번 옳은 말이다. 대화가 '어디로 흘러가는지'가 중요하다. 그리고 스몰 토크의 화제(심지어 날씨까지)를 비롯해 이야

** 다른 에피소드도 흥미롭고 색다른 대화 개시자 역할을 했다. '지도 만들기'라는 에피소드에서는 비전통적 기준점을 기준으로 지도를 만드는 사람들을 소개했다. 가령 도심의 인도에 금이 간 곳이나 할리우드 스타의 집을 표시한 지도를 만드는 것이다. 마이크는 대화 상대방에게 이렇게 묻는다. "당신이라면 어떤 지도를 만들고 싶어요?", "만일 길이 아니라 냄새를 기준으로 지도를 그린다면 어떨까요?" 이런 질문에서 시작된 대화는 사물의 색깔에 대한 동료들의 생각이 어떤지, 그의 아내 친구들이 세상을 어떻게 바라보는지에 대한 이야기로 이어졌다.

깃거리의 세계는 끝없는 가능성으로 가득하다.

보물을 찾아 나서자

마이크가 〈디스 아메리칸 라이프〉를 활용한 묘수는 스몰 토크의 숨겨진 힘을 보여준다. 하지만 스몰 토크에 동반되는 중요한 문제를 해결하지는 못한다. 대화가 같은 범위만 계속 맴도는 것 말이다. 왜일까? 대다수 사람에게 두루 활용할 수 있는 흥미로운 주제를 택한다 해도 영혼 없는 말을 계속 번갈아 내뱉는 쳇바퀴 같은 상황에 갇힐 수 있기 때문이다. 조시와 위고가 그랬듯이 말이다. 잠자는 습관이나 룬 호숫가의 집에서 일어난 일에 대해 주야장천 이야기하고 싶은 사람은 없다. 그런 주제로 대화를 이어가기에는 한계가 있다. 〈디스 아메리칸 라이프〉의 말하기 전문가들이 엄선한 멋진 주제라도 마찬가지다.

관건은 타이밍이다. 한 주제에 너무 오래 머물지 말아야 한다. 아무리 좋은 스몰 토크 주제라도 필요한 만큼만 활용해야 한다. 의무감에 대화를 이어간다는 기분이 들기 전에 방향을 틀어야 한다. 그러자면 당신은 보물 사냥꾼이 되어야 한다.

대화를 무수히 많은 주제라는 섬이 여기저기 흩어져 있는 넓은 바다로 생각하라. 대화를 잘하는 사람은 새로운 섬을 적극적으로 찾아 나선다. 리스크는 있지만 새로운 보상을 안겨줄 가능성이 있는 미지의 땅을 찾는다. 잔잔하고 익숙한 스몰 토크라는 바다를 평화롭게 항해할 때는 안전한 기분이 든다. 우리는 그 안정감을 느끼는 상태에서 보물섬이 시야에 들어오는지 잘 살펴야 한다. 하지만 섬들을 멀리서 바라보기만 하면서 배에 계속 머물기 쉽다. 그래서는 절대 보물을 손에 넣지 못한다. 언젠가는 모험을 해야 한다. 뭍에 올라 새로운 땅을 탐험해야 한다.

이 점을 기억하자. 우리는 스몰 토크를 더 중요하고 만족스럽고 흥미로운 대화로 나아가는 데 디딤돌로 이용할 수 있다. 스몰 토크는 더 의미 깊고 흥미로운 주제로 이동할 기회를 찾게 도와주는 탐험의 시간이다. 특히 잘 모르는 사람이나 우리와 공유된 경험이 거의 없는 사람과 대화할 때 그렇다. 날씨 이야기로 가볍게 시작했다가 상대방이 타지에서 왔다는 사실을 알게 되고, 그러다 금세 타히티섬에 대해 이야기꽃을 피울 수도 있다. 조시와 위고의 경우 프랑스 날씨 이야기에서 위고가 프랑스에서 보낸 어린 시절 이야기로 자연스럽게 넘어갈 수도 있었다. 또는 캘리포니아 날씨 이야기를 하다가 조시가 캠퍼스에서 즐겨 찾는 그늘진 벤치 이야기로, 어린 시절의 비밀 이야기로, 그러다 프랑스와 미국의 문화적 차이, 마음속 희망과 두려움, 음악에 대한 이야기로, 또는 언제 어디서 좋은 아이디어를 얻는지에 대한 이야기로 옮겨 갈 수도 있다. 제대로 활용하기만 하면 스몰 토크는 우리에게 더 좋은 질문과 더 깊은 대화 아이디어를 만들어낼 시간과 기회를 준다. 《애틀랜틱 Atlantic》의 칼럼니스트 제임스 파커James Parker는 이렇게 말했다. "일상의 사소한 말 조각 하나가 갑자기 당신을 타인의 영혼이라는 강렬한 공간으로 밀어 넣을 수도 있다."

주제 피라미드의 어디에 이를 것인가

평범한 스몰 토크를 벗어나 타인의 영혼이라는 강렬한 공간으로 들어가려면 약간의 기술이 필요하다. 밖에 이슬비가 내린다는 말을 하다가 갑자기 어머니와의 관계가 인생의 중요한 결정에 큰 영향을 미친다는 내용의 깊은 대화로 넘어가는 일은 드물다. 그 사이에 대화의 여러 단계가 존재하며, 그동안 우리는 어떤 화제를 택하면 원하는 방향으로 나아갈 수 있을지 파악한다.

무수히 많은 대화 주제를 다음처럼 계층화해보자. '주제 피라미드'의 가장 밑에는 누구에게나 두루 사용할 수 있는 보편적 주제가, 가장 위에는 가장 개인화된 주제가 위치한다.

피라미드 가장 밑에 있는 것은 누구에게나 무난한 주제다. 즉 스몰 토크에서 다룰 수 있는 이야깃거리다. 이곳을 대화의 출발점으로 삼으면 유용할 때가 많다. 어떨 때는 이 단계에만 머무는 게 적절한 경우도 있는데, 가령 카페 주인이나 동네 주민과 짧게 대화를 나눌 때가 그렇다. 하지만 이들 주제는 대화자 개인과 무관한 일반적인 것이라서, 피라미드 가장 밑에만 머물면 친밀감이 없거나 만족스럽지 않거나 피상적이거나 기계적인 대화를 한다는 느낌이 들 수 있다.

대화 흐름은 제일 아래층에서 꼭대기로 향할 수도, 그리고 다시 아래층으로 내려갈 수도 있다. 때로 우리는 피라미드의 제일 아래층을 벗어나는 것을 목표로 삼을 필요가 있다. 어떤 대화는 깊은 대화보다 맞춤 대화가 더 적절하다. 모든 대화가 항상 피라미드

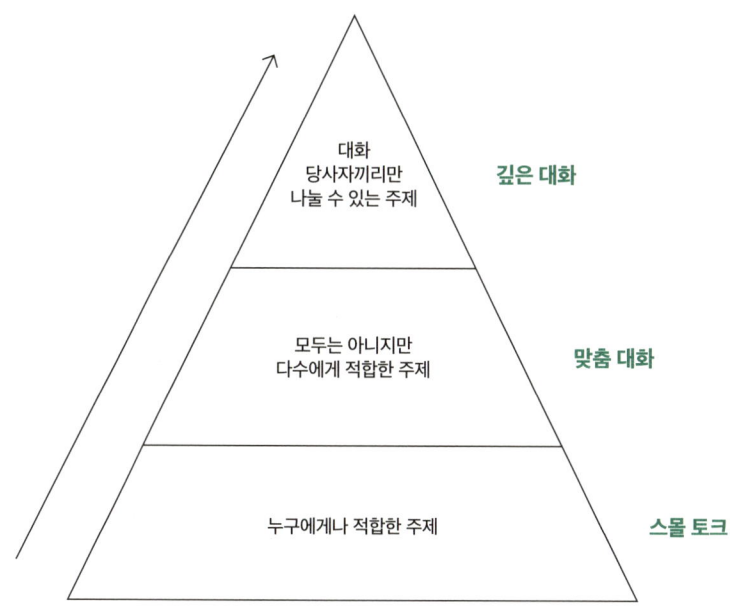

주제 피라미드: 스몰 토크에서 깊은 대화로

꼭대기를 목표로 삼는 것은 아니다. 하지만 우리는 나와 상대방이 피라미드의 어디까지 올라가길 원하는지 어느 정도 알아야 하고, 어떤 경우든 제일 아래층에 너무 오래 머물지는 말아야 한다.*

스몰 토크에서 맞춤 대화로 이동하는 데는 요령이 필요하다. 하지만 프랑스 날씨 이야기에서 프랑스에서 보낸 어린 시절이나 프

---

* 제4강에서 살펴보겠지만 피라미드의 제일 아래층에서도 어느 정도 만족감을 느낄 수 있다. 어떤 주제를 택하든 대화의 질을 좌우하는 것은 그 바탕에 놓인 감정이다. 삶의 의미에 대해 이야기해도 심드렁하게 말하면 스몰 토크처럼 느껴질 수 있고, 차게 식은 팬케이크에 대해 이야기해도 열정적으로 말하면 매우 특별하거나 의미 깊은 대화가 될 수 있다.

랑스 랩 음악의 매력에 대한 이야기로 넘어가기는 생각보다 쉽다. 이탈리아 날씨 이야기에서 오페라나 오토바이 이야기로 넘어가는 것도 마찬가지다. 이렇게 주제를 바꿀 때는 상대방과 해당 주제의 관계를 이해하는 일이 선행돼야 한다. 즉 주제와 관련된 상대방의 개인적 경험이나 전문성, 관심이나 호기심 정도를 웬만큼 알아야 한다. 최근 연구에 따르면 구체적인 질문을 던지는 것이 좋다. "인생의 의미가 뭘까요?", "별일 없어요?" 같은 질문은 너무 추상적이고 폭이 넓기 때문에 상대방이 어떻게 답해야 할지 몰라 당황할 수 있다. 하지만 "당신이 사는 아파트는 어떤 점이 좋아요?", "커피를 언제부터 마시기 시작했나요?", "어떻게 요가를 시작하게 됐어요?"는 더 구체적인 질문이다. 이런 질문은 상대방이 세부 정보를 떠올리며 주제를 파고들게 하고 주제 피라미드 위쪽으로 올라갈 여지를 제공한다. 그러면서도 상대방이 당황하거나 부담을 느낄 만큼 열린 질문은 아니다. 자연스러운 공감대를 유도할 수 있는 적당히 폭넓은 주제다.

조시와 위고가 캘리포니아와 프랑스 날씨에 대해 이야기하며 대화가 정체 상태에 빠졌을 때, 조시가 "당신이 자란 고향과 비슷한 면이 있어서 캘리포니아가 좋은가요?"처럼 더 구체적이고 개인적인 질문을 던졌다면 좋았을 것이다.

상대방의 대답에 뒤이어 다음 질문을 던지는 것은 보다 구체적인 대화로 이끌어가는 좋은 방법이다(이에 대해서는 제3강에서 자세히 살펴볼 것이다). 개인적 정보를 드러내는 것 역시 효과적이다. 조시가 약간 안됐다는 투로 "늘 비가 온다는 말이죠?"라고 말했을 때, 위고는 이렇게 자신에 대한 정보를 전달할 수도 있었다. "사실 저는 비 오는 날이 좋아요. 왠지 아늑한 기분이 들거든요." 이런 식으로 개인적 정보를 공개하면 대화를 자연스럽게 주제 피라미드 위쪽으로 유도할 수 있다. 내가 정보를 공개하면 상대방도 보답으로 뭔가 꺼내놓아야 한다는 기분을 느껴 자신에 대한 이야기를 하는 경향이 있기 때문이다. 또 상대방을 믿고 자신의 취약한 점을 드러내는 태도는 대화를 피라미드 위쪽으로 이동시키는 엔진 역할을 한다.

대화를 잘하는 사람은 항상 개인적 정보에 세심하게 주목한다. 이는 구체적인 동시에 대화 상대방과 관련된 정보다. 만일 상대방에게 자녀가 있다면 그 자녀를 화제로 올리거나 일반적인 아이들에 대한 이야기를 꺼낼 수 있다("요즘 아홉 살짜리는 뭘 좋아하죠?"). 상대방이 직장에 다닌다면 그 일과 관련된 것을 묻는다("요즘 회사에서 뭔가 재밌는 일 없었어요?", "어떻게 그 직업에 종사하게 됐어요?"). 특히 자신과 상대방의 공통점은 풍부한 대화를 가능케 하는 주제다. 강의실에서 대화 서클을 진행할 때 학생들은 대화 파트너에 대해 아는 것이 별로 없어도 공통점을 이용해 이야깃거리를 준비해 오곤 한다. "하버드 비즈니스 스쿨 생활이 기대했던 바에 부응하나요?", "봄방학 때 뭘 했어요?" 같은 것이다. 둘 다 하버드 비즈니스 스쿨 학생이라는 공통점이 대화의 유용한 밑거름이 되는 것이다.

아까도 말했듯이 주제 피라미드의 꼭대기가 모든 대화의 목적지는 아니다. 피라미드 중간 부분도 충분히 목표로 삼을 가치가 있다. 맞춤 대화를 통해 우리는 타인에 대해 더 많이 알고 그들의 취향을 이해할 수 있으며, 상대방이 관심을 가지는 주제를 이야기하면서 자신의 진짜 모습을 자연스럽게 표현할 기회를 줄 수 있다. 우리는 꼭 모든 사람과의 대화에서 피라미드 꼭대기에 이를 필요는 없다. 하지만 때로 그곳은 인간관계의 가장 큰 만족과 보상을 준다.

스몰 토크와 맞춤 대화의 단계를 거쳤다면 피라미드 꼭대기를 노려볼 만하다. 여기서 다루는 것은 당신과 상대방 둘 다 이야기하고 싶은(그리고 활발하게 대화할 수 있는) 주제다. 두 사람 모두 연결, 즐거움, 방어, 발전이라는 중요한 동기를 충족할 수 있는 주제에 대해 이야기한다. 대개 그것은 아무하고나 대화할 수 있는 주제가 아니다. 특정한 시점에 특정한 조합의 사람들에게만 적합하고 그들만의 공통분모와 어울리는 주제이며 특정한 목적에 부합하는 주제다. 예를 들어 당신과 상대방이 지난번 만남에서 이야기하며 친밀감을 쌓았던 주제, 상대방이 당신에게 털어놓고 싶어 하는 비밀, 또는 당신이 도움을 줄 수 있는 상대방의 특정한 문제 같은 것이다. 그리고 처음 만난 사이인 경우(어색함을 줄이고 서로에 대해 알아가는 것이 중요한 목적이다), 두 사람 다 흥미롭거나 유용한 뭔가를 얘기할 수 있는 주제를 발견하고 그에 대한 대화가 진행된다면 피라미드 꼭대기에 도달한 것이다.

앞에서 소개한 스피드 데이트 참가자들의 경우, 만일 위고가 향수병을 앓고 있다고 말하면 조시가 자신이 가족과 멀리 떨어져 힘들었던 시기를 극복하는 데 도움이 됐던 방법을 조언해줄 수 있다. 만일 조시가 시내에 있는 좋아하는 식당에 대해 이야기하면 위고가 자신도 꼭 가보고 싶다며 관심을 표현할 수 있다. 위고가 좋아하는 인디 밴드를 언급하면 조시도 호기심을 표현할 수 있고, 어쩌면 두 사람은 다음번 데이트에서 함께 그 밴드의 공연을 보러 가기로 약속할지도 모른다. 피라미드 꼭대기에 도달한다고 해서 상대방이 당신이 아닌 다른 이들과는 그 주제에 대해 이야기하지 않는다거나 그럴 수 없다는 의미는 아니다. 그곳에 도달한다는 것은 상대방이 해당 주제로 당신과 대화하면서 흥미를 느끼며 만족하고 안정감을 느낀다는 것을 뜻한다. 피라미드 꼭대기에 해당하는 주제를 발견하고 그에 대해 이야기를 나누면 관계의 밀도가 더욱 높아진다.

TIP 상대방에 맞춰 준비하라

대화 피라미드의 꼭대기, 즉 깊은 대화에 도달하려면 상대방에 대해 미리 생각해보는 것이 매우 중요하다. 내 학생들은 이야깃거리를 준비하면서 자신이 만날 대화 파트너와 관련해 다음과 같은 질문을 생각해본다.

- 지난번에 만나 대화할 때 어떤 일이 있었는가?
- 우리가 마지막으로 만난 이후 상대방에게 일어난 일 중 내가 물어볼 수 있거나 꼭 그래야 하는 것이 무엇인가? 예: "기타를 배울 거라고 했잖아요. 잘돼가고 있나요?"
- 대화하기에 재밌거나 생산적이거나 중요한 어떤 관심사가 현재 그의 마음속에 있을 것 같은가?

- 내 견해나 일상의 소재 중 상대방이 흥미롭거나 유용하다고 느낄 만한 것이 무엇인가?
- 상대방을 만나면 주제로 꺼낼 수 있도록 평소에 그를 떠올리게 만든 것(뉴스 기사, 밈, 유튜브 영상, TV 쇼, 풍자 뉴스 매체의 헤드라인 등)을 기억해둘 방법이 무엇일까?

대화 주제를 자주 바꿔야 하는 이유

위고와 조시는 날씨 이야기만 여덟 번 번갈아 말하고 났을 때 어떤 기분이었을까? 틀림없이 따분함에 몸서리쳤을 것이다. 내가 얼마 전 사무실에서 우연히 엿들은 다음 대화를 살펴보자.

"M&M's 초콜릿은 어때요?"
"음, 좋죠."
"리세스 피시스는요?"
"전 땅콩버터에 알레르기가 있어요."
"아몬드 조이는 어떨까요?"
"거기에 견과류가 들어 있나요?"
"견과류가 없는 건 마운즈예요."
"아, 그렇군요. 둘 다 안 먹어봐서요."

10월 중순에 핼러윈을 앞두고 나누는 대화다. 핼러윈은 주제 피라미드 위쪽으로 올라갈 가능성이 높은 화제다. 그런데도 두 사람은 땅콩버터와 초콜릿 얘기에만 갇혀 있다. 이들은 다른 화제로 방향을 틀 기회를 놓친 것 같다. 만일 어릴 때 좋아한 분장이나 귀신이 존재한다고 믿었는지에 대해, 또는 17세기의 끔찍한 세일럼 마녀재판에 대해 이야기를 나눈다면 더 재미있을 텐데 말이다. 하지만 스몰 토크의 초콜릿 미로에 갇혀버렸다.

"트윅스는 어때요?"
"오래되지 않은 것만 먹어요. 안 그러면 캐러멜이 굳어서 이에 끼잖아요."
"그렇군요."

망한 대화라는 직감이 밀려오는 그 익숙한 기분을 당신도 알 것이다. 오렌지에서 맛있는 즙을 다 짜낸 후 과육과 씨로만 간신히 버티고 있는 듯한 기분 말이다. 때로 당신은 이 아슬아슬한 상태를 둘 다 알고 있으리라 직감한다. 즉 상대방이 대화가 정체되고 있음을 느낄 뿐 아니라, 상대방의 그런 느낌을 당신이 알고 있다는 사실도 안다고 말이다. 또는 당신은 다른 참여자들이 대화가 김빠진 맥주처럼 됐거나 엉뚱한 방향으로 흘러가고 있다는 사실을 깨닫지 못하므로 '재빨리' 새 오렌지를 꺼내야겠다고 생각할지도 모른다.

지금까지는 주제의 '내용' 측면을 살펴봤지만 '타이밍'도 그에 못지않게 중요하다. 대화 주제의 만족도는 과일의 완숙과 비슷한 구석이 있다. '아직은 아니야, 아직도 아니야…' 하는 생각을 하다가 어느 순간 잠시 완벽한 맛이 난다. 그리고 지나치게 익어버린 과일은 맛이 없듯이 한 주제를 너무 오래 다루면 지루해지기 마련이다. 화제를 꺼내는 타이밍과 지속 시간은 화제 자체만큼이나 대화에서 느끼는 만족감에 큰 영향을 미친다. 대화는 영원히 지속되는 것이 아니며, 어떤 동기를 추구하고 어떤 주제를 활용해 그것을 충족시킬지, 그리고 얼마나 오랫동안 대화를 이어갈지 선택해야 한다. 한 가지 화제에 갇히면 대화에 영양가가 없어지고 참여자의 관심과 참여도 시들해진다. 그러면 원하는 목적을 효과적으로 이루기도 힘들다.

그렇다면 언제, 그리고 어떤 식으로 화제를 전환해야 할까? 물론 가장 이상적인 것은 물 흐르듯 자연스럽게 화제를 바꾸는 것이다. 급커브 길에서 갑자기 핸들을 꺾는 운전자가 아니라 여유 있게 차선을 바꿔 고속도로 출구로 빠져나가는 운전자처럼 말이다. 그런데 때로는 두 사람 모두 대화가 단물 빠진 오렌지가 되어버렸다는 사실을 알면서도 다른 화제로 어떻게 넘어가야 할지 모른다(그러면 어김없이 불편하고 어색한 침묵이 이어진다). 한쪽은 주제가 따분해졌다고 느끼지만 다른 쪽은 그렇지 않은 경우는 더 난감하다. 게다가 우리는 상대방이 화제를 바꾸고 싶어 한다는 사실을 늘 재빨리 알아채는 것도 아니다.

대화가 따분해지는 일을 막는 한 가지 해결책은 화제를 자주 바꾸는 것이다. 아직 단물이 약간 남았을 때 화제를 바꾼다면 단물이 다 빠진 화제를 붙들고 있는 상황은 막을 수 있지 않겠는가? 나는 연구 팀과 서로 모르는 사람들을 2명씩 짝지은 뒤 실험을 진행했다. 일부 커플에게는 화제를 자주 바꾸며 대화하라고 했고(10분 동안 정해진 12가지 주제에 대해 대화하려 노력하기), 다른 커플에게는 목록에 적힌 주제를 자연스럽게 이동하면서 원하는 속도로 대화하라고 했다. 우리가 알아보려는 포인트는 이것이었다. 둘 중 어떤 방식이 더 만족스러운 대화를 이끌어내는가? 화제를 자주 바꿔 가급적 많은 소재를 다루는 것인가, 아니면 대화가 자연스럽게 흘러가도록 놔두는 것인가?

결과를 살펴보니 화제를 자주 바꾼 그룹이 훨씬 더 즐거운 대화를 나눴다. 평균적으로 이 그룹은 대화 만족도를 7점 만점에 6점이라고 답한 반면, 대화가 자연스럽게 흐르도록 놔둔 그룹은 5점이라고 답했다. 일상에서 그런 대화가 수없이 발생해 축적된다는 사실을 감안하면 1점은 결코 하찮은 차이가 아니다. 당신은 5점짜리 대화와 6점짜리 대화 중 어느 것으로 채워진 삶을 원하는가?

화제 바꾸기와 대화 만족도의 연관 관계는 실제 생활에서도 확인할 수 있다. 온라인에서 30분간 이뤄진 대화 1,600건 이상을 분석한 결과를 보면, 대부분의 사람은 대화하면서 '적절한 양'의 주제를 다뤘다고 느꼈다. 하지만 나머지 사람들 중 주제를 너무 적게 다뤘다고 느낀 이들(20퍼센트)이 너무 많이 다뤘다고 느낀 이들(11퍼센트)보다 많았다. 또 주제가 너무 많은 것보다 부족한 것이 대화 만족도에 부정적 영향을 훨씬 크게 미쳤다. 다행스럽게도 '주제를 너무 적게 다루는' 대화를 방지하기는 그리 어렵지 않다.

앞에 언급한 실험에서, 우리는 참가자들이 의식하며 신경 쓰면 쉽게 화제를 자주 바꿀 수 있다는 사실을 발견했다. 화제를 자주 바꾸라는 말을 들은 그룹은 10분 동안 평균 9개의 화제를 다뤘고, 대화를 자연스러운 흐름에 맡긴 그룹은 불과 5개의 화제만 다뤘다. 평소보다 더 자주 화제를 바꾸라는 요청에 그들은 어렵지 않게 그렇게 했다. 그리고 대화에서 느낀 만족감도 높아졌다.

그런데 문제가 있다. 주제 피라미드의 꼭대기로 올라가 나와 상대방만이 대화할 수 있는 화제로 좀 더 깊이 들어가고 싶다고 치자. 화제를 자주 바꾼다면 그럴 수 있을까? 여러 주제를 다루면 깊이 있는 대화는 포기해야 하는 것일까?

그렇지 않다. 나와 연구 팀은 화제를 자주 바꾼 피험자들이 충분히 깊이 있는 대화를 나눈 것을 발견하고 적잖이 놀랐다. 즉 우리가 우려한 트레이드오프(trade-off: 어떤 것을 얻으려면 반드시 다른 것을 희생해야 하는 것 - 옮긴이)는 발생하지 않았다. 우리 연구에 따르면, 화제를 자주 바꾸면서 능숙하게 주제를 관리하는 이들이 더 깊은 대화를 하고 빨리 보물을 발견했을 뿐만 아니라 어색한 공백이나 지연 없이 다음 화제로 매끄럽게 이동한다.

그렇다면 주제를 자주 바꾸는 것이 좋은 대화를 이끌어내는데도 왜 우리는 그렇게 하지 않을까? 당신은 이렇게 말할지도 모른다. "그런 줄 몰랐어요. 방금 당신이 말해줘서 알았다고요." 음, 그럴 수도 있겠다. 하지만 더 근본적인 이유도 있다. 여기에는 자동으로 작동하는 시스템 1 사고 탓도 어느 정도 있다. 직관적인 시스템 1 때문에 우리는 금방 떠오르는 화제만 택하고, 훌륭한 이야깃거리임에도 덜 보편적인 화제는 접어두며, 좋은 주제를 잠깐 다루다 말고, 그렇지 않은 주제에 너무 오래 머문다. 하지만 타인 읽기에 서툰 것도 문제다. 우리는 상대방이 대화 주제를 따분하게 느끼는 것을 얼마나 잘 알아채는가? 우리는 상대방이 지금 대화 중인 주제에 관심이 시들해졌다는 중요한 신호를 놓치지는 않는가?

전환할 타이밍을 간파하라

우리 연구 팀은 사람들이 대화 중인 주제에 대한 관심도 면에서 상대방의 신호를 얼마나 잘 읽는지, 즉 상대방의 흥미를 보여주는 다양한 신호를 얼마나 정확하게 판단하는지 살펴봤다. 그 결과 사람들은 일부 신호(예: 후속 질문)는 정확하게 판단하는 경향이 있었다. 하지만 상대방의 말과 행동에서 어떤 부분에는 지나치게 집중하고 다른 부분에는 불충분하게 집중하곤 했다. 예를 들어 당신이 상대방에게 그의 부모님 안부를 묻는다고 가정하자. 상대방은 그에 대해 대답한 뒤 당신에게 똑같은 질문을 던진다. "'너희' 부모님은 어떻게 지내셔?" 이때 당신은 이 질문을 지나치게 진지하게 받아들일 수도 있다. 상대방이 당신 부모님의 안부를 진심으로 궁금해한다는 신호로 해석하는 것이다. 사실은 그렇지 않은데 말이다. 거울처럼 똑같이 반복하는 질문은 보답의 의미에서 반사적으로 던지는 경우가 많다. 반면 상대방이 당신이 예전에 말한 화제를 다시 꺼낸다면 그 주제에 관심이 높아 계속 얘기하고 싶다는 확실한 신호다.

적어도 사람과 사람 사이의 대화는 말 없는 관중을 향한 독백처럼 진행되어서는 안 된다. 그렇다고 스토리텔링이 없어야 한다거나 한쪽 사람이 더 오래 말하는 순간이 없어야 한다는 의미는 아니다. 하지만 좋은 대화에서는 대개 참여자들이 주제와 스토리의 '공동 진행자'가 된다. 다시 말해 듣는 사람이 중간에 말참견을 하고, 질문을 던지고, 웃음을 터뜨리고, "맞아, 그래", "오오", "말도 안 돼!" 같은 말로 맞장구를 친다.

우리는 이런 신호에 더 주의를 기울여야 한다. 상대방의 흥미와 관심도를 보여주는 중요한 지표이기 때문이다. 이런 신호가 없다면, 양측이 함께 흥미를 느끼며 참여하는 것이 아니라 당신 혼자 대화를 독점한 것일 가능성이 크다. 어느 쪽이든 대화 참여가 시들해진다면 화제를 바꿔야 할 때다.

우리가 화제 전환에 서툰 데는 다른 이유도 있다. 예의를 차리느라 그렇게 된다. 때로 우리는 화제를 바꿔야 한다는 신호를 알아채고도 무례한 사람으로 비치거나 상대에게 불쾌감을 주고 싶지 않아서, 또는 거슬리는 사람이 되고 싶지 않아서 그것을 무시한다. 아마 조시와 위고의 대화가 정체됐을 때도 그런 이유 때문이었을 것이다. 조시는 내심 위고의 어린 시절 이야기를 듣고 싶었지만, 한편으론 날씨 이야기를 갑자기 뚝 끊어버린다는 느낌을 주거나 불쾌감을 안길까 봐 화제 바꾸는 것을 주저했을지도 모른다. 하지만 그것은 기우일 뿐이다! 대다수 사람은 화제를 바꿀 때 지나치게 신중한데, 거기에는 의도는 좋지만 잘못 판단한 이유가 작동한다. 그냥 하던 이야기를 계속하는 것이 더 안전하고 상대를 존중하는 방식처럼 느껴진다.

내가 유용한 팁을 주겠다. 새로운 화제로 넘어갈 타이밍을 잘 모르겠다면 다음 세 가지 신호에 주목하라. 이 신호들은 꽤 믿을 만하고 실용적이다. 이것은 현재의 이야깃거리가 별 흥미를 유발하지 못하며 오렌지즙이 다 빠져나갔다는 신호다.

- 상대방과 나의 말 사이에 침묵이 길어진다(대화의 공백).
- 예의를 차리는 가식적인 웃음이 잦아진다(길어진 공백을 메우려는 반사적 반응).
- 불필요하게 반복하는 말이 많아진다(이미 한 말을 또 하는 것).

아마도 버지니아 울프와 스티븐 스펜더의 실망스러운 점심 식사에는 이 세 가지 신호 모두 자주 등장했을 것이다. 하지만 그중 한 가지 신호만 있어도 화제를 바꿔야 한다. 한편 현재의 대화가 당신의 생각보다 잘 진행되고 있음을 보여주는 신호도 있다. 상대방이 자신이 한 말을 진심으로 재미있어하며 웃는다면 이 화제가 즐겁다는 뜻이고, 상대방이 특정한 화제를 먼저 꺼내거나 지난번 만남에서 다룬 화제를 또 꺼낸다면 그 주제에 관심이 많다는 뜻이다.

물론 화제를 바꿔야 할 때를 알려주는 신호를 주시하려면 꽤 많은 노력이 필요한 것처럼 느껴진다. 이런 생각이 들지 모른다. 대화하면서 뭘 말할지 생각하고 실제로 말하고 그런 다음 상대방의 대답을 들은 뒤 이해하기도 바쁜데 어떻게 상대방 반응의 미묘한 신호까지 살피라는 말인가?

내가 해줄 대답은 당신이 이미 아는 것이다. 바로 화제와 상대방에 대해 미리 생각하기다. 상대방의 미묘한 신호를 포착하는 문제(타인 읽기)와 관련해, 뇌의 정보처리량 한계는 불리한 단점이 된다. 즉 뇌가 처리할 수 있는 인지 작업량에는 한계가 있다. 그렇기 때문에 미리 생각해보는 것이 좋다. 그러면 정신적 여유 공간이 생겨 상대방의 신호를 더 잘 읽을 수 있다. 예를 들어 만일 상대방이 지난번 만남에서 다룬 주제를 또 꺼낸다면 이는 '화제를 바꾸지 마라'는 신호다. 반면 둘 중 한 명이라도 비슷한 얘기를 자꾸 반복한다면 이는 '화제를 바꿔야 할 때'라는 신호다. 또 당신은 현재의 화제가 즐겁다는 또는 그렇지 않다는 의사 표시를 함으로써 상대방이 타인 읽기에 쏟을 에너지를 덜어줄 수도 있다. 작은 피드백도 큰 도움이 될 수 있다.

대화를 잘하는 사람은 자신과 상대방이 대화에서 얻고 싶은 것이 무엇인지 미리 생각해보고, 그 동기를 충족시킬 수 있는 이야깃거리를 선택하며, 화제가 별로 흥미를 유발하지 못한다고 판단되면 기꺼이 계획을 수정한다. 그럼으로써 화제의 폭도 넓고, 깊은 교감도 가능한 대화를 만들어낸다. 대화에 앞서 미리 생각하고 이야기 도중 좀 더 자신 있게 화제를 전환한다면 우리도 얼마든지 프리모 레비가 만난 그리스인처럼 '분위기를 휘어잡을 수' 있다.

대화의 질은 주제에 달려 있지 않다

몇 년 전 대학 동창 캐롤라이나에게 전화가 왔다. 캐롤라이나는 사람들이 보통 불편해하거나 당황하는 화제도 망설임 없이 꺼내는 성격이다. 그녀는 불과 한 달 사이에 단체 채팅방에 여러 번 이야깃거리를 올렸는데, 이런 것이었다.

"엘리자베스 홈스(소량의 혈액으로 수백 가지 질병을 진단하는 기술을 발표했으나 이후 사기 혐의로 유죄판결을 받은 헬스케어 스타트업 세라노스의 창업자-옮긴이)가 재판받는 기간에 아기를 출산한 건 너무 무책임한 행동 아닐까? 동정표를 얻으려는 작전 같아."
"난 코팅 팬의 안전성을 걱정하는 사람을 보면 이해가 안 가."
"전반적으로 볼 때 페미니즘은 좋은 걸까, 나쁜 걸까?"

캐롤라이나의 전화를 받은 것은 코로나19 봉쇄 기간이었다. 그녀는 오리건주의 집에 있었고, 나는 답답해서 잠시 동네를 산책하는 중이었다. 나는 벨이 울리자마자 전화를 받았다.

"어, 캐롤라이나!"
"질 그물망 vaginal mesh에 대해 좀 알아?"

나는 웃음이 터졌다. 아이가 셋인 나는 출산 후 골반 장기 탈출증 때문에 질망삽입술을 받은 여자를 몇 명 알았다. 질 그물망과 관련한 집단소송이 있었다는 얘기도 들은 적이 있었다. 아마 호주였던가?

분명 대다수 사람은 '질 그물망'이라는 단어에 얼굴을 찌푸릴 것이다. 낯 뜨겁거나 불쾌한 주제라고, 또는 그 단어가 등장한 순간 불편한 증상 및 스트레스에 대한 이야기와 출산에 대한 지나치게 개인적인(또는 지루한) 대화가 이어지리라고 생각할 것이다. 하지만 나는 얼굴을 찌푸리지도 않았고 전혀 불쾌하지도 않았다. 임신과 출산에 따르는 신체적 희생을 잘 알고, 거침없이 화제를 꺼내는 캐롤라이나의 스타일도 좋아하기 때문이다. 그런 식으로 대화를 시작하는 것은 몹시 '그녀다운' 일이었다.

"네 목소리를 들으니 너무 반갑다." 내가 말했다. 진심이었다. 전화로라도 목소리를 들으니 마음에 위안이 됐다.

"나도 그래! 네 도움이 필요해. 질 그물망 수술을 받을지, 아니면 그 전에 아이를 한 명 더 가져야 할지 고민이야."

나는 셋째를 낳기로 결심한 거냐고 물었다. 캐롤라이나는 자신도 잘 모르겠다고 했다. 그녀는 예전부터 늘 대가족을 꿈꿨고 셋째를 포기하는 것은 상상할 수 없다고 말했지만, 최근에 직장을 옮겼다. 둘째는 대학원에 다니면서 낳았다. 새로 들어간 직장에 다니면서 셋째를 임신하고 출산하는 일은 만만치 않을 터였다.

캐롤라이나는 질 그물망 이야기를 하다가 금세 가족계획으로 화제를 바꾸면서 내게 조언을 해달라고 부탁했다. 그러다 우리는 자연스레 워킹맘의 애로 사항과 보람에 대해 허심탄회하게 이야기를 나눴다. 우리 둘 모두에게 위로와 응원과 스트레스 해소 기회를 주는 화제였다.

우리는 조그만 사람 2명이 제대로 신발을 신도록 다그치는 동시에 그보다 더 작은 사람에게 신발을 신기느라 낑낑대는 일이 얼마나 힘든지 이야기했다. 그러다 핑거페인팅 놀이를 하는 아이들의 물감이 입고 있던 정장에 묻지 않게 애쓰느라 혼났다는 이야기로 수다를 떨었다. 새근새근 잠든 아기를 품에 안고 있을 때 밀려오는 말할 수 없는 행복감, 태어나 처음으로 제법 우스운 농담을 하는 첫째를 보며 느낀 뿌듯함에 대해서도 이야기했다.

이어 우리는 결혼 생활과 휴가에 대해, 팬데믹 때문에 힘든 점에 대해 수다를 떨었다. 그러다 내가 우리 집이 있는 블록의 마지막 모퉁이를 돌 때 캐롤라이나가 불쑥 털어놓았다. "사실은 엄마, 오빠랑 문제가 좀 있어."

요 몇 년 사이 캐롤라이나에게 들은 것 중 가장 뜻밖의 이야기였다. 캐롤라이나의 아버지는 그녀가 열여덟 살 때, 그러니까 우리가 대학에서 만나기 직전에 돌아가셨다. 캐롤라이나는 엄마는 물론 오빠와도 사이가 굉장히 돈독했다. 그녀는 엄마, 오빠와 사이가 멀어졌다고, 두 사람이 그녀가 오리건주로 이사 간 것을 이해하지 못한다고 말하면서 울먹였다. 게다가 팬데믹 탓에 관계를 회복하기가 더 쉽지 않았다. 듣고 있자니 마음이 너무 아프면서도 한편으로는 그런 이야기를 솔직하게 털어놔준 친구에게 고마웠다. 나는 가족과의 갈등 때문에 속이 시끄러우니 셋째를 가질지 말지 결정하기가 더 힘든 게 당연하다고 말해줬다. 캐롤라이나는 "앨리슨, 고마워. 사랑해"라고 말했다.

곧 나는 안에서 아이들이 사방을 뛰어다니고 있을 집 앞에 도착했다. 이제 전화를 끊어야 했다. 오랫동안 못 만났고 서로 멀리 떨어져 있었지만 나는 캐롤라이나에게 끈끈한 친밀감을 느꼈다. 이처럼 꼭 좋은 주제를 골라야 좋은 대화가 가능한 것은 아니다. 터무니없이 느껴지는 화제로도 서로 교감하며 의미 깊은 대화를 나눌 수 있다. 당신과 상대방이 각자에게 중요한 동기를 추구하며 진심 어린 태도로 임한다면, 대화라는 항해에서 이따금 뜻밖의 보물을 발견하는 기쁨을 경험할 것이다(미리 생각하기를 실천하면 그럴 가능성이 더 커진다. 아마 캐롤라이나도 나한테 전화를 걸기 전에 그랬을 것 같다).

통화하고 1년이 조금 더 지난 뒤 캐롤라이나는 셋째 아이를 낳았다. 그녀는 예쁜 아기 사진 몇 장을 소셜 미디어에 올렸다. 질그물망에 대한 언급은 없었지만 어머니와 오빠가 그녀 옆에서 활짝 웃고 있었다.

SUMMARY

- **주제는 대화라는 건축물을 이루는 기본 벽돌**이다.
- **스몰 토크 자체가 최악의 대화는 아니다.** 한 가지 화제(특히 주제 피라미드 최하단의 화제)에 너무 오래 갇혀 있는 것이 최악의 대화다.
- **'화제 미리 준비하기'는 최고의 전략**이다.

TALK

우리는 보통 대화를 가볍게 시작할 때, 알아내고 싶은 것이 있을 때, 화제를 전환할 때 질문을 한다. 대화에서 값진 보물을 발견하는 아주 좋은 방법이 바로 질문을 던지는 것이다. 당신에게 질문하지 않는 사람이 있다면 바로 그 사람을 떠올려보라. 그에게 느껴지는 감정만 떠올려도 질문이 얼마나 중요한 역할을 하는지 알 수 있다. 제3강에서는 이렇게 중요한 역할을 하는 질문을 잘 활용하는 방법이 무엇인지 알아보려 한다.

제3강

두 번째 원칙, 'A'는 질문하기(Asking)다

A IS FOR ASKING

캐리 피셔Carrie Fisher의 부모는 그녀가 두 살 때 이혼했다. 이 사건은 당시 타블로이드 신문을 요란하게 장식했다. 그녀의 어머니는 뮤지컬 영화 〈사랑은 비를 타고Singin' in the Rain〉의 여주인공 역할을 맡았던 데비 레이놀즈Debbie Reynolds이고 아버지는 가수 에디 피셔Eddie Fisher이기 때문이다. 두 사람은 오래전부터 할리우드 스타 엘리자베스 테일러Elizabeth Taylor와 가깝게 지냈다. 레이놀즈와 테일러는 어릴 적부터 친한 친구였다. 1958년 테일러의 남편이 비행기 사고로 죽자 피셔는 테일러를 위로해주겠다며 서둘러 그녀에게 달려갔다. 이후 테일러와 바람을 피우고 결혼까지 했다. 피셔와 이혼한 레이놀즈는 두 자녀인 토드와 캐리를 혼자 키워야 했다.

부모의 재능과 끼를 물려받은 캐리 피셔는 연예계에 진출해 일찍이 10대 때 어머니 레이놀즈가 출연하는 브로드웨이 뮤지컬 〈아이린Irene〉에 함께 출연했다. 20대 때는 영화 〈스타워즈Star Wars〉의 레아 공주 역을 맡으며 스타덤에 올랐다. 유명 스타가 되었지만 한편으로 그녀는 양극성 장애를 앓았고 약물중독에 빠졌다. 1980년대 중반에는 신경안정제를 과다 복용해 중독 치료 시설에 입원했다. 훗날 고백한 바에 따르면 〈스타워즈〉 촬영장에서도 코카인을 흡입했다고 한다. 그녀의 평판은 추락했고 배우 경력도 내리막길을 걸었다. 하지만 1980년대 후반부터 새로운 모습을 보여주었다. 굴곡 많은 인생을 이용해 예술적 영감을 발휘한 것이다. 그녀는 연예계에 종사하는 엄마와 딸이 등장하는, 자전적 성격이 강한 소설 『먼 곳에서 온 엽서Postcards from the Edge』를 출간했다. 1990년에는 이 소설을 시나리오로 각색했으며(동명의 영화로 제작됐다) 또 다른 반半자전적 소설 『서렌더 더 핑크Surrender the Pink』를 냈다.

그해에 피셔는 미국 공영 라디오NPR에서 매일 방송되는 〈프레시 에어Fresh Air〉에 게스트로 출연했다. 피셔가 레아 공주 역할을 맡기 2년 전인 1975년부터 15년 동안 이 프로그램을 진행해오고 있던 사람은 테리 그로스Terry Gross였다. 그로스의 나이는 39세로 피셔보다 다섯 살 많았다. 그로스는 게스트로 나온 피셔와 함께 그녀의 새 영화와 새로 나온 책, 어머니와의 관계, 정신 질환 및 약물과 싸운 경험에 대해 이야기를 나눴다. 녹음된 자료를 들어보면 두 사람 모두 대화 능력이 뛰어나다는 게 여실히 느껴진다. 특히 주제를 관리하는 능력이 뛰어나다. 누군가는 민감하거나 불쾌하다고 느낄 법한 주제도 두 사람에게는 전혀 장애물이 되지 않는다.

피셔가 영화에서 맡은 역할에 대한 비교적 무난한 질문이 이어진 뒤, 어느 순간 그로스는 피셔를 주제 피라미드의 꼭대기로 데려가도 좋다는 무언의 허락을 받았다고 느꼈는지 이렇게 묻는다.

"약물을 과다 복용하고 이후엔 마약중독을 극복한 경험이 당신이 맡고 싶은 배역이나 당신을 캐스팅하려는 사람들이 당신을 바라보는 시선에 영향을 미쳤나요?"

이것은 꽤 개인적이고 내밀한 질문이지만, 그로스는 단순 명쾌하면서도 상대방을 무장해제하는 다정한 말투로 묻는다. 피셔 역시 부드러운 말투로 영화계에서 자신의 추락한 평판을 회복하기가 쉽지 않았다고 설명한다. 그로스는 충분히 이해가 간다는 듯 "아, 네" 하며 피셔의 고백에 공감한 후, 무거운 주제를 너무 오래 다루는 것을 피하려고 주제 피라미드의 아래쪽으로 자연스럽게 내려가며 피셔의 초기 활동에 대한 질문을 던진다. 피셔가 뭔가를 비꼬는 듯한 농담을 몇 번 하자 그로스가 너그럽게 웃어준다. 두 프로가 나누는 이런 대화는 청취자에게 큰 즐거움을 안겨준다. 그리고 사실은 그것을 위해 두 사람이 마주 앉은 것이다. 청취자들이 둘의 대화를 재미있다고 느낄수록 그로스는 뛰어난 인터뷰어라는 평판이 높아져 청취자를 늘릴 수 있고 피셔는 새 책을 더 효과적으로 홍보할 수 있다.

그런데 공개적인 인터뷰에도 두 사람 사이에는 공식적 관계 이상의 어떤 친밀감이 형성된 것 같다. 이 인터뷰는 평범한 수준을 넘어섰으며, 여기에 결정적 역할을 한 것은 그로스의 능숙한 질문 솜씨였다. 그녀는 질문을 통해 화제를 매끄럽게 끌고 가며 새로운 사실을 수면 위로 끌어내고 피셔와 자신의 거리를 한층 좁혔다. 각각의 질문은 피셔가 자신에 대한 이야기를 풀어놓도록 유도

하는 초대장이었다. "당신이 시나리오를 쓴 작품에 출연하지 않은 이유가 무엇인가요? 이 부분에 대해 좀 더 자세히 얘기해줄 수 있나요?", "주로 어떤 문제로 어머니와 갈등을 겪었나요?", "연예인 부모를 둔 탓에 어릴 때 자주 카메라에 찍혔잖아요. 그런 경험이 나중에 배우로서 카메라 앞에 설 때 느끼는 기분에 어떤 영향을 미쳤나요?", "지금도 그때 사진을 가끔 보나요? 참, 그 사진들을 아직 갖고 있나요?", "아까 그 점에 대해 어떤 생각이 들었습니까?", "〈스타워즈〉 오디션은 어땠어요?", "학교를 중퇴한 걸 후회한 적이 있나요?", "요즘도 노래를 하나요?", "어머니가 활동하던 시절 이후로 할리우드가 어떻게 바뀌었나요?" 같은 질문은 훌륭한 뼈대가 됐고 피셔의 대답이 그 뼈대에 살을 붙이며 풍성한 대화가 완성되었다.

이것은 약 30년 사이에 그로스가 피셔와 진행한 세 번의 인터뷰 중 첫 번째였다. 그다음 인터뷰는 2004년, 세 번째 인터뷰는 2016년에 이루어졌다. 세 번의 인터뷰는 피셔 인생의 34세부터 60세까지에 걸쳐 있으며 할리우드, 유명 연예인 부모, 〈스타워즈〉, 페미니즘, 결혼, 이혼, 약물 남용, 영화, 글쓰기, 정신 질환 등 그녀의 인생에 중요한 자국을 남긴 테마를 속속들이 탐구한다. 그리고 인터뷰 횟수가 거듭되면서 피셔와 그로스의 관계도 발전해, 두 사람은 시간이 갈수록 더 가까워지고 편안해졌다.

2016년 피셔는 세 번째 회고록 『프린세스 다이어리스트The Princess Diarist』를 출간했다. 〈스타워즈〉를 촬영한 시기에 쓴 일기를 토대로 쓴 책이었다. 피셔는 이 일기장을 까맣게 잊고 지내다가 수십 년 뒤 마룻장 밑에 있는 상자에서 발견했다. 『프린세스 다이어리스트』에서 그녀는 〈스타워즈〉의 초기 시리즈 시절과 하루아침에 스타덤에 오른 경험을 술회했다. 그런데 책에서 밝힌 충격적인 사실이 있었다. 책 소개 기사에 빠짐없이 들어간 그 내용은 피셔가 〈스타워즈〉 촬영 당시 이 작품에 함께 출연한 해리슨 포드Harrison Ford와 연인 관계였다는 사실이다. 당시 피셔는 열아홉 살이고, 포드는 두 아이가 있는 서른세 살의 유부남이었다.

2016년 11월에 피셔는 책을 홍보하기 위해 〈프레시 에어〉에 다시 출연했다. 이는 그녀가 대중과 만난 거의 마지막 활동이었다. 인터뷰가 방송을 타고 약 한 달 뒤 심장마비로 세상을 떠났기 때문이다.

이 인터뷰 초반에 그로스는 다른 이들이라면 말하기 주저했을 화제를 꺼낸다. "이번 책에서 무엇보다 세상의 관심을 끈 건 〈스타워즈〉 촬영 당시 당신이 해리슨 포드와 사귀었다는 내용이에요. 책을 출간하기 전에 이 내용을 넣을 거라고 포드에게 말했나요?"

"네, 그럼요." 피셔가 대답한다.

"그렇다면 마음이 놓이네요." 그로스가 웃으며 말한다. 피셔는 포드에게 숨긴 채 책을 출간하는 일은 없었을 거라고 말한 뒤 이렇게 덧붙인다.

"그런데 제가 그에게 말했느냐 안 했느냐와 상관없이, 세상이 너무 떠들썩해지니까 갑작스러운 공격을 받는 것 같은 기분이에요. 그 이야기를 책에 밝히기로 결정한 건 나 자신인데도 말이에요."

그로스는 조금 더 깊이 들어간다. "책에 그 사실을 쓴다고 포드에게 그냥 알렸나요, 아니면 허락을 구했나요?"

"허락을 구한 적은 없어요. 그에게 이렇게 말했어요. '예전에 영화 찍을 때 쓴 일기장을 발견했는데 그 내용을 책으로 낼까 해요.' 그랬더니 그가 손가락을 치켜들며 '변호사 좀 불러줘요!'라고 외치더군요."

그로스는 웃음을 터뜨린다. 포드의 거친 유머 감각을 아는 사람이라면 둘의 대화 분위기를 충분히 짐작할 수 있다. 피셔는 출간하기 전에 원고를 포드에게 보여주면서 빼고 싶은 내용이 있으면 말해달라고 했다고 한다. 하지만 별다른 답변이 오지 않았다.

피셔는 원래 일기의 한 단락을 소리 내서 읽는다. 그런 뒤 그로스가 포드와의 관계에 대해 또 다른 질문을 던진다. "해리슨 포드가 맡은 극 중 역할인 한 솔로와 레아 공주의 관계 말이에요. 우리에게 익숙한 로맨스 패턴이잖아요. 관객 입장에서 '저 두 사람은 결국 커플로 이어질까, 아닐까?'가 궁금해지는 관계 말이에요. 한 솔로와 레아는 티격태격하지만 사실 그건 서로를 좋아하기 때문이잖아요. 두 사람은 영화에서 그런 관계였고, 실제 삶에서는 사귀는 연인이었어요. 연인이라는 사실이 작품에서 호흡을 맞추는 데 어떤 영향을 미쳤나요?"

"덕분에 둘 다 편하게 연기할 수 있었던 것 같아요. 그 사람한테 편하게 장난도 치고 그랬죠. 제가 불안할 때도 애인이 옆에 있다는 사실이 안정감을 되찾는 데 어느 정도 도움이 됐어요." 녹음된 자료 속 피셔의 목소리에서는 그로스의 질문에 반응해 옛 기억을 샅샅이 뒤지는 듯한 느낌이 전해져 온다. "음, 우린 확실히 호흡이 잘 맞았죠. 영화를 보는 사람도 느껴질 거예요. 사실 어느 게 먼저였는지는 잘 모르겠어요. 영화 속 호흡인지, 현실에서의 호흡인지."

포드와의 연애 이야기를 자서전에 밝힌 것은 피셔였지만, 인터뷰에서 그로스가 던진 질문은 영화 역사상 가장 방대한 서사가 동반된 러브 스토리 중 하나를 새로운 시각으로 조명했다. 포드와 관련된 그로스의 질문은 인터뷰의 무거운 짐을 약간 덜어준 느낌이었다. 민감할 수도 있는 화제를 끝냈으니 이제 두 사람은 다소 마음 편히 이야기를 나눌 수 있었다.

나머지 대화를 내내 물들인 것은 옛 시절에 대한 그리움이라는 정서다. 두 사람은 온갖 감정으로 소용돌이친 피셔의 10대 시절, 〈스타워즈〉의 촌스러운 대사, 레아 공주의 독특한 헤어스타일에 대해 이야기를 나누며 웃음을 터뜨린다. 첫 인터뷰 이후 30년 가까운 세월이 흐르는 사이 피셔의 목소리는 젊은 시절에 비해 탁해졌고 마음은 더 과거로 향하는 듯하다. 한편 그로스의 목소리는 더 깊고 다정해졌다. 두 사람은 마치 옛 시절에 대한 추억담을 나누는 오래된 친구 같다.

그런데 인터뷰 후반에 이르러 그로스가 과거 인터뷰에서 다룬 적 없는 화제를 꺼낸다. 바로 피셔의 반려견 게리다. "무슨 종이에요?" 그로스가 묻는다.

"프렌치 불도그요." 알고 보니 게리는 피셔와 함께 스튜디오에 나와 있다. 게리가 곁에 있으면 마음이 안정돼서 어디든 데리고 다닌다고 한다. "얘가 지금 제 손을 핥고 있어요. 정말 착해서 데리고 다니기 편해요."

"어머나, 핥는 소리가 저한테도 들려요." 그로스가 말하며 웃는다. 내가 듣고 있는 녹음 자료에서도 손을 빠르게 핥는 소리가 들려온다.

"정말 요란하게도 핥네요." 그로스가 말한다.

"이 녀석은 혀가 굉장히 길어요." 두 사람은 동시에 웃음을 터뜨린다. 그로스가 이런저런 질문을 던지며 둘은 한동안 게리에 대해 이야기를 나눈다. 게리는 정식 증명서를 갖춘 심리 치료 도우미견이고, 뉴욕에 있는 '끔찍한 펫 스토어'에서 만났으며, 아주 말을 잘 듣는 녀석이라고 한다.

"세상에, 아직도 핥고 있어요." 한참 뒤 그로스가 말한다. 이제 두 사람은 대화를 마무리한다. 헤어질 때 그로스가 게리도 잘 지내길 바란다며 인사를 전한다.

"당신 대신 제가 게리를 핥아줄게요." 피셔가 농담으로 받는다. 30년 전 첫 인연을 맺은 두 사람에게 퍽 어울리는 마무리다.

둘의 대화는 인터뷰어로서 그로스가 지닌 뛰어난 능력을 여실히 보여준다. 인터뷰 전에 꼼꼼히 준비하는 습관, 통찰력 있는 질문을 그때그때 즉석에서 떠올리는 감각, 수십 년간 쌓인 인터뷰 경험이 합쳐져 게스트가 편안한 마음으로 솔직하게 자신을 드러내도록 이끈다. 또 이 인터뷰는 훌륭한 대화를 이끌어내는 질문의 힘을 보여주는 증거다.

오로지 인간만이 질문을 한다

조정 게임인 대화를 보드게임에 비유해보자. 주제가 보드게임의 말이라면, 질문은 말을 집어 만지작거리고 게임 판 여기저기로 옮기는 손에 해당한다. 질문은 주제를 제시하고 바꾸고 지속하기 위해 사용하는 가장 강력한 도구다. 질문을 TALK 원칙에 포함한 것은 만일 대화에 질문이 없다면 서로 평행선 같은 독백만 할 위험이 있기 때문이다. 반면 질문은 반응과 상호작용을 이끌어낸다. 그러면서 화자들이 협력하고 함께 뭔가를 만들어간다. 질문을 하면 상대방은 새로운 정보를 내놓게 되고, 이는 상대방의 생각을 이해할 수 있는 중요한 단서를 던져준다. 또 새로운 정보의 등장은 다시 새로운 질문으로 이어져, 질문한 사람과 대답한 사람이 번갈아 말하는 자연스러운 리듬이 형성된다. 그로스와 피셔가 훌륭한 대화를 나눌 수 있었던 것은 그로스의 질문이 피셔의 생각을 밖으로 끌어낸 덕분이다. 질문은 타인의 생각을 알 수 있는 가장 효과적인 방법이다. 또 대화 나침반 사분면의 동기를 충족하기 위해 필요한 선행조건이다.

다행히 우리는 질문하는 능력을 선천적으로 지니고 있다. 과학자들은 영장류 동물 보노보가 인간이 사용하는 단어를 상징하는 '렉시그램lexigram'이라는 그림문자를 이용해 인간과 놀랄 만큼 훌륭하게 의사소통하는 것을 확인했다. 이들 동물은 질문에 반응하고 대상을 식별한다. 그러나 아무리 높은 수준으로 훈련한 영장류 동물이라도 질문을 던질 줄은 모른다. 반면 전 세계 어디서나 인간의 아기는 옹알거리면서 질문에 해당하는 의사 표현을 한다. 다시 말해 어구나 문장을 완성해 사용하기 훨씬 전부터 손가락으로 가리키고 말끝을 올린 질문형 억양으로 소리를 내면서 우유나 음식 등 원하는 것을 요청한다. 설령 도움이나 허락을 구하기 위한 것이라 해도 질문은 근본적으로 인간에게 고유한 접근법이다. 질문은 우리가 타인의 생각에 관심을 지녔음을 나타낸다. 그것은 인간의 대화를 가능하게, 그리고 놀라운 행위로 만들어주는 요소다.

호감을 높이는 질문의 힘

사람들은 대화에서 질문이 하는 역할을 잘 생각하지 않는다. 아마도 어떤 말을 할지에 더 집중하기 때문일 것이다. 우리는 아는 것이 많고 재미있고 자신감 넘치는 사람으로 보이고 싶어 한다. 그러나 내 연구에서는 질문을 많이 하는 것이 다양한 종류의 긍정적 결과와 상관관계를 지니는 것으로 나타났다. 이는 스피드 데이트, 세일즈 콜, 가석방 심리, 투자 피칭, 구직 면접 등 다양한 상황에서 공통적으로 관찰됐다. 가장 쉽게 떠올릴 수 있는 질문의 이점은 더 많은 정보를 얻는다는 점이다. 당신이 묻고 상대방이 대답하면, 당신은 몰랐던 사실이나 정보를 알게 된다. 예컨대 테리 그로스는 피셔에게 질문을 던짐으로써("책에 그 사실을 쓴다고 포드에게 그냥 알렸나요, 아니면 허락을 구했나요?") 출간 예정인 피셔의 회고록에 대한 해리슨 포드의 반응("변호사 좀 불러줘요!")을 알게 됐다.

질문은 정보교환의 양을 증가시킨다. 그런데 직관적으로 떠올리기 힘든 더 중요한 이점도 있다. 질문은 인간관계의 질을 향상시킨다. 사람들은 질문을 많이 하는 사람에게 '호감을 더' 느낀다.

우리 연구 팀은 서로 모르는 사이인 피험자들을 2명씩 짝지은 뒤 서로에 대해 알기 위해 15분 동안 대화하라고 했다. 그리고 그들이 질문을 얼마나 하는지 관찰해보니 평균 6.5개의 질문을 던졌다. 이후 우리는 역시 모르는 사이인 피험자를 두 그룹으로 나누고 대화를 시작하기 전에 비밀 지시 사항을 주었다. A 그룹에는 대화하며 한쪽 사람에게 질문을 많이 하라고 했고(15분간 9개 이상) B 그룹에는 한쪽 사람에게 질문을 적게 하라고 했다(15분간 4개 이하). 질문 종류는 정해주지 않았고 다른 특별한 지시 사항은 없었다. 그들은 원하는 질문이면 어떤 것이든 해도 되었다.

그 결과 질문을 많이 한 사람의 경우 질문을 적게 한 사람보다 대화 상대방이 느낀 호감도가 훨씬 높았다. 질문하는 행위가 호감도를 '상승'시킨 것이다.

이런 효과는 다른 상황에서도 목격되었다. 스피드 데이트 참가자들이 20명과 잠깐씩 만나는 각각의 대화에서 질문을 1개만 더 던져도 다음에 또 만나고 싶다는 의사를 표현하는 파트너가 1명 늘어났다. 한 번의 만남당 질문이 1개 추가되면 상대방에게 호감을 얻을 가능성이 5퍼센트 증가했다. 그리고 전체적으로 남성이 두 번째 만남에 동의하는 경향이 훨씬 강했지만, 질문을 많이 하는 것은 남성과 여성 참가자 모두에게 긍정적인 효과를 가져왔다. 만일 그들이 두 번째 데이트에 나가기 전에 식당을 알아보거나,

옷을 고르거나, 인터넷에서 상대방에 대한 정보를 검색해보는 것만큼이나 질문을 미리 생각하는 데 많은 시간을 투자한다면 훨씬 더 효과적으로 상대방의 마음을 얻을 수 있지 않을까?

ZQ가 되지 마라

질문하면 더 많은 정보를 얻고 대화의 즐거움이 배가되며 호감도가 높아지는데도 대부분의 사람들이 좀처럼 질문을 충분히 하지 않는다는 것을 연구 결과가 보여준다. 회의, 데이트, 구직 면접, 교수와 학생의 면담 시간처럼 적극적으로 정보를 얻어내야 하는 상황에서도 사람들은 아주 적은 질문을 하는 데 그친다.

데이트 전문 코치 레이첼 그린월드Rachel Greenwald는 질문을 전혀 하지 않는 최악의 대화자를 'ZQ'라고 부른다. 'Zero Questions(질문 0개)'의 줄임말이다. 그녀는 수시로 그런 이들을 목격한다. 나는 데이트하는 이들(대개 연인이다)을 이따금 연구하지만, 레이첼은 수많은 커플의 만남을 주선하고 연구하며 그들에게 조언하는 일이 직업이다. 하지만 꼭 그런 직업에 종사해야 ZQ의 문제점을 알 수 있는 것은 아니라고 그녀는 말한다. 우리 누구나 ZQ를 만나본 적이 있다. 자식 이야기를 끝없이 늘어놓는 엄마, 자신에 대한 이야기만 계속 쏟아내는 남자, 회의에서 직원들에게 일방적으로 말하는 상사, "오늘 하루는 어떻게 보냈어요?"라는 질문조차 하지 않는 데이트 상대 등. 이런 사람과 대화하다 보면 어느 순간 당신은 '이 사람은 나한테 아무것도 묻지 않네?' 하고 깨닫는다. 그다음부터는 그가 과연 질문을 하는지 안 하는지 지켜보는 데만 신경이 쏠린다. 레이철은 "호기심이 지나치면 위험하다고들 하죠. 하지만 데이트에서는 호기심이 최고예요. 데이트를 망치는 건 바로 ZQ예요. 질문을 하지 않으면 두 번째 데이트도 없어요"라고 말한다.

다행히 우리 중 대부분은 ZQ가 아니다. 하지만 마음을 놓기는 이르다. 우리는 어쩌면 자신이 생각하는 것보다 ZQ에 더 가까울지도 모른다. 친구와 수다를 떨거나 데이트를 할 때, 또는 업무적 협상을 하는 상황에서 사람들은 자신이 던진 질문 개수를 크게 '과대평가'하는 경향이 있다. 예를 들어 협상에 참여한 사람들은 자신의 발언 차례가 돌아와 말한 횟수의 50퍼센트 이상에 질문이 담겨 있었다고 생각했다. 하지만 실제로 질문이 포함된 경우는 10퍼센트 미만이었다. 스스로 생각한 것의 5분의 1도 안 되는 수다. 우리는 친구 사이의 대화나 첫 데이트를 하는 커플의 대화에서도 비슷한 패턴을 발견했다.

질문을 많이 하는 사람 자신도 그것이 지닌 큰 이점을 알아채지 못할 때가 많다. 우리 연구 팀은 피험자들의 대화가 끝난 뒤 그들에게 파트너가 그들을 얼마나 마음에 들어 했을지 추측해보라고 했다. 그러자 질문을 많이 한 사람은 적게 한 사람보다 자신이 더 큰 호감을 얻었으리라 생각하지 않았다. 그리고 이것은 단지 그들이 대화 당사자이기 때문만은 아니다. 제3자가 타인의 대화 기록을 읽은 경우에도 질문하기와 그것이 주는 보상의 상관관계를 알아채지 못했다. 대화라는 정신없는 게임에서는 미세 결정과 그것이 가져오는 결과 사이의 구체적 상관관계를 깨닫기 어렵다. 즉 질문하기와 의미 있는 정보나 호감을 얻는 것의 상관관계 말이다. 그렇기 때문에 사람들이 질문을 너무 적게 하는 것이다. 그들은 상대방이 풍부한 질문을 받는 것을 얼마나 좋아하는지(그리고 질문을 너무 적게 받는 것을 얼마나 싫어하는지) 잘 모른다. 그에 대한 명확한 피드백도 받지 못한다.

그러나 질문을 받는 것은 긍정적 감정을 형성시킨다. 질문을 받으면 상대방이 나에 대해 더 알고 싶어 한다거나 내 의견을 존중해준다는 기분이 든다. 그러면 상대방이 나를 좋아한다는 느낌이 들어 그를 또 만나고 싶어진다. 캐리 피셔가 〈프레시 에어〉에 세 번이나 출연한 것은 우연이 아니다. 테리 그로스는 탁월한 질문 능력을 지닌 사람이었고, 그녀의 능력 덕분에 게스트 대부분이 또 다시 출연하곤 했다.

그로스는 물론 훌륭한 본보기지만, 우리는 그녀만큼 질문의 달인이 될 필요는 없다. 일상생활에서 나누는 대화의 질을 높이려면 우선 '더 많이' 질문하는 것부터 시작하라. 타인의 마음을 단숨에 사로잡거나 똑똑하거나 송곳처럼 예리한 질문이 아니어도 좋다. 그저 현재 순간과 상대방에게 충실한 질문이면 된다.

민감한 질문을 해도 될까

질문을 하고 싶고, 그것이 필요하다는 사실을 알면서도 선뜻 질문하기 쉽지 않을 때가 있다. 너무 민감하거나 심리적 불편감을 안길 것 같은 질문이 있기 마련이다. 그런데 민감한 질문을 던지는 것에 두려움을 느끼는 것은 일반적으로 타당할까? 그 답을 알기 위해 행동과학자들이 실험을 진행했다. 그들은 사람들이 자신의 질문을 상대방이 어떻게 느낄지 예상한 내용과 실제로 상대방이 그 질문을 어떻게 느꼈는지 답변한 내용을 비교 분석했다.

먼저 연구 팀은 인터넷을 이용해 사람들이 직장 동료에게 묻고 싶어 하는 질문 목록을 뽑았다. 그리고 그 질문들을 가장 민감한 것부터 가장 덜 민감한 것까지 순위를 매겼다. 예컨대 가장 덜 민감한 질문은 "당신은 아침형 인간입니까?", "어떤 계절을 제일 좋아해요?", "요즘 대중음악에 대해 어떻게 생각하나요?" 등이었고, 가장 민감한 질문은 "바람을 피워본 적이 있나요?", "낙태에 대해 어떻게 생각하나요?", "연봉이 얼마예요?", "동성인 누군가를 떠올리며 성적인 생각을 해본 적이 있나요?" 등이었다.

그런 다음 피험자들에게 가장 민감한 질문과 가장 덜 민감한 질문을 직장 동료에게 던질 의향이 있는지 물었다('네' 또는 '아니요'로 대답). 또 동료가 질문을 얼마나 편안하다고 느낄 것이라 예상하는지도 물었다(1~7점으로 대답). 그 결과는 사람들이 상대방에게 불편하게 느껴지리라 예상되는 질문을 꺼린다는 점을 확인해주었다. 자신의 이름을 밝히지 않고 익명으로 질문하고 싶다는 사람(70퍼센트)이 이름을 밝히겠다는 사람(35퍼센트)의 2배였는데, 익명으로 하겠다는 사람들도 상대방을 불편하게 할 것 같은 내용이면 질문하려는 의향이 훨씬 줄어들었다.

하지만 연구 팀이 주목한 중요한 지점은 이것이다. 그들의 질문을 받은 상대방은 '실제로' 불편하게 느낄까? 그들이 생각한 것만큼 대화 분위기가 민망해질까?

이를 알아보고자 연구 팀은 사람들을 둘씩 짝지어(일부는 아는 사이, 일부는 모르는 사이였다) 대화하게 했다. 각 쌍에서 한쪽 사람이 민감한 질문 또는 무난한 질문을 하도록 무작위로 배정했다. 그리고 대화가 끝난 뒤 상대방인 파트너에게 대화 및 질문자에 대해 평가해달라고 요청했다.

서로 아는 사이인 경우 피험자(질문자)의 예상은 크게 빗나갔다. 민감한 질문을 던졌을 때 부정적 결과가 그들의 예상보다 단순히 적은 것이 아니라 '전혀' 나타나지 않았던 것이다. "연봉이 얼마예요?"나 "바람을 피워본 적이 있나요?" 같은 민감한 질문을 받은 사람이 대화 및 파트너에 대해 느낀 만족도는 "보통 뭐 타고 출근하세요?" 같은 무난한 질문을 받았을 때와 비슷한 수준이었다. 민감한 질문 때문에 대화가 크게 삐걱거리며 정체되지도 않았다. 그런 질문을 받은 이들이 대화 도중 웃고, 멈칫하고, 표현을 바꿔 다시 말하고, 반응하고, 후속 질문을 던진 횟수는 무난한 질문을 받은 이들과 비슷했다.

서로 아는 사람들은 민감한 질문을 생각보다 더 잘 다루는 것으로 보인다. 그렇다면 서로 모르는 사이에서는 어떨까? 이때도 질문자의 예상이 빗나갔다. 모르는 관계에서도 민감한 질문이 부정적 결과를 가져오지 않았으며, 이는 대면 대화든 문자메시지로 이뤄진 대화든 마찬가지였다. 연구 팀은 1,400명 이상을 대상으로 다섯 차례 실험을 진행한 결과, 민감한 질문이 무난한 질문보다 대화를 더 위험에 빠뜨린다는 증거를 발견하지 못했다. 민감하게 느껴지는 질문을 사실은 상대방이 민감하게 받아들이지 않는 것이다. 이는 우리가 실제로 질문을 해보기 전까지는 알 수 없는 사실이다.

물론 민감한 질문이 대화에 부정적 영향을 미치는 일이 '절대로' 없다는 얘기는 아니다. 다만 그런 일은 생각만큼 자주 일어나지 않는다. 그리고 설령 일어나더라도 대개 부정적 영향이 우리가 상상하는 것만큼 심각하지 않다.

언제나 맥락이 중요하다

하지만 늘 그렇듯 맥락이 관건이다. 어떤 상황에서는 민감한 질문이 관계를 망칠 가능성이 더 커진다. 따라서 좀 더 신중하게 접근할 필요가 있다. 관계의 토대가 불안정할 때는 민감한 질문이 위험하다. 가령 과거에 서로에 대한 신뢰가 깨진 경험이 있을 때, 심각한 의견 충돌이나 싸움이 한창 벌어지고 있을 때, 두 사람 사이에 힘의 차이가 있어 그런 질문이 고압적으로 느껴질 때, 대화 당사자 외에 다른 사람들도 있는 자리여서 개인적 정보를 지키고 싶은 욕구가 크고 그것이 노출될 경우 창피해질 가능성이 높을 때가 그런 경우다.

　사람을 긴장시키는 대표 질문 중 "임신했어요?"라는 질문을 생각해보자. 나는 세 번 임신한 3년 가까운 시간 동안 이 질문에 동반되는 여러 상황을 직접 경험했다. 정말 별의별 일이 다 있었다!

　여성의 평균 임신 기간은 9개월, 즉 280일(40주)이다. 하지만 그 기간 내내 '외형적으로' 임신한 티가 나는 것은 아니다. 임신 기간 중 사람들이 내게 "임신했어요?"라고 묻기를 주저하는 정도는 시간의 흐름에 따라 확연히 바뀌었다. 임신 초기에, 그러니까 몸이 조금씩 불어날 것이라는 의사 선생님의 설명을 듣는 시기에는 임신했냐는 질문이 "당신 뚱뚱해 보여요"라는 노골적인 말의 다른 표현처럼 느껴질 수 있다. 따라서 임신했을지 모른다고 추측하지만 나와 친하지 않은 사람들은 그런 질문을 주저했다. 반면 나와 친한 이들은 임신 사실을 알고 자기 일처럼 기뻐하고 축하해주면서 사람들 몰래 나를 챙겨주었다. 배가 불러와 어느 정도 티가 났을 때는 사람들이 임신했냐고 '묻지 않는' 것이 오히려 이상하게 느껴졌다. 특히 딱히 할 말이 없는 상황에서는 더욱 그랬다. 그 질문을 꺼리는 것이 누가 봐도 분명해서 분위기가 어색해졌다. 8개월이나 9개월째가 됐을 때는 사람들이 오히려 '묻지 않는 것'을 피하는 것 같았다. 어딜 가나 "컨디션은 좀 어때요?", "출산 예정일이 언제예요?" 같은 질문이 쏟아졌다. 임신한 아홉 달 동안 사람들이 질문을 주저하는 정도가 변화하는 것을 지켜보는 일은 꽤 흥미로웠다.

우리 대부분은 지나치게 개인적이거나 선을 넘는 것 같은 질문을 던지길 꺼린다. 그런 질문을 하면 상대방을 불쾌하게 하거나 우리 자신이 뭔가를 잘못 짐작했다는 사실이 드러날지도 모르기 때문이다. 그래서 괜한 불쾌감을 유발할 위험을 감수하느니 차라리 입을 닫는 편을 택한다. 하지만 내가 볼 때 사람들은 내게 임신했냐고 묻는 것을 필요 이상으로 조심스러워했다. 민감하게 느껴지는 질문을 과감히 던지는 것은 친밀감의 신호, 즉 그만큼 상대방을 편하게 느낀다는 신호가 될 수도 있다.

하지만 가끔은 나도 특정한 이유 때문에 "임신했어요?"라는 질문을 받는 것이 곤란했다. 첫째 아이를 임신한 초기에 많은 직장 동료가 참석하는 바비큐 파티에 초대받았다. 그때 30명쯤 모여 있는 공간에서 나와 멀리 떨어져 있던 호들갑스러운 한 여성이 나를 향해 큰 소리로 말했다. "앨리슨, 왜 술 안 마셔요? '임신'했어요?" 나는 약간 당황했지만 웃으면서 농담으로 받아쳐 상황을 모면했다("이제 정신 좀 차리고 살려고요!"). 나는 개인적 정보가 동료로 가득한 방에 울려 퍼지는 상황이 당혹스러웠다. 그곳에는 내가 출산 휴가를 내면 업무 공백을 관리해야 할 담당자들도 있었는데, 내가 공식적으로 임신 사실을 밝히기 전이었다. 게다가 아이를 가지려고 노력했거나 노력 중인데 그러지 못한 사람도 있을 수 있었다.

만일 그녀가 나랑 둘만 있을 때 임신했느냐고 물었다면, 또는 나중에 '혹시 축하받을 일이 생긴 거예요?'라는 문자를 보내왔다면 전혀 상관없었을 것이다. 한편 그날 파티에서 친한 지인이 내가 술을 입에 대지 않는 것을 알아채고 혹시 임신했느냐고 조용히 물었다. 나는 전혀 당황하지 않고, 오히려 행복한 기색을 드러내며 그렇다고 대답했다. 호들갑스러운 여성이 한 질문 자체가 아니라 그 질문을 던진 상황과 맥락이 문제였던 것이다. 하지만 그 일로 그녀와의 관계가 나빠지지는 않았다. 사실 나로서는 더 조용하고 다정하게 물어준 많은 사람에 대한 기억보다 그 일에 대한 기억을 떠올리기가 더 어려웠다. 대화하다가 잠깐 어색하거나 긴장된 순간은 생각보다 빨리 지나가기 마련이며 머릿속에서 금세 잊히곤 한다.

민감한 질문은 리스크보다 이점이 클 때가 많다. 일례로 그런 질문은 우리를 주제 피라미드 꼭대기(우리와 대화 상대방 사이에서만 가능한 대화)로 더 수월하게 이동시키곤 한다. 스피드 데이트에 참가한 조시와 위고가 조금 더 도발적인 질문을 던졌다면 따분한 날씨 이야기에서 벗어나 대화를 한층 더 진전시킬 수 있었을 것이다.

표면만 맴돌아서는 즐거운 대화를 나눌 화제를 찾아내기 힘들다. 좀 더 안으로 들어가야 하고 구체적이 되어야 한다. 피라미드 꼭대기의 '개인화된' 주제를 다룬다는 것은 대화자들이 '나'를 더 드러냄을 의미한다. 나의 생활과 감정에 대한 정보를 전달하고, 내가 알고 있는 것(또는 뭔가를 잘 모른다는 사실)을 드러내며, 나의 취향과 견해를 밝히는 것이다. 그리고 나를 드러내는 것은 곧 방어막을 거두는 것이다. 판단받거나 이용당할 가능성에 나를 노출하는 것이다. 하지만 나를 드러내면 신뢰와 즐거움, 사랑으로 향하는 문도 열린다. 진정으로 이해받고 존중받는다는 기분을 경험할 가능성이 높아진다. 물론 우리는 이따금 실수할 수도 있지만,

상대방을 불편하게 만들면 어쩌나 하는 두려움이 의미 깊은 관계 형성을 막는 장애물이 되어서는 안 된다.

질문에도 종류가 있다

나는 TALK 강의 이전에 했던 협상 강의에서 학생들에게 100달러짜리 지폐를 보여주며 경쟁을 자극하곤 했다. "여러분 중 누가 나를 설득해서 이 지폐를 받아낼 수 있을까요?" 나는 사회적 영향력에 대해 강의하는 중이었다. 우리는 위협이나 유인책, 속임수를 사용하지 않고 설득하는 법을 공부했다. 강의 초반에 학생들에게는 상대방에게 베이컨 향이 나는 비누의 장점을 납득시키는 과제가 주어졌다("고기 냄새를 맡을 기회가 없는 채식주의자가 쓰면 딱이에요", "데이트 파트너가 굉장히 좋아할 겁니다", "당신은 반려견 공원에서 스타가 될 거예요"). 이후에는 여러 다른 활동을 진행하며 다양한 설득 전술을 익혔다. 첫 제안 세게 하기(하지만 뒷받침할 근거는 있어야 함), 손실 기피 성향 이용하기(사람들은 이미 가진 것을 잃기 싫어한다), 양보를 통해 호혜 심리 자극하기, 사회적 증거 활용하기(많은 사람이 뭐가를 좋아하면 나도 좋아하게 된다) 등이다. 하지만 나는 가장 좋아하는 설득 연습을 마지막까지 남겨두었다가 제시했다. 학생들은 어떻게 나를 설득해 100달러의 주인이 될 수 있을까?

어떤 학생들은 자신에게 달라며 뻔뻔하게 손을 들고 열심히 흔든다. 또 어떤 학생들은 꽤 그럴듯한 주장을 내놓는다. 내게 꽃바구니를 보내주겠다거나, 아기를 봐주겠다거나, 연구 보조 일을 해주겠다고 한다. 그 돈이 꼭 필요한 누군가에게 기부하겠다는 사람도 있고, 수강생 전체를 대신해 그 돈을 투자한 뒤 나중에 수익금을 나눠주겠다는 사람도 있다. 강의실은 시끌벅적한 활기로 가득해진다. 새로운 의견이 나올 때마다 놀라는 감탄사와 웃음이 교차한다. 그러는 동안 나는 100달러 지폐를 손에 꼭 쥔 채 학생들 의견에 귀를 기울이며 말없이 서 있다.

그러다 마침내 한 학생이 손을 들고 부드러운 목소리로 묻는다. "교수님, 제가 그 돈을 가져도 될까요?"

나는 미소를 지으며 그 학생에게 천천히 다가간다. 그런 다음 무릎을 꿇고 머리를 숙이며 질문 하나로 모든 상황을 정리해버린 승리자에게 지폐를 건네준다. 대부분의 학생은 웃으며 박수를 치지만 어떤 학생은 "에이, 뭐야!", "말도 안 돼!" 하고 소리를 지른다. 샘도 나고 '그렇게 간단한 거였어?' 하는 생각에 짜증도 나는 것이다.*

어떤 해의 강의에서는 학생들이 이 문제를 풀지 못한다. 데이트 코치가 말한 매력 없는 ZQ처럼 그들은 내게 질문할 생각을 아예 하지 않는다. 그런데 이것은 하나의 분명한 목적(100달러 지폐 얻어내기)이 있는 연습 과제였다. 실제 대화 상황에서는 잊지 않고 적

---

* 승리자 학생은 설득 연습이 끝난 후 또는 수업이 다 끝난 후에 돈을 내게 돌려준다 (교수가 학생에게 현금 선물을 주면 안 된다는 것을 알기 때문이다). 그들이 받는 진짜 상은 이 게임에서 이겼다는 사실이다.

절한 질문을 던지기가 훨씬 어려울 수 있다. 실제 대화에서는 질문이 우리가 원하는 것을 콕 집어 요청하는 것보다 훨씬 더 많은 역할을 하기 때문이다. 우리는 질문을 통해 대화 나침반의 여러 동기를 충족시킨다. 나 자신을 위해 뭔가를 얻으려 요청하거나 사심 없이 관심을 표현하기도 한다. 질문은 상대방에게 정보를 끌어내는 동시에 화자의 마음속 동기를 (때때로 불완전하게) 드러내기도 한다. 우리는 앞에 나온 말들에 대한 반응으로서 질문한다. 질문은 상대방에게 말할 기회가 돌아가게 하거나 다음 이야깃거리로 넘어가게 하면서 대화의 흐름을 관리한다. 또 할 말이 생각나지 않을 때 어색한 침묵을 채우는 용도로 활용할 수 있다. 질문은 상호 간에 형성된 유대감의 질에, 따라서 결과적으로는 관계의 질에 중요한 영향을 미칠 수 있다. 질문의 역할이 이처럼 다양할 뿐 아니라 우리는 대화라는 복잡한 조정 게임을 진행하는 중이기 때문에 실수할 여지가 대단히 많다. 내 학생들이 100달러 지폐를 달라고 질문할 생각을 못한 것처럼, 우리가 일상 대화에서 적절한 순간에 질문하길 잊어버리는 것도 이상한 일이 아니다.

이런 복잡한 상황을 지혜롭게 관리하기 위해서는 우리가 사용할 수 있는 질문의 '종류'를 알아야 한다. 이것을 알면 질문이 부족한 순간을 알아채거나 적절한 때 알맞은 질문을 잊지 않고 던지는 데 도움이 된다. 대화가 말의 흐름이라는 점을 충분히 고려하는 동시에 대화 맥락에서 하는 역할에 따라 질문을 구분하는 분류 체계라면 좋을 것이다. 이런 분류 체계는 상대방에게 더 적극적으로 반응하고 더 풍부한 대화를 만드는 데 도움이 될 수 있다.

우리 연구 팀이 서로 모르는 300명이 둘씩 짝지어 15분간 나눈 대화를 분석한 결과, 대화 중에 던지는 질문은 크게 다음 네 종류였다. 도입부 질문, 거울 질문, 화제 전환 질문, 후속 질문. 145쪽의 그래프는 사람들이 대화를 진행하는 동안 각 종류의 질문을 얼마나 했는지 비율로 나타낸 것이다.

먼저 '도입부 질문'은 말 그대로 대화 도입부에 하는 질문으로 "이름이 뭐예요?", "안녕하세요?", "별일 없어?" 등이 해당한다. 보통 대화를 시작할 때 던지며 스몰 토크의 출발점이다. 이런 질문을 통해 대화자들은 상대방과 현재 순간에 주의를 주목한다. 주제 피라미드의 맨 아래 칸에 위치하는 질문이다. 우리가 흔히 던지는 도입부 질문은 유용할 수 있지만 이 단계를 빨리 지나가는 편이 좋다.

'거울 질문'은 자신이 방금 받은 질문을 똑같이 상대방에게 던지는 것이다. "나는 잘 지내요. 당신은요?" 같은 질문이 해당한다. 이 질문은 꼭 거짓된 것은 아니지만 진심으로 궁금해서라기보다 예의상 던지는 경우가 많다. 이 질문을 받는 입장에서는 그 차이를 구별하기가 쉽지 않다. 도입부 질문과 마찬가지로 거울 질문도 대화의 사회적 규범에 따른 것인 경우가 많다. 상대방이 내게 뭔가 물었으니 나도 보답으로 물어야 한다고 느끼는 것이다. 이 질문은 반드시 진심으로 궁금해서 묻는 것이 아닐 수도 있으므로 답변자가 대답을 길게 하며 그 화제에 너무 오래 머무는 것은 바람직하지 않다. 그리고 질문자는 상대방에게 받은 질문을 그대로 반복하기보다 그에게 보답하는 더 나은 다른 방식을 찾는 편이 좋을

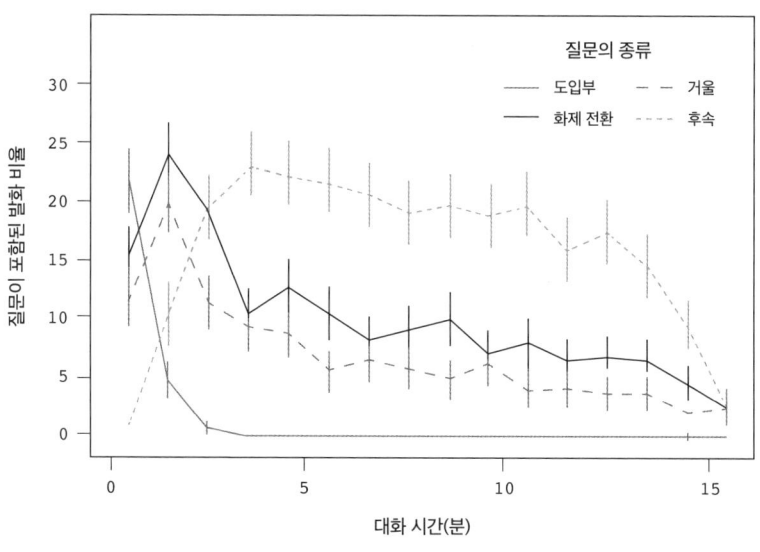

시간 흐름에 따른 질문 종류의 변화

것이다.

    연구에 따르면 도입부 질문과 거울 질문에서 가급적 빨리 벗어나는 것이 좋다. 앞에서 질문을 많이 하면 호감도가 증가한다고 했던 것을 기억하는가? 하지만 당신에 대한 '호감'을 높이려고 도입부 질문이나 거울 질문을 잇달아 쏟아내고 싶다면, 제발 참아라. 그 원칙이 '모든 종류'의 질문에 해당하는 것은 아니기 때문이다. 도입부 질문과 거울 질문은 호감도 상승에 도움이 되지 '않는다.' 스몰 토크처럼 도입부 질문은 필요하고 중요하긴 하지만 호감을 얻는 데는 별 의미가 없다. 거울 질문 역시 많이 한다고 해서 호감도를 높이지 않는다. 그러니 가끔씩만 사용하는 것이 좋다. 단순히 예의를 차리기 위해서나 편리해서가 아니라 진심으로 상대방의 답변을 듣고 싶을 때 말이다.

그럼에도 대화에서 거울 질문은 생각보다 더 꾸준히 나타난다. 연구 팀이 시간 흐름에 따른 질문 종류의 변화를 분석해보니, 도입부 질문은 대화 시작 후 급속히 줄어든 반면 거울 질문은 장점이 별로 없음에도 더 천천히 줄어들었고 대화 내내 웬만큼 계속 사용되었다. 그 까닭은 거울 질문이 편하기 때문이다. 별 노력을 기울이지 않아도 대화를 흘러가게 할 수 있다. 대화를 이어갈 다음 이야깃거리가 딱히 생각나지 않을 때 거울 질문은 쉽게 의지할 수 있는 구세주다. 한마디로 비상시에 유용하다. 정말로 궁금해서 상대방의 답변을 듣고 싶을 때는, 그로써 주제 피라미드의 꼭대기에 더 가까이 가려 할 때는 거울 질문을 써도 좋다("그런데 '당신'은 어머니와의 관계가 어때요?"). 하지만 이 질문에 너무 의지하면 안 된다. 질문을 어떤 식으로든 새롭게 변형한다면 몰라도 말이다. 우리가 쓸 수 있는 질문 도구 상자에는 다른 더 좋은 무기가 있다.

'화제 전환 질문'은 새로운 화제를 꺼내놓는 질문이다. 물론 그와 동시에 이전의 화제는 끝난다. 우리는 제2강에서 언제 어떻게 화제를 바꾸어야 하는지 살펴봤다. 특정한 질문을 던지며 화제를 바꾸는 것은 가장 흔하게 쓰는 방법이다.

내 연구에 참여한 사람들의 예를 들어보겠다. 처음 만난 두 사람이 서로에 대해 알아가며 대화하는 상황이다. 먼저 A가 도입부 질문을 던진다. "오늘 하루는 어땠어요?" 그러자 B가 대답한다. "일 때문에 스트레스를 좀 받았지만, 그것 말고는 괜찮았어요." 이제 거울 질문이 등장하기 딱 좋은 타이밍이다("'당신'은 어땠나요?"). 하지만 그 대신 B는 이런 식으로 새로운 화제를 꺼낸다. "오늘 NASA의 새로운 탐사 로버가 화성에 착륙한 것 봤어요?"

B는 거울 질문의 유혹에 빠지지 않고 대신 화제 전환 질문을 던져서, 주제 피라미드의 맨 아래 칸에서 허우적대지 않고 피라미드 위쪽으로 올라간다.

화제 전환 질문을 만드는 것은 연습할 가치가 있는 좋은 기술이다. 일단 이야깃거리를 떠올렸다면 그 화제를 내놓기 위한 질문을 만드는 일은 그리 어렵지 않다. 예컨대 '미트볼'이라는 화제라면 이렇게 물을 수 있다. "미트볼 좋아해요?", "미트볼 만들어본 적 있어요?", "당신 가족만의 맛있는 미트볼 요리 비법이 있나요?", "맛이 형편없는 미트볼을 먹어본 적이 있나요?" 등 대화에 활기를 불어넣을 새로운 화제를 꺼내놓는 방법으로 질문을 활용해보라.

동료 연구자 마이크 요먼스와 내가 시간 흐름에 따른 화제 전환 질문의 사용 횟수를 분석한 결과, 사람들은 이 질문을 대화 초반에 더 많이 사용했고 흥미를 느끼는 이야깃거리에 안착하면서 이 질문이 점점 줄어들었다. 충분히 그럴 수 있다. 하지만 한편으로는 대화가 더 풍성해질 기회를 놓치는 것일 수도 있다. 앞에서 살펴봤듯 화제를 자주 전환하면 대화의 만족도가 높아지는 경향이 있다. 그리고 화제를 바꿀 때 질문 형태를 사용하는 것은 가장 믿을 만한 방법이다.

후속 질문은 우리를 어디로 데려가는가

화제 전환 질문이 요긴한 친구라면 '후속 질문'은 슈퍼 히어로라 할 수 있다. 후속 질문은 화제 전환 질문과 반대 성격을 띤다. 현재의 화제를 계속 이어가면서 상대방이 말한 내용 중 특정 부분을 더 깊이 파고드는 질문이기 때문이다. 나와 상대방이 나누고 있거나 과거에 나눈 이야기의 주제를 더 섬세하게 탐험하는 질문이다. 미트볼에 대해 이야기하는 중이라면 이런 후속 질문이 가능하다. "당신 할머니는 특별한 조리법을 많이 알고 있나요?", "그 조리법으로 당신도 미트볼을 만들 줄 아나요?", "당신은 할머니의 조리법 중 어떤 걸 제일 좋아하나요?"

후속 질문은 화제의 더 깊은 곳으로, 때로는 꽤 빠르게 인도한다. 우리가 진행한 연구(많은 질문이 호감도를 높이는 것을 보여준 연구다)에서 사람들에게 대화 도중에 질문을 많이 하라고 했을 때, 그들이 추가한 질문은 대부분 후속 질문이었다. 다시 말해 질문을 많이 함으로써 얻는 이로움은 '거의 전적으로' 후속 질문 덕분이었다. 때로 후속 질문은 긍정적 관심을 표현한다. "미트볼을 좋아한다고 했잖아요. 그에 대해 좀 더 이야기해줄래요?" 때로는 더 깊은 정보로 가는 문을 열어준다. "왜 미트볼을 좋아해요? 누가 만든 미트볼을 가장 좋아해요? 진짜 맛있는 미트볼을 마지막으로 먹은 게 언제예요?" 이런 질문은 개인적 정보와 관련된 동시에 상대방에 대한 인정이 깔려 있다. 이런 질문을 받는 사람은 대화 파트너가 자신의 말을 경청하고 있다는 기분을 느낀다.

나는 '후속 질문 계속하기'라는 제목의 수업에서 학생들에게 '오로지' 후속 질문만 던지며 대화를 해보게 한다. 그들이 강의실이 아닌 일상생활에서 이 과제에 도전할 때는 원활한 대화를 위해 이따금 질문이 아닌 문장을 말해도 되지만, 상대방의 말에 대한 반응으로는 무조건 후속 질문을 해야 한다. 이 과제의 목표는 후속 질문이 얼마나 쉽고 효과적인지 직접 경험하는 것이다.

어떤 의미에서 이 과제는 학생들을 잠시 〈프레시 에어〉의 진행자 테리 그로스로 변신시킨다. 그들이 선택한 파트너에게 호기심을 갖고 세심하게 캐물으며 대화를 이어가기 때문이다. 때로는 그들이 뭔가 의도적인 게임을 하고 있다는 사실을 상대방이 눈치채지만, 대개는 알아채지 못한다. 우리는 질문을 받으면 대답할 말을 생각하느라 머릿속이 바빠진다. 너무 바쁜 나머지 앞에 있는 사람이 구사하는 의도적 전략을 알아챌 틈이 없다. 학생들은 후속 질문만 던지는 게임을 하기가 의외로 쉽다는 사실을 깨닫고 적잖이 놀란다. 또 그 과정에서 상대방에 대해 많은 것을 알게 되고, 이 방법 덕분에 즐겁고 만족스러운 대화가 이뤄진다는 것도 깨닫는다. 우리는 대화하는 내내 후속 질문을 활용할 수 있다. 대화할 때 매번 이 접근법을 활용하는 것이 조금 무리라고 느껴질지 모르지만, 학생들이 깨달았듯 생각만큼 어렵지는 않다.

대화를 잘하는 사람은 화제 전환 질문(새로운 화제라는 섬으로 옮겨 가기)과 후속 질문(도착한 섬을 계속 탐험하기)을 적절히 균형 있게 사용한다. 일반적으로는 대화가 따분해지려 할 때마다 화제를 바꾸는 것이 좋지만, 그렇다고 후속 질문을 더 하면 절대 안 된다는 의미는 아니다. 때로는 그 둘을 '동시에' 할 수 있다.

아이러니하게도 후속 질문을 계속한다고 해서 똑같은 주제에만 머물게 되는 것은 아니다. 후속 질문은 상대방의 이야기가 흥미로운 방향으로 흘러가 새로운 화제에 도달하는 계기가 될 수 있다. 그 질문이 상대방이 말한 내용과 밀접하게 연관된 것이라도 말이다. 이것은 후속 질문의 또 다른 힘이다. 이 질문은 자연스럽게 화제를 바꾸는 역할도 한다. 한 사람이 후속 질문을 던지고 다른 사람이 거기에 대답하는 와중에 자연스럽게 다른 이야깃거리로 흘러가는 것이다. 미트볼에 대한 질문에 답하다가 이탈리아에 대한 이야기로, 집안의 전통에 대한 이야기로, 과학자나 의사, 오페라 가수, 또는 특이한 이단아를 많이 배출한 오랜 혈통에 대한 이야기로 넘어갈 수도 있다.

후속 질문의 달인들

대개 후속 질문은 대화를 계속 이어가는 데 유용하지만, 후속 질문으로 값진 보물을 발견하기는 쉽지 않을 수도 있다. 이럴 때 테리 그로스라면 어떻게 할까? 그녀는 이야기 중인 주제가 풍성한 대화를 이끌어내지 못해 분위기가 처지는 것 같으면 후속 질문을 한두 개 던져 분위기 소생을 시도한다. 만일 그래도 보물이 발견되지 않으면 방향을 틀어 하고 있던 이야기와 무관한 화제로 넘어간다. 그녀는 보물을 찾으려는 욕구가 강하지만 동시에 적절한 인내심을 발휘할 줄 안다. 언제든지 탐색을 포기하고 새로운 섬으로 옮겨 갈 준비가 돼 있다.

후속 질문을 능숙하게 구사하는 다른 인물들에게는 더 유용한 접근법을 배울 수 있다. 오프라 윈프리Oprah Winfrey는 감정과 관련한 후속 질문을 애용한다. 예를 들어 "그때 어떤 기분을 느끼셨어요?"라고 묻는다. 바버라 월터스Barbara Walters는 과거-현재-미래를 조망하는 후속 질문을 사용했다. 인터뷰 대상자가 시간을 거슬러 올라가 과거에 한 행동을 되돌아보고, 현재의 감정을 들여다보며, 앞날을 예상해보게 유도하는 것이다. 아래는 월터스가 1999년 모니카 르윈스키Monica Lewinsky를 인터뷰하며 나눈 대화의 일부다.

월터스: 만일 그 일이 있기 전으로 돌아갈 수 있다면 빌 클린턴Bill Clinton과 관계를 맺을 것 같나요?

르윈스키: 그 사람과 관계를 시작한 게 후회돼요. 한편으론 린다 트립Linda Tripp한테 털어놓은 것도 후회되고요.

월터스: 모니카, 지금도 빌 클린턴을 사랑하나요?

르윈스키: 아니요…. 가끔 그의 다정함이 떠올라요. 여전히 그가 자랑스러운 부분도 있죠. 때론 그가 죽도록 미워요. 역겨울 만큼요.

월터스: 만약 언젠가 아이를 낳는다면 아이에게 뭐라고 말하고 싶어요?

르윈스키: 엄마가 크나큰 실수를 했다고요.

과거-현재-미래를 잇는 후속 질문이 답변자가 자신의 행동과 감정을 여러 각도에서 보도록 이끈다. 이런 질문은 사람들을 근시안적 관점(당장 눈앞의 현실에만 집중하는 것)에서 탈피하게 하고, 이는 새로운 깨달음과 의미 깊은 대화를 낳을 수 있다. "지금 휴가 중인가요? … 어떻게 보내고 있어요? … 지난번 휴가 때는 어디로 떠났어요? … 다음번 휴가는 어떻게 구상하고 있어요?" 과거-현재-미래라는 프레임은 짧은 시간 내에 회상과 성찰과 희망을 모두 경험하게 해준다.

긴장감 높은 인터뷰를 하거나 어려운 주제가 나와도 그로스와 윈프리, 월터스 같은 이들에게서 안정감과 자신감이 느껴지는 이유 중 하나는 그들이 후속 질문의 달인이기 때문이다. 그들은 편안한 대화를 이어가기 위해 특별한 전문성과 주제에 관련된 깊은 지식이 굳이 필요하지 않다는 것을 잘 안다. 후속 질문이라는 유용한 무기가 있기 때문이다. 후속 질문은 '특히' 다음으로 할 이야기가 곧장 떠오르지 않을 때 즉석에서 꺼내 쓸 수 있는 도구다. 주제 미리 생각하기와 달리, 후속 질문은 현재 진행 중인 대화라는 바퀴가 계속 굴러가게 도와준다. 당신도 다음으로 꺼낼 화제가 준비되지 않았을 때 윈프리나 월터스, 그로스처럼 해보라. 즉 상대방에게 계속 질문을 해보라. 훌륭한 대화의 열쇠는 많이 알고 시작하는 것이 아니라 대화하며 알아가는 것이다. 내가 관심을 받는 것보다 상대방에게 관심을 갖고 표현하는 것이 더 중요하다.

질문의 개수도 전략적으로

강의실에서 화제 전환 질문과 후속 질문의 강한 힘에 대해 배우고 나면 꼭 이런 우려를 표현하는 학생이 있다. "질문을 너무 많이 하면 상대방이 짜증 날 수 있지 않을까요?"

때로는 미국이 아닌 다른 문화권 출신의 학생이 이런 의견을 낸다. 그러면 나는 얼마나 많은 질문을 하는 것이 자연스러운지(또는 허용되는지), 누가 질문을 하는 것이 자연스럽다고 여겨지는지에 대해서는 문화권마다 사회적 규범과 관습이 다를 수 있다고 인정한다. 그리고 문화적 특성은 대화 분위기를 읽는 방식을 결정하는 중요한 요소다. 대화의 과학은 이제 막 생겨난 분야라서 질문이라는 행위와 관련해 전 세계 각지의 규범에 대한 상세한 근거 자료를 갖추고 있지 않다.

하지만 적어도 미국에 한해서는 참고할 만한 근거 자료가 있다. 나는 앞에서 질문을 많이 하는 것이 좋다고 설명했다. 화제 전환 질문을 자주 활용하고 후속 질문을 계속 던지라고 했다. 그렇다면 이런 궁금증이 생길 것이다. '많은' 질문이 '너무 많은' 질문이 되어버리는 티핑 포인트(tipping point: 작은 변화가 갑자기 큰 결과를 초래하는 지점 – 옮긴이)가 존재할까?

우리 연구 팀은 스피드 데이트 참가자를 대상으로 그 문제를 살펴봤다. 다시 말해 질문이 너무 많아져서 부정적 효과를 내기 시작하는 지점이 있는지 분석했다. 결과는 흥미로웠다. 그런 지점이 발견되지 않은 것이다! 질문을 많이 해도 부정적 효과는 발생하지 않았다. 오히려 질문을 많이 한 사람일수록 두 번째 데이트 신청을 '더 많이' 받는 경향이 있었다. 처음 만나 서로를 알아가는 대화를 나눈 피험자들도 마찬가지였다. 질문을 많이 한 경우 대화의 즐거움이 더 컸고 질문자에 대한 호감도 높았다. 이와 같은 연구 결과는 대개 일상생활의 대화에서 '질문이 너무 많다'고 느끼는 티핑 포인트는 상당히 높을 수 있고 어쩌면 도달하기 힘들 수도 있음을 시사한다.

하지만 대화의 모든 요소가 그렇듯 티핑 포인트도 맥락에 따라 달라질 수 있다. 스피드 데이트나 모르는 사람끼리 나누는 평범한 대화의 경우, 대화자들은 상대방에 대해 '많은 것을 파악해야' 하고 그들의 목적도 대체로 일치한다. 즉 예의를 갖추고, 자신에 대해 이야기하고, 어느 정도 즐거운 대화를 나누고, 상대방을 알아가고, 어색한 분위기를 만들지 않으려는 목적을 지닌다. 하지만 어떤 대화 상황은 티핑 포인트가 낮을 수 있다. 긴장감이 높거나, 경쟁 심리가 작동하거나, 갈등 관계이거나, 불안정하거나, 상대방에 대한 의심이 깔려 있는 대화가 그렇다. 이런 맥락에서는 질문받는 사람이 질문자가 관심이나 호기심이 있다고 느끼기보다 뭔가 꼬투리를 잡아 판단하려 하거나, 적대적이거나, 답변을 자신에게 유리하게 이용하려 한다고 느낄 수 있다. 따라서 그 질문에 대답하면 전략적으로 불리한 상태에 놓일지 모른다고 생각할 수 있다.

예를 들어 어떤 여성이 함께 파티에 가지 않으려는 남자 친구의 속마음을 알고 싶어서 질문을 계속한다고 가정해보자. 그녀는 남자 친구가 주저하는 진짜 이유를 알아내려 이런저런 질문을 던진다. "퇴근한 뒤라 너무 피곤할 것 같아서 그래?", "네가 싫어하는 누군가가 파티에 오기로 돼 있어?", "혹시 파티에 옛날 여자 친구가 온대? 그녀를 마주치면 난처할 거 같아?" 여성은 이유를 알고 나서 두 사람 모두에게 공정한 결정을 내리고 싶다. 하지만 질문이 늘어날수록 남자 친구는 더욱 방어적인 태도를 보인다. 결국 둘 다 감정만 잔뜩 상한 채 대화가 끝나고 만족스러운 결론에 이르지 못한다.

많은 질문을 불편하게 느낄 가능성이 있는 긴장된 대화는 개인적 삶 외의 영역에서도 일어난다. 세일즈맨이 잠재 고객과 대화하는 상황을 생각해보라. 세일즈맨은 고객에 대한 정보를 최대한 많이 알아낸 뒤 이를 이용해 고객이 구매를 결심하거나 자신과 나중에 또다시 대화하도록 설득하고 싶다. 한편 고객은 자신의 요구에 맞는 유용한 제품이나 서비스를 원하는 가격에 구매하길 원한다. 양측의 목적 중 일부는 양립 가능하고(세일즈맨은 판매를, 고객은 구매를 원함) 일부는 충돌한다(세일즈맨은 높은 가격에 팔고 싶고 고객은 낮은 가격에 사고 싶음). 이는 미묘한 정보교환과 관계 형성이 동반되는 협상 상황이다. 어느 쪽이든 정보를 너무 많이 노출하면 입장이 불리해질 수도 있다. 예를 들어 세일즈맨이 고객이 지불할 용의가 있는 가격의 최상한선을 알게 되면, 그것이 '합의 가능 영역'에 속하는 한 거기서 더 깎아주지 않고 그 가격으로 확정하려 할 가능성이 크다.

이런 이유 때문에(물론 다른 이유도 많다) 세일즈라는 맥락에서는 양측의 경쟁심이 작동하거나 심리적 불편함을 느끼거나 적대적이 되거나 짜증이 날 수 있다. 따라서 스피드 데이트 참가자와 비교한다면 세일즈맨은 지나치게 많은 질문을 하지 않도록 신중해야 한다(남자 친구를 원치 않는 파티에 데려가려 설득하는 여성도 마찬가지다).

나는 이런 문제(얼마나 많은 질문이 적절한가?)에 주목하는 공Gong이라는 기업과 협력하고 있다. 이 기업은 방대한 양의 세일즈 콜을 녹음하고 분석해 세일즈 성과를 높이는 데 활용한다. 공의 서비스를 이용하는 기업은 효과적인 세일즈 전략과 그렇지 않은 전략을 파악해 궁극적으로 세일즈맨과 고객이 나누는 대화의 효과를 향상시킨다. 하지만 우리 연구 팀이 특히 주목한 지점은 세일즈처럼 까다로운 상황에서 질문이 어떤 역할을 하는가였다. 우리는 최선의 결과에 도달하는 세일즈맨과 고객에게서 중요한 포인트를 배울 수 있다.

공은 세일즈 콜에서 나타나는 다양한 행동 방식을 분석하는데, 그중 하나는 질문하기다. 이 분석 결과 역시 질문이 많은 것이 바람직함을 보여준다. 질문을 많이 하는 세일즈맨은 고객에 대해 더 유용한 정보를 얻고, 나중에 다시 통화하도록 고객을 설득하는 데 성공하며, 최종적으로는 전화 통화를 판매로 연결하는 성공률이 높다. 그러나 스피드 데이트 연구와 달리, 공의 데이터는 질문 개수의 티핑 포인트를 보여준다. 예컨대 한 표본에서는 10분당 질문이 20개가 넘으면 15~20개인 경우보다 성과가 떨어졌다. 고객은 쏟아지는 질문 세례를 받으면 부담스러워하거나 스트레스를 받거나 방어적이 될 가능성이 컸다.

10분에 질문 20개면 '꽤 많은' 개수다. 통화하는 동안 1분에 평균 2개꼴로 질문을 했다는 의미이며, 이는 꽤 빠른 속도다. 세일즈가 아닌 일상 대화나 친한 이들과의 대화에서 그렇게 많은 질문을 던지는 것은 상상하기 어렵다. 하지만 이처럼 빠른 속도에도 10분에 20개 이상 질문한 경우가 질문을 10개 미만으로 한 경우보다 '훨씬 더' 세일즈 성과가 좋았다. 물론 적정 수준 이상의 많은 질문이 대화의 질을 떨어뜨릴 가능성은 늘 있다. 그러나 세일즈 콜이나 다른 종류의 긴장된 대화에서도 대부분의 대화와 마찬가지로 질문을 너무 적게 하는 것은 위험하다.*

부정적 결과를 가져오는 질문 패턴들

학교 다닐 때 선생님에게 이런 말을 들어봤을 것이다. "세상에 나쁜 질문이란 없어요!" 학생들의 적극적인 질문을 유도하기 위한 말이다. 우리는 나쁜 질문이 없다고 믿고 싶지만 안타깝게도 현실에서는 그렇지 않다. 사실 나쁜 질문이 있다기보다 나쁜 '질문 패턴'이 있다는 말이 더 적절할 것이다. 그것이 나쁜 이유는 대화에서 우리가 원하는 목적을 이루는 데 도움이 되지 않기 때문이다 (상대방에게 못된 사람이라는 인상을 주거나 당신과 관계를 끊고 싶은

---

* 공에서는 성과가 뛰어난 세일즈맨은 후속 질문을 꾸준히 던지면서 여러 질문을 대화 전체 시간에 고루 배치하는 반면, 평범한 세일즈맨은 대화 초반에 질문이 몰리는 경향이 있다는 사실도 발견했다.

마음이 들게 하는 것이 목적이 아닌 한 말이다). 예를 들어 우리의 연구에 참여한 피험자는 대화 파트너에게 이렇게 물었다. "최근에 대회나 시합 같은 데서 1등 한 적 있어요?"

"아뇨." 파트너가 대답했다.

그러자 피험자는 재빨리 이렇게 말했다. "나는 매년 12월에 열리는 선물 뽑기 대회에서 1등 했어요!"

질문자는 이 대화로 '최악의 질문 상'도 받았다(내가 방금 만들어서 준 상이다. 트로피는 아직 제작 중이다). 그는 오로지 자기 자신이 대답하기 위해 질문(꽤 특이하고 구체적인 질문)을 던졌다. 상대방에게 자신의 행운을 자랑하기 위해서다. 우리 연구 팀은 사람들에게 흔히 목격되는 이런 못된 습관을 '부메랑 질문 던지기'라고 부른다. 던지면 되돌아오고 스스로 멈추지 못하며 자기중심적인 호를 그리는 부메랑의 이름을 딴 것이다. 이런 사람은 자기중심적 정보를 드러내는 동시에 이기적인 사람으로 비치지 않으려는 두 가지 욕구가 동시에 작동한다. 그래서 "주말 어떻게 보냈어요?"라고 질문한 뒤 상대방의 대답이 끝나기 무섭게 말한다. "그랬군요. 저는 주말에 가수 해리 스타일스랑 스카이다이빙을 했어요."

우리의 대화 데이터세트(dataset: 연관된 데이터를 모아 특정 규칙에 따라 하나의 묶음으로 만든 데이터의 집합-옮긴이)를 검토해보면 부메랑 질문은 꽤 흔히 나타난다. 그리고 문제를 일으킨다. 부메랑 질문은 질문자가 자신의 행동이 대화에 미치는 영향을 인지하지 못하며 상대방의 답변에 관심이 없다는 사실을 드러낸다. 질문자는 상대방의 대답을 대충 흘려듣거나 상대방이 말한 정보에 제대로 반응하지 않으며, 때로는 그 둘 모두를 한다. 부메랑 질문은 대화에서 기본적 역할을 해내지 못하고 오히려 반대 효과를 낸다. 이 질문을 하는 사람이 꼭 나쁜 의도로 그러는 것은 아니지만, 결국 중요한 것은 의도가 아니라 그 질문이 가져오는 결과다. 설령 질문자가 처음에는 정말 궁금해서 물었다 해도, 대답한 쪽에서는 자기 대답이 빠르게 무시당하고 나면 이후 대화에 흥미를 잃는다. 질문한 사람이 진실하지 않게 느껴지는 탓이다. 부메랑 질문을 분석한 우리의 연구에 따르면, 뭔가를 자랑하거나 징징대고 싶은 경우든 단순히 정보를 알려주고 싶은 경우든 상대방에게 진심으로 관심 있는 척하면서 먼저 질문을 하는 것보다 차라리 그 내용을 직설적으로 말하는 편이 더 낫다.

부메랑 질문은 바람직하지 않은 동기를 지녔다는 인상을 전달함으로써 질문이라는 행위를 잘못 활용하는 여러 예 중 하나다. 불안감 때문에 던지는 질문("내가 만든 음식 맛있어?")이나 다른 누군가의 흠을 잡으려는 무의식적 욕구에서 나온 질문("데이브, 클라라가 만든 음식 맛있었어?")보다 상대방에 대한 관심에서 나온 질문("클라라, 이 음식 어떻게 요리한 거야?")이 좋은 대화에 더 기여한다.

그런 질문이 반드시 못된 의도를 드러낸다는 얘기는 아니다. 물론 그럴 때도 있지만 말이다. 그런 질문은 설령 우리에게 나쁜 의도가 없어도 '있는 것처럼' 보이게 할 수 있다. 또 우리가 마음속 동기를 드러낼 생각이 없거나 인지하지 못할 때도 질문에서 어쩔 수 없이 드러나곤 한다. 바람직하지 못하거나 불분명하거나 상대방과 상충되는 동기에서 나온 질문은 부정적 인상을 줄 위험이 있다. 만일 당신이 던진 질문이 이기적인 동기나 좋지 않은 의도를 드러냈다는 생각이 들면, 대화 나침반을 보며 생각해보라. 그 질문으로 내가 얻고 싶었던 것은 무엇인가? 나는 상대방에게 이기적인 사람으로 비치고 싶은가?

우리는 민감한 질문을 하면 상대방의 기분이 상할까 봐 걱정한다. 하지만 나쁜 질문을 하면 우리 자신이 못된 의도를 지닌 사람으로 비칠 수 있다(그리고 대화 분위기를 망칠 수 있다). 호기심과 관심을 갖고 던지는 민감한 질문은 생각보다 상대방에게 우호적으로 받아들여지는 경향이 있지만, 이기적이거나 진실하지 않은 동기에서 나온 나쁜 질문은 그렇지 않다. 그 차이는 질문받는 사람이 질문에서 긍정적 의도를 감지하느냐, 부정적 의도를 감지하느냐에 달렸다. 이 사람은 정말 내 생각이 궁금해서 질문하는 걸까? 아니면 의무감 때문에 묻는 걸까? 내게 창피를 주고 싶어서 묻는 걸까? 전략적으로 자신에게 이익이 되도록 내 대답을 이용하려는 걸까?

부메랑 질문 이외에 상대방이 부정적으로 받아들일 가능성이 큰 질문은 또 있다. 예를 들어 이런 질문을 생각해보라. "너는 모든 주도를 안다고 그랬지. 그럼 네브래스카주의 주도가 어디인지 말해볼래?", "당신은 동성애자 권리에 관심이 많다고 했죠. 그렇다면 가장 최근에 성소수자 법안에 찬성하는 의견을 표현한 때가 언제예요?" 이런 꼬투리 잡기 질문은 상당히 위협적으로 느껴진다. 이런 질문을 받은 사람은 자신이 틀렸다는 사실을 만천하에 드러내거나 자신을 못나 보이게 하려고, 또는 스스로 그렇게 느끼게 하려고 질문자가 질문한다는 느낌을 받는다. 이런 식의 질문은 정치인의 논쟁에서는 유용할지 모르지만, 일상 대화에서는 대답하는 사람이 코너에 몰리거나 테스트받는 기분을 느낀다. 대답하는 사람은 질문자가 악의적 의도로 꼬투리를 잡으려 한다고 추측할 수 있다.

표현은 살짝 바꿀지언정 질문자가 묻거나 요청하는 '내용'은 바꾸지 않은 채 똑같은 질문을 자꾸 하는 것도 상대방의 방어적 태도를 이끌어낸다. 질문을 되풀이하는 것은 후속 질문으로 부드럽게 정보를 끌어내는 것과 다르다. 응답자는 질문자가 입에 문 뼈다귀를 절대 놓지 않으려는 개 같다는 느낌을 받기 쉽다.

물론 되풀이 질문과 꼬투리 잡기 질문, 부메랑 질문도 '항상' 나쁜 것은 아니다. 중요한 것은 이런 질문 패턴이 상대방에게 어떻게 느껴지느냐다. 어떤 이들은 주도에 대한 질문을 받아도 아무렇지 않을 수 있고, 똑같은 질문을 여러 번 받고 답변을 더 깊이 생각해보게 되었다며 고마워할 수도 있다. 또 누군가는 해리 스타일스와 스카이다이빙을 했다고 자랑하는 상대방의 말을 들으며 흥미로워할 것이다. 진실하지 못하거나 공격적이라는 느낌을 줄 소지가 있는 질문은 피하는 것이 최선이지만, 적절한 대화 맥락에서라면(예컨대 서로 아끼고 신뢰하는 친구들과 있을 때) '나쁜' 질문도 별로 문제를 일으키지 않는다. 그리고 맥락과 어울리기만 한다면 그런 질문이 오히려 큰 웃음을 가져올 수도 있다.

열린 질문과 닫힌 질문

'휴식이 필요하세요?', '요리하는 것을 좋아하세요?', '만일 꼭 한 가지를 골라야 한다면 휴식 시간 간식으로 음료수나 쿠키 중 뭘 선택하겠어요?' 문자로 소통할 때는 이런 질문이 기분 전환 역할을 하거나 잠시 생각에 잠기게 해줄지도 모른다. 그러나 말로 대화할 때는 이런 질문을 신중하게 사용해야 한다. 이런 질문은 제한 없이 자유롭게 말할 여지를 주는 질문(열린 질문)과 달리 '네' 또는 '아니요'나 범위가 한정된 답변을 유도한다(닫힌 질문). 친구에게 "새로 생긴 그 식당에 가봤어?"라고 묻는다고 치자. 이런 닫힌 질문은 대답이 짧아야 한다는, 즉 '네' 또는 '아니요'로 충분하다는 신호를 보낸다. 닫힌 질문의 문제점은 당신이 상대방의 대답이 별로 궁금하지 않고 대화를 짧게 끝내고 싶어 한다는 인상을 줄 수 있다는 점이다. 앞의 식당 질문을 이렇게 열린 질문으로 바꿀 수 있다. "새로 생긴 멕시코 식당이 어떤 것 같아?" 열린 질문은 상대방이 원하는 길이로 대답하고, 하고 싶은 말을 자유롭게 덧붙이며, 화제를 다른 방향으로 이끌 수 있는 더 많은 자유를 준다.

실제 대화를 살펴보면 사람들은 닫힌 질문에 답할 때보다 열린 질문에 답할 때 평균적으로 2배 많은 단어를 사용한다. 물론 닫힌 질문이 무조건 나쁜 것은 아니다. 닫힌 질문은 화자가 상대방이 뭘 알고 있는지 재빨리 파악해야 할 때 유용할 수 있다. 가령 스포일러를 포함해 드라마를 비판하기 전에 "〈핸드메이즈 테일The Handmaid's Tale〉 가장 최근 에피소드 봤어요?"라고 묻는 경우가 그렇다. 닫힌 질문은 특정한 정보를 빨리 얻을 수 있게 해준다. 하지만 풍성하고 즐거운 대화를 원한다면, 그리고 상대방에 대해 많은 것을 알아가길 원한다면 열린 질문을 던지는 편이 낫다.

때로 우리는 의도적으로 열린 질문을 던져놓고도, 참을성이 부족하거나 빨리 대답을 듣고 싶은 마음이 앞선 나머지 상대방에게 곧장 선택지를 제공한다. "당신은 왜 작가가 됐어요? 어릴 적부터 작가가 꿈이었나요, 아니면 나중에 글쓰기의 매력에 빠졌나요?" 답변의 폭을 2개로 좁게 정해버리는 바람에 열린 질문이 결국 닫힌 질문으로 변해버렸다. 대화 분석 전문가 어니타 포머란츠Anita Pomerantz는 이를 '후보 답변'이라고 부른다. 어린아이와 대화할 때는 때로 후보 답변을 제시하는 것이 유용할 수 있지만 성인의 경우 짜증이 날 수 있다. 우리는 질문의 힘을 믿고 상대방 스스로 대답하게 놔두어야 한다. 상대방을 유도신문하거나 자유로운 발언을 막아서는 안 된다.

나는 동료들과 함께 협상에서 사용하는 열린 질문과 닫힌 질문을 연구했다. 협상은 당사자들의 의견 충돌이 동반될 뿐 아니라 세일즈 콜의 경우처럼 사람들이 질문이나 답변을 주저할 수 있는 대화 상황이다. 우리는 피험자들이 소규모 신문사의 편집국장과 광고 담당자가 되는 역할극을 진행했다. 소식에서 흔히 나타나는 예산 협의 상황을 보여주는 시뮬레이션이었다. 편집국장은 신문의 질을 높이는 것을 중요하게 여기는 반면, 광고 담당자는 광고 매출을 올리길 원하는 상황이다.

우리는 피험자 수백 명이 역할극에서 보이는 행동을 분석했다.

그 결과 열린 질문("당신에게는 무엇이 가장 중요합니까?", "어떤 점부터 논의하고 싶으세요?", "이 점을 어떻게 생각하세요?", "그건 어떤 뜻입니까?", "다른 해결책으로는 어떤 것이 있을까요?", "그게 왜 효과가 있죠?", "더 자세히 설명해주시겠어요?")을 많이 한 사람이 상대에게 더 많은 정보를 얻어냈고, 더 호감을 샀으며, 생산적 거래를 하거나 양보할 수 있는 기회를 더 많이 발견했다. 후속 실험에서는 협상 참여자 일부에게 열린 질문을 많이 하라고, 일부에게는 적게 하라고 지시했다. 그랬더니 열린 질문을 많이 하는 것이 실제로 긍정적 결과를 초래했다. 그리고 대화 맥락의 종류와 관계없이(양측이 협력하는 상황이든 충돌하는 상황이든) 열린 질문과 후속 질문, 화제 전환 질문을 많이 할수록 최선의 결과를 얻을 가능성이 높아진다.

질문은 대화라는 바퀴를 굴리는 동력

후속 질문이 슈퍼 히어로라면 우리에게는 그것을 좋은 방향으로 이용할 책임이 있다. 그런데 때로 후속 질문을 하는 것이(열린 질문과 화제 전환 질문도 마찬가지다) 피상적이고 가식적인 기술처럼 또는 개인적 이익을 위한 술책처럼 느껴질 수 있다. 만일 당신이 상대방이 주말을 어떻게 보냈는지에 대해 후속 질문을 던지고 싶은 마음이 '들지 않는다면' 어쩔 것인가? 궁금하지도 않은데 그저 대화를 진행하기 위해 거짓으로 궁금한 척하면서 물어야 할까? 대화를 게임처럼 진행한다는 것(특히 개인적 이익을 위해)은 마음을 매우 불편하게 한다. 진실하지 못하거나 조작적이거나 기만적인 행동처럼 느껴진다. 그리고 사람마다 정도의 차이는 있어도 대부분은 상대방을 진실하고 솔직하게 대하고 있는지(그리고 아이러니하지만 그렇게 보이는지)에 신경 쓴다.

하지만 이런 생각은 자연스러움에 대한 신화(제2강 참고)에서 뻗어 나온 또 다른 가지다. 우리는 대화를 잘하는 사람은 상대방의 대답이 진심으로 궁금한 질문만 한다고 믿는다. 하지만 실제로 그들은 대화가 끊기지 않게 하려고 질문할 때가 많다.

대화의 흐름을 유지하면 때로는 놀라운 일이 일어난다. 스치듯 던진 가식적인 질문이 뜻밖에 진정성 있는 대화로 가는 문을 열어주기도 한다. 대체로 서로가 좋은 의도를 품고 대화하는 상황이라면, 대화를 지속하고 끔찍한 ZQ가 되는 것을 피하기 위해 '어떤 질문이든' 던져도 괜찮다. 아무리 평범하고 시시한 질문이라도 상관없다. 사실 그것이 좋은 방법이다. 진심으로 궁금하지 않은데 예의상 물어보는 것을 무의미한 피상적 기술이나 기만적 행동이라고 느낄 필요는 없다. 뭔가 묻는 행위 자체가 일종의 관심 표현이다. 그것은 상대방의 고유한 정신세계를 인정하는 행위이자, 당신이 상대방의 답변에 반응하겠다는 의지의 표현이다. 질문은 상대방과 함께 보물을 발견하고 싶다는 당신의 마음가짐을 보여준다.

그리고 가장 중요한 점은 이것이다. 질문은 대화라는 바퀴가 계속 굴러가게 한다. 당신이 무엇을 물어봤든 상대방은 어떤 식으로든 대답할 테고, 당신은 그 대답을 디딤돌 삼아 또다시 앞으로 나아갈 수 있다. 당신은 "주말을 어떻게 보냈어요?"라고 묻는 순간

(설령 사실은 별로 궁금하지 않고 진부한 질문처럼 느껴지더라도) 상대방이 암벽등반 동호회나 독서 클럽에 소속됐다는 사실이 떠오를지도 모른다. 평소 암벽등반에 관심이 많은 당신은 상대방에게 그 취미 활동에 대해 물어보고, 누구와 함께 암벽등반을 하는지, 암벽등반의 장점과 단점이 무엇인지 물어볼 수 있으며, 암벽등반을 시작하는 데 대해 조언을 구할 수도 있다. 어떤 평범한 질문 하나가 두 사람의 호기심에 불을 댕길지 또는 값진 보물을 발견하게 할지 아무도 알 수 없다. 스몰 토크에서 출발해 더 의미 깊은 대화로 나아가는 것이다. 대화라는 조정 게임이 안겨주는 가장 값진 보상을 얻고 싶다면 그 게임이 끝나지 않게 계속 이어가야 한다.

SUMMARY

- **질문을 가급적 많이 하라.** 가식적 질문도 일종의 관심 표현이다. 질문이 너무 많아 대화를 망치는 경우는 드물다.
- **부메랑 질문을 하지 마라.**
- 주제를 바꿀 때는 **화제 전환 질문**을, 상대방에 대해 더 많이 알고 대화를 지속하기 위해서는 **후속 질문**을 활용하라.

TALK

어색하고 약간은 경직된 순간, 침묵을 깨고 가벼운 농담으로 나를 웃게 해주는 사람이 있다. 단번에 분위기를 전환하며 자칫 무거워질 수 있는 대화에 활력을 불어넣어 심리적 안정감과 대화 참여자 간의 신뢰를 강화한다. 당신도 이런 사람이 되고 싶지 않은가?

제4강

세 번째 원칙, 'L'은 가벼움(Levity)이다

L IS FOR LEVITY

식당에서 옆 테이블의 커플이 첫 데이트 중이라는 사실을 알아챈 적이 있는가? 서로를 탐색하는 질문, 잔잔하게 머금은 미소, 미묘한(그리고 때로는 노골적인) 호감 표시, 상대방에게 잘 보이고 싶어서 필요 이상으로 나서는 태도. 저런, 농담이 안 먹히거나 대화 주제가 흥미를 유발하지 못해 어색해지는 순간도 있다. 쇼가 펼쳐지는 동안 당신은 귀를 쫑긋 세우고 가끔 살짝 곁눈질을 한다. 다음 말이 궁금해 죽겠다. 당신은, 그리고 아마 당신과 함께 있는 사람 역시 옆 테이블의 대화를 이따금 엿들으며 재미있어한다. 물론 겉으로는 전혀 관심이 없는 척하면서 말이다. 당신은 속으로 생각한다. 저 남자, 아직도 암호 화폐 이야기를 하고 있어? 여자 표정이 안 보이는 거야? 둘 다 너무 긴장했네! 애쓴다, 애써!

이번에는 첫 데이트를 하는 커플 1,000쌍을 관찰한다고 상상해보라. 그것은 내가 하는 일의 일부다. 그것도 꽤 좋아하는 부분이다. 과학자들은 연애, 대인 관계에서의 매력, 성 선택, 수십 년간의 결혼 생활에 대해 연구해왔다. 그런데 그들의 연구에는 퍼즐의 중요한 조각이 빠져 있다. 바로 사람들이 대화하는 방식이다. 최근 등장한 대화의 과학에서는 그런 연구에서 한 걸음 더 나아가, 스피드 데이트 참가자들의 대화를 녹음하고 분석한다. '누가' 매력적인지를 뛰어넘어 '왜' 매력적인지 밝혀내기 위해서다. 미묘한 변수가 결과를 크게 좌우할 수 있는 스피드 데이트는 우리가 지금까지 살펴본 대화 요소 중 상당 부분이 실제로 작동하는 것을 관찰할 수 있는 좋은 사례다. 우리는 날씨 이야기에 갇힌 불운한 커플인 조시와 위고를 제2강에서 살펴봤다. 그런데 성공적인 데이트에서는 어떤 대화가 오갈까? 대화가 서로에게 느끼는 매력에 어떤 영향을 미칠까? 사람들은 상대방이 자신에게 호감을 표시하고 있다는 사실을 알아챌까?

스탠퍼드대학교 과학자 대니얼 맥팔런드Daniel McFarland와 댄 주래프스키Dan Jurafsky, 라제시 란가나스Rajesh Ranganath가 이끈 연구팀은 데이트 대화에 대한 가장 방대한 데이터세트를 만들었다. 이들은 2005년 캘리포니아의 한 식당에서 스피드 데이트를 세 차례 진행했다(모두 1,100건의 만남이 이뤄졌다). 2005년이면 그웬 스테파니Gwen Stefani의 〈홀라백 걸Hollaback Girl〉이 라디오에서 매일 흘러나오고, 브래드 피트와 제니퍼 애니스톤이 이혼했으며(브래드는 곧 앤젤리나 졸리와 부부가 되었다), 조지 W. 부시 미국 대통령이 두 번째 임기를 시작한 해다. 이성애자 대학원생으로 이뤄진 스피드 데이트 참가자들은 마이크를 부착한 어깨띠를 둘렀다. 그들은 대화 녹음에 동의하는 대신 마음에 든 참가자의 이메일 주소를 그의 동의하에 얻을 수 있다는 약속을 받았다. 스피드 데이트 장소는 저녁 데이트가 으레 그렇듯, 배경 소음이 많은 널찍한 식당이었다. 다만 각각의 데이트 시간이 불과 4분이라는 점만 달랐다. 데이트가 4분 만에 끝나기를 속으로 간절히 바라본 적이 있는 사람이라면 반길 만한 상황이다. 동시에 이것은 비록 압축된 버전이기는 해도 첫 데이트를 연구할 더할 나위 없는 실험이었다.

참가자들은 처음 만난 사이였고 서로에 대한 사전 정보도 전혀 주어지지 않았다. 양쪽이 동시에 아는 지인으로 연결되어 있지도 않았다. 사전에 온라인 프로필도 보지 않았다. 당시는 데이팅 앱이 등장하기 전이었다. 그들은 새로운 사람들을 만나보기 위해 스피드 데이트를 신청했다. 마음이 통하는 파트너를 발견한다는 보장은 없지만 그렇게 되기를 희망하면서 말이다.

이 자리에 나온 톰과 캐시를 살펴보자. 두 사람은 시끌벅적한 식당의 수많은 작은 테이블 중 하나에 마주 보고 앉아 있다. 둘은 여러 테이블을 옮기며 다른 참가자들과 만난 후라 진행 방식을 잘 안다. 타이머가 작동한 순간부터 4분 동안 이야기를 나눈 뒤 자리를 옮겨 다른 파트너를 만나야 한다.

타이머가 아직 작동하기 전이지만 톰과 캐시는 자신은 이런 스피드 데이트에 영 서투르다면서 짧게 몇 마디 주고받는다.

캐시가 "전 이런 걸 너무 못하는 거 같아요"라고 말하자 톰이 말한다. "아, 저도 그래요. 망했어요. 앞에 만난 대여섯 명과의 대화는 완전 망쳤지 뭐예요."

둘은 동시에 웃는다. 캐시가 톰에게 마실 물이 충분하냐고 묻는다.

톰이 대답한다. "아, 애초부터 물 같은 건 구경도 못했어요. 어째서 나만 물잔이 없는지 당최 모르겠다니까요." 두 사람은 또 함께 웃는다.

여전히 타이머 시작을 기다리면서 두 사람은 몇 마디 더 나눈다. 캐시가 말한다. "이건 마치 회전목마 같아요. 대본에 있는 대사를 말하고 있는 듯한 기분이에요."

톰이 고개를 끄덕이곤 이렇게 농담을 던진다. "적어도 스피드 데이트를 직업으로 택하진 않겠네요."

두 사람은 또다시 웃는다.

타이머가 시작 신호음을 낸다. 이제 본격적으로 서로를 알아갈 시간이다(둘은 이미 그 과정이 시작된 것이나 다름없지만 말이다).

"지금부터 시작하라는군요." 톰이 말한다. 하지만 그는 본격적으로 대화에 들어가기 전에 두 사람이 공통으로 겪고 있는 곤경을 언급한다. 녹음기 앞에서 말하려니 너무 어색하다고 말한다. 얼마 안 되는 소중한 시간이 흐르고 있다. "우리 대화는 연구 데이터로 별로 쓸모가 없을 거 같아요."

둘은 함께 웃는다. 지금까지 톰은 악의 없는 가벼운 농담을 네 번 던졌다. 웃음으로 분위기가 부드러워지자 그가 새로운 화제를 꺼낸다. 그는 자신이 컴퓨터 과학을 공부한다고 말한다.

"아, 그래요?" 캐시가 되물으면서 컴퓨터 과학 전공자라고는 전혀 예상하지 못했다고 말한다.

톰이 묻는다. "제 전공이 뭘 것 같았는데요?"

캐시는 "글쎄요"라고 답한다. 톰은 학부에서 영문학을 공부했다고 설명한다. 알고 보니 캐시도 마찬가지다. 그녀는 한동안 영어를 가르치는 일도 했다.

캐시가 톰이 던진 질문을 다시 언급한다. "당신의 전공이 뭐일 것 같았느냐고 물었죠?" 그녀는 잠깐 생각하다 말한다. "그래요, 영문학이나 뭐 그런 쪽이 어울리네요."

"저는 컴퓨터 싫어해요. 진짜 안 맞아요." 톰이 말한다.

"저도 마찬가지예요."

"진짜 짜증 나는 물건이죠."

두 사람은 웃음을 터뜨린다. 이 대화는 톰이 영문학을 공부한 부드러운 사람인 동시에 돈벌이에 유리한 전공을 택한 현실적인 사람이라는 인상을 준다. 톰은 컴퓨터가 너무 싫다는 자조적인 농담을 함으로써, 자신의 성향이 생각보다 캐시와 비슷하다는 사실을 드러내려 하는 것 같다.

두 사람은 대화를 이어간다. 캐시는 법률을 공부하고 있다고 말한다. 톰은 『햄릿』에 대한 자세한 분석으로 박사 학위를 따고 싶지는 않아서 컴퓨터 과학으로 전공을 바꿨다고 한다. 캐시는 가르치는 일을 했던 때가 그립다고 말한다.

그러다 캐시가 톰의 고향이 어디냐고 묻는다.

"플로리다예요." 톰이 대답한다.

"저도 남부 출신이에요. 플로리다는 남부라고 말하긴 좀 애매하지만."

"맞아요. 플로리다는 전통적인 남부 문화랑은 다른, 이상한 지역이죠." 톰은 자조적인 말로 캐시의 견해에 맞장구를 쳐준다. 그도 캐시의 고향이 궁금하다. 그가 묻는다. "텍사스 출신이에요?"

"아니에요. 저는 텍사스가 무지 싫어요."

"루이지애나?"

"거기도 아니에요."

"남부 출신이라면서요?"

"맞아요." 마치 재미난 게임 같다.

"그럼, 조지아?" 톰이 다시 묻는다.

"음, 좀 가까워졌네요." 캐시가 대답하고는 이렇게 덧붙인다. "아까 '텍사스'냐고 물어봤죠?"

톰이 뭐라고 중얼거린다.

"저는 텍사스를 '경멸'한답니다." 캐시가 말한다.

"오스틴(텍사스주의 주도-옮긴이)은 꽤 멋진 도시 같던데요."

"저도 그런 얘긴 들었어요."

"아마 플로리다보다는 텍사스가 나을 걸요? 플로리다는 정말 끔찍해요."

"제 고향이 어디냐면요…." 캐시가 답을 알려주려 운을 뗀다.

하지만 톰은 이 맞히기 게임을 끝낼 생각이 없다. "아, 테네시?"

"아니랍니다."

"사우스캐롤라이나?"

"땡!"

두 사람은 조금 더 문답을 이어가다가 마침내 톰이 포기한다.

"대체 어디예요?"

"노스캐롤라이나예요. 둘 중에 더 좋은 캐롤라이나요."

"음, 맞아요." 톰이 맞장구를 친다.

캐시와 톰은 어린 시절을 보낸 고향에 대해, 그리고 남부 지역의 복잡한 특성에 대해 이야기를 나눈다. 그리고 곧 4분이 끝난다. 데이트는 성공적이었다. 나중에 이뤄진 개별 설문 조사에서 두 사람 모두 연구자에게 상대방을 다시 만나고 싶다고 답했다. 두 사람은 행사가 끝난 뒤 상대방의 이메일 주소를 받았다. 또 데이트 성공을 측정하는 항목(예컨대 말이 얼마나 잘 통했는지 등)에서 서로에게 높은 점수를 주었다.

물론 말한 내용에만 지나치게 집중해 이런 대화를 분석하는 것에는 맹점이 있을 수 있다. 두 사람은 분명 서로에게 섹시한 매력을 느꼈고, 어색한 공백을 메우는 "음…", "어…" 같은 감탄사로 4분 중 대부분을 채웠더라도 다음에 또 만나고 싶은 마음이 들었을 수 있다. 하지만 캐시와 톰의 대화를 자세히 살펴보면서 다른 참가자들의 대화와 비교해보면 두 사람의 데이트가 성공한 단서를 발견할 수 있다. 둘 사이에 사전 맥락이 전혀 없어 성공을 보장할 수 없는 대화였지만, 그들은 스피드 데이트에 대한 공통된 느낌을 공유하며 즉시 공감대를 형성했다. 캐시가 "이런 걸 너무 못하는 것 같다"고 겸손하게 말하자, 톰은 자신도 "앞에 만난 대여섯 명과의 대화는 완전 망쳤다"고 동조한다. 둘은 아무것도 없는 출발전에서 공통점을 발견한 것이다. 둘은 '나만 그런 게 아니네' 하는 기분을 느끼며 함께 웃는다. 그런 다음 물 이야기를 장난스럽게 하며 웃고, "너무 어색하네요"라고 말하며 또 웃는다. 어색하다고 인정한 덕분에 분위기가 '덜' 어색해진 게 아닐까?

이후 두 사람은 학부 때 전공과 고향에 대한 이야기로 옮겨 가 상당한 공통점을 발견하면서 주제 피라미드의 위쪽으로 확실히 올라간다. 둘 다 '현재'는 영문학을 공부하지 않고 출신 주도 다르지만, 컴퓨터보다 영문학을 더 좋아하고 남부 지역에서 성장기를 보냈다. 이들의 대화를 주제별로 정리해본다면 이렇다. 처음엔 사소하고 무해한 약간의 농담에서 시작해, 조금 뻔하지만 성공적인 '공통점 찾기'가 이어졌고, 마지막에는 즉석에서 만들어낸 고향 맞히기 게임으로 완벽하게 마무리했다. 이들은 공통점에 대한 대화를 자신들만의 방식으로 변주해 즐겁게 게임처럼 즐긴다. 톰은 자신의 전공을 뭐라고 추측했는지 캐시에게 물어본다. 캐시는 자신의 고향을 톰이 맞히게 하면서 마치 축제의 맨 끝에 주어지는 상품처럼 쉽사리 답을 알려주지 않는다. 두 사람은 대화를 놀이처럼 즐겼고, 그럼으로써 둘 다 승리자가 되었다.

가벼움의 기술

첫 데이트의 최대 도전 과제 중 하나는 '대화가 끊어지지 않게 하라'는 것이다. 대화가 끊어지면 데이트도 끝장이다. 4분간의 데이트 동안 단 2초만 대화가 끊어져도 그 4분이 굉장히 긴 시간이 되리라는 직감이 밀려올 수 있다. 어색한 침묵이 이어지거나 분위기가 얼어붙어버리는 상황은 상상만 해도 끔찍하다. 그리고 그런 상황이 실제로 일어나면 고문처럼 괴롭다. 우리는 민망하고, 불안하고, 당황한다.

  우리 일상생활은 스피드 데이트만큼 리스크가 크지 않겠지만, 일상에서도 대화하다가 위와 같은 기분을 느낄 때가 심심찮게 있다. 당신이 흥미로운 화제를 꺼냈지만 어쩐 일인지 대화가 지엽적이고 따분한 이야기를 벗어나지 못한다. 당신의 팀이 중요하고 진지한 문제를 해결해야 하는데 회의 분위기가 갈수록 축축 처져서 아무도 해결책을 내놓지 않는다. 칵테일파티의 대화가 재미없어지기 시작하자 다들 집에 돌아가고 싶어 눈치만 살피는 것 같다. 분위기를 돋워줄 톡 쏘는 양념 한 스푼을 모두가 간절히 원한다는 것을 당신은 직감적으로 느낀다. 실연의 슬픔에 빠진 친구에게 다시 기운을 차리고 씩씩하게 살아가도록 도와줄 누군가가 필요하다. 장례식 추도 연설이 너무 심각하고 무거워져 당신은 '고인은 자신의 장례식을 더 밝게 치러주길 바랄 텐데'라는 생각이 든다. 당신의 직장 동료들이 뻔하디뻔한 일 얘기만 하고 있다. 막 부모가 된 사람들이 아기의 낮잠과 수유 간격에 대한 끝없는 이야기에서 벗어나지 못하는 것 같다. 우리는 이런 침울하거나 침체된 분위기에서 어떻게 빠져나올 수 있을까?

  우선 감정에 대해 좀 더 깊이 생각해보자. 흔히 전문가들은 인간이 느끼는 여러 종류의 복잡한 감정을 두 가지 차원으로, 즉 흥분(심박수 등 에너지를 나타내는 신체적 신호가 강함 또는 약함)과 감정가(긍정적 또는 부정적 감정)를 통해 나타낸다. 대화를 할 때든 그 밖의 다른 상황에서든 모든 감정은 다음과 같은 원형 표에 나타낼 수 있다. 180쪽 그림은 우리가 일상에서 흔히 경험하는 감정을 표

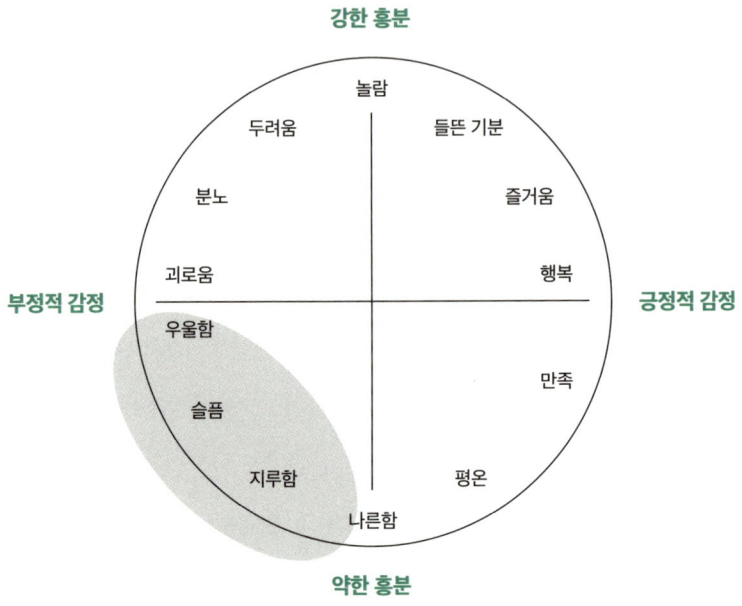

시한 것이다.

　가벼움에 대해 설명하려면 위 그림의 두 사분면에 집중해야 한다. 왼쪽 하단과 오른쪽 상단이다.

　먼저 왼쪽 하단 사분면을 보자. 우리는 기분이 처져 있고, 슬프고, 지루하다. 활기라곤 찾아볼 수 없다. 대화할 때 이 사분면에 있다는 것은 어떤 의미일까? 대화 참여가 줄어든다는 것이다. 그럴 의도가 없거나 그러고 싶지 않더라도 말이다. 자꾸 딴생각을 하고 상대방과 눈을 덜 마주친다. 긍정적인 말보다는 중립적이거나 부정적인 말을 더 많이 한다("끝내준다", "멋지다", "와!" 같은 말이 줄어들고 "별로야", "으윽", "최악이네" 같은 말이 늘어난다). 전체적으로 말이 적어진다. 말허리를 자르고 끼어드는 일이 줄어들고, 공백이 길어지며, 적절한 타이밍에 진심으로 웃음을 터뜨리는 일도 줄어든다.

오른쪽 상단 사분면은 그와 반대다. 대화에 적극적으로 참여하며 즐거움을 느낀다. 상체를 앞으로 기울이고 상대방과 시선을 맞춘다. "그래, 맞아", "응응", "와우!"처럼 맞장구치는 반응을 적극적으로 한다. 상대방 말에 빠르게 반응하고 더 자주 끼어든다. 이야기의 다음 상황을 빨리 알고 싶은 호기심에 들떠 있기 때문이다.

의욕 없는 무관심한 태도는 '모든' 대화에 심각한 위협이 되지만, 적극적으로 참여하는 태도는 서로에 대한 관심을 높이고 대화를 통해 연결돼 있다는 느낌을 준다. 그것은 스피드 데이트 참가자들이, 그리고 우리 모두가 다양한 종류의 대화 상황에서 목표하는 바다.

그렇기 때문에 성공적인 대화의 세 번째 원칙인 가벼움이 필요하다. 좋은 대화는 오른쪽 상단 사분면을 추구하며, 가벼움은 그곳에 이르게 도와주는 효과적인 도구다. 가벼움은 볼품없는 납작한 밀가루 반죽을 부풀려 바삭하면서도 푹신한 빵으로 변신시키는 이스트, 파티용 풍선이 미풍에 경쾌하게 살랑대면서 공중에 떠 있게 해주는 헬륨, 또는 "펑!" 하는 소리와 함께 거품을 뿜어내며 디너파티의 분위기를 돋우는 샴페인과 같다. 장난기 있거나 재미있는 말, 예상치 못한 뜻밖의 행동, 열띤 호응 등 대화에 긍정적 에너지를 주입하는 모든 말이나 행동이 가벼움 요소에 해당한다. 가벼움은 대화에 계속 마음을 쏟게 하고 우리의 감각을 대화에 적합한 상태로 만들어주는 활기이자 에너지이며, 우리를 왼쪽 하단에서 오른쪽 상단 사분면으로 이동시킨다.

주제 관리나 질문하기와 비교할 때, 가벼움은 관계적 성격이 강한 목적을 추구하는 것과 훨씬 밀접한 관련이 있다. 우리는 꼭 유익한 정보를 교환하기 위해서만 대화하지 않는다. 즐거움을 느끼는 것도 중요하다는 얘기다. 단지 조정 게임을 하는 것이 아니라 그 게임을 즐겁게 해야 한다. 데이트 코치이자 대화 전문가 레이철 그린월드는 대화하는 동안 우리가 타는 '분위기 엘리베이터'라는 표현을 즐겨 쓴다. 엘리베이터가 낮은 층으로 내려가면 다시 위로 올라가는 버튼을 눌러야 한다. 그리고 밝고 즐거운 기분에는 전염성이 있기 때문에 우리는 상대방도 함께 데리고 올라갈 수 있다. 그것이 가벼움의 힘이다.

가벼움이 가져오는 다양한 이로움

가벼움은 대화의 활기를 유지해주는 것뿐만 아니라 다른 여러 목적에도 도움이 된다. 효과적인 브레인스토밍, 조언을 해주거나 받기, 우리의 견해에 동의하도록 사람들을 설득하기, 어려운 질문 던지기, 사회적 영향력을 보여주거나 얻기, 상대방이 기억하기 쉽게 정보 전달하기 등 여러 상황에서 도움이 된다.

그 까닭은 가벼움이 조성하는 즐겁고 밝은 분위기가 우리의 행동과 사고를 변화시키기 때문이다. 경제학자 앤드루 오즈월드

Andrew Oswald와 연구 팀이 실험한 바에 따르면, 무작위로 선택한 피험자들로 하여금 즐거운 기분을 느끼게 했더니 생산성이 12퍼센트 향상됐다. 그들은 더 많은 테스트 질문에 답변했고, 주의력이 감소하지 않았으며, 정답률이 높아졌다. 비슷한 연구 결과는 또 있다. 조직 심리학자 테리사 애머빌Teresa Amabile은 즐거운 기분을 느끼면 창의성이 높아져 더 많은 아이디어를 떠올릴 뿐 아니라 그중 참신하고 실행 가능한 아이디어가 많다는 사실을 보여주었다. 내가 진행한 연구에서도 (불안하거나 지루해하는 피험자와 비교할 때) 기분이 좋고 활기찬 피험자가 청중 앞에서 더 설득력 있게 그리고 더 오래 연설했고 어려운 수학 문제의 정답을 더 많이 맞혔다. 심지어 노래도 더 잘했다. 더 큰 목소리로 박자와 음정을 잘 맞춰서 불렀다.

20세기 초 독일 철학자 발터 베냐민Walter Benjamin은 "사유를 촉발하는 데 웃음보다 더 좋은 방아쇠는 없다"라고 말했다. 그것은 가벼움이 단순히 불안이나 지루함을 덜어주기 때문만이 아니다. 즐거운 심리 상태가 되면 마음가짐도 바뀐다. 주의력의 범위가 넓어진다. 우리가 '할 수 있는' 것에 더 집중하게 되고, 이는 창의성을 끌어내고 더 나은 결정을 내리게 이끈다. 신체 반응도 뒤따른다. 한 차례의 큰 웃음은 신체적 긴장을 완화하고 최대 45분 동안 근육을 이완하며 혈압을 상당히 낮출 수 있다. 스트레스 회복력, 면역 기능, 고통의 감각, 질병 저항력, 수명에 이르기까지, 긍정적 기분을 자주 경험하면 이 모든 것이 개선된다.

가벼움은 대화 분위기를 밝게 하고 생산성과 창의성만 높이는 것이 아니다. '심리적 안전감'과 '신뢰'도 강화한다. 심리적 안전감, 즉 여럿이 있는 자리에서 자유롭게 아이디어를 말하거나 질문하거나 우려를 표현하거나 실수해도 처벌이나 모욕을 받지 않을 것이라는 믿음(제6강 참고)을 형성시키는 것은 밝고 즐거운 대화 분위기다. 주변 사람들과 가벼운 농담을 스스럼없이 주고받을 때 우리는 안전하다고 느낀다. 심리적 안전감은(그리고 집단에 대한 신뢰는) 부정적 판단을 받거나 타인에게 이용당할 가능성이 있는 말이나 행동을 해도 괜찮다는 믿음이 만들어내는 긍정적 감정이다. 우리가 대화에 가벼움의 요소를 더하면 그런 안전감이 형성되고, 자연히 우리도 상대방도 자신을 더 드러내고 더 많은 정보를 공유하며 적극적으로 대화에 참여한다. 따라서 이런 선순환이 일어난다. 가벼움이 우리로 하여금 자유롭게 말해도 괜찮다는 안전감을 느끼게 하고, 그런 안전감은 대화 나침반의 네 사분면에 있는 목적을 이루는 데 도움을 준다.

내 동료이자 행동과학자인 레슬리 존Leslie John은 사람들의 대화 환경에 가벼움 요소를 일부러 집어넣는 실험을 했다. 일부 피험자에게 초콜릿 칩 쿠키를 주거나, 방에 음악을 틀어놓거나, 우스꽝스러운 글자체를 사용했고, 일부 피험자에게는 그런 요소를 적용하지 않았다. 그 결과 이와 같은 요소는 사람들이 드러내는 자기 자신에 대한 정보의 양에 큰 영향을 미쳤다. 즉 이들 요소가 있는 그룹은 심리적 안전감을 느꼈다. 예를 들어 피험자에게 재미난 디자인과 화려한 색깔의 웹사이트에 들어가 설문 조사에 답변해달라고 한 경우, 진지하고 딱딱한 분위기의 웹사이트에서 설문 조사에 응한 피험자보다 개인적 정보(사회보장 번호, 성적 경험 등)를 1.9배 더 많이 제공했다. 그리고 앞에서도 살펴봤듯, 자신에 대한 정보를 드러내는 것은 친밀감을 높이고 상대방도 정보를 드러내게 유도함으로써 주제 피라미드 위쪽으로 올라가게 해준다.

우리는 왜 웃음을 잃어버렸나

가벼움이 주는 수많은 이로움에도 대부분은 이 도구를 사용하길 잊어버리거나 주저한다. 우리는 생각만큼 질문을 많이 하지 않는 것과 마찬가지로 가벼움도 충분히 활용하지 않는다. 23세 젊은이들의 84퍼센트가 전날 여러 번 미소를 짓거나 웃음을 터뜨렸다고 대답했다. 50세 그룹에서 이 비율은 68퍼센트로 떨어졌다. 80세 그룹은 최저인 61퍼센트였다. 그리고 80세 이상 그룹에서는 그보다 살짝 높았다. 노인이 되면 더 행복해지거나, 또는 행복한 사람이 80세가 넘어서까지 오래 살거나 하는 모양이다(또는 둘 다인지도 모른다).

우리는 나이 들수록 농담과 장난에 서툴러진다. 아마도 그런 것을 연습하기가 더 어려운 탓일 것이다. 상대방 말에 귀를 기울이고 다음 할 말을 생각하는 등 머릿속이 이런저런 작업으로 바쁘면 자신이 어느 감정 사분면에 있는지 관찰하기 어렵다. 게다가 성인이 된 이후 삶의 골치 아픈 문제에도 신경 써야 한다. 온갖 소음이 우리를 에워싸고, 도로는 막히고, 화장실 휴지도 사야 하고, 지구

온난화도 걱정되고, 생명보험도 들어야 한다! 성인 삶의 많은 상황(예컨대 일터)이 가벼움을 허락하지 않는 것은 말할 것도 없다.

따라서 나이가 들수록 삶에서 가벼움의 비중이 점점 줄어든다. 하지만 연령대를 막론하고 대부분의 사람들이 가벼움의 중요성을 과소평가하고 당연히 대화에서도 잘 활용하지 않는다. 우리는 뭔가에 심각하게 집중하거나 지루함을 느낄 때 좀처럼 인지적 에너지를 발휘해 침체 상태에서 빠져나오지 못한다. 그리고 가라앉은 방 안 분위기를 띄우고 싶어도 다른 사람들 눈에 우리의 그런 시도가 경박하거나 부적절하거나 무례하게 비칠까 봐 걱정한다. 심각한 분위기에서 진지한 주제를 논할 때 농담을 던지는 사람은 경솔하다고 여겨질 것 같다. 심지어 스스로 대화에 가벼움 요소를 자주 집어넣는다고 생각하는(또는 너무 남용한다고 우려하는) 사람들도 그들 생각만큼 자주 사용하지 않을 가능성이 크다.

가벼움의 요체는 즐거움과 재미다. 그것은 단순히 대화를 살아 있게 하는 것뿐 아니라 '우리'를 살아 있게 한다. 앞에서 소개한 톰과 캐시의 성공적인 데이트에서, 우리는 두 사람이 즐거운 감정, 자기를 드러내는 태도, 수용, 신뢰를 계속해서 주고받는 것을 볼 수 있다. 이들의 대화 내용을 따라가며 지켜보는 사람까지도 즐거워진다. 이들의 모습은 심리학자 바버라 프레드릭슨Barbara Fredrickson이 말한 '확장 및 구축 이론Broaden and Build Theory'에 부합한다. 이 이론은 긍정적 정서가 과거 인류의 생존과 번식 확률을 높이는 심리적 적응 체계로서 진화했다고 주장한다. 부정적 정서는 시야를 좁혀 생명 보존과 직결된 구체적이고 긴급한 행동에 집중하게 하지만(투쟁이냐 도주냐), 긍정적 정서는 우리가 택할 수 있는 생각과 행동의 종류를 확장한다(즉 새로운 것을 시도하고 탐험하게 한다). 이는 더 많은 아이디어와 유연성을 낳고 대인 관계 매력을 높이며 수명 연장에도 기여한다. 즉흥연기 코미디언이 중시하는 것은 '예스, 앤드yes, and' 태도다. 늘 열린 자세로 사고를 확장하면서 상대 배우의 말이나 행동을 받아들이고 거기에 자신의 것을 덧붙이며 뭔가를 구축해가는 태도를 말한다. '노, 벗no, but'은 물론 '예스, 벗yes, but'도 대화를 더 나아가지 못하게 중단시킬 수 있다. 톰과 캐시의 기분 좋은 데이트에는 이와 같은 확장 및 구축 접근법과 '예스, 앤드' 태도가 깔려 있다. 그리고 그것은 좋은 대화에 반드시 필요한 요소다.

유머, 실패해도 좋다

학기 중간쯤 되면 TALK 강의를 듣는 학생들은 대화 주제를 준비하고 관리하기, 어려운 질문을 하고 답하기, 부메랑 질문 피하기 등을 연습한 상태가 된다. 이제 나는 그다음으로 새로운 주제인 가벼움으로 넘어간다. 평소 내 강의 스타일이 심각하거나 무겁지 않은 터라, 학생들은 유머 워크숍에 온 것처럼 또는 내가 준비했으리라 확신하는 장난을 기대하며 살짝 들떠 있다. 그들은 사람을 더 잘 웃기는 법을 알고 싶어 한다. 한마디로 유머의 비법을 듣고 싶어 한다.

나는 양팔을 활짝 벌리고 "안녕하세요!" 하며 강의를 시작한다. 학생들도 "안녕하세요!"라고 웃으며 화답한다.

"자, 먼저 중요한 점 하나를 말해두죠. 나는 여러분에게 사람들을 웃기는 법을 알려줄 수 없어요."

학생들은 웃음을 터뜨린다. '에이, 농담이겠지!' 하는 표정이다.

안타깝지만 농담이 아니다. 재미있는 사람이 되어 남을 웃기는 법을 가르치기는 대단히 어렵다. 효과적인 유머는 맥락에 '매우' 민감하기 때문이다. 부모님 앞에서, 오래된 고등학교 동창 앞에서, 직장 동료 앞에서, 의사 선생님 앞에서, 새로 생긴 애인 앞에서 똑같이 편하게 던질 수 있는 농담이 얼마나 될까? 친한 친구들이 모인 저녁 식사, 회의실, 낯선 이들과 함께하는 공개적인 토론 자리, 이 모든 경우에 다 먹히는 유머가 있을까? 과거에 당신이 한 농담이 일주일 또는 1년 뒤인 지금도 재미있을까?

유머는 본질적으로 맥락에 민감하다는 바로 그 특성 때문에 빛을 발하고 톡 쏘는 매력을 지닌다. 사회학자 어빙 고프먼은 맥락에 민감하고 따라서 반복이 불가능한("하아, 너도 그때 거기에 있었어야 하는 건데!") 유머를 그 자리에 있는 사람들을 위한 맞춤형 선물이라고 여기며 이렇게 썼다. "재치 있는 말은 그 순간이 지나면 다시는 힘을 발휘하지 못하므로 대화에 바쳐진 제물과 같으며, 그 사람이 해당 상호작용에 대해 얼마나 민감하게 깨어 있는지 보여주는 행위다." 이 얼마나 멋진 말인가! 하지만 나는 학생들에게 각각의 독특한 상호작용에 나타나는 독특한 순간을 예리하게 읽으며 유머를 구사하는 법에 대한 보편적인 조언을 해줄 수 없다. 학생들에게도 말해두지만, 그것은 유머의 본질과 배치되는 일이다.

맥락에 크게 의존하는 유머의 특성을 감안할 때 '먹히는' 농담을 구사하는 것은 만만치 않은 일이다. 타인에게 상처를 주고 싶은 사람은 세상에 없다. 말실수로 직장에서 잘리고 싶은 사람도, 썰렁한 농담의 주인공이 되고 싶은 사람도 없다. 어느 정도는 그런 심리 탓에 우리가 대화에서 가벼움과 유머를 잘 활용하지 않는 것이다.

하지만 좋은 소식이 있다. 유머 사용에 대한 사람들의 불안감은 필요 이상으로 부풀려져 있다. 내가 행동과학자 모리스 슈바이처Maurice Schweitzer, 브래드 비털리Brad Bitterly와 함께 수행한 연구에 따르면, 대체로 사람들은 자신의 유머가 실패하는 횟수와 강도를 '과대평가'한다. 우리는 관객의 야유를 받으며 공연에서 잘린 코미디언을 떠올리고, 유머가 통하지 않아 쥐구멍이라도 찾고 싶어지는 기분을 상상한다. 반면 사람들은 유머가 성공하는 빈도는 과소평가한다. 즉 유머로 분위기가 살아나고, 사람들의 친밀감이 높아지고, 유머를 시도한 사람의 능력과 영향력에 대해 우호적인 인식이 생기는 결과 말이다.

내 실험에서 관찰한 바에 따르면, 한 차례의 대화에서 한 번의 농담을 하라는 지시를 받은 관리자는 팀원들의 투표에서 리더로 뽑히는 비율이 약 9퍼센트 더 높았다. 그리고 '어떤 종류가 됐든 관계없이' 유머 감각을 지닌 상사는 직원에 대한 동기부여와 그들에게 받는 존경 측면에서 유머 감각이 전혀 없는 상사보다 27퍼센트 더 높은 점수를 받는 것으로 나타났으며, 그런 상사를 둔 직원들은 업무 참여도가 15퍼센트 더 높았다. 우리는 별것 아닌 사소한 유머도 즐거움을 준다는 사실을 종종 잊어버린다. 내가 당부하고 싶은 말은 이것이다. 각각의 유머가 실패할 리스크보다 따분하고 축 처진 대화만 하면서 심각하거나 지루하거나 우울한 인생을 살게 될 리스크의 총합이 훨씬 크다.

하지만 우리의 불안감이 완전히 터무니없는 것은 아니다. 유머의 핵심은 때와 장소에 딱 들어맞도록 구사하는 것인데, 그것이 쉽지만은 않다. 그리고 알다시피 성공이란 우리가 얻거나 이루려는 것, 즉 목적이 무엇이냐에 따라 달라진다. 유머의 경우, 웃기는 사람이 되는 것보다 '즐거움을 발견하는 것'을 목적으로 삼는 편이 더 낫다.

유머라고 다 같은 유머가 아니다

나는 사람들을 웃기는 법을 가르치지 않지만, 즐거움과 유대감 형성 같은 중요한 목적을 위해 '어떤 종류'의 유머가 효과적인지는 조언해줄 수 있다. 나는 학생들에게 가벼움을 위한 유용한 프레임워크, 즉 유머 감각이 뛰어난 사람이 지닌 태도를 알려주겠다고 말한다. 물론 이 말을 들으면 그들의 얼굴이 대번에 다시 밝아진다.

심리학자 피터 맥그로Peter McGraw와 케일럽 워런Caleb Warren은 유머의 리스크와 최적 지점에 대한 '온건한 침해 이론Benign

Violation Theory'을 제안했다. 이 이론에 따르면 사람들은 너무 온건하지도(밋밋함, 지루함, 진부함) 않고 너무 침해적이지도(무서움, 민감함, 거침, 공격적, 부적절함) 않으며 그 중간쯤에 있는 무언가를 재미있다고 느낀다. 비유하자면 이렇다. 그냥 계단을 걸어 내려가는 것은 온건하다. 계단에서 굴러떨어져 팔이 부러지는 것은 침해적이다. 그리고 팔다리를 허공에 허우적대며 계단에서 굴러떨어지는 척하다가 부드럽게 아래쪽에 착지해 멀쩡한 몸으로 우스운 춤을 추는 것은 온건한 침해다.

대화를 하면서 온건한 침해에 해당하는 최적 지점을 찾는 일은 꽤 어려울 수 있다. 대화가 빠른 속도로 진행되는 데다 최적 지점이 계속 바뀌기 때문이다. 게다가 사람마다 유머 스타일이 다르다는 점 때문에 문제는 더 복잡해진다. 늘 다정한 성격의 올리비아가 했을 때는 온건한 침해처럼 느껴지는 유머도 늘 날카롭게 비꼬는 스타일인 조시의 입에서 나오면 세상 밋밋하고 평범하게 느껴질 수 있다. 슬랩스틱코미디 팬인 샘에게 재미있는 것이 정치 풍자 코미디를 좋아하는 제인에게는 전혀 와닿지 않을 수도 있다.

유머 스타일에 대한 연구는 사람마다 성향도, 편안함을 느끼는 유머도 다르다는 사실을 보여준다. 유머를 구사하며 자기 자신을 표현하는 방식만 해도 그렇다. 어떤 사람은 코미한 효과를 위해 거만한 척하면서 유머러스하게 자신이 잘났다는 신호를 보내는 반면("아이쿠, 나 이런 거 너무 잘하는데!"), 어떤 사람은 자기 비하적인 유머를 적시에 사용해 상대방의 경계심을 허문다("이 베이비돌 드레스를 입으니까 영락없는 어린애 같네. 이 길로 어린이집에 가도 되겠어"). 또 각자 성향도 다르다. 어떤 사람은 사교적이고 거침없어서 태양처럼 방 안을 환하게 밝히는가 하면("여어! 다들 잘 지내셨는가?"), 어떤 사람은 절제된 스타일이라 희미한 불빛처럼 있는 듯 없는 듯하다. 아마 당신 주변에도 여러 유형의 사람이 있을 것이다.

하지만 유머에서 가장 중요한 것은 스타일이 아니라 거기에 담긴 의도다. 짐짓 거만한 척하거나 자기 비하적 표현을 쓰든, 호들갑스럽거나 은밀한 스타일이든, 우리는 유머를 이용해 타인을 즐겁게 할 수도 또는 깎아내릴 수도 있다. 이러한 차이를 보다 넓은 관점으로 설명하자면, 유머는 '친화적 유머'와 '공격적 유머'로 구분할 수 있다. 친화적 유머는 (갈등이나 분열을 조장하는 것이 아니라) 모두를 즐겁게 하고 사람들의 친밀감을 높이기 위한 것이다. 반면 공격적 유머에는 타인을 깔아뭉개거나 모욕을 주려는 의도가 있다. 친화적 유머는 심리적 안전감(모든 좋은 대화의 선행조건이다)을 높이지만 공격적 유머는 약화한다. 만일 당신의 유머가 상대방에게 둘 중 어떤 것으로 느껴질지 잘 모르겠다면, 일단 최대한 다정하고 친절하게 행동하라.

자기 비하적 유머도 괜찮을까

릭 켈러Ric Keller 전 미국 하원 의원은 서른네 살 때 선거 유세에서 한 농담을 자신의 정치 인생이 시작된 진정한 출발점으로 꼽는다. 당시 그는 긴 연설자 목록에서 제일 마지막 순서였다. 다른 이들의 연설이 모두 끝난 뒤 그는 연단에 올라 즉석에서 생각해낸 농담으로 연설을 시작했다. "아마 엘리자베스 테일러의 일곱 번째 남편이 결혼식 날 밤에 딱 지금 저 같은 기분이었을 겁니다. 이론적으로는 뭘 해야 할지 알지만, 어떻게 해야 여러분을 만족시킬 수 있을지 잘 모르겠군요."

다소 진부한 싸구려 농담이었지만 이 농담은 통했다. 청중석에서 큰 웃음이 터져 나왔다. 몇 시간째 정치 전문가들의 진지하고 딱딱한 연설만 듣고 있던 청중은 더 현실감 있고 참신한 목소리를 간절히 원하고 있었다. 물론 농담 한마디가 릭의 인기를 치솟게 했다는 얘기는 아니다. 하지만 그는 이후 선거에서 승리해 8년간 하원 의원으로 활동했다.

릭은 친화적 유머의 대표 형태 중 하나인 자기 비하를 활용하고 있다. 우리 대부분은 때때로 자기 자신이 마음에 들지 않는다. 그런 자기혐오를 쓸데없는 감정으로 치부하지 말고 유머로 바꾸면 어떨까? 자기 비하는 대개 리더나 높은 위치에 있는 인물이 자신이 극복한 단점이나 과거에 받았던 비판을 드러내는 경우에 큰 효과를 발휘한다. 릭의 경우 정치 신인이었기에 그의 자기 비하적 발언은 특히 용감한 것이었다. 하지만 그는 하원 의원 시절 내내 자기 비하 유머를 즐겨 사용했다. 약점보다 강점이 점점 많아지는데도 자신의 약점을 기꺼이 인정하는 모습을 보였다.

릭이 앞에 나온 다른 연설자나 청중을 조롱하지 않았다는 점에 주목하라. 그는 다른 이들의 연설이 얼마나 지루했는지 또는 내용이 비슷했는지 유머로 포장해 조롱할 수도 있었다. 코미디언이 특정 연예인을 무자비하게 공격하기 위해 모욕을 유머로 포장하듯이 말이다. 이 점을 기억하길 바란다. 타인을 깎아내리는 유머는 가벼움을 질식시킨다. 그런 유머는 감정 지도의 잘못된 방향으로 데려가고 분위기를 살리기는커녕 죽이기 때문에 피하는 것이 좋다. 특히 자신보다 낮은 위치에 있는 사람을 놀리며 공격하는 유머는 최악이다.

물론 우리 내면의 돈 리클스Don Rickles를 불러내고 싶을 때도 있다. 리클스는 프랭크 시나트라Frank Sinatra를 면전에서 놀릴 수 있는 유일한 사람이라 일컬어지던 모욕 코미디의 전설적 대가다. 내가 좋아하는《뉴요커New Yorker》만화에서는 아버지가 한쪽 무릎을 꿇고 앉아 아들과 눈높이를 맞추며 이렇게 말한다. "얘야, 친절한 말을 할 수 없다면 똑똑하지만 파괴적인 말을 해라." 그리고 아주 가끔은 사랑하는 누군가를 조롱해도 그가 농담을 충분히 이해하고 받아들이기 때문에 오히려 친밀감이 더 깊어지는 경우도 있다.

그러나 그것은 굉장히 드물고 어려운 일이다! 대화에 가벼움을 더하고 싶다면, 그리고 부드럽지만 진부한 유머와 똑똑하지만 파괴적인 유머 중 선택해야 한다면, 전자를 택하는 편이 좋다. 왜일까? 너무 공격적인 유머 탓에 분위기를 망치는 경우보다 너무 밋밋한 유머 탓에 망치는 경우 치러야 할 대가가 더 적기 때문이다. 당신이 썰렁하고 재미없는 농담을 하면 사람들이 웃지 않고 무시해버리는 정도만 감수하면 되지만, 지나치게 공격적인 농담은 그들의 감정이나 자존심을 상하게 할 위험이 있다. 누구나 웃는 것은 좋아하지만 '웃음거리'가 되고 싶은 사람은 없다. 잠깐이라 해도 공격적인 유머가 준 상처는 치유하는 데 꽤 오랜 시간이 걸릴 수 있으며 때로는 영영 치유되지 않는다.

TIP 대화에 재미를 더하는 특별한 방법

나는 학생들에게 재미있는 사람이 되는 법을 가르칠 수 없다고 못 박아 말한다. 하지만 재미있는 사람들은 특정한 마음가짐으로 세상을 바라본다. 즉 언제 어디서나 대화 분위기에 가벼움을 더할 기회를 발견한다. 아래에 소개하는 방법으로 〈새터데이 나이트 라이브Saturday Night Live, SNL〉의 차세대 작가가 되거나 넷플릭스 코미디 스페셜에 출연할 수 있다고 장담하지는 못하겠다. 하지만 다음번에 누군가를 만나 대화할 때 더 자신 있게 유머를 시도하는 데는 도움이 될 것이다.

사인펠드 효과

평범한 대화에 좀 더 활기찬 에너지를 더할 수 없을까? 준準언어적 요소(목소리 톤, 말 멈춤, 타이밍, 억양 등)가 꽤 유용할 수 있다. 말하는 내용 자체보다 말하는 방식이나 타이밍이 중요하다는 얘기를 종종 들어봤을 것이다. 그것이 바로 준언어적 요소다. 예를 들어 1990년대 인기 시트콤 〈사인펠드Seinfeld〉에 나오는 제리 사인펠드Jerry Seinfeld는 일상의 사소하고 하찮은 소재를 이용해 독보적인 코미디를 창조했다. 우리도 피터 맥그로가 말한 '사인펠드 효과'를 활용할 수 있다. 즉 목소리를 높이거나, 짐짓 격분하거나 놀란 척하거나, 과장된 억양을 사용해 일상의 별것 아닌 사소한 순간에 톡 쏘는 재미와 극적 효과를 더할 수 있다.

"그 여자가 가기 전에 인사를 몇 번 했는지 알아? '세 번'이나 했어. 세상에, 나가기 전에 '세 번씩이나' 작별 인사를 하더라니까("그 여자 이상해. 갈 때 인사를 세 번 했어"와 비교해보라)!" 사소한 사건을 과장되게 표현하면 분위기가 살아난다. 작은 디테일에 집착하거나, 굳이 반복할 필요가 없어 보이는 뭔가를 반복하거나, 남들이 '왜 저런 것에 신경 쓰지?'라고 여길 만한 뭔가에 대해 침을 튀기며 말해보라. 대화의 재미를 높여줄 수도 있다.

사인펠드는 토크쇼 〈사인펠드와 함께 커피 드라이브Comedians in Cars Getting Coffee〉에서 사인펠드 효과를 십분 활용한다. 그는 게스트로 나온 유명 코미디언을 차에 태우고 돌아다니거나 함께 커피를 마시면서 자동차, 커피, 코미디 공연과 관련해 사소하고 자잘한 부분을 파고들며 수다를 떤다. 다른 사람들이라면 대충 넘어갈, 정말 별것 아닌 내용이다. 사인펠드는 코미디언 세라 실버먼Sarah Silverman에게 "당신은 너무 웃겨요"라고 말한 뒤, 진심으로 그렇게 생각한다는 것을 납득시키기 위해 그 말을 다른 표현을 써서 고집스럽게 연거푸 말한다. 또 다른 에피소드에서는 코미디언 래리 데이비드Larry David와 함께 점심으로 따뜻한 음식 또는 찬 음식을 먹는 것의 장단점에 대해, 뒤에 오는 사람을 위해 문을 잡아줄 때 적절한 시간과 신체적 거리에 대해, 식어버린 팬케이크가 얼마나 별로인지에 대해 수다를 떤다. 사인펠드의 생각이 맞다. 구체적인 것은 일반적인 것보다 더 재미있다. 세인즈버리Sainsbury's라는 이름이 '슈퍼마켓'보다 더 재미있고, 코스트코Costco가 '상점'보다 더 낫다. 직관적이고 평범한 디테일에 돋보기를 갖다 대면서 과장된 준언어적 요소를 동반하면 대화에 재미와 활기를 더할 수 있다.

비교와 대조

『유머의 마법Humor, Seriously』의 공저자이자 코미디언, 경영 코치인 나오미 백도나스Naomi Bagdonas는 '비교와 대조'라는 전략을 가르친다. 코미디언 존 멀레이니John Mulaney는 〈SNL〉 오프닝 무대에서 비교와 대조 전략을 구사하며 이렇게 말했다. "14년 전, 저는 대학 졸업식 전날 밤에 코카인을 했어요. 지금은 독감 예방주사를 무서워하죠. 사람은 변한다니까요."

그의 말은 두 사실을 병치함으로써 웃음을 유발한다. 즉 얼핏 무관해 보이는 두 행동이 사실은 같은 것이며(두 행동 모두 비합리적 판단이다) 비슷해 보이는 둘(과거 22세의 멀레이니와 현재 36세의 멀레이니)이 사실은 완전히 다르다는 것을 보여준다. 우리는 성인과 아이도 이런 식으로 비교할 수 있다. 둘 다 생존을 위해 먹어야 하지만, 한쪽은 섬유질을 더 섭취하려고 안간힘을 쓰는 반면 다른 한쪽은 사워 패치 키즈Sour Patch Kids 젤리와 탄산음료만 먹고 살라고 해도 행복해할 것이다.

또는 뉴욕의 갑부와 샌프란시스코의 갑부를 비교해보자면, 둘 다 돈이 엄청나게 많은 것은 같지만 전자는 정장을 즐겨 입는 반면 후자는 찢어진 청바지에 후드 티를 입고 다닌다. 당신에게 직장 안과 바깥은 전혀 다른 공간이지만, 둘 중 어디에 있든 낮잠만큼은 꿀맛이다. 《뉴요커》 만화에서는 현대인과 선사시대의 혈거인을, 인간과 동물을, 관광객과 현지 주민을 재미나게 비교하곤 한다. 비교와 대조는 삶의 재미있고 부조리한 지점을 부각할 수 있는 좋은 방법이다.

유머를 시도하는 데는 큰 용기가 필요하다. 하지만 시도하고 싶으면 '일단 그냥' 하라. 당신이 긴장하고 망설이면 청중도 금세 알아챈다.

하지만 당신의 유머 스타일을 아는 것이 중요하다. 스스로 어떤 것을 재미있다고 느끼는지 생각해보라. 당신은 유머에 대해 어떤 관점을 지녔는가? 어떨 때 웃음이 나는가? 반어법에 끌리는가? 슬랩스틱코미디를 좋아하는가? 순발력 있게 재치 있는 말을 날리는 것을 좋아하는가? 우스꽝스러운 음악이나 풍자를 좋아하는가? 야한 농담이 재미있는가? 그리고 취향이 다양한 것은 청중도 마찬가지다. 그렇기 때문에 유머를 시도하는 입장에서는 힘들 수도 있지만 동시에 그만큼 자유롭게 시도할 폭이 넓다는 의미도 된다. 또 상황적 측면에서도 당신에게 맞는 방식을 생각해보라. 만일 많은 사람 앞에서 농담하는 것이 불편하다면 일대일 대화에서만 시도하라. 일대일 대면 대화를 할 때 너무 진지하거나 예민해지는 편이라면, 친구들에게 보내는 문자에 풍자 기사 사이트의 뉴스를 첨부하거나 이메일에 여담으로 우스갯소리를 덧붙여보라. 짧게 스치는 가볍고 미묘한 유머, 딱 맞는 타이밍에 잠시 멈추는 호흡, 자연스러우면서도 확신에 찬 웃음, 일부러 살짝 야단스럽게 음료를 후루룩 마시는 행동, 과장된 표정 짓기, 유머러스하면서 솔직한 이메일 맺음말 한마디도 축축 처지는 침체된 대화에서 우리를 기적처럼 구해줄 수 있다.

설령 용기 내서 시도한 유머가 망해도 당신에게 돌아오는 보상은 있다. 우리의 연구에 따르면, 사람들은 누군가의 농담을 썰렁하거나 부적절하다고 느꼈을 때도 그 사람의 자신감을 높이 평가했다. 농담을 용감하게 시도했기 때문이다.

제대로 먹히는 농담을 던질 자신이 여전히 없거나 유머를 시도하는 게 긴장된다 해도, 망설이지 말고 무조건 해보라! 망설여지고 긴장되는 것은 당연하다. 사람들을 웃기는 능력과 상관없이 당신은 멋진 존재다! 누구나 탁월한 유머 감각을 타고나는 것은 아니고, 모든 유머가 생각만큼 멋지게 성공하는 것도 아니다. 당신은 사람들의 생각과 반응을 통제할 수 없지만 당신의 '후속 행동'은 통제할 수 있다. 농담이 분위기를 싸하게 만들었다면 그 실패를 즉시 받아들여라. 유머 감각이 뛰어난 내 친구들은 그럴 때 활용하는 나름의 분위기 수습용 농담이 있다. "두고 봐. 너희가 웃을 때까지 밤새 시도할 테니까", "알았어, 알았다고. 아까 그건 내 넷플릭스 코미디 스페셜에서 뺄게." 그렇게 재치 있게 실패를 인정하고 나면 다들 자연스럽게 다음 화제로 옮겨 간다. 그런 친구는 참 사랑스럽다. 아예 시도조차 하지 않는 것보다 실패하고 회복하는 것이 나을 수 있다.

그리고 설령 재미있는 사람이 되기는 틀렸다는 생각이 들어도 걱정하지 마라! 꼭 유머를 구사해야만 사람들이 웃는 것은 아니다.

웃음은 다양한 이익을 가져다준다

심리학자 로버트 프로바인Robert Provine이 2019년 세상을 떠났을 때 《뉴욕 타임스》 부고 기사에서는 그를 '날카롭고 짓궂은 유머로 사람들의 정신을 번쩍 들게 했던, 턱수염을 기른 재치 넘치는 영혼'이라고 표현했다. 그는 인간의 웃음에 관련된 최고의 전문가였다. 프로바인은 외계인의 시선으로 웃음을 연구한다고 말하곤 했다. "외계에서 온 방문자라면 두 발로 걷는 커다란 동물이 얼굴에 위치한 이가 있는 구멍을 통해 발작적 소리를 내는 행위를 어떻게 생각할까?"

프로바인과 연구 보조원, 대학원생들은 1년 동안 볼티모어 곳곳을 찾아가 사람들의 대화를 엿들었다. 지역 쇼핑몰과 도심의 인도, 대학교의 학생회관, 여러 종류의 공공장소에서 가벼움의 순간을 찾았다. 평온함, 즐거움, 유대감, 재미, 웃음이 목격되는 순간 말이다. 그들은 자연스럽게 웃음을 불러일으킨 사례를 2,000건 이상 수집한 뒤 그런 웃음에 '선행한' 말과 행동을 집중적으로 분석했다. 이 연구 결과는 사람들을 웃게 하는 것이 무엇인지, 사람들이 왜 웃는지에 대해 많은 것을 알려준다.

프로바인의 팀은 웃음의 불과 10퍼센트만이 농담이나 이야기, 장난에 대한 반응으로 일어났다는 사실을 발견했다. 대부분의 웃음은 "저기 봐! 안드레가 온다", "확실해?", "저도 만나서 반가웠어요" 같은 평범한 말에 뒤이어 나타났다. 프로바인은 이렇게 썼다. '가장 큰 웃음을 유발한 말도 꼭 배꼽을 잡게 하는 농담은 아니었다. 예컨대 이런 말이었다. '너는 꼭 마시지 않아도 되니까 그냥 술값이나 내', '네 연애 취향은 인간이 아닌 거 같은데?'" 따지고 보면 웃음은 재미있음을 나타내는 것 외에도 많은 역할을 한다. 말의 공백을 채우고, 어색함을 표현하고, 예의와 존중을 나타내고, 상호작용을 매끄럽게 해준다.

우리는 스피드 데이트 녹취록에서도 프로바인이 말한 내용의 증거를 볼 수 있다. 톰과 캐시가 보인 웃음의 상당 부분은 웃긴 농담 때문이 아니라 어색함을 인정하고 대화를 게임처럼 이어가는 과정에서 나왔다. 대화 초반에 톰이 던진 농담은 사실 그다지 재미있지도 않았다. 하지만 그게 핵심이다. 꼭 우스운 농담이 필요한 게 아니다. 농담을 '시도했다'는 사실 자체가 중요하다. 그것은 톰이 그만큼 캐시와의 대화에 마음을 쏟고 있음을 보여준다.

스피드 데이트의 다른 참가자 대부분도 마찬가지였다. 또 다른 커플은 꽤 진지한 주제로 이야기하면서도 자주 웃었다. 그 커플은 여성의 권리, 낙태, MIT 출신의 정치 철학자에 대해, 그리고 철학자들이 더 현실에 참여해 사람들의 삶을 변화시키는 데 기여해야 한다는 점에 대해 이야기했다. 두 사람은 '상대방이 얼마나 재미있는 사람인지' 묻는 항목에서 서로에게 10점 만점에 2점을 주었다. 암울한 결과 같은가? 하지만 '대화가 얼마나 즐거웠는지' 묻는 항목에서는 둘 다 10점 만점에 9점이라고 답했으며 상대방을 다시 만나고 싶다고 답했다. 이들의 대화에서 웃음은 단순히 상대방이나 이야기 내용이 재미있음을 드러내는 것보다 더 복잡한 역할을 한 것이 분명하다.

주체할 수 없는 웃음이 터져 나와 깔깔댈 때 우리는 행복감을 느낀다. 우리는 그런 순간이 자주 있기를 바란다. 하지만 실제로 그런 웃음은 아무 때나 이끌어낼 수 있는 것이 아니다. 여러 조건이 갖춰져야 하기 때문이다. 마침 그 사람들과 그 이야기를 하는 와중에 주변 상황까지 묘하게 맞아떨어지는 순간, 바로 그때 웃음이 터지기 마련이다(친한 사람들과 함께 있을 때 그렇게 될 가능성이 크다. 그럴 때는 긴장을 완전히 푼 채 마음 놓고 편히 웃을 수 있기 때문이다).

가벼움을 추구한다는 것은 재미와 유머가 넘쳐야 한다는 의미가 아니다. 꼭 배꼽을 잡게 하는 이야기와 떠들썩한 웃음은 없어도 된다. 참여자 모두가 즐거움을 느끼는 것, 대화의 활기를 유지하는 것을 목표로 삼아라. 따분함이라곤 느낄 새 없이 모두가 대화의 시간을 즐기는 것이 중요하다.

긍정적 에너지를 불어넣을 수 있는 요소는 여러 가지다. 말투, 말하는 속도, 상대방 말에 맞장구치기, 긍정적 감정을 자극하는 비언어적 신호 등이다. 이 모두가 대화 중인 주제와 상관없이 분위기를 밝게 만드는 데 기여할 수 있다. 순간적으로 재치 있는 말을 던지거나, 뭔가를 칭찬하거나, 뜻밖의 엉뚱한 말을 하는 것도 분위기를 확 살릴 수 있다. 무거운 주제를 논하는 도중에 잠시 옆길로 빠졌다가 돌아오는 것도 괜찮다. 때로는 주변 환경이나 상황을 약간 바꿔도 긍정적 에너지를 가미할 수 있다. 감정 조절을 연구하는 학자들은 이런 접근법을 '상황 수정situation modification'이라고 부른다. 한마디로 맥락을 조정하는 것이다. 자리에서 일어나거나, 의자에 앉거나, 밖을 거닐거나, 대화 상대를 바꾸거나, 벽난로에 불을 지피는 등의 행동으로 분위기를 바꾸는 것이다.

대화의 주제를 관리할 때 가벼움을 더하는 데 초점을 맞춰보라. 웃음을 빵빵 터뜨릴 방법을 찾는 대신 이것을 생각해보길 바란다. '대화를 활기 있게 끌어가고 상대방의 관심과 참여를 유지하려면 어떤 이야깃거리가 좋을까? 어떻게 하면 즐거운 대화를 만들 수 있을까?' 그 답은 다양할 것이다. 즐거운 대화를 위해 꼭 코미디언 같은 유머 감각이 필요한 것은 아니다.

과거를 불러오라

나는 학생들에게 평소 대화 상대로 가장 좋아하는 사람을 만나 이야기 나누면서 그 내용을 녹음해보라고 한다. 그리고 녹취록을 분석해보면 대부분 상대방은 과거에 함께 이야기 나눈 화제를 다시 언급한다.

언젠가 내 지인 2명이 카리브해의 섬으로 떠나는 100만 달러짜리 패키지여행을 홍보하는 스팸 메일을 받았는데, 이 여행 상품의 특별 혜택 중 '무료 음료수'가 포함돼 있었다. 두 사람은 그 이메일 이야기를 하면서 숨이 넘어갈 만큼 웃었다. 어마어마하게 비싼 돈을 내라면서 고작 무료 음료수나 강조한다는 사실이 황당하면서도 너무 웃겼던 것이다. 그날 한참 웃은 일은 두 사람의 기억에 남아 몇 년이 흐른 지금도 이따금 둘의 대화에 등장한다. 예를 들어 최근 둘 중 한 명이 책 저자들의 대담이 진행되는 유료 행사에 다른 한 명을 초대했다. 그랬더니 초대받은 친구가 익살맞은 미소를 지으며 이렇게 물었다. "거기 가면 무료 음료수 나와?" 무료 음료수 사건이 두고두고 두 사람에게 즐거움을 주는 것이다.

과거에 함께 나눈 이야기를 다시 소환하는 것은 대화에 가벼움을 더하는 방법이다. 그것은 분위기를 띄우고 즐거움을 불러일으킨다. 또 진짜 웃음을 이끌어내곤 한다. 언젠가 내 연구 팀은 사람들에게 일상의 평범한 일이나 소재를 저장한 타임캡슐을 만들게 했다. 여기에는 어떤 음악을 들었는지, 누구와 대화했는지, 어떤 이야기를 나눴는지 등이 담겼다. 사람들은 몇 주 혹은 몇 달 뒤에 이 타임캡슐을 열어보고 너무나 재미있어했다. 한마디로 일상을 재발견하는 기쁨을 느꼈다. 흔히 우리는 특별한 사건은 기억하지만 평범하고 일상적인 일은 쉽게 잊어버린다. 누군가와 대화할 때 과거에 함께 나눈 이야기를 불러오는 것은 타임캡슐과 같은 역할을 한다. 서로 공유하는 과거의 일부를 재발견하는 것이다. 설령 과거에는 별로 재미있거나 특별하게 느껴지지 않았더라도 나중에 함께 그 이야기를 다시 하면서 특별한 감정을 느낄 수도 있다.

이 접근법을 능숙하게 활용하는 사람은 몇 분 또는 몇 시간 전에 나왔던 화제를 다시 언급하기도 한다. 이것은 그만큼 상대방의 이야기를 들으며 그에게 관심을 기울이고 있다는 의미이다. 하지만 물론 그들은 과거의 만남에서 다룬 화제도 언급한다. 진심을 나누는 좋은 관계에서는 오래전 만남에서 나온 이야기가 대화에 다시 등장하는 일이 많다. 누군가와 대화를 나누기 전에 잠깐만 시간을 들여 생각해보라. '우리가 지난번 만났을 때 무슨 이야기를 했지?', '지난번 만났을 때 이 사람이 무엇을 할 계획이라고 말했지?'

상대방이 그 화제를 꺼낼 때까지 기다리지 말고 '당신'이 먼저 꺼내보라.

누구에게나 이야기 상자가 필요하다

단골 이야깃거리는 스몰 토크에서만 유용한 것이 아니다. 내 동료 교수 티머시 매카시Timothy McCarthy는 대중 연설에 대해 가르칠 때 학생들에게 자신만의 '이야기 상자'를 만들라고 한다. 다양한 상황에서 언제든 꺼내 활용할 수 있는 이야깃거리를 준비해놓으라는 뜻이다.

기수가 말을 엄선해 훈련하는 것처럼 우리도 우리만의 이야기를 개발해야 한다. 어떤 이야기를 했을 때 늘 사람들이 재미있어 한다면 그 이야기를 또다시 활용하라. 당신이 솜씨 좋게 이야기를 들려주면 듣는 사람도 그 이야기의 '공동 진행자'가 된다. 듣는 사람도 중간에 말참견을 하고, 질문을 던지고, 웃음을 터뜨리고, "맞아요", "오오", "말도 안 돼!" 하며 맞장구를 치는 것이다. 이메일이나 문자메시지로 친구에게 당신의 이야기를 들려줘라. 글로 적으면 이야기를 기억하고 개선하는 데 도움이 된다. 하지만 몇 번 시도했는데 사람들의 반응이 신통치 않다면, 즉 별로 웃지 않거나 대화에 참여하지 않거나 질문을 하지 않는다면, 그 이야기는 은퇴시켜라. 당신은 다른 강력한 말을 찾아서 훈련해야 한다.

때로는 엉뚱함도 무기가 된다

대화를 잘하는 사람은 대화가 김빠진 맥주처럼 변했다고 느끼면 특이하고 엉뚱한 화제를 꺼내 분위기 소생을 시도하곤 한다. 때로는 결과에 자신이 없더라도 실험하는 기분으로 시도한다. 내 친구 마이크는 이 방법을 애용한다. 한번은 마이크가 참석한 저녁 식사 자리에서 연구자들이 어떤 문제의 세부 사항을 토론하고 있었는데, 다들 따분해해서 분위기가 계속 가라앉았다. 그때 마이크가 이렇게 말했다. "제가 아까 여기 오는 동안 걸어오면서 무슨 생각을 했는지 아세요?" 그는 웃으며 말을 이어갔다. "호문쿨루스 homunculus예요. 뇌에서 각 신체 부위의 감각신경이 차지하는 면적을 비율적으로 나타낸 기괴한 그림 말이에요. 그 비율대로 사람을 그리면 입술이랑 손이 엄청나게 크잖아요. 그런데 혹시 이런 생각 해봤어요? 만일 여러분이 호문쿨루스 인간이 됐는데 신체 부위 하나를 없애야 한다면 어떤 걸 없애겠어요?"

정말 이상하고 엉뚱하기 그지없는 이야기다. 하지만 재미있고 기억에 남는 이야기인 것도 확실하다. 이런 이야깃거리를 얻을 수 있는 곳은 무궁무진하다. 책에서 읽은 이상한 이야기, 우연히 들은 마음에 드는(또는 별로인) 노래, 황당무계한 토막 뉴스 등. 대개 이런 이야기를 꺼낼 때는 이런 말로 시작한다. "내가 믿기지 않는 이야기를 읽었는데 말이야…", "혹시 그거 알아?", "앗, 그걸 보니 생각나는 게 있어", "내가 무슨 생각을 했는지 알아?"

우리는 엉뚱한 이야기를 꺼내길 주저한다. 괜히 옆길로 새는 것 같아 죄책감이 들기 때문이다. 또는 무례하다는 인상을 주거나 너무 이상한 사람으로 보일 것 같아서다. 하지만 민감한 질문을 하거나 민감한 주제를 꺼낼 때와 마찬가지로, 이 역시 시도해보기 전까지는 알 수 없다. 대화 중 작은 탈선, 특히 모두에게 무해한 엉뚱한 화제를 꺼내는 것은 대개 즐거움을 배가하고 창의적 아이디어를 이끌어내는 데도 유용하다.

관건은 타이밍이다. 따분하지만 중요한 주제로 다시 돌아와야 하는데 딴 얘기로 빠졌다가 돌아오지 못하는 것은 실수다. 그러나 어쩌면 더 큰 실수는 평범한 화제만 고집하다가 모두가 따분해지거나 대화 의욕이 떨어져 의미 있는 진전을 이루지 못하는 것일지도 모른다.

웃는 데 망설일 필요가 없다

지금까지 주로 대화 분위기에 가벼움을 더하는 방법을 살펴봤다. 그것을 길게 설명한 이유는 그런 시도를 하는 이들이 드물 뿐만 아니라 대개 이런저런 이유로 망설이기 때문이다. 그런데 다른 관점에서 보면 우리가 실천할 수 있는 가장 쉽고 효과적인 방법은 따로 있을지 모른다. 바로 가벼움을 '지원'하는 것이다. 다른 누군가가 용기를 내서 농담을 던질 때 웃어주어라. 옆에 있는 사람이 웃음을 터뜨리면 당신도 함께 웃어라.

웃음소리는 긍정적 효과의 신호다. 즉 사회적 유대감과 즐거움을 나타내는 확실한 신호다. 그렇기 때문에 티클 미 엘모(Tickle Me Elmo: 어린이 TV 프로에 나오는 캐릭터 엘모 모양으로 만든 인형으로, 몸통을 누르면 깔깔대며 웃는다-옮긴이)가 대히트를 친 것이다.

엘모의 웃음소리를 들으면 우리도 절로 웃음이 난다. 비록 이 인형은 감정이 없지만 말이다(적어도 우리가 알기론 그렇다. 들리는 바로는 과학자들이 연구 중이라고 한다). 우리도 엘모처럼 더 많이 웃어야 한다. 아니, 가능하다면 늘 웃으려 애써야 한다. 한 과학 논문은 이렇게 밝혔다. '소리 내서 크게 웃는 것은 유사 웃음, 즉 성대 울림 없이 숨을 짧게 내뱉는 듯한 웃음이나 피식 하는 순간적인 웃음, 가벼운 콧소리 웃음보다 긍정적 반응을 이끌어낼 가능성이 훨씬 더 크다.' 그러니 당신도 그렇게 웃지 말고 크게 소리 내서 웃어라.

'자신이 말하는 것을 믿는 현상saying-is-believing effect'이라는 것이 있다. 뭔가를 말로 표현하는 행위가 그것에 대한 믿음을 강화하는 현상을 뜻한다. 웃음의 경우에도 이와 비슷한 일이 일어난다. 웃음이라는 행위가 사람들이 느끼는 즐거움을 강화한다는 얘기다. 시트콤이나 코미디 프로에서 배경에 녹음된 웃음소리를 까는 것을 생각해보라. 그렇게 하는 까닭은 웃음이 매우 전염성이 강하기 때문이다. 웃음 전문가 프로바인은 우리가 재미있다고 생각하는 사람이 사실은 그저 남보다 많이 웃는 사람일지도 모른다고 말한다. 그가 많이 웃으니까 같이 있는 사람도 자연히 웃을 가능성이 커지고, 그러니 그는 은연중에 '재미있는 사람'으로 느껴지는 것이다.

나는 사람들이 작곡을 하거나, 첫 만남에서 서로를 알아가거나, 협상을 진행하거나, 데이트할 때 대화하는 모습을 관찰하며 웃음을 분석했는데, 그 결과도 프로바인의 견해를 뒷받침한다. 즉 웃음의 70퍼센트 이상이 즐거운 기분을 표현하는 것 '이외의' 다른 역할을 했다. 웃음은 말과 말 사이의 공백을 채워 대화 흐름을 매끄럽게 한다. 또 웃음은 화자가 남들에게 비치는 인상을 관리하는 방법이기도 하다. 웃음을 통해 친화적이고 유쾌한 사람이라는 인상을 주는 것이다. 내가 어떤 사람이 되고 싶은지 가만히 상상해보면 머릿속에 늘 웃는 여자가 떠오른다. 그리고 이따금 그 여자는 너무 격렬하게 웃다가 호흡이 엉켜 쿨럭대기도 한다.

제대로 된 칭찬에는 힘이 있다

키 큰 금발의 신사 데이브가 문간에 서서 도착하는 손님을 맞이하고 있었다. 내가 들어서자 데이브가 말했다. "앨리슨, 너무 아름다우십니다. 정말 아름다워요." 나는 미소를 지으며 고맙다고 인사했다.

데이브는 내 친구 케이트에게도 같은 말을 했다. "멋진 분이 오셨군요. 케이트, 정말 아름다우세요."

케이트는 살짝 얼굴을 붉히며 웃었다. 데이브의 말에 기가 확 살았는지 케이트는 자신감 넘치는 발걸음으로 파티장에 들어갔다. 칭찬으로 기분이 좋아진 우리가 파티장으로 향할 때 등 뒤에서 또 데이브의 목소리가 들렸다. "아름다우십니다. 정말 아름다워요." 고개를 돌려보니 다른 손님들이 들어오고 있었다. 손님이 도착할 때마다 똑같은 말을 반복하는 데이브의 목소리가 홀 안으로 이동하는 우리에게서 차츰 멀어졌다. "오늘 밤 당신은 정말 아름답습니다. 믿기지 않을 정도군요."

데이브는 현관으로 들어오는 모든 사람에게 앵무새처럼 듣기 좋은 칭찬을 했다. 그리고 뻔뻔하게 똑같은 칭찬을 반복한다는 것을 굳이 숨기려 하지도 않았다. 그것은 데이브가 자주 쓰는 방법이었다. 나는 오래전부터 그가 얼굴색 하나 변하지 않고 그런 칭찬을 남발하는 모습을 보아온 터였다. 하지만 그날 나는 듣기 좋은 칭찬이 지닌 힘을 깨달았다.

데이브를 가식적이라고 느끼는 사람에게조차 그의 칭찬은 효과를 발휘했다. 사람들은 그를 좋아하고 존경했다. 나는 그 이유가 짐작이 갔다. 그는 사람들을 기분 좋게 만들어주었기 때문이다. 그날 밤 파티에서 나는 케이트가 데이브에게 키스하는 것을 보았다. 모두에게 나눠주는 칭찬이라는 사실과 상관없이 그의 칭찬은 똑똑한 내 친구에게도 마법 같은 힘을 발휘한 모양이었다.

데이브는 중요한 뭔가를 아는 사람이었다. 그가 상대방을 치켜세우는 듣기 좋은 칭찬은 사람들의 기분을 끌어올리고 방 안 분위기를 한층 띄웠다. 듣기 좋은 칭찬은 꽤 힘이 세서, 우리는 그 말을 하는 쪽에 숨겨진 동기가 있는 것을 뻔히 알 때도 기분이 좋아진다. '당신은 이걸 누릴 자격이 있습니다' 또는 '당신은 멋진 사람이에요' 같은 문구가 적힌 광고 이메일을 한 번쯤 받아봤을 것이다. 마케팅을 연구하는 학자 일레인 찬Elaine Chan과 자이딥 센굽타Jaideep Sengupta는 그런 문구에 효과가 있는지 알아보는 실험을 했다. 그들은 피험자를 무작위로 나눠 한 그룹은 제품에 대한 정보만 제공하는 광고 메시지를, 다른 그룹은 입에 발린 칭찬이 담긴 광고 메시지('이렇게 연락드리는 것은 당신이 유행과 스타일에 민감한 분이기 때문입니다. 당신은 세련되고 멋진 패션 센스를 지니고 계십니다')를 읽게 했다. 피험자들은 광고를 보낸 회사의 진짜 속내는 물건을 팔려는 것이고 회사 측에서 자신의 개인적 정보를 모른다는 사실을 잘 알았다. 그럼에도 듣기 좋은 칭찬이 가져오는 긍정적 심리 효과는 굳건하게 힘을 발휘했다. 칭찬이 담긴 광고 메시지가 제품 정보만 전달하는 메시지보다 판매 촉진에 훨씬 효과적이었던 것이다.

똑똑하거나, 세련되고 멋지다거나, 탁월한 취향을 지녔다는 소리를 마다할 사람은 없다. 하지만 우리 대부분은 그런 칭찬을 건네길 주저한다. 특히 상대방이 잘 모르는 사람일 때는 더 그렇다. 사람들은 칭찬을 하면 자신이 상대적으로 못나 보일 것이라고, 힘의 구조에서 자신이 불리한 위치가 될 것이라고, 또는 상대방이 민망해할지 모른다고 생각한다. 이 문제를 알아보기 위해 심리학자 버네사 본스Vanessa Bohns와 에리카 부스비Erica Boothby는 대학생들로 하여금 캠퍼스에서 낯선 사람에게 칭찬을 하게 했다. 처음에 학생들은 자신이 못나 보이고 칭찬을 들은 사람이 불편해할 것이라고 걱정했다. 하지만 실험 결과를 분석해보니, 학생들은 칭찬의 긍정적 영향을 '크게' 과소평가하고 칭찬받은 사람이 얼마나 불편해할지를 과대평가한 것으로 드러났다. 심지어 그들은 실험이 끝나고 결과를 본 뒤에도 자신의 칭찬이 상대방의 기분을 좋게 만들었다는 사실을 좀처럼 믿지 못했다. 걱정과 불안이 그만큼 컸던 것이다. 그러나 본스와 부스비의 연구는 사람들이 처음엔 불안해도 막상 실제로 칭찬을 한 뒤에는 훨씬 기분이 좋아졌고, 칭찬을 받은 쪽 역시 훨씬 기분이 좋아졌다는 사실을 보여준다.

이 학생들과 마찬가지로 당신도 데이브처럼 듣기 좋은 칭찬을 건네기가 어려울지 모른다. 하지만 그래도 시도해야 한다. 특히 다른 사람에게서 칭찬할 만한 뭔가를 알아챘다면 주저하지 마라. 당신이라면 듣고 싶을 칭찬을 상대방에게 건네는 데 인색해지지 마라.

솔직히 말하면, 만나는 모든 사람에게 "아름다우세요"라고 말하는 건 별로 권하고 싶지 않다(외모에 대한 칭찬은 그 말을 듣고 좋아할 것이 확실한 사람에게만 하는 편이 좋다). 대신 상대방의 행동이나 능력에 초점을 맞춰 칭찬하라. 예를 들어 "그렇게 곤란한 상황을 처리하는 당신의 지혜에 감탄했어요", "당신 능력은 최고예요", "프레젠테이션 슬라이드에 들어간 그래픽디자인이 정말 멋졌어요", "당신은 ○○○하기 때문에 ○○○에게 훌륭한 롤 모델이에요"라고 말하는 것이다. 당신은 상대방에게 미소를 받는 동시에 그와 조금 더 가까워질 것이다.

유머 감각이 뛰어나지 않더라도 대화에 가벼움을 더해 밝고 즐거운 분위기를 만들 방법은 많다. 그리고 데이브처럼 가식적이라는 인상을 줄까 봐 걱정할 필요도 없다. 세상에 칭찬을 싫어하는 사람은 없다. 또 앞으로 제5강과 제7강에서 살펴보겠지만 듣기 좋은 칭찬이나 상대방을 인정하는 말은 어려운 대화 상황에서 훨씬 큰 힘을 발휘한다.

후회 없는 삶을 위하여

레이철 그린월드는 자신을 찾아오는 고객에게 이상적인 애인이나 친구, 동료의 특징을 목록으로 작성하게 한다(나도 TALK 강의에서 학생들에게 그렇게 시킨다). 이는 우리에게도 익숙한 활동이다. 애인이 없는 시기에 또는 새 직원을 채용해야 할 때 많은 이들이 자연스럽게 마음속으로 그런 특징을 꼽아보니까 말이다. 고객이 목록 작성을 끝내면 레이철은 실제 애인이나 가장 좋아하는 친구 또는 동료를 떠올리고 그들과 함께 있을 때 어떤 '기분'을 느끼는지 적어보라고 한다. 이 두 목록을 비교해보면 완전히 다르다.

전문가도 일반인도 대개 사람들이 이상형의 조건에 들어맞는 상대를 좋아할 것이라 가정한다. 페이가 배려심과 큰 키를, 소냐가 포부와 체력을 중요하게 여긴다면, 페이는 키가 크고 친절한 파트너에게 끌리고 소냐는 포부가 큰 근육질 파트너에게 호감을 느낄 것이라고 말이다.

하지만 실제 현실에서 파트너를 고르고, 누군가에게 매력을 느끼고, 우정을 쌓고, 성공적인 협력이 이뤄지는 과정은 그와 다르다. 누군가에게 이상적인 애인이나 친구, 동료가 어떤 사람이냐고 물어보면 그 목록에는 '재미난 유머 감각', '심각하지 않고 명랑한 성격', '긍정적 태도' 같은 항목이 있을 수도 있고 없을 수도 있다. 그러나 좋아하는 사람과 함께 있을 때 어떤 기분을 느끼느냐고 물어보면 그 목록에는 언제나 '행복감'이 제일 먼저 등장한다. 우리는 우리를 기분 좋게 해주는 사람, 행복하다고 느끼게 해주는 사람을 좋아한다.

만일 앞에서 소개한 스피드 데이트 참가자들을 지금 만나본다면 어떨까? 톰과 캐시가 결혼해서 텍사스주 오스틴에 산다고 상상해보자. 현재 두 사람은 어떤 대화를 할까? 여전히 서로에 대한 탐색전을 벌이고 미묘한 호감 표시를 하면서 게임하듯 대화를 할까? 아니면 둘의 대화에는 그동안 지나온 세월만큼 쌓인 편안한 친밀감이 자연스럽게 배어 있을까?

연구에 따르면 가벼움은 장기적으로 건강한 관계를 유지하는 데에도 중요한 역할을 한다. 일과 삶에, 그리고 대화에 가벼움을 더할 줄 아는 사람은 주변 사람들과 함께하는 시간을 더 행복하게 만들 수 있다. 심리학자 제니퍼 에이커Jennifer Aaker가 임종을 앞둔 사람들에게 인생에서 가장 후회되는 것이 무엇이냐고 물었을 때 제일 많이 나온 대답은 '사랑하는 이들과 함께 더 많이 웃지 못한 것'이었다. 그녀의 연구는 가벼움이 없는 삶은 이따금 유머가 실패할 위험을 감수하는 삶보다 훨씬 불행하다는 사실을 일깨워준다. 나는 이런 모습을 상상해본다. 세월이 흐른 훗날 앞서 언급한 스피드 데이트 참가자들이 마이크를 달고 했던 어색하고 바보 같은 첫 데이트에 대한 추억담을 나눌 때, 둘만 아는 윙크를 교환하고 칵테일 잔을 부딪치면서 웃고, 웃고, 또 웃는 모습을 말이다.

SUMMARY

- 재미있는 사람이 되려 하지 말고 **대화에 가벼움을 더할 방법을 찾아라.**
- **칭찬을 아끼지 마라.**
- 성대가 울리지 않는 웃음은 웃음이 아니다. **소리 내서 웃어라.**

분명 평범한 대화를 하고 있다고 생각했는데 어느 순간 미세한 균열이 이어지며 서로 감정이 어긋나버린다. 내가 좋은 의도로 건넨 말을 상대는 무례하다고 여기는가 하면 자신에게 전혀 공감하지 못한다며 화를 내기까지 한다. 화를 내는 모습을 보며 나도 화가 나서 대화가 끝나버렸다. 혹시 이런 일을 겪은 적이 있다면 누구에게나 세상이 자신을 중심으로 돌아간다는 사실부터 인지하라. 그리고 대화 상대자가 인정받고자 하는 마음을 충분히 이해했는지, 이를 위해 존중의 언어를 사용했는지 돌아보라. 물론 어려운 일이다. '배려'는 고난도 수업에 해당하기 때문이다.

제5강

네 번째 원칙, 'K'는 배려(Kindness)다

K IS FOR KINDNESS

2019년 6월 미국의 화가이자 작가, 배우, 패션 디자이너이며 철도 재벌 밴더빌트 가문의 상속녀인 글로리아 밴더빌트Gloria Vanderbilt가 위암으로 95세에 세상을 떠났다. 평생을 대중의 시선 속에서 산 인생이었다. '전설적인 패션 아이콘'이자 '청바지로 기억되는 패션 디자이너'인 그녀는 남편인 작가 와이엇 쿠퍼Wyatt Cooper와 1988년 스물셋의 나이로 사망한 아들 카터Carter 옆에 나란히 묻혔다.

밴더빌트의 막내아들 앤더슨 쿠퍼Anderson Cooper는 어머니를 잃은 슬픔을 홀로 견뎌야 했다. 52세의 CNN 앵커인 쿠퍼는 상실의 경험에 익숙했다. 그가 열 살 때 아버지가 심장병으로 세상을 떠났고, 스물한 살 때는 형이 뉴욕의 고급 아파트 14층에서 뛰어내려 삶을 마감했기 때문이다. 일찍이 이런 비극을 경험한 일은 여러모로 훗날 그의 직업을 위한 밑거름이 되었다. 그는 큰 사건과 재난 앞에서 냉철함과 침착함을 잃지 않는 기자로 유명했다. 소말리아와 보스니아, 르완다 등 전쟁 지역에 달려갔고 허리케인 카트리나와 2010년 아이티 지진 같은 자연재해 현장에서도 빛나는 기자 정신을 발휘했다. 하지만 어머니의 죽음은 그의 내면을 크게 흔들어놓았다. 그래서인지 어머니가 돌아가시고 두 달 뒤 쿠퍼는 위로가 될 것 같은 유명 방송인 한 명을 자신이 진행하는 CNN 프로그램에 초대했다. 스티븐 콜베어Stephen Colbert였다.

　11남매 중 막내인 콜베어는 방송계에서 유명해지기 전 경력 초반에 즉흥연기자 시절을 거쳤다. 유명 코미디 극장 세컨드 시티 Second City에서 스티브 커렐Steve Carell의 대역 배우로 시작해 나중에는 코미디 센트럴 채널에서 방영되는 존 스튜어트Jon Stewart의 정치 풍자 코미디 쇼 〈더 데일리 쇼The Daily Show〉에서 보수 정치 논객을 흉내 내며 풍자하는 캐릭터로 활동해 비평가들에게 격찬을 받았다. 그동안 콜베어가 TV에서 보여준 코믹한 모습을 떠올리면 직설적이고 냉철한 기자 출신의 쿠퍼가 진행하는 프로그램의 초대 손님으로 어울리지 않을 것 같다. 하지만 콜베어 역시 상실의 슬픔을 누구보다 잘 아는 사람이었다. 열 살 때 비행기 사고로 아버지와 두 형 피터와 폴을 한꺼번에 잃었기 때문이다. 쿠퍼와 인터뷰하기 몇 년 전에는 어머니도 세상을 떠났다.

　쿠퍼와 콜베어의 대화(유튜브에서 이 동영상은 조회 수 200만 회를 훌쩍 넘겼다)는 내가 방송에서 접한 것 중 가장 인상적인 대화로 몇 손가락 안에 꼽는다. 이 자리에서 쿠퍼는 자신의 고통을 다른 사람들과 공유하는 것이 위안을 준다는 사실을 깨달았기에 슬픔과 상실에 대해 함께 이야기를 나눠보고 싶다고 말한다. 또 사랑하는 이를 잃은 경험이 콜베어에게 어떤 영향을 미쳤는지 알고 싶어 한다. 두 남자는 말끔한 정장을 입고 콜베어의 〈더 레이트 쇼 위드 스티븐 콜베어The Late Show with Stephen Colbert〉 개인 대기실에 마주 앉아 이야기를 나눈다. 방청객이 없고 단 두 사람뿐이기 때문에 방송용 인터뷰가 아니라 사적인 대화 같은 느낌을 준다.

쿠퍼는 얼마 전 콜베어에게 받은 애도 편지를 언급하면서 대화의 문을 연다. 그리고 큰 상실을 경험하면 그 이전의 자신과 이후의 자신 사이에 커다란 간극이 생긴다고 말한다. "지금도 제게는 인생의 시간이 아버지가 돌아가시기 전과 후로 나뉩니다. 캄보디아 폴 포트의 0년 같은 거죠(캄보디아의 폴 포트는 1975년 정권을 장악한 뒤 지금까지의 역사를 모두 지우고 새로운 혁명적 문화로 대체한다는 의미로 집권 해를 0년으로 선언했다-옮긴이)."

그러자 콜베어가 공감하며 말한다. "물론이죠. 당연히 그렇게 돼요." 그는 한숨을 내쉬고 말을 잇는다. "과거의 저는 또 다른 스티브예요. 아버지와 형들이 죽기 '전'의 그 소년 말이에요." 콜베어는 사건 이전의 인생이 자신의 기억 속에 희미하고 비현실적인 느낌으로 남아 있다고 말한다. 그러자 쿠퍼가 거든다. "깨진 유리 조각들처럼요. 깜박이는 섬광 같기도 하고요."

20분 남짓한 시간 동안 두 사람은 사랑하는 이를 잃은 경험이 자신의 성격과 일, 인간관계에 어떤 영향을 미쳤는지 이야기한다. 쿠퍼는 재앙이 언제든 찾아올 수 있다고 믿는 사람이 되었고 생사가 걸린 험한 현장을 누볐으며, 콜베어는 과학소설과 판타지 소설 속으로 도피했다. 쿠퍼는 두려운 상황에 자진해 뛰어들었고, 콜베어는 어색함과 유머를 받아들였다. 두 사람은 놀랄 만큼 진실한 태도로 대화에 임하며 때로 솔직한 자기 인식도 드러낸다(쿠퍼는 "저는 와스프WASP예요. 우리는 감정을 마음속 깊이 억누르라고 배우죠"라고 말한다). 또 나이 지긋한 두 남자가 어머니에 대해 이야기하며 애정을 드러내는 모습도 보는 이의 가슴을 울린다(WASP: 백인 앵글로색슨 신교도. 미국 상류 사회에서 오랫동안 주류를 이뤄온 집단 - 옮긴이).

그러나 쿠퍼와 콜베어의 대화가 보는 이의 마음속에 강렬하게 각인되는 진짜 이유는 따로 있다. 바로 두 사람이 서로에게 마음을 쓰고 '배려하는' 태도다. 쿠퍼는 인터뷰를 위해 미리 준비한 것처럼 보인다. 콜베어의 다른 인터뷰를 찾아 읽어봤기에 예전에 그가 한 말을 언급하고, 메모와 질문을 적은 종이를 손에 들고 있다. 콜베어는 자기 비하적인 말과 부드러운 유머를 구사하면서 쿠퍼가 대화 흐름을 끌어가게 허락한다. 한 사람이 여린 속내가 드러나는 생각을 말하면 다른 사람이 고개를 끄덕이며 말을 덧붙이거나 이번에는 자신의 속내를 터놓는다(콜베어가 아빠가 돌아가신 후로는 엄마가 자신을 보살핀 게 아니라 자신이 엄마를 보살폈다고 농담조로 말하자, 쿠퍼가 말한다. "알아요, 그게 뭔지. 저는 늘 엄마가 우주에서 온 외계인 같았어요. 제가 엄마를 지켜주고 이 세계에서 살아가는 법을 알려줘야 한다고 느꼈죠"). 두 사람은 상대방에게 정성껏 귀를 기울이고, 시선을 맞추고, 수시로 상대방 말에 맞장구를 친다("그래요, 그렇죠", "맞아요").

그러다 10분쯤 흘렀을 때 분위기가 미묘하게 바뀌며 약간의 의견 차이가 발생한다. 쿠퍼가 말한다. "이상하게 들리겠지만, 저에게 흉터가 있었으면 좋겠어요."

콜베어가 말한다. "아, 해리 포터의 번개 흉터! 무슨 말인지 알 겠어요."

쿠퍼가 말한다. "음, 그보다는 제임스 본드 영화에 나오는 악당 처럼요. 얼굴에 위아래로 길게 그어진 흉터요." 쿠퍼는 만나는 모든 사람에게 '지금의 나는 원래의 진짜 나가 아니다'라고 알려주는, 눈에 보이는 표식이 있었으면 좋겠다고 한다.

콜베어가 자세를 약간 고쳐 앉으며 쿠퍼의 의견에 반대한다. 안경을 벗고 미소를 지으며 말한다. "하지만 지금의 당신은 두말할 나위 없이 원래의 진짜 당신이에요."

존재론적 질문에 대해 의견이 갈리는 이 지점에서 서로를 향한 두 사람의 애정과 배려가 특히 강하게 느껴진다. 쿠퍼는 비극적 경험 때문에 뒤틀린 버전의 자아를 지니게 된 것 같다고 말한다. 그러자 실천적 가톨릭 신자인 콜베어가 부드럽게 반대 의견을 밝힌다. "물론 한없이 부족하지만 제가 믿는 신앙에 따르면요, 다른 버전의 인생이란 있을 수 없어요. 그리고 우리가 할 수 있는 가장 용감한 일은 지금의 인생을 감사하는 태도로 받아들이는 겁니다."

평소 종교적 신념을 잘 드러내지 않는 쿠퍼는 콜베어의 말에 반발한다. 그는 메모를 내려다보며 이렇게 말한다. "언젠가 인터뷰에서 이런 말씀을 하셨더군요. '일어나지 않았더라면 정말 좋았겠다고 생각하는 일을 사랑할 줄 알게 되었다'라고요." 쿠퍼는 뭔가 북받쳐 오르는지 감정을 애써 억누르며 잠시 말을 멈춘다. "그리고 이렇게 말씀하셨죠. '신께서 주신 어떤 고통을 선물이 아니라 말할 수 있겠는가?'" 쿠퍼의 목소리가 떨린다. 살짝 충혈된 눈으로 눈물을 참으며 묻는다. "정말로 그렇게 생각하나요?"

두 사람 모두 내적 감정의 동요를 느끼는 순간이다. 콜베어는 몇 초간 말이 없다. 하지만 대강 얼버무리지도, 질문을 피하지도 않는다. 그는 어딘가 한곳을 바라보며 말없이 있다가 단호하게 "네"라고 대답한다. 콜베어는 고통스러운 일이 일어난 사실 자체에 감사하는 것이 아니라 그것을 겪는 과정에 감사한다고 설명한다. 그런 경험을 통해 다른 사람들과 깊이 연결될 수 있고 그들을 더 깊이 사랑할 수 있게 된다는 것이다. 그럼으로써 인간으로서 살아간다는 것의 의미를 깨달을 수 있다고 한다. "저는 인간이라는 존재에 최대한 충실한 경험을 하며 살고 싶어요. 그리고 그러려면 일어나지 말았으면 하고 바라는 일에도 감사할 줄 알아야 해요. 그런 경험은 저에게 선물을 주니까요."

이 방송이 나가고 두 사람의 대화에 대한 입소문이 삽시간에 퍼졌다. 수많은 사람이 자신이 겪은 상실과 슬픔에 대한 이야기를 온라인에 올려 공유했다. 《워싱턴 포스트The Washington Post》에서는 쿠퍼와 콜베어의 대화를 2019년 '최고의 TV 장면'으로 꼽았다. 시청자들은 콜베어와 쿠퍼가 보여준 인류애와 겸손을 언급했고, 대다수가 특히 두 사람이 서로를 너그럽게 이해하고 보듬어주는 태도에 크게 감동받았다. 한 시청자는 유튜브에 '인터뷰 주제가 인터뷰 진행자를 위해 존재하는 것은 참 보기 드문 일이다'라고 댓글을 달았다. 또 다른 시청자는 '콜베어가 단호하게 '네'라고 할 때 나는 그만 눈물을 흘리고 말았다'라는 글을 남겼다.

두 사람의 대화는 쿠퍼의 마음속에 오래도록 남아 영향을 미쳤다. 3년 뒤인 2022년 그는 상실과 슬픔을 주제로 한 팟캐스트 〈올 데어 이즈All There Is〉를 시작했다. 이 팟캐스트의 첫 에피소드는 공개 후 이틀도 안 돼 팟캐스트 차트 정상을 찍었고 다운로드 수가 400만 회를 넘었다. 쿠퍼는 자신이 콜베어와의 대화에서 받은 위로를 다른 사람들도 팟캐스트를 통해 경험할 수 있기를 바랐다. 그는 《뉴욕 타임스》 인터뷰에서 말했다. "우리 누구나 상실을 경험합니다. 저마다 방식은 달라도 세상 사람 누구나 걷는 길을 나도 걷고 있구나, 하고 생각하면 힘이 납니다." 팟캐스트에서 쿠퍼는 콜베어와 나눈 대화가 자신에게 미친 심오한 영향을 이렇게 언급했다. "스티븐의 이야기는 제 내면을 흔들었습니다. 그날 이후로 그가 한 말이 머릿속을 떠나지 않네요."

타인의 필요와 욕구에서 출발하라

대화 내내 쿠퍼와 콜베어는 주제를 관리하고 진심 어린 질문을 하며, 분위기가 처지지 않도록 간간이 가벼움을 더하는 뛰어난 능력을 보여준다. 전체적으로 대화의 굵은 줄기는 상실과 슬픔이라는 주제지만 도중에 음악, 종교, 어린 시절, 정체성, 형제자매, 캄보디아, 시, 생존주의, 두려움, 요정, 어머니(찻잔, 배우, 친구, 외계인으로 표현한다)에 대해서도 언급한다. 이들의 대화를 채우는 소재는 대단히 풍성하다. 두 사람은 "당신은 적을 사랑할 수 있나요?",

"이해했어요? 감 잡으셨나요, 아저씨?" 등 20분 동안 14개의 질문을 한다. 또 "어머니는 배우의 꿈을 접고 결혼해서 자신만의 극단을 만들었죠. 11명의 자식 말이에요" 같은 부드러운 농담을 하면서 2~3분에 한 번씩 웃는다.

하지만 이들의 대화를 마치 대화가 아닌 포옹처럼 느껴지게 만드는 것은 두 사람이 보여주는 '배려'다. 둘은 눈을 맞추고, 각자의 이야기를 들려주고, 정성껏 듣고, 웃고, 고개를 끄덕인다. 그리고 이 모든 행동에는 상대방에게 집중하는 태도가 깔려 있다. 그들은 상대방의 말, 내적 괴로움, 인생 이야기, 그리고 상대방이 필요로 하는 것에 관심을 쏟는다. 이런 태도는 대화의 질을 높이는 것은 물론이고 두 사람이 대화에서 지향하는 목적을 이루게 도와준다. 인터뷰를 진행하는 쿠퍼의 목적은 비교적 뚜렷하게 느껴진다. 즉 그는 크나큰 슬픔을 극복하는 데 도움이 될 관점을 얻고 싶어 한다. 그리고 그것을 얻을 수 있으리라 확신하는 듯하다. 아마도 그렇기 때문에 시청자와 공유하기 위해 이 대화를 녹화했을 것이다. 또 쿠퍼는 자신이 콜베어에게 인생에서 크게 힘들었던 경험 중 하나에 대해 묻는다는 사실을 누구보다 잘 알고 있다.

쿠퍼는 콜베어가 큰 아픔에 대해 편안하게 이야기할 수 있는 분위기를 만들려고 신중하게 애쓴다. 그리고 콜베어의 목적이 비슷한 아픈 경험을 드러내고 서로 공감할 수 있는 이야기를 들려줌으로써 동병상련의 위로를 전하는 것이라는 점을 쿠퍼도 느끼는 것 같다. 콜베어가 쿠퍼의 의견에 반대하는 것도 슬픔을 극복하고 싶어 하는 쿠퍼를 도와주는 한 방법이다. 쿠퍼가(그리고 시청자도)

사랑하는 이를 잃은 경험을 다른 관점에서 생각해보도록 부드럽게 권유하는 것이다.

TALK 원칙의 마지막이자 가장 어렵고 여러모로 가장 중요한 키워드인 배려는 결국 이 문장으로 요약할 수 있다. 상대방의 욕구와 필요를 우선시하기 위해 최선을 다하라. 물론 어려운 일이다. 또 때로는 불가능할 수도 있다. '언제나' 상대방을 먼저 생각하기는 현실적으로 힘들뿐더러 항상 바람직한 것도 아니다.

그러나 항상 가능하진 않더라도 상대방을 먼저 생각하려고 끊임없이 노력하는 것은 결국 우리가 바라는 이상적인 모습의 인간이 되는 길이다. 나보다 다른 사람을 우선시하기 위해서는 그에게 지속적으로(그리고 진실하게) 관심을 쏟아야 한다. 배려할 줄 아는 사람은 상대방이 무엇을 원하는지 생각한다. 배려란 격려, 솔직한 피드백, 새로운 아이디어, 웃어주기, 계획에 대한 상의, 도전적인 질문, 휴식 등 그에게 필요한 것이 무엇이든 그가 얻을 수 있게 도와주는 것이다.

주제와 질문이 대화라는 조정 게임의 내용물이고 가벼움이 대화자들의 참여와 관심을 지속시킨다면, 배려는 최고의 게임이 될 수 있는 동력을 제공한다. 이 동력은 참여자들이 존중받고 있다고 느끼는 심리적 만족감을 이끌어낸다. 참여자 모두가 이 조정 게임의 승자가 되기 위해서는 서로 최고의 플레이를 하도록 돕는 데 집중해야 한다. 주제와 질문, 가벼움은 대화 내용을 결정하지만, 배려는 그 기술들을 한 차원 높은 단계로 끌어올린다. 배려는 고난도 수업에 해당한다.

배려에도 노력이 필요하다

배려를 실천하기는 얼핏 쉬워 보인다. '친절하게 행동하라' 또는 '옳은 일을 하라' 같은 조언처럼 그저 "타인을 배려하세요"라고 말하면 될 것 같다. 하지만 실제 현실에서 우리는 늘 그것을 실천하는 데 실패한다. 이는 우리의 자기중심적 본능 탓이다.

발달심리학 분야에 획기적 공헌을 한 스위스 심리학자 장 피아제Jean Piaget는 아동의 인지 발달 이론을 정립했다. 피아제에 따르면 아동은 7세쯤 '극단적 자기중심성' 상태를 벗어나면서 차츰 주변 사람에게 자신과 다른 관점과 욕구가 있다는 사실을 깨닫는다. 그 전까지 아이는 늘 어른이 보기에 웃음이 나는(그리고 때로는 골치 아픈) 자기중심적 행동을 한다. 예를 들어 아이는 숨바꼭질 놀이를 할 때 손으로 눈을 가린 자신을 다른 사람들이 보고 있다는 사실을 인지하지 못하고, "이건 내 거야!", "내가 계속 갖고 놀고 있었어!"라고 외치는 것이 장난감이나 간식을 독차지하는 행동의 정당한 설명이 될 수 없다는(그리고 그런 고집이 갈등을 해소하기보다 유발할 가능성이 크다는) 사실을 알지 못한다. 그렇다면 우리는 7세 이후에 '극단적 자기중심성'에서 얼마나 성공적으로 벗어날까? 사실 크게 벗어나지 못한다.

이는 대화의 모든 측면에도 영향을 미친다. 자기중심성은 늘 힘을 발휘하면서, 인형극 무대 뒤에서 인형을 조종하는 사람처럼 우리가 효과적으로 대화하는 것을 방해한다. 자기중심성은 좋은 대화 주제를 택하지 못하게 방해한다. 우리는 자기중심적이라서 우리가 좋아하는 주제를 택한다(내가 좋아하니까 상대방 역시 좋아할 거라고 가정하거나 희망한다). 자기중심성은 좋은 질문(특히 상대방이 관심을 보이며 즐겁게 대답할 만한 질문)을 던지지 못하게 방해한다. 또 자기중심성은 상대방이 즐거워할 유머와 가벼움이 깃든 분위기를 조성하는 것도 방해한다. 우리의 심리적 본능은 생존에 대단히 적합하게 설계돼 있지만 타인에 대해 생각하는 일에는 서툴게 만들어져 있다. 특히 그때그때 상황에 맞게 상대방의 욕구를 살피거나, 우리와 취향이나 목표가 다른 상대방을 먼저 생각하기는 더 어렵다.

심리학자 보아즈 케이사Boaz Keysar의 최근 연구는 사람들이 의사소통에서 얼마나 자기중심적으로 판단하는지 보여준다. 케이사와 연구 팀은 피험자를 둘씩 짝지은 뒤 서로 등을 맞대고 앉게 했다. 한 사람은 화자, 다른 사람은 청자 역할이었다. 연구 팀은 화자에게 '당신은 파트너가 당신을 위한 깜짝 이벤트를 준비 중이라고 추측하고 있습니다'와 같은 특정 상황을 가정하게 했다. 그리고 화자는 해당 상황과 관련된 말을 파트너에게 하도록 지시받았다(어조는 화자가 원하는 대로 할 수 있었다). 깜짝 이벤트 시나리오의 경우 화자가 해야 할 말은 "요즘은 무슨 일로 바빠요?"였다. 이것은 마치 옛날 드라마에 나오는 탐정처럼 화자가 눈을 가늘게 뜨면서 짓궂은 태도와 말투로 던질 수도 있는 종류의 질문이다. 그런 비언어적 신호는 청자가 수많은 가능성 중에서 화자 말의 의도를(즉 화자가 곧 있을 깜짝 이벤트를 짐작하고 있다는 사실을) 알아채는 데 도움을 줄 수 있다.

케이사의 실험에서는 청자로 하여금 화자가 한 말의 의미를 네 가지 보기(맞는 답도 섞여 있었다) 중에서 고르게 했다. "요즘은 무슨 일로 바빠요?"라는 질문을 들은 청자는 그 말이 무슨 뜻인지 다음 네 가지 중 골랐다. (1) 나의 외도를 의심한다. (2) 내가 깜짝 이벤트를 준비하고 있다고 짐작한다. (3) 내가 30분 늦게 와서 짜증을 내고 있다. (4) 내가 요즘 어떻게 지내는지 궁금해한다.

결과가 어땠을까? 사람들은 의사소통의 성공을 크게 과대평가하는 것으로 드러났다. 청자는 85퍼센트의 경우에 자신이 화자가 한 말의 의도를 정확히 이해했다고 생각했고, 화자는 70퍼센트의 경우에 자신이 한 말의 의미를 청자가 맞게 이해했다고 생각했다. 하지만 실제로 청자가 화자의 의도와 같은 뜻으로 이해한 경우는 44퍼센트에 불과했다. 이는 꽤 낮을 뿐만 아니라 사람들의 추측과도 크게 차이 나는 수치다.

그런데 연구 팀은 '서로 다른 언어를 사용하는' 피험자들에게 똑같은 실험을 진행한 뒤 놀라운 결과를 목격했다. 중국인 화자가 미국인 청자에게 말했을 때도 화자와 청자 모두 의사소통의 성공을 과대평가한 것이다. 미국인 청자가 화자가 의도한 뜻(목소리와 말투로 전달된)을 이해했다고 생각한 경우는 전체의 65퍼센트였고, 중국인 화자가 자신이 한 말의 의미를 청자가 이해했다고 생각한 경우는 50퍼센트였다. 이 수치는 같은 언어를 사용하는 피험자보다 낮지만 이때도 메시지를 실제로 이해한 비율과는 큰 차이가 있었다. 미국인 청자가 화자 말의 의도를 제대로 맞힌 경우는 35퍼센트에 불과했던 것이다.

아일랜드 극작가 조지 버나드 쇼George Bernard Shaw는 이렇게 말했다고 알려져 있다. "의사소통의 가장 큰 문제는 소통이 이루어졌다고 착각하는 것이다." 케이사는 자신의 연구가 사람들이 일상 대화에서 늘 경험하는 '이해에 대한 커다란 착각'을 보여준다고 설명했다.

대화에서 배려와 관련된 문제는 이것이다. 상대방의 말을 제대로 이해하지 못한다면 그 사람의 욕구와 필요를 우선적으로 채워주기도 힘들다. 특히 상대방의 말을 이해했다고 착각하면 더욱 그렇다. 물론 완벽하게 이타적인 사람이 되기는 불가능하다. 또 그래서도 안 된다. 우리에게도 우리의 욕구와 필요가 있기 때문이다. 대화 나침반에서 '관계적 성격 약함' 쪽에 있는 목적 말이다. 하지만 다른 사람의 생각과 의도를 정확히 이해할수록 그의 말에 적절하게 반응하고 효과적인 대화를 이어갈 가능성이 커진다.

케이사의 실험에서 화자가 한 말의 뜻에 대한 네 가지 보기를 생각해보라. 상대방이 나의 외도를 의심한다, 내가 깜짝 이벤트를 준비하고 있다고 짐작한다, 내가 늦어서 짜증이 났다, 내가 어떻게 지내는지 궁금해한다. 이 넷은 의미가 너무나도 다르다. 청자가 화자의 말에 어떻게 반응하는가는 이후 대화가 어떻게 흘러갈지에, 그리고 두 사람의 장기적인 관계에도 영향을 미칠 수 있다. 일상의 평범한 대화에서 우리는 늘 상대방이 한 말의 의미를 알아맞혀야 한다. 당신이 설거지를 하는데 누군가가 다가와 "내가 도와줄게"라고 말했다고 치자. 이때 당신은 그 사람이 정말로 설거지를 하고 싶은지, 설거지를 지독히 싫어하는 속마음을 숨기고 제안한 것인지, 아니면 그 중간쯤인지 파악해야 한다. 설령 그의 도움을 받아들이는 경우라도, 당신이 그가 설거지를 진심으로 원하는지 또는 어떤 의무감에서 마지못해 하는 것인지 간파한다면 거기에 맞게 적절한 반응을 보일 수 있다. 예를 들어 가볍게 감사를 표현하거나, 상황에 맞는 농담을 던지거나, 약간 호들갑스럽게 고맙다는 말을 강조할 수 있다. 사실 상대방보다 우리 자신의 필요(설거지에 도움을 받음)를 우선적으로 채울 때조차 상대방 말의 의도를 이해할 필요가 있다.

쿠퍼와의 인터뷰에서 콜베어가 보여준 모습은 배려가 무엇인지 일깨워준다. 방송 자체는 쿠퍼의 프로그램에서 콜베어를 인터뷰하는 형식이었지만, 콜베어는 금세 초점을 바꿔 게스트인 자신이 쿠퍼에게 도움과 위로를 전달하는 역할을 자처했다. 콜베어는 쿠퍼의 관점과 마음속 동기를 누구보다 잘 이해하는 사람이었다. 즉 그는 얼마 전 어머니를 떠나보낸 쿠퍼가 수십 년 전이기는 해도 가족을 잃은 슬픔을 겪은 자신에게서 도움과 위로를 얻길 바란다는 것을 알았다. 어찌 보면 콜베어는 열 살 때 아버지와 형들을 잃은 후 45년을 살면서 이 대화에 누구보다 적합한 사람이 되었다. 콜베어의 말마따나 그 경험은 그가 '타인의 아픔을 눈여겨보고, 사람들과 공감하고, 그들을 더 깊이 사랑하고, 상실의 경험이 어떤 것인지 이해'할 수 있게 해주었으니 말이다. 그는 쿠퍼에게 필요한 것(지원, 마음의 안정, 자아 정체성과 상실 경험에 대한 새로운 관점)이 무엇인지 정확히 알았고 그것을 채워주었다.

어떻게 존중의 언어를 사용할 것인가

대화에서 배려를 실천하는 방법을 구체적으로 살펴보자. 배려를 구성하는 두 가지 기본 요소는 존중하는 태도로 말하기와 반응하며 듣기다.

배려의 가장 기본적인 전제 조건은 '존중'이다. 다른 사람의 필요와 욕구를 우선시하기 위해서는 그 사람을 존중해야 한다. 우리는 어릴 때 학교에서 타인을 존중하는 것이 중요하다고 배웠다. 또 솔soul의 여왕 어리사 프랭클린Aretha Franklin도 히트곡 〈리스펙트Respect〉에서 존중을 간절하게 노래했다(원곡자를 존중하는 의미에서 밝혀두자면, 이 곡은 원래 오티스 레딩Otis Redding이 만들고 불렀다). 하지만 이 노래를 반복해서 듣는다고 일상 대화에서 '존중'이 정확히 무엇을 의미하는지 이해할 수 있는 것은 아니다.

그것은 어리사 탓도, 우리의 초등학교 선생님 탓도 아니다. 존중은 수많은 생각과 행동을 통해 이루어지는 복잡한 개념이다. 우리는 누군가의 존중하는 태도를 대번에 알 수 있고(쿠퍼와 콜베어의 대화를 보면 서로를 존중하는 마음이 뚜렷이 느껴지지 않던가) 어떤 무례한 행동이 존중과 거리가 먼지 잘 안다. 그런데 상대를 진정으로 존중하는 사람은 정확히 어떤 식으로 말하고 행동할까? 존중의 언어라는 것이 따로 있을까?

대화의 과학은 우리가 그 답을 알도록 도와준다. 존중에 대한 막연한 이해를 뛰어넘어 우리가 실제로 사용하는 '언어'를 자세히 살펴보기 때문이다. 일상에서 쓰는 언어에는 순간순간 존중을 드러내는 구체적인 요소도 있고 무례함을 드러내는 요소도 있다. 우리는 전자를 더 자주 사용하고 후자는 덜 사용해야 한다. 스탠퍼드대학교의 컴퓨터 과학자들이 바로 그런 요소를 밝히기 위한 인상적인 연구를 진행했다.

스탠퍼드 연구 팀은 2014년 4월 한 달간 오클랜드 경찰서의 경찰관 245명이 교통법규 위반 차량을 적발한 사례 981건의 보디 캠 녹화 자료를 분석했다. 오클랜드 경찰서 규정에 따르면 경찰관은 운전자와 대화하기 전에 보디 캠을 켠 뒤 검문하는 내내 그 내용을 녹화해야 한다. 연구 팀은 총 183시간의 녹화 자료에서 경찰관의 발언 약 3만 6,000개를 확보했다.

이 데이터세트는 민감한 자료인 동시에(이런 영상은 경찰에게든 시민에게든 자칫 불리하게 이용될 수 있다) 규모 면에서도 인상적이었다. 또 이 연구는 경찰관이 시민과 대화하는 방식을 세밀하게 분석한 최초의 시도였다. 상황의 특수성을 감안할 때 긴장된 분위기가 흐를 가능성이 있는 이 대화 자료에서 우리는 일상 대화에도 적용할 수 있는 중요한 관점을 얻을 수 있다. 교통 단속 경찰관의 어떤 말을 듣고 시민이 불쾌하거나 불편하다면 그런 종류의 표현은 평상시의 덜 긴장된 상황에서 우리의 친구나 애인, 부모님에게도 불편한 느낌을 안길 가능성이 크다.

연구 팀은 다양한 컴퓨터 도구를 이용해 경찰관의 발언 3만 6,000개를 22가지 언어적 특징 그룹으로 분류했다. 예를 들어 경찰관이 '죄송', '어이쿠', '미안'이라는 표현을 쓰면(예: "착각해서 죄송합니다. 제 실수입니다") 그 발언은 '사과'로 분류했다. 또 '~않다',

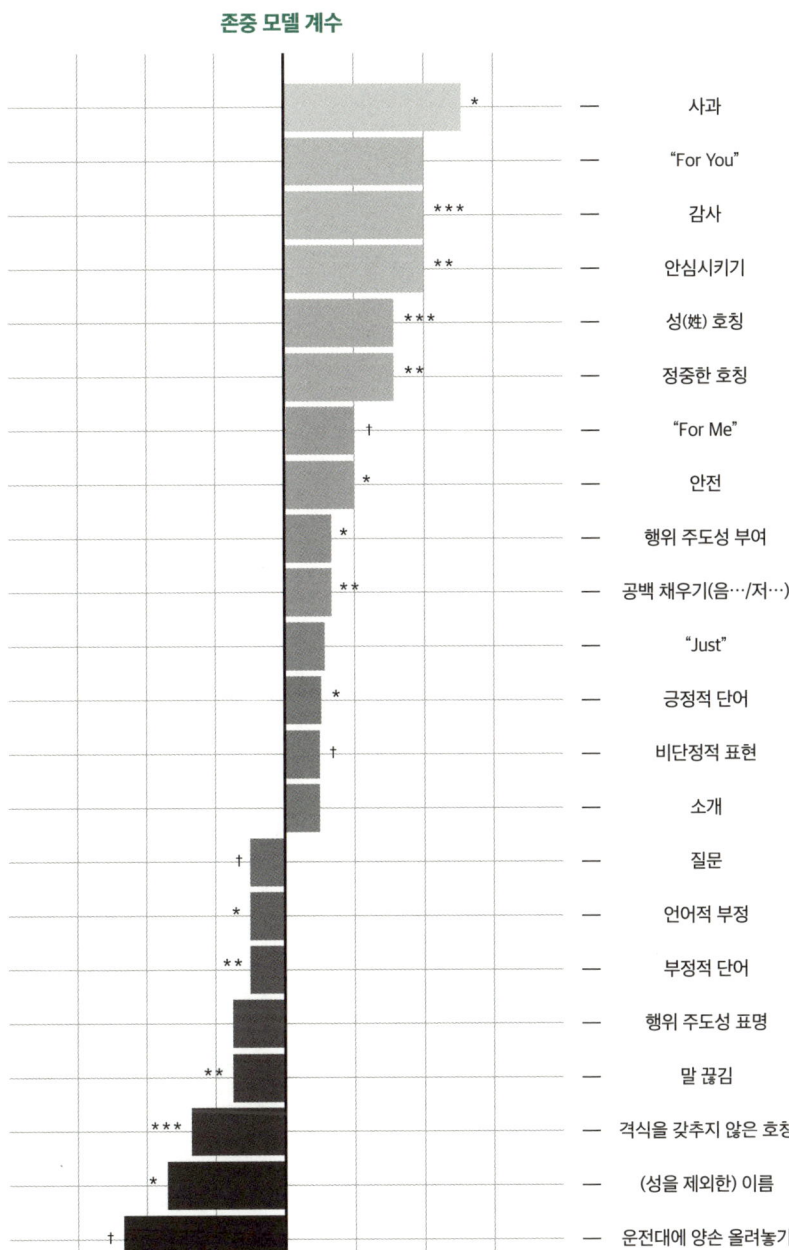

제5강 · 네 번째 원칙, 'K'는 배려(Kindness)다

'절대' 같은 표현이 들어간 발언(예: "그건 좋지 않아요")은 '언어적 부정'으로 분류했다. 연구 팀은 상대를 얼마나 존중하는 표현인가에 따라 이들 특징의 등급을 매겼다. 어떤 표현을 썼을 때 시민은 경찰관이 자신을 존중한다는 또는 존중하지 않는다는 느낌을 받았을까? 연구 팀은 경찰관의 발언이 전달하는 존중 느낌의 정도에 따라 언어적 특징을 235쪽의 그림과 같이 나타냈다. 언어적 특징 가운데 존중하는 느낌이 가장 강한 것이 최상단에, 존중하는 느낌이 가장 약한 것이 최하단에 표시돼 있다.

이 연구 결과는 981명의 시민을 대상으로 존중이 의미하는 바를 분석했다는 점에서 높이 평가할 만하다. 아울러 우리는 이 분석을 통해 일상생활에서 활용할 수 있는, 존중의 언어에 대한 세 가지 규칙을 알 수 있다. 존중의 언어는 사람들로 하여금 (1) 자신의 존재를 인정받고 있고, (2) 자신이 함께 있고 싶은 사람이며, (3) 관심받을 가치가 있는 사람이라고 느끼게 한다.

존재 그 자체를 인정하라

우리에게는 자신의 존재를 인정받고 싶은 욕구가 있다. 대화에서 배려할 줄 아는 사람은 상대방에게 그런 욕구가 있다는 사실을 충분히 인지한다.

상대방의 존재를 인정하는 일의 출발점은 이름을 불러주는 것이다. 오클랜드 경찰들의 녹화 자료에 대한 연구는 이름(또는 청자가 원하는 다른 종류의 호칭)을 부르는 것이 대단히 중요하다는 사실을 보여주었다.* 시민들은 양치기가 관리하는 수많은 양 떼

중 한 마리 같은 존재가 아니라 한 명의 개인으로서 인정받고 싶어 했다. 그들은 상대방이 상황에 맞는 예의를 갖춰 개인적 호칭을 불러줄 때 존중받는 기분을 느꼈다. 대화 상황이나 맥락에 따라 '자네', '형씨', '인마' 같은 편한 호칭이 친근함을 더할 수도 있지만, 그보다는 격식 있는 호칭('선생님', 'ㅇㅇㅇ 씨', 'ㅇㅇㅇ 여사님')이 더 존중하는 느낌을 준다. 또 많은 사람이 성이 아닌 이름으로 불리는 것을 좋아한다. 바버라 월터스는 모니카 르윈스키를 '모니카'라고 불렀다. 인터뷰 내내 다정하고 편안한 분위기를 조성하기 위해서였다. 마찬가지로 나도 TALK 강의를 듣는 학생들에게 학기 내내 명찰을 달게 한다. 학생의 이름을 부르면 대화가 훨씬 편해지고 친근감이 생기기 때문이다. 별명을 부르는 것도 친근함을 높일 수 있지만 신중하게 사용해야 한다. 상대방은 성을 제외하고 이름만 부르거나 별명을 부를 만큼 친하지 않다고 생각할 수 있기 때문이다.

　물론 이름을 부르는 일만이 상대방으로 하여금 자신의 존재를 인정받는 기분을 느끼게 하는 것은 아니다. 대화하는 동안(화제를 꺼내거나 질문을 던지거나 이야기를 들려줄 때) 우리가 사용하는 언어를 통해서도 상대방의 정체성 및 그 사람 고유의 모습과 관련한 많은 측면을 언급할 수 있으며, 그럴 때는 세심한 태도로 해야 한다.

* 　오클랜드 교통 단속 사례의 경우 시민들은 성(姓)을 언급하는 정중한 호칭으로 불리는 것을 선호했다("ㅇㅇㅇ 씨, 안녕하십니까", "ㅇㅇㅇ 선생님, 운전 면허증 돌려드립니다"). 그리고 이름(성이 아닌)만 부르거나 격식을 갖추지 않은 호칭(형씨, 자네, 녀석, 친구, 인마, 자식, 젊은이, 어이 등)을 사용하는 경찰관은 무례하다고 생각했다.

노벨 경제학상 수상자 아마르티아 센Amartya Sen은 2006년에 "이 혼란스러운 세상에 평화와 화합을 이뤄내기 위해서는 인간이 지닌 정체성의 다원적 성격을 인정해야 한다"라고 말했다. 이 말은 우리가 어떤 단일 성분으로 이루어진 존재가 아니라는 의미다. 우리의 정체성은 오직 인종이나 성별, 종교만으로 정의할 수 없다. 모든 인간은 인종, 성별, 국적, 언어, 연령, 종교, 교육, 부, 가치관, 이념, 성생활, 건강, 가족, 친구, 취미, 경험, 취향 등 온갖 측면에서 자신만의 모습을 지닌 존재다. 모든 대화 파트너는 당신과 다른 존재다. 당신과 비슷한 점이 많아 보이는 친한 친구도 당신과 엄연히 다른 하나의 인간이다. 나와 DNA가 같고 똑같은 환경에서 자란 쌍둥이 자매조차 나와 다른 재능과 습관, 취향, 꿈을 지니고 있다. 또 때로는 다른 이들에 비해 유독 당신과 다른(또는 적어도 그렇게 느껴지는) 대화 상대자도 있다. 배려할 줄 아는 사람은 상대방이 어떤 사람이든 상관없이 그와 대화의 보폭을 맞추면서 그가 자신의 존재를 인정받는다는 느낌을 받게 하려 노력한다.

기분 좋게 하라

오클랜드 경찰 데이터의 연구가 보여주는 또 다른 존중의 언어는 정서적 톤과 관련된다. 이 연구에 따르면 시민들은 '좋은', '대단한', '멋진'처럼 긍정적 정서를 지닌 말(언어적 특징 '긍정적 단어')은 존중하는 언어로, '나쁜', '엉망인' 같은 말('언어적 부정'과 '부정적 단어')은 존중하지 않는 언어로 느꼈다.

긍정적 언어와 부정적 언어가 중요한 것은 언어가 그에 상응하는 감정(좋은 또는 나쁜)을 불러일으키기 때문이다. 긍정적 표현은 상황이 만족스럽고 편안하다는 느낌을 주지만, 부정적 표현은 부정적 감정을 자아낸다. 이는 단순하지만 중요한 점이다. 왜냐하면 사람들은 함께 있고 싶은 사람이 되기를 원하기 때문이다. 즉 사람들은 대화 상대방이 자신과 함께 있어서 즐겁고 편안하기를 바란다. 자신과 함께 있어서 상대방이 짜증 나거나 불편하기를, 또는 어서 자리를 뜨고 싶어 하기를 바라는 사람은 없다.

이는 정서적 분위기와 가벼움 요소가 대단히 중요하다는 사실을 다시금 상기시킨다. 대화는 즐거워야 한다. 단순히 재미만을 위해서가 아니라 존중하는 마음을 전달하기 위해서도 중요하다. 상대방을 기분 좋게 하는 것은 곧 그를 존중하는 행동이다. 내가 상대방에게 관심을 기울이고 있으며 함께 있어서 좋다는 것을 보여주기 때문이다. 반면 상대방의 기분이 나쁘든 말든 신경 쓰지 않는 것은 존중하지 않는 행동이다. 당신이 그렇게 행동하면 상대방은 당신이 혼자 있고 싶거나 자신이 아닌 다른 사람과 함께하기를 원한다고 생각할 것이다. "당신 목소리를 들으니 너무나 반갑네요", "물어봐줘서 고마워요", "주말을 어떻게 보냈는지 듣고 싶어요"라고 말하면 상대방은 존중받는 기분을 느낀다.

소중한 존재로 여겨라

오클랜드 경찰 데이터의 연구에서 특정한 언어적 특징(사과하기, 감사, 안심시키기, 안전 언급하기, 행위 주도성 부여)*이 있는 발언은 중요한 메시지를 전달했다. 즉 경찰관이 운전자를 관심을 기울일 가치가 있는 사람으로 생각한다는 메시지 말이다.** 우리는 누구나 타인에게 관심과 염려의 대상이 될 자격이 있길 바란다. 소중한 존재로 여겨지길 바란다. "아, 미안합니다", "감사해요", "잘하고 있어", "걱정 마, 괜찮아", "안전에 신경 쓰세요!", "가는 도중에 먹을 간식거리 좀 챙겨줄까?"처럼 사소하게 느껴지는 한마디라도 상대방의 건강이나 안전, 편안함, 행복이 중요하다는 메시지를 전달할 수 있다.

오클랜드 경찰 단속에서 이들 세 가지 존중의 언어(존재를 인정받는다고, 자신이 함께 있고 싶은 사람이라고, 또는 관심받을 가치가 있다고 느끼게 하는 발언)는 발화 도중에 아주 미묘한 방식으로 전달됐다 해도 중대한 결과를 불러왔다. 연구 팀의 분석 결과에 따르면 경찰이 운전자를 존중하지 않는 발언을 한 경우 차량을 수색하거나 벌금 티켓을 발부한 횟수가 상대적으로 더 많았다. 또 경찰이 존중하는 표현을 썼는지 무례한 표현을 썼는지 여부는 시민들이 경찰이라는 제도의 절차적 공정성을 판단하는 데 중요한 역할을 했으며, 경찰 시스템 전반을 지지하거나 거기에 협조하려는 의사에도 영향을 미쳤다. 이 연구의 분석 결과에서 경찰이 흑인 운

---

* 시민들은 '사과하기'를 존중의 느낌이 가장 강한 발언이라고 평가했다. 사과를 뜻하는 표현은 경찰관이 자신의 실수를 인정하거나 현재 상황이 운전자에게 불편하다는 사실을 인정하는 신호를 보낸다. 사과의 힘에 대해서는 제8강에서 더 자세히 살펴볼 것이다.

** 존중의 느낌이 가장 약한 발언(운전대에 양손 올려놓기, 행위 주도성 표명 등)은 경찰관이 운전자를 관심을 기울일 가치가 없는 사람으로 여긴다는 메시지를 전달했다. "운전대에 손 올려!"가 영화에서 무례하고 강압적인 경찰관이 흔히 말하는 대사임을 감안하면 존중 등급에서 꼴찌에 위치한 것도 그리 놀랍지 않다.

전자보다 백인 운전자에게 더 존중하는 표현을 사용하는 경향이 있다는 사실이 드러난 것은 그리 놀랍지 않다. 이는 대단히 슬픈 결과다. 또 사람들이 자신도 소중한 존재라는 사실을 세상에 알리기 위해 사회운동을 벌여야 한다고 느낄 만큼 시민에 대한 무례한 언행이 일상적으로 행해지고 있다는 증거이기도 하다.

무례함도 전염된다

존중의 언어는 우리를 인간다운 존재로 만들고 결속시키지만, 상대를 존중하지 않는 미묘한 언행은 우리의 인간다움을 약화하고 사람들을 분열시킨다. 누군가에게 무례한 말(또는 존중하는 표현이 없는 발언)을 들은 사람의 뇌는 그것을 위험을 알리는 경고신호로 느낀다. 뇌에는 위험 상황에서 신체를 재빨리 경계 태세로 만들어 '투쟁-도피 모드'로 돌입시키는, 아몬드 크기의 '편도체'라는 부위가 있다. 그런데 편도체는 우리가 분노나 무례함이 살짝 담긴 말만 들어도 실제로 물리적 위험에 빠진 것처럼 반응한다. 편도체가 과잉 활성화되는 '편도체의 납치 amygdala hijack'가 일어나면 뇌의 이성적 기능이 일시적으로 마비된다. 이런 상황에서는 불안감이 높아져 경직 또는 도피 반응이 일어나거나 우리도 마찬가지로 분노를 느껴 투쟁 반응이 일어난다. 그리고 경직이나 도피, 투쟁 반응 모두 상대방을 배려하지 못하게 방해한다. 문제는 우리가 자신이 한 말이 무례하다고 느끼지 못할 수도 있다는 점이다. 대화에서는 미묘한 방식으로 언어를 사용할 뿐만 아니라 무의식적으로 단어를 선택할 때도 많은 탓이다.

심리학자 트레버 포크Trevor Foulk와 연구 팀은 직장인들에게 일터에서 '심하지 않은 부정적 행동'을 경험한 일에 대해 물었다. 이들의 연구에 따르면 무례함을 비롯한 부정적 언행은 '감기처럼' 퍼진다. 즉 부정적 언행이라는 바이러스는 널리 퍼져 전염되기 쉬우며 누구라도 그것을 다시 퍼뜨리는 매개체가 될 수 있다. 연구 팀은 사람들이 사회적 상호작용(행동과 그에 대한 질책)을 보고 학습하는 방식을 중점적으로 관찰했다. 연구 팀은 피험자들에게 직장인이 회의에 지각해 심한 말을 들으며 질책당하는 상황을 보여주었다. "이렇게 늦는 게 말이 된다고 생각해? 대체 왜 그래? 벌써 15분 전에 회의 시작했어. 이딴 식으로 행동하고도 회사에 무사히 다닐 수 있을 줄 알아? 이제 늦었어. 자네 해고야!" 그리고 상사가 지각한 직원에게 존중하는 표현을 섞어 말하는 상황도 보여주었다. "미안하지만 우리끼리 먼저 시작했어. 아쉽지만 자네가 회의에 합류하기엔 좀 늦었는걸? 나중에 나한테 이메일을 보내게. 자네를 투입할 다른 프로젝트가 있는지 알아보겠네."

피험자들은 자기 자신이 타인을 심하게 질책한 것은 아닐지라도 목격한 장면이 마음속에 각인돼 그들의 생각과 행동에 영향을 미친다. 그들이 그 경험을 영원히 기억하는 것은 아니지만, 다음번에 비슷한 상황에서 누군가가 지각을 하면 과거에 들은 무례함의 언어가 재가동되어 그들 역시 지각한 사람에게 무례한 언행을 할 가능성이 크다. 다행히 이런 효과는 시간이 지나면 금세 약해지는 것으로 보인다. 무례한 언행을 경험한 뒤에 무례하지 않은 언행을 경험한 경우, 후자의 경험 때문에 대화 상황(예: 누군가 지각을 함)과 무례한 언행의 연관성이 머릿속에서 흐릿해지는 것이다. 하지만 사회 전체 차원에서 생각해보면 구성원 모두가 무례한 언행을 한 번씩만 반복해도, 즉 각자가 무례한 말을 들은 뒤 다른 사람을 무례하게 대한다면, 그 피해는 대단히 클 것이다.

다른 사람의 언어를 수용하고 모방하려는 인간의 본능은 유익할 때가 많지만 무례한 언어의 경우에는 그 본능이 위험한 것이 된다. 우리는 무례한 대우를 직접 당했을 때뿐만이 아니라 다른 누군가가 타인에게 그런 말을 하는 것을 들었을 때도 무례한 언행을 할 가능성이 커진다. 무례한 언행을 그저 '목격'하기만 해도 심리와 사고방식에 큰 영향을 받는다. 심리학자 캐슬린 보스Kathleen Vohs의 연구는 오전 중에 작은 무례한 행동을 한 번만 목격해도 하루를 살아가는 태도가 달라진다는 것을 보여준다. 사소하더라도 무례한 언행을 보면 인간 본성에 대한 냉소적 관점과 무례함의 '악순환'이 일어나, 다른 사람에게 더 무례하게 행동하기가 쉬워진다는 것이다. 정중하든 무례하든 우리가 대화하고 상호작용하는 방식은 우리 자신과 상대방은 물론이고 주변의 모든 사람에게도 영향을 미친다.

무례한 언행은 입에서 입으로 전해지는 선정적인 뉴스 헤드라인처럼 사람들 사이에 퍼지고 전염된다. 그리고 당연히 배려를 실천하는 데도 방해물이 된다. 무례한 언행을 잠깐만 목격해도 이후 만나는 다른 좋은 사람들까지 무의식적으로 색안경을 끼고 바라보면서 존중의 태도가 줄어들 수 있다. 우리는 무례함을 되풀이하지 않음으로써 그것이 바이러스처럼 번지는 것을 막아야 한다.

물론 무례한 대우를 당하는 입장이 되면 그런 점을 의식하면서 평정심을 유지하기가 쉽지 않은 것이 사실이다. 언젠가 이런 일이 있었다. 강의 시작 직전에 한 기업 중역이 내게 다가오더니 "이 강의가 자신이 시간을 투자해 들을 가치가 있느냐"고 물었다. 그날은 하버드 비즈니스 스쿨의 경영자 프로그램에서 처음으로 강의하는 날이었고, 나는 이 프로그램에 참여한 유일한 여자 교수였다. 그 말을 듣는 순간 자존심이 상하며 부아가 치밀었다. '아니, 이 사람은 지금 내 겉모습만 보고 강의가 별로일 거라고 짐작하는 거야?' 젊은 여성이라는 이유로 무시하는 듯한 그 사람이 몹시 무례하다는 생각이 들었다. 하지만 꾹 참고 이렇게 대답했다. "물론이지요. 꼭 끝까지 들으세요. 큰 도움이 될 거예요."

그로부터 몇 달 뒤 같은 프로그램에서 강의한 적이 있는 동료에게 투덜대며 이 이야기를 했다. 동료는 그 중역이 기억난다면서 내가 몰랐던 사실을 알려주었다. 그 중역은 중병을 앓고 있어 무리하면 안 돼서 꼭 필요한 강의만 신중하게 선택해 들었다고 했다. 그 질문을 한 것은 나 때문이 아니었던 것이다. 나는 우리가 얼마나 상대방을 제대로 이해하지 못하는지 다시금 깨달았다. 보아즈 케이사의 연구가 보여주었듯, 우리는 평범한 대화에서조차 상대방의 말을 완전히 엉뚱하게 오해할 수 있다는 사실을 잘 모른다. 타인의 의도를 정확히 이해하기 어렵고 서로를 이해했다는 생각이 지독한 착각일 수 있다면, 우리가 택해야 할 최선의 전략은 설령 쉽지 않더라도 일단은 상대방에게 선의가 있다고 믿으며 지나치다 싶을 만큼 존중하는 것이다.

말하는 것만큼 듣는 것도 중요하다

존중하는 언어는 배려하는 태도를, 무례한 언어는 배려할 줄 모르는 태도를 드러낸다. 하지만 언어 선택은 배려하는 사람이 되는 데 필요한 것 중 빙산의 일각에 불과하다. 배려에서 말하기보다 훨씬 중요한 것은 '듣기'다.

그동안 많은 전문가와 대중매체가 '적극적으로 듣기active listening'의 중요성을 강조해왔다. 적극적으로 듣기에서는 다양한 비언어적 신호를 사용한다. 미소 짓기, 고개 끄덕이기, 웃기, 상대방을 향해 몸 기울이기, 눈 맞추기, 상대방의 몸짓 따라 하기 등이다. 이런 조언은 상당히 유용하다. '좋은 청자'라는 느낌을 주는 사람은 그만큼 보상을 얻는다. 상대방의 말을 경청한다는 느낌을 주면 부부 생활이 더 원활해진다. 학생의 말을 경청한다는 인상을 주는 교사는 교사 평가에서 더 좋은 점수를 받는다. 환자의 말을 잘 들어주는 의사는 소송에 덜 휘말린다.

하지만 좋은 청자라는 '인상'을 주는 것의 이점에는 한계가 있다. 나는 배려라는 관점에서 본다면 '진짜 듣기'가 중요하다는 사실을 강조하고 싶다. 다시 말해 단순히 비언어적 신호를 이용해 경청한다는 인상을 전달하는 것이 아니라, 주의력과 인지력을 상대방에게 쏟으면서 정신적 노력을 기울여 '실제로' 열심히 들어야 한다. 이는 생각보다 어렵다. 상대방의 욕구를 우선시하기 위해서는 그가 어떤 사람인지 알아야 한다. 그리고 그가 어떤 사람인지 아는 유일한 방법은 그에게 관심을 쏟고 그의 말과 행동을 이해하는 것이다. 듣는 행위는 TALK 원칙의 힘을 발휘시키는 가장 중요한 요소다.

적극적으로 듣는다는 인상이 '비언어적' 신호를 통해 전달된다면, 실제로 열심히 듣고 있음을 나타내는 것은 '언어적' 신호다. 나는 서로 모르는 사람이나 친한 사람들의 대화, 의사-환자 관계를 분석한 연구에서 이를 확인했다. 후속 질문을 하는 것, 상대방의 말을 다른 말로 바꿔 표현하는 것, 앞에서 발언한 누군가의 공을 인정하는 것, 아까(또는 과거의 만남에서) 언급한 이야기나 소재를 다시 불러오는 것 등이 그런 언어적 신호다. 미소나 고개 끄덕임 같은 비언어적 신호는 귀를 기울인다는 인상을 주지만(물론 그것도 중요하다) 거짓으로 가장하기도 쉽다. 우리는 상대방의 말에 집중하는 노력을 피하기 위한 손쉬운 방법으로 그런 비언어적 신호를 무심코 사용할 수 있다(당신도 줌으로 대화할 때 머릿속으로는 딴생각을 하면서 화면을 향해 계속 웃으며 고개를 끄덕인 적이 있을 것이다). 하지만 언어적 신호는 진심으로 열심히 들어야만 보낼 수 있다. 우리가 상대방 말을 이해했다는 사실을 언어적 신호로 표현하면, 서로에 대해 착각하는 일은 일어나지 않는다.

언어적 신호는 '반응성'의 지표다. 반응성은 청자가 자신의 이해와 긍정, 관심을 표현하는 정도를 뜻한다. 어떤 사람이 "대화 상대가 내 말을 경청해준다고 느꼈다"라고 말한다면 그 상대는 반응성이 높은 것이다. 반응성은 배려하는 태도의 핵심이다. 그러므로 좋은 대화자가 '적극적으로 듣기'를 실천한다면, 훌륭한 대화자는 '반응하며 듣기responsive listening'를 실천한다. 훌륭한 대화자는 상대방의 말을 이해하고, 해석하고, 질문하고, 보완하고, 상대방의 견해에 자신의 생각을 덧붙여 대화의 흐름을 이어가려 끊임없이 노력한다. 그리고 높은 반응성은 친밀감과 애착, 정서적 건강함을 높이므로 장기적으로 좋은 관계가 유지될 가능성이 크다는 믿을 만한 징후다.

당신은 얼마나 경청하는가

반응하며 듣기에는 노력이 필요하다. 시각적, 청각적 정보가 쉴 새 없이 쏟아져 들어오는 와중에 다른 사람이 한 말의 의미를 이해하고 처리하려면 상당한 집중력이 필요하다. 게다가 인간의 생물학적 특성 탓에 집중하는 일은 더더욱 힘들다. 인간의 정신은 늘 다른 데로 흘러 산만해지도록 설계되어 있기 때문이다. 그런 특성 탓에 어떤 철학자들은 인간이 나누는 대화 중 대부분에서 실제로 상대방의 말을 듣는 시간은 극히 일부에 불과하다고 말했다. 예를 들어 철학자 에이브러햄 캐플런Abraham Kaplan은 양쪽 모두 상대방의 말에 귀를 기울이지 않는 대화를 '2인 독백'이라 칭했다. 이것은 대화 참여자들이 번갈아가며 말하므로 혼자서 하는 독백은 아니지만, 서로에게 제대로 반응하지 않으므로 대화라고 부르기도 어렵다. 2인 독백에서 둘의 말은 평행선을 달릴 뿐 결코 교차하지 않는다.

우리의 일상 대화 역시 생각 이상으로 2인 독백과 비슷할지 모른다. 심리학자 브루노 갈란투치Bruno Galantucci와 개러스 로버츠Gareth Roberts는 인스턴트 메시지를 이용해 실험을 진행했는데, 피험자의 27~42퍼센트가 대화 파트너가 다른 사람으로 바뀐 것을 알아채지 못했다. 새로운 파트너가 피험자의 성별을 틀리게 언급하는 것과 같은 분명한 실수를 했는데도 말이다. 갈란투치는 또 다른 실험도 진행했다. 대면 대화가 진행되는 중간에 연구자가 피험자인 척하고 "무색의 초록색 개념들이 맹렬하게 잔다Colorless green ideas sleep furiously"*라고 말했을 때 피험자의 3분의 1만이 이상한 문장을 알아챘고, 90퍼센트가 대화가 끝난 뒤 제시받은 목록에서 그 문장을 식별해내지 못했다.

행동과학자 한네 콜린스Hanne Collins와 아리엘라 크리스털Ariella Kristal, 줄리아 민슨Julia Minson과 내가 함께 진행한 연구에서, 피험자들은 낯선 사람과 이야기하면서 대화 시간의 76퍼센트 동안 집중해서 듣고 24퍼센트 동안에는 딴생각을 했다고 답했다(자신이 얼마나 집중해서 듣고 있는지를 5분마다 개별적으로 연구자에게 알렸다). 대화 시간 중 약 4분의 1 동안 상대방의 말에 귀를 기울이지 않은 것이다. 게다가 대화하며 딴생각을 하는 것은 사회적으로 바

---

* 문법에는 맞지만 의미가 통하지 않는 이 문장은 언어학자 노엄 촘스키Noam Chomsky가 제시한 것이다.

람직하지 않은 행동이라 자신이 그랬다고 인정하기 싫을 수 있으므로, 실제로 딴생각을 한 시간은 24퍼센트보다 많을지도 모른다.

이는 우울하게 느껴지는 결과다. 하지만 우리는 긍정적 측면도 발견했다. 피험자들은 동기부여 요소가 주어지자 듣는 태도를 재빨리 수정했다. 그들은 대화 파트너가 한 말을 얼마나 잘 기억하는지, 또는 파트너가 그들의 경청 태도에 얼마나 높은 점수를 주는지에 따라 금전적 보상을 받을 것이라는 설명을 듣자 대화할 때 더 집중해서 들었다(역시 돈은 힘이 세다). 반응하며 듣는 것은 힘든 일이다. 하지만 하려고 마음먹으면 충분히 가능하다. 훌륭한 대화자가 되려면 반드시 상대방에게 관심과 마음을 쏟아야 한다.

추임새 피드백

최선을 다해 상대방의 말을 경청하고 있다면 반응을 해서 그 사실을 보여주는 것이 중요하다. 단순히 고개를 끄덕이거나 웃는 것(이런 신호는 가짜로 꾸밀 수 있다)에서 그치지 말고 가짜로 꾸밀 수 없는 분명한 언어적 신호를 사용해야 한다. 앞서 소개한 CNN 인터뷰에서 스티븐 콜베어는 앤더슨 쿠퍼의 말을 진심으로 경청하고 있음을 보여주기 위해 계속 반응하며 듣는다. 다음의 대화를 보라. 쿠퍼는 사람들이 죽음에 대해 이야기하길 꺼린다는 점을 언급한다. 이때 콜베어가 중간중간 끼어들어 짧게 한 말을 꺾쇠괄호로 표시했다.

늘 이렇더군요. 처음 만난 사람이랑 있을 때 그 이야기를 하게 되면, 그 사람은 이래요. "아, 그 이야기를 꺼내서 죄송해요." [음음] 그러니까, 사람들은 모르는 거죠, [당신이 죽은 사람을 잊어버리고 사는 줄 알죠] 제가 항상 그 생각을 하고 있다는 걸 말이에요. [맞아요, 항상 해요] 당신도 말했듯이, [맞아요] 그 일은 내 한쪽 팔과 같아요. 나라는 존재의 일부예요.

그리고 콜베어는 쿠퍼의 말에 곧장 이렇게 덧붙여 문장을 완성한다. "남은 평생 동안요."

콜베어가 수시로 끼어들어 짧게 하는 말이 '추임새 피드백(또는 줄여서 추임새)'이다. 이는 적절한 순간에 청자가 긍정하거나, 격려하거나, 이해했음을 알리는 언어적 신호다. 때로는 뭔가 헷갈리는 점이 있다는 사실을 알리기도 한다. 콜베어의 추임새는 쿠퍼의 말을 받아 마저 완성하는 습관과 더불어 반응하며 듣기의 훌륭한 방법이다. 추임새 피드백은 '기반 다지기grounding'라는 협력 과정의 일부다. 기반 다지기는 화자와 청자가 상호 이해를 형성하기 위해 각자의 발화와 기여를 조정하는 과정을 말한다.

심리학자 재닛 바벨러스Janet Bavelas와 연구 팀은 심리 치료사와 내담자의 대화, 그리고 서로 모르는 사람들 간의 대화를 미세 분석해 기반 다지기가 다음과 같은 세 단계로 구성된다고 밝혔다.

- 화자가 정보를 제시한다. ("이 치즈 진짜 별로야.")
- 청자가 그 말을 어느 정도 이해했음을 드러낸다. ("아, 그래?")

- 화자가 청자의 말을 인정하거나 바로잡는다. ("난 원래 치즈 좋아하는데, 이 머스터드 고다 치즈는 역겨워.")

바벨러스의 연구는 청자가 단순히 정보를 흡수하는 수동적인 또는 말없는 방관자가 아니라는 사실을 보여준다. 제3강과 제4강에서 살펴봤듯, 대화에서 청자는 추임새를 통해 화자가 하는 이야기의 '공동 진행자'가 된다. "오오", "맞아", "정말 그래요?" 같은 추임새가 없으면 화자가 상대방이 자신의 말을 제대로 들으며 이해하고 있는지 알 수 없다(온라인 세미나에서 누군가 의견을 발표해도 다른 참여자들의 반응이 전혀 없을 때 화자가 느끼는 기분과 비슷하다). 또 추임새는 화자가 정보를 더 제공할 필요가 있다는 것을 알 수 있게 도와준다.

아울러 추임새는 상대방의 말에 맞장구치거나 정서적으로 반응함으로써 대화에 활기와 에너지를 더한다. "아", "그래?", "세상에, 그럴 수가!" 같은 표현의 미묘한 사용은 화자의 흥을 북돋거나 그가 이야기 방향을 바꾸도록 유도할 수 있다.

가짜 추임새는 독이 된다

비언어적 신호와 마찬가지로 추임새도 때로는 가짜로 꾸밀 수 있다. 대화의 타이밍과 리듬은 직관적 판단과 본능을 따르기 때문에, 대다수 사람은 대화를 유지하기 위해 "아", "음음" 같은 일반적인 언어 반응을 보여야 할 때를 안다. 바벨러스의 연구에 따르면 대화에 덜 집중할 때는 집중할 때보다 추임새가 적어지는 경향이 있었다. 그리고 추임새를 가짜로 꾸미면 역효과를 낼 수 있다. 듣는 사람이 건성으로 일반적인 추임새만 넣자 말하는 사람은 기운이 빠지고 효과적으로 이야기를 전달하지 못했다. 그런 청자는 상대를 전혀 배려하지 못한 것이다. 반면 화자에게 집중한 구체적인 추임새는 발화 내용의 흐름을 성의 있게 따라가며 화자의 기운을 북돋아주었다. 콜베어가 "당신이 죽은 사람을 잊어버리고 사는 줄 알죠" 또는 "맞아요, 항상 해요"라고 반응하며 쿠퍼 이야기의 흐름을 긍정하고 강조했던 것을 생각해보라.

화자 입장에서는 적절히 반응해주는 청자가 필요하다. 줌에서는 물론이고 직접 만났을 때도 청자의 침묵은 치명적이다. 그리고 대화의 공동 진행자 역할을 하는 적극적인 청자는 대화 내내 긍정적 효과를 발생시킨다. 좋은 추임새는 화자의 말을 강조해주고 화자의 이야기 전달력도 향상시킨다. 당신이 가장 최근에 중요하거나 개인적인 또는 민감한 이야기를 누군가에게 들려준 때를 떠올려보라. 당신은 말하면서 상대방의 반응을 관찰해봤는가? 당신은 상대방이 긍정이나 수용, 안심시키기, 격려의 의미가 담긴 반응을 보여주길 간절히 바랐는가? 대화하면서 편안하고 안전하다는 기분을 느꼈는가? 만일 그렇게 느꼈다면 상대방이 어떤 태도로 듣고 있었는가? 불편하거나 만족스럽지 않았다면 상대방이 어떤 태도로 듣고 있었는가?

청자 입장에서 우리는 말하는 사람이 대화를 불편하거나 불만족스럽게 느끼지 않게끔 해야 한다. 자신이 함께하고 싶은 사람이라는 기분을 느끼게 해야 한다. 속으로 딴생각을 하면서 가끔씩 "그래", "음음" 하고 마지못해 추임새를 넣는다면 그런 자신의 모습을 얼른 알아챌 줄 알아야 한다. 그런 태도는 좋은 대화에 도움이 되지 않는다. 그것은 우리가 대화에 진정으로 참여하지 않고 있다는 신호다. 그런 가짜 집중은 상대방 역시 대화에 흥미를 잃게 만든다. 추임새는 대화라는 협력 과정의 일부지만, 자신이 진심으로 추임새를 넣고 있는지 건성으로 하고 있는지 깨닫는 것은 각자가 스스로 연습해서 길러야 할 기술이다.

반응하며 듣기의 도구들

반응하며 듣기 위해 콜베어처럼 진심 어린 추임새를 넣는 것 외에 다른 방법도 있다. 우리는 앞에서 대화 주제를 관리하고 분위기에 가벼움을 더하는 방법으로 과거에 나눈 이야기를 다시 소환하는 것을 배웠다. 이는 서로 공유하는 기억을 회상하고 일상을 재발견하는 즐거움을 안겨준다. 그런데 지난번에 나눈 이야기를 다시 언급하는 것은 반응하며 듣기의 지표도 된다. 그것은 당신이 상대방의 말을 주의 깊게 들었을 뿐만 아니라 '기억'하고 있었으며 다시 꺼낼 만큼 흥미로움을 느낀다는 사실을 보여준다. 이는 상대방을 더없이 배려하는 행동이다.

또 다른 도구는 질문 종류 중에 단연 슈퍼 히어로라 할 만한 후속 질문이다. 후속 질문 역시 반응하며 듣기를 실천하는 훌륭한 전술이다. 상대방의 이야기를 열심히 들어야 특정한 화제나 상대방이 한 말에 대해 질문을 던질 수 있는 법이다. 후속 질문은 대화를 효과적으로 끌어가는 동시에 청자가 열심히 듣고 있다는 사실을 표현하는 수단이다.

다음 도구는 끼어들기다. 지금 당신은 고개를 갸우뚱했을지 모른다. 흔히 우리는 이야기 도중에 끼어드는 것을 무례한 행동으로 여긴다. 또 남의 말에 끼어드는 습관이 있는 사람을 별로 좋아하지 않는다. 하지만 내가 동료 마테오 디 스타시Matteo Di Stasi와 함께 진행한 연구는 다음과 같은 중요한 차이를 보여준다. 주제에서 벗어난 끼어들기, 즉 화자의 말을 끊고 현재의 화제와 무관한 다른 이야기를 꺼내는 것은 거슬리는 행동이지만, 주제를 벗어나지 않는 끼어들기는 청자가 적극적으로 듣고 있으며 공동 진행자 역할을 훌륭히 하고 있다는 신호다. 청자가 강한 흥미를 느끼며 대화에 몰입해서 상대방의 말이 끝날 때까지 미처 기다리지 못하고 끼어드는 것이기 때문이다.

쿠퍼와 콜베어의 대화에서처럼 상대방의 문장을 받아 마저 완성하는 것도 일종의 끼어들기다. 두 사람의 말 사이에 공백이 없고 한쪽 사람이 다른 사람에게 바통을 이어받듯이 말하기 때문이다. 이런 종류의 끼어들기는 활기 넘치는 대화와 적극적인 듣기가 이루어진다는, 그리고 대화자 사이에 친밀감이 형성됐다는 신호다. 경우에 따라서는 화자가 자신의 말을 미처 다 끝내지 못해서 또는 자신이 하려던 말을 청자가 엉뚱하게 예상해 문장을 완성해서 조금 짜증이 날지도 모른다. 하지만 대체로 주제 흐름을 유지하는 가운데 살짝 끼어드는 것은 주제에서 벗어난 끼어들기와 달리 무례한 행동이 아니며 오히려 대화에 도움이 된다.

추임새 넣기, 후속 질문 하기, 상대방의 공을 자주 인정하기, 주제를 벗어나지 않는 끼어들기는 모두 훌륭한 방법이다. 하지만 반응하며 듣는 태도를 언어로 나타내는 훨씬 간단한 방법이 있다. 바로 상대방이 한 말을 되풀이하거나 다른 말로 표현하는 것이다. 예를 들면 이런 식으로 말이다. "어머니가 앞으로는 채식만 하겠다고 말씀하셨다고?", "그렇다면 당신이 정치를 싫어한다고 표현해도 맞겠죠?", "그 상황에서 '진정해'라고 말했다고?" 상대방의 말을 되풀이하거나 다른 말로 바꿔 표현하는 것은 공감대를 형성하고 상대방이 자신의 말이 경청된다는 기분을 느끼게 한다.

적극적인 반응이 주는 효과

당신은 진정한 경청이 언어적 반응으로 드러난다는 사실을 일단 깨닫고 나면 '다른 태도로' 듣게 될 것이다. 반응하며 듣기 위해 노력하는 사람은 상대방의 말에서 자신이 반응하기에 적절한 지점이 있는지 늘 주의 깊게 살핀다. 적극적으로 맞장구를 칠 만한 사소한 말("나는 머스터드 고다 치즈가 역겨워"), 더 정확히 설명해 달라고 요청하고 싶은 모호한 표현, 잘 이해가 안 되는 말, 실없는 농담을 덧붙이기에 제격인 말, 상대방이 들려준 이야기 중에 너무 놀라워서 다시 언급할 만한 내용, 자신이 바로잡아 다시 표현할 수 있는 상대방의 작은 말실수 등이 그 예다. 당신은 그런 지점을 당신의 그다음 말이나 행동과 유기적으로 맞물리게 연결할 수 있다. 경청을 드러내는 언어적 표현은 더 활기 넘치는 대화가 이뤄지게 해준다. 청자가 반응하면서 들으면 화자는 자신의 말에 귀 기울인다는 기분을 더 많이 느낀다.

청자의 적절한 반응이 지닌 힘은 그저 한 번의 대화에서만 발휘되는 것이 아니다. 경청은 한 차례의 대화에서도, 같은 사람과 나눈 여러 번의 대화에서도 존재감을 드러낸다. 우리는 상대방의 말을 경청했음을 다양한 시점에 드러낼 수 있다. 이야기를 듣는 도중에(추임새를 넣는다), 내가 말할 차례가 되었을 때(상대방이 방금 한 말을 인정하거나 다른 말로 바꿔 표현한다), 서로 몇 차례 번갈아 말한 뒤에(앞에 나왔던 이야기를 다시 언급한다), 또는 나중에 나누는 다른 대화에서(어제 또는 1년 전에 나눈 이야기에 대한 후속 질문을 던지거나, '당신이 제인에 대해 칭찬한 말이 인상적이었어요'라는 내용의 이메일을 보낸다) 말이다.

경청했다는 것을 언어적 신호로 표현하면 두 사람의 관계가 긍정적 방향으로 진전된다. 이런 상황을 생각해보라. 당신이 한 달 전 팀 회의에서 내놓은 의견을 동료가 칭찬한다. 친구가 지난번 대화할 때 당신이 고대하고 있다고 말한 콘서트를 언급하면서 그 콘서트가 재미있었느냐고 물어본다. 비교적 최근에 알게 된 지인이 처음 만났을 때 당신이 다리에 깁스해서 힘들어한 것을 떠올리고 당신에게 다리가 괜찮느냐고 묻는다. 경청이 효과적인 대화의 기본 요소라면, 청자의 적절한 반응은 성공적인 인간관계를 위한 비법의 핵심 요소다.

앤더슨 쿠퍼는 팟캐스트 〈올 데어 이즈〉를 시작하면서 몇 년 전 스티븐 콜베어와 나눈 감동적인 대화를 언급했다. 콜베어가 사려 깊은 반응을 보여주었듯이 쿠퍼 역시 오랜 시간이 지났음에도 콜베어에 대한 관심과 사려 깊은 반응을 보여준 것이다. 두 사람 사이에는 너무나 밀도 높은 연대감이 형성돼, 시청자 입장에서는 누가 인터뷰 진행자이고 누가 인터뷰 대상자인지 잊어버리게 된다. 두 사람 역할의 구분 선이 어찌나 희미했던지 콜베어는 이런 익살맞은 장난도 친다. 인터뷰가 끝날 때 콜베어는 마치 자신이 인터뷰 진행자인 것처럼 카메라를 보며 심야 토크쇼를 진행할 때의 톤으로 "여러분은 지금 앤더슨 쿠퍼와 함께하고 계십니다. 잠시 뒤에 돌아오죠"라고 말한다.

존과 클레어의 대화 실험

나는 대학에서 뛰어난 드러머를 만났다(그리고 몇 년 뒤 그와 결혼했다). 그 후로 지금까지 이따금 록 밴드에서 연주하고 있다. 음악을 누구보다 사랑하는 나는 늘 사람들이 곡을 만들 때 나누는 대화를 연구해보고 싶었다. 작곡은 때로 어렵고 때로 아름다운 협동이라는 행위의 다양한 측면을 보여주는 창작 활동이기 때문이다. 언젠가 테일러 스위프트Taylor Swift는 작곡할 때 찾아오는 영감을 두고 이렇게 표현했다. "눈앞에서 떠다니는 반짝거리는 작은 구름을 '이때다' 싶을 때 낚아채는 거죠."

2017년에 나의 반짝거리는 구름은 연구실로 흘러들어왔다. 나는 심리학자 제니퍼 에이커, 모리스 슈바이처, 브래드 비틀리와 함께 서로 모르는 사이인 피험자 204명을 모집해 2명씩 팀을 이루게 했다. 그리고 각 팀에게 15분 안에 독창적인 노래를 만들어 녹음하라는 과제를 내주었다. 15분은 레이디 가가Lady Gaga가 히트곡 〈본 디스 웨이Born This Way〉를 만드는 데 걸렸다고 말한 시간이다. 각 팀에게는 노트북 컴퓨터가 갖춰진 방을 배정했다. 둘 중 '가수'를 맡은 사람은 노래를 부르고, '프로듀서'를 맡은 사람은 의사결정권을 지녔다. 장르와 가사, 창법, 녹음 등과 관련한 최종 결정권이 프로듀서에게 있었다. 우리는 그들이 아이디어를 교환하며 대화하는 과정을 녹화했고, 마지막에 시간에 쫓겨 녹음용 마이크에 대고 서둘러 노래를 부르는 모습도 영상으로 담았다(스피드 데이트 참가자를 관찰하는 것보다 훨씬 재미있었다!).

이 과제가 성공하려면 양쪽의 특정한 역할이 필요했다. 프로듀서는 망설임 없이 이런저런 구체적인 결정을 내릴 줄 아는 동시에 파트너의 노래 실력과 장점을 파악하고 그가 편하게 노래할 수 있게 해줘야 했다. 또 가수는 긍정적이고 협조적인 태도로 임하면서, 프로듀서에게 성공적인 팀워크를 발휘할 수 있다는 믿음을 줄 수 있어야 했다.

15분이 지난 뒤 참가자들은 큰 방에 모여 결과물을 함께 듣고 투표로 최고의 노래를 뽑았다. 우승 팀은 상금 20달러를 받았고 프로듀서가 이 '저작권료'를 어떻게 나눌지 결정했다.

참가자 중 매우 인상적이었던 존(가수)과 클레어(프로듀서)의 대화를 살펴보자. 대화를 시작하자마자 클레어는 존에게 음악 취향을 물어본다.

클레어: 어떤 종류의 노래를 부르고 싶어요?
존: 음, 그러니까….
클레어: 당신은 목소리가 굵고 낮은 편이군요. 그렇다면….
존: 솔 같은 게 어떨까요. 약간 펑키한.
클레어: 그래요, 좋은 생각이에요.

클레어는 처음부터 존의 의견을 받아들이며 그의 기를 살려준다. 자신의 취향을 고려하기 전에 '존'의 취향을 먼저 물어본다. 대화가 이어지는 동안 클레어는 상대방을 존중하는 언어를 사용한다. 그녀는 "좋은 생각이에요", "끝내주는데요?", "우린 할 수 있어요", "이렇게 만들면 라디오에서 틀어도 손색이 없겠어요" 같은 긍정적 표현을 쓰면서 존과 함께 있어 즐겁다는 느낌을 전달한다. 그녀는 존의 감정을 인정해주고 그가 관심받을 가치가 있는 사람이라고 느끼게 한다. "그렇게 긴장할 필요 없어요", "더 잘할 수 있을 거 같지 않아요?" 또 고개를 끄덕이거나 웃으면서 적극적으로 듣는 것은 물론이고 '반응하면서' 경청한다. 즉 "잘하네요", "그 부분 정말 좋았어요"라고 긍정하고 "아하", "맞아요, 맞아" 하며 밝게 추임새를 넣는다. 클레어는 아까 나온 이야기를 다시 소환하기도 한다. 어느 순간에는 자신이 프로듀서로서 부족하다는 사실을 인정한다. "노래의 주제를 정해볼까요? 아, 어떻게 해야 하지? 전 이런 걸 잘 못해요. 곡을 만드는 재주가 없어요." 또 이런 말도 한다. "'자유로운'과 라임이 맞는 표현이 많을 텐데, 가사의 다음 줄에 대한 아이디어가 도통 떠오르질 않네요."

클레어가 자신의 능력 부족을 인정하자 존이 "음식 어때요?" 하고 노래의 주제를 제안하고는 자신도 역시 부족하다며 말한다. "저는 노래 실력이 별로예요." 몇 분 뒤 클레어는 존의 그 말을 다시 언급하면서 그를 인정해준다. "아까는 노래 실력 별로라더니, 잘하네요! 멋져요. 완전 가수 같아요." 클레어는 자신 없어 하는 존의 말을 기억했다가 그 말을 다시 소환하며 격려해준 것이다. 이는 반응하며 듣기의 훌륭한 예다. 두 사람이 15분 동안 완성한 귀여운 노래는 다음과 같다.

배는 계속 꼬르륵댈 뿐이고
머릿속은 맛있는 것 생각뿐이고
알다시피 난 글루텐 프리가 좋아
밀가루를 못 먹으니까
영양가 있는 음식을 원해, 그래, 그거야
다디단 간식도 좋아
내게 레몬 머핀을 줘, 그래, 그 레몬 머핀
오 예, 레몬 머핀, 집에서 만든 간식
내게 레몬 머핀을 줘, 그래, 레몬 머핀

오, 레몬 머핀, 집에서 만든 간식

클레어와 존은 한껏 들떠서 이 노래를 녹음한다. "히트 싱글 한 곡 나왔어요!" 클레어가 존에게 박수를 쳐주며 외친다. "환상적이에요! 완벽해요!"

존은 안도하면서 고마움을 표현한다. "고마워요. 다 당신 덕분이에요."

곡을 만들 때든 다른 상황에서든 대화란 몹시 미묘하고 어려운 행위다. TALK 원칙(주제, 질문하기, 가벼움, 배려)은 대화라는 끊임없는 조정 게임을 진행하는 우리에게 필요한 간단한 지침을 상기시킨다. 지금까지 이 책에서 설명한 모든 내용은 결국 배려를 실천하는 방법이다. 그것들은 진심으로 타인을 생각하는 마음을 말과 행동으로 보여주기 위한 도구다. 그리고 우리가 다른 사람의 욕구와 필요, 관점을 우선시하려 노력하면 나머지 TALK 원칙도 어렵지 않게 실천할 수 있다. 상대방이 이야기하고 싶어 하는 주제를 준비하고 선택하라. 상대방이 즐겁게 대답할 만한 질문을 하라. 지루하고 무거운 분위기를 없애고 함께 많이 웃어라. 존중하는 태도로 말하고 적극적으로 반응하면서 들어라.

존과 클레어가 만든 노래는 우승 상금을 탔다. 하지만 좋은 대화가 가져다주는 가장 큰 보상은 단순히 상금이 아니라 다른 데 있다. 좋은 대화는 대화 나침반의 모든 사분면에 있는 욕구, 즉 연결, 즐거움, 방어, 발전에 대한 욕구를 충족시킨다.

15분이 다 돼 작업실에서 나가면서 존이 자신의 한쪽 신발을 가리키며 말한다.

존: 그런데 이런 비상 상황이 터졌어요.

클레어: 아, 저런. 어떻게 된 거예요?

존: 아까 여기 들어올 때 신발 밑창이 떨어졌어요. 어쩌죠? 나 이것 참….

클레어: 나중에 신발 가게에 가면 수선할 수 있겠지만, 당장 이걸 신고 집까지 가려면….

존: 저도 그게 걱정이에요.

클레어: 여기 올 때 걸어왔어요?

작업실에서 나가는 순간 둘의 녹취록은 끝난다. 클레어가 존을 도울 수 있는 최선의 방법이 무엇이었는지 우리는 알 수 없다. 어쩌면 클레어는 존이 우리의 연구실 앞 복도에서 기다리는 동안 서둘러 교내 상점에 달려가 우승 상금 20달러로 슬리퍼 한 켤레를 샀을지도 모른다. 아니면 한쪽 신발만 신은 존이 클레어에게 기댄 채 깡충 걸음으로 밖에 나가 그녀의 도움으로 우버 차량을 불렀을지도 모른다. 어쩌면 존을 도와주기가 어려웠을지도 모른다. 사람은 누구나 시간과 에너지, 자원의 제약을 받기 때문이다. 그러나 존과 클레어가 함께 노래를 만들면서 서로에게 보여준 배려와 두 사람이 발견한 공통점, 서로에게 심어준 믿음을 생각해보면 이 스토리의 끝이 행복한 결말이었으리라 믿어도 될 것 같다. 그리고 어쩌면 그것은 그들 스토리의 시작이었을지도 모른다.

SUMMARY

- **배려에는 노력이 필요하다.** 당신보다 상대방의 필요와 욕구에 집중하라.

- **존중하는 언어를 사용하라.** 상대방으로 하여금 자신의 존재를 인정받는다고, 자신이 함께 있고 싶은 사람이라고, 관심받을 가치가 있다고 느끼게 하라.

- **반응하며 경청하라.** 열심히 듣고, 경청했다는 사실을 언어적 신호로 표현하라.

쉬어 가기

잠깐 쉬어 가자. 또는 한참 쉬어도 좋다. 당신이 원하는 대로 하길 바란다. 몸의 긴장을 최대한 풀자. 지금까지 꽤 많은 내용을 공부했으니 말이다! 우리는 대화가 대단히 복잡한 조정 게임이라는 사실을 살펴봤고, 이 조정 게임을 효과적으로 하도록 도와줄 네 가지 TALK 원칙도 살펴봤다. 주제는 대화라는 건축물의 기본 벽돌이고, 질문하기는 한 주제에서 다음 주제로 이동하는 것은 물론이고 각 주제에서 보물을 발견하게 도와준다. 가벼움은 지루함 대신 활기를 가져와 즐거운 대화를 만들고, 배려는 상대방을 존중하고 적절히 반응하며 대화하는 것을 의미한다.

이제부터 이어질 제6~8강에서는 이들 TALK 원칙의 시험대가 되는 상황을 살펴보겠다. 조정 게임의 진행과 결과가 훨씬 더 불확실해지는 상황이다. 먼저 3명 이상이 대화하는 상황을 살펴본다. 그다음에는 갈등과 차이로 가득한 이 세상에서 의견이 다른 사람과 마주할 때 TALK 원칙을 활용해 두려움이나 분노를 극복하는 방법을 알아볼 것이다. 마지막으로 관계를 쌓고 회복하는 과정에서 가장 강력한 도구 중 하나인 사과에 대해 알아보겠다.

물을 마시고 돌아오라. 아니면 맥주나 와인도 좋겠다. 심호흡을 하라. 준비되었는가? 그럼 시작하자.

아는 사람이 거의 없는 파티에 초대받은 적 있는가. 위스키 한 잔을 들고 문 앞에 서서 참석자들을 둘러보는 눈빛이 흔들린다. 도대체 누구와 어떤 대화를 해야 하지? 다들 즐거운 대화를 하는 것 같은데 불쑥 끼어들면 불청객 취급을 받지 않을까? 이런저런 생각으로 마음이 복잡하다. 모임을 주관한 사람 입장에서도 어색해하거나 소외되는 사람이 없게 해야 한다는 의무감이 커져간다. 원래 그룹 대화는 쉽지 않다.

제6강

그룹 대화를 성공적으로 이끄는 방법

MANY MINDS

어느 날 TALK 강의에서 업무 회의를 주제로 이야기하는 중이었다. 학생들은 할 말이 많은 듯 보였다. 다들 끔찍한 회의를 경험해봤기 때문이다. 우리는 회의 안건을 결정하는 복잡한 과정, 여럿이 모인 자리에서 먹기에 적절한 음식과 음료, 줌과 마이크로소프트 팀즈의 장단점에 대해 세세하게 파고들며 토론했다. 그때 '라지'라는 학생이 손을 들더니 이렇게 말했다.

"저는 회의 자리는 괜찮은데 파티에서는 '너무' 긴장돼요." 라지가 꺼낸 화제는 우리의 대화를 흥미로운 방향으로 이끌어주었다. "다들 즐겁게 대화하는데 저만 멀뚱하게 혼자 서 있곤 하거든요." 다른 학생들도 '아, 그 기분 너무 잘 알지' 하는 표정으로 고개를 끄덕였다.

파티에 대한 두려움은 꽤 흔한 감정이다. 많은 사람이 모여 정해진 규칙이나 틀 없이 자유롭게 움직이는 분위기에서 당신 혼자만 섬처럼 어색하게 서 있는 기분을 상상해보라. 마음속에는 계속 물음표가 찍힌다. 어디로 가야 하지? 누구한테 말을 걸어야 할까?

과카몰리를 가지러 조심스럽게 가볼까? 바 쪽으로 가볼까? 휴대전화나 들여다볼까? 그냥 곧장 출입구로 걸어가 집으로 가버릴까?

잠시 후 '애니'라는 학생이 친구에게 들은 조언이라며 라지에게 이렇게 말해주었다. "파티에서 혼자 있게 되면 대화를 나누는 아무 무리에나 다가가 끼어들어봐요. 당신이 참여한 걸 그 사람들도 반길걸요?"

라지는 고개를 갸우뚱거리며 회의적인 반응을 보였다. 이런 생각 탓이다. 내가 모르는 사람들이라 어색하게 자기소개를 해야 하면 어떡하지? 한창 신나게 이야기를 나누는 중이었는데 나 때문에 흐름이 깨지면 어떡하지? 뭔가 내밀하고 중요한 이야기를 하는 중에 내가 방해꾼이 될 수도 있잖아?

나는 흥미로운 실험 기회이겠다 싶어 라지에게 애니의 조언을 한번 실천해보라고 했다. 파티를 부담스러워하는 다른 학생들도 시도해보라고 덧붙였다.

일주일 뒤 라지가 실험 결과를 알려주었다. MBA 학생들은 파티를 자주 열기 때문에 라지에게는 애니의 조언을 검증해볼 기회가 많았다. 놀랍게도 그녀의 조언은 효과가 있었다. 라지는 주말에 참석한 파티에서 대화 중인 두 사람에게 다가가 간단하게 인사만 했다. 두 사람은 라지가 끼어든 것을 전혀 개의치 않았다. 오히려 진심으로 좋아하는 것 같았다. 그들은 자신들이 하고 있던 이야기(다른 파티에 대한 이야기였다)가 뭔지 라지에게 재빨리 알려주고는 계속 대화를 이어갔다.

첫 시도가 성공한 뒤 라지는 자신감을 얻어 다른 파티에서 또 시도했다. 이번에도 결과가 좋았다. 다른 학생 몇 명도 비슷한 경험을 알려주었다. 사람들은 제3자가 다가와 대화에 참여하면 '활기'가 더 생기는 것 같았다. 왜 그럴까?

여럿이 대화를 나눌 때는 분위기가 즐거워질 가능성이 꽤 높다. 우리가 파티를 여는 것도 결국 그 때문이다. 적절한 맥락만 갖춰지면 신나고 재미있는 분위기가 형성될 수 있다. 그 이유 일부는 여럿이 모이면 사람들에게 인지적 여유가 늘어나기 때문이다. 즉 타인의 말을 듣고 생각할 시간과 여유가 더 많아진다. 단둘이 있을 때는 대화를 유지하기 위해 번갈아가며 말해야 하지만 여러 명이 있으면 당신이 꼭 말해야 한다는 의무감을 느낄 필요가 없다. 따라서 더 편하게 분위기를 즐길 수 있다. 또 인지적 여유가 늘어나므로 대화 도구를 더 신경 써서 사용할 수 있다. 그런 만큼 참여자 모두가 대화 능력을 최대한 발휘할 수 있다. 라지가 파티에서 대화 중인 두 사람에게 끼어들었을 때 그는 오히려 그들을 도와준 셈이다. 또 둘만 있을 때는 등장하지 못했을 새로운 이야깃거리도 제공해주었다. 우리 자신은 '눈치 없이 끼어든다'는 기분이 들지 몰라도 사실은 대화에 긍정적으로 기여할 때가 많다.

그렇긴 해도 처음에 라지가 주저한 것은 충분히 그럴 만하다. 이미 진행 중인 대화에 끼어들 때는 섬세함도 어느 정도 필요하고 분위기도 읽을 줄 알아야 하며, 대화를 나누고 있던 사람들이 새로운 참여자를 반겨주는 배려도 필요하기 때문이다. 사실 라지가 끼어든 순간부터 그들의 대화에서는 조정 게임의 모든 요소가 훨씬 더 복잡하게 얽히기 시작한다.

집단 대화에 따르는 문제

두 사람은 대화의 기본 단위이고 분석하기도 가장 쉽다. 따라서 대화의 과학에서는 대개 두 사람의 대화에 초점을 맞춘다. 하지만 일상에서 3명 이상이 대화하는 상황은 수없이 많다. 디너파티, 친구들과 시끄러운 술집에서 만난 자리, 업무 회의, 독서 클럽, 수업 시간의 토론, 총각 파티, 길거리에서 만난 이웃과 담소 나누기, 가족 모임, 하프타임의 작전 회의, 카풀 동승자들과의 대화, 밴드 연습, 디트로이트의 어느 집 지하실에서 여는 가족 모임 등(마지막 항목은 뒤에서 자세히 다룰 예정이다).

여러 명이 나누는 대화는 2명의 대화와 완전히 다르다. 일단 둘만 있을 때와 다른 여러 이점이 있다. MBA 파티에서 대화에 끼어든 라지의 경우처럼, 대화 그룹에 새로운 인원이 들어오면 분위기가 바뀌고 스토리와 농담, 화제, 정보가 더 풍부해질 가능성이 커진다. 또 아무리 에너지 넘치는 두 사람이 만나 대화를 나눈다 해도 여러 사람이 모인 자리에서 발산되는 에너지에는 못 미칠 때가 많다.

하지만 많은 인원은 여러모로 문제를 동반한다. 사람 수가 늘어나면, 즉 둘에서 셋으로, 6~8명으로, 또는 그보다 더 큰 규모로 늘어나면 청자들의 동기와 취향, 결정, 피드백이 충돌할 가능성도 커진다. 그중 어떤 사람은 대화에 적극적으로 참여하지만 다른 사람은 혼란스러워할 수도 있다. 누군가는 농담을 하고 싶어 하고 다른 누군가는 진지한 분위기를 원할 수도 있다. 누군가가 어떤 사람의 말에 반응할 때 다른 사람은 자신이 무시당한다는 기분을 느끼거나 기분이 상하거나 따분하다고 느낄 수도 있다.

집단 내에서 생길 수 있는 조정 문제의 개수는 사람 수가 늘어날수록 기하급수적으로 증가하며 일대일 관계의 수도 마찬가지로 급격히 늘어난다. 4명이 모이면 이들 사이에 형성되는 일대일 관계는 6개이고, 5명이 모이면 10개, 8명이 모이면 28개가 된다.* 따라서 이들이 주제 관리와 질문하기, 가벼움을 더하거나 배려를 나타내는 언행과 관련된 조정 게임을 하면서 내리는 결정도 그만큼 훨씬 더 어려워진다. 사람 수가 많으면 '다음으로 누가 발언할 것인가?'와 같은 단순한 문제조차 고민스러워진다.

매끄러운 대화에서는 서로의 발언이 겹치지 않고 말과 말 사이에 침묵이 지나치게 길어지지도 않는다. 두 사람이 번갈아 말하는 일은 비교적 쉽다. 한 사람이 말하고 나서 다른 사람이 말하면 되니까 말이다. 하지만 집단의 규모가 커지면 누가 다음 발언을 해야 할지가 분명하지 않다. 때로는 현재 말하는 화자가 누군가를 향해 질문하는 것과 같은 명확한 신호를 이용해 다음 화자를 선정한다. 하지만 시선 마주침 같은 미묘한 신호를 사용할 때도 많다. 화자는 다음 말할 차례로 누구를 선택해야 할까? 지금까지 가장

---

* 공식은 $R=\{N \times (N-1)\}/2$이다. N은 사람 수, R은 그들 사이에 형성되는 일대일 관계의 수다.

적게 말한 사람? 현재의 주제와 관련된 정보를 갖고 있는 사람? 가장 마음에 드는 사람? 아니면 그 외의 다른 기준으로 정해야 할까? 화자는 순간순간 재빨리 결정해야 하고 그의 선택은 다른 사람들의 마음에 들 수도 있고 그렇지 않을 수도 있다. 한편 화자 이외의 사람들은 발언 기회를 차지하려고 경쟁할 수도 있고, 별로 원치 않는 사람에게 불쑥 발언 차례가 주어질 수도 있다. 2명일 때에 비해 여럿이 대화할 때는 서로 말이 겹치는 순간이 훨씬 많고 발언 사이 공백도 더 자주 발생한다.

게다가 집단의 규모가 커질수록 총 대화 시간을 더 많은 사람이 나눠 써야 한다. 이론상으로 이는 각 사람이 말하는 횟수가 줄고 발언 시간도 짧아져야 한다는 의미다. 하지만 여럿이 모이면 총 대화 시간이 공평하게 배분되지 않곤 한다. 인원이 많을수록 소수의 사람이 총 대화 시간 중 상대적으로 더 많은 시간을 사용하는 경향이 있기 때문이다. 이 경우 조용한 사람은 발언 기회를 얻지 못하고 차단당하는 기분을 느낄 수 있다.

여럿이 하는 대화는 총 대화 시간의 사용 문제, 발언 차례, 주제 관리 등 신경 써야 할 조정 문제가 한둘이 아닌 만큼 복잡하기 이를 데 없다. 예를 들어 이런 점을 생각해보라. 3명 이상이 대화할 때는 항상 청중이 존재한다. 청중이 지켜보는 상황에서 일대일로 속마음을 나누며 깊이 교감하기는 거의 불가능하다. 또 청중이 많을수록 당신이 한 말이 각 사람에게 어떻게 받아들여질지 알기가 더욱 힘들다. 그리고 여럿이 모인 자리에는 암묵적 규칙이 존재한다. 무엇이 용인 가능하고 그렇지 않은지, 어떤 화제가 적절하거나 바람직한지, 각 화제에 대해 무엇을 말해야 하는지, 어떤 개인적 정보를 드러내거나 숨겨야 하는지, 어떤 종류의 언어나 표현 방식이 현재 집단에 어울리는지 등에 대한 규칙 말이다. 그리고 대개는 누구도 그 규칙을 명시적으로 언급하거나 설명하지 않는다. 따라서 인원이 많을수록 미묘한 신호를 포착해 타인의 마음을 더 자주 읽어야 한다. 추측도 더 많이 하고 리스크도 더 자주 감수해야 한다.

이와 같은 어려움은 여럿이 대화하는 자리라면 항상 발생한다. 게다가 집단 대화를 어느 한 종류로 규정하기 힘든 경우도 많다. 예를 들어 우리는 흔히 공식적 회의 같은 '업무적' 대화와 친구들 모임 같은 '비업무적' 대화가 완전히 별개의 종류라고 생각한다. 하지만 집단 대화가 업무 또는 비업무 범주로 딱 맞아떨어지지 않을 때도 많다. 회사 사무실에서 여는 크리스마스 파티는 업무적 대화일까, 비업무적 대화일까? 직장 동료들과 술집에서 만나는 경우는 어떨까? 동료들을 당신 집에 초대한 경우는? 고압적인 상사가 평소처럼 정장 차림이 아니라 찢어진 청바지를 입고 그 자리에 참석했다면? 당신의 취직을 도와줄 수 있는 대학 동창들과 만나 이야기를 나누는 자리는 어떨까? 명절 가족 모임에서 사촌들을 만났는데 갑자기 기발한 사업 아이디어에 대한 이야기가 시작된다면? 우리가 나누는 대화는 업무적 또는 비업무적 대화로 칼로 자르듯 구분하기 힘들고 애매하게 그 중간인 경우가 많다. 그리고 이미 살펴봤듯 어떤 자리든 주제에 집중하다가 주제에서 멀어지기를 반복하면서 대화의 특성과 분위기가 시시각각 바뀔 수 있다.

대화에서 암묵적 지위의 위력

여럿이 대화하는 중에는 지위도 바뀔 수 있다. 모든 집단에는 그만의 '지위 체계', 즉 구성원의 보이지 않는 내적 서열이 형성된다. 사회과학자들은 지위를 다른 사람들에게 얻는 존경과 신망의 수준이라고 설명한다. 사람들이 명시적 계급 체계(예컨대 인도의 카스트제도나 회사의 공식적 직급)에 따라 구분되어 있든 아니든 상관없이 인간은 지위의 신호를 본능적으로 감지한다. 군대에서 지위 체계는 공식 계급(장교, 부사관, 병사)뿐만 아니라 군 생활 기간, 특정 임무나 작업 분야의 전문 능력, 신체 조건, 다른 구성원들에게 얼마나 존경받는지 등에 의해서도 형성될 수 있다. 꼭 공식적이고 명시적인 위계가 아니더라도 개인적 능력, 전문성, 재력, 매력, 영향력, 또는 연령, 인종, 성별 같은 인구통계학적 특성에 대한 미묘한 인식을 토대로 하는 암묵적 지위 체계도 존재한다.* 지위의 역학은 가족의 저녁 식사 테이블에서도 작동한다. 이때 지위 체계는 가족 구성원의 연령 및 서열에 영향을 받으며, 대개 부모가 자녀에게 힘을 행사한다(물론 항상 그런 것은 아니다). 이 경우에도 전문성, 관계의 친밀도, 카리스마 같은 보이지 않는 요인이 지위 체계를 만들어낸다. 그리고 그런 지위 체계를 명시적으로 언급

---

* 지위(사람들에게 얻는 존경과 신망의 정도)는 권력(자원에 대한 통제력)과 다르다. 나는 주로 지위에 초점을 맞추지만, 지위와 관련된 내용 중 많은 부분이 권력에도 적용된다. 지위와 권력은 밀접한 연관성이 있지만 그 둘이 꼭 일치하는 것은 아니다. 예를 들어 자원에 대한 막강한 통제력(권력)을 지녔지만 존경과 신망(지위)은 얻지 못하는 사람도 많으며 그 반대의 경우도 마찬가지다.

하는 경우는 거의 없다. 아버지가 "내가 너희보다 지위가 높아!"라고 외치거나 아이가 특정 구성원을 좋아한다고 선언("오늘은 그래 디 형이 최고야")하지 않는 한 말이다.

지위를 나타내는 명시적, 암시적 신호가 복잡하게 얽힌 가운데, 모든 집단에는 암묵적 지위 체계가 자연스럽게 형성된다. 연구에 따르면 집단 구성원 각자가 인지하는 지위 체계는 말로 언급하지 않아도 놀랄 만큼 일치한다. 집단 대화에서 지위는 보이지 않게 작동하면서 누가 언제 무슨 말을 하는지, 어떻게 말하는지, 무엇을 말하지 않는지, 그러면서 누구를 쳐다보는지를 좌우한다. 그리고 지위는 집단 대화가 매우 어려운 핵심 이유이기도 하다.

또 지위 체계는 고정돼 있지 않다. 얼핏 단순해 보이는 이런 모임을 생각해보자. 추수감사절 연휴에 5명이 술집에서 만난다. 자매인 두 여성, 자매 중 1명의 남자 친구, 자매 중 다른 1명의 직장 동료 여성, 자매의 고등학교 동창 남성이다. 고등학교 동창인 프레드는 이들과 굉장히 친하지는 않지만, 다들 프레드가 그중 가장 경제적으로 성공했다는 사실을 알고 있다. 그리고 자매 중 1명의 남자 친구는 그중 가장 유머 감각이 뛰어나고, 자매의 직장 동료는 가장 미모가 뛰어나다.

보통 우리는 연휴에 술집에서 지인들이 만난 평범한 모임과 지위를 연관 지어 생각하기 힘들다. 하지만 이런 상황에서도 지위는 여러 방식으로 작동한다. 그들의 지위는 말로 언급되지 않지만 화제가 바뀔 때마다 지위도 바뀔 가능성이 크다. 일론 머스크가 만든 새로운 테슬라 자동차 모델에 대해 이야기하다가, 아이가 여섯

인 고등학교 동창의 근황 이야기로, 말 많고 탈 많은 유명한 연예인 가족 이야기로, 또 숲속에서 모닥불을 피우며 놀던 시절에 대한 추억담으로 넘어갈 때 그들의 지위 체계도 달라진다. 같은 대화 동안 참여자 중 누구라도 높은 지위에서 낮은 지위로, 또는 중간쯤으로 이동할 수 있다.

자신의 지위가 높은지 낮은지 파악하면 대화하면서 순간순간 더 나은 선택을 하는 데 도움이 된다. 대화할 때 자신의 목적을 의식하듯이 사람들의 변화하는 지위 체계도 생각할 필요가 있다.

발언권 확보가 관건이다

지위가 집단 대화에 영향을 미치는 주요 방식 중 하나는 발언 시간 배분과 관련된다. 일대일 대화에서는 양측이 비교적 공평하게 참여하기 쉽지만, 집단 대화에서는 지위가 높은 사람이 대화를 장악하고 지위가 낮은 사람은 주변으로 밀려나기 쉽다. 지위가 높은 사람은 발언 시간을 더 많이 사용하고 의견을 망설임 없이 말하는 반면, 지위가 낮은 사람은 주저하다가 침묵하는 경향이 있다. 이는 악순환을 일으킨다. 즉 말을 많이 할수록 그만큼 지위가 높아 보이고, 그렇게 보이면 발언할 여지와 기회가 더 많아진다. 그가 잘 모르는 분야의 화제에 대해서도 말이다.

발언 시간 배분은 때때로 중요한 결과를 야기한다. 마케팅 회사의 젊은 인턴이 회사의 광고가 Z세대에게 먹히지 않으리라 생각하는 이유를 설명할 시간을 얻지 못한다면 그 광고는 실패할지도 모른다. 추수감사절 술집 모임에서 유머 감각이 뛰어난 남자 친구가 아무 말도 하지 않는다면 그들의 대화는 김빠진 맥주처럼 싱거워질 것이다. 가족이 밥 먹는 식탁에서 막내 아이가 아무 말도 하지 않는다면, 아이는 여럿이 모인 자리에서 말하는 법을 배울 수 없고 가족도 아이만의 창의적인 생각에서 뭔가 배울 기회를 얻지 못한다.

이처럼 정보나 관계적 측면에서 치러야 하는 대가보다 더 심각한 것도 있다. 과학자들은 지위에 대한 암묵적 인식이 사회의 차별적 위계(인종이나 성적 지향, 연령, 성별과 관련한)를 재현하는 경향이 있다고 경고한다. 다시 말해 사회에서 무시당하는 목소리가 집단 대화에서도 무시당한다는 의미다. 남성으로 가득한 방 안에 있는 여성이 회사의 출산휴가 정책 개선을 요청하지 못한다면 그것이 개선되는 날이 올까? 경제적으로 쪼들리는 사람이 친구들 앞에서 비싼 술값에 대해 농담으로라도 투덜댈 수 없다면, 그가(그리고 같은 생각을 하는 다른 누구라도) 다음번 술집 순례에 동참할 수 있을까?

발언 시간 배분은 집단 구성원이 무엇을 배우고, 생각하고, 결정할지에 영향을 미친다. 또 집단이 무엇을 중시하는지, 어떤 화제를 논할 가치가 있다고 여기는지, 누구의 목소리에 발언 기회를 줄 가치가 있다고 여기는지를 보여준다. 지위 체계는 모든 구성원의 목소리를 대변하는 좋은 집단 대화를 방해할 수 있다.

지위에 대한 사례 연구

지위 체계가 집단 대화에 미치는 영향을 알아보기 위해 의회라는 공간을 살펴보자. 영국과 미국의 상원 및 하원을 비롯한 세계 곳곳의 의회는 정해진 절차와 규칙에 따라 운영된다. 이곳에서 이뤄지는 대화는 지금까지 이 책에서 살펴본, 특별한 규칙 없이 두 사람이 나누는 대화와 완전히 다르다. 의회 구성원의 상호작용은 고도로 체계화되어 있고 누가 어떤 주제로 얼마나 오래 발언할지에 대한 규칙이 존재한다. 회의를 주재하는 의장이 이러한 규칙(다양한 관례와 즉석에서 마련한 조정 사항으로 이뤄진다)을 집행한다. 수백 년 전에 만든 이와 같은 시스템은 의회 구성원 모두가 질서 있고 효율적인 방식으로 발언하게 하기 위한 것이다. 대화의 시대에 손님을 초대해 파티를 연 이마누엘 칸트라면 이런 질서 있는 시스템을 크게 칭찬했을 것이다. 하지만 칸트의 파티 규칙과 마찬가지로 의회의 모든 규칙이 좋기만 한 것은 아니다.

2011년 성별 역학 전문가인 심리학자 빅토리아 브레스콜Victoria Brescoll은 미국 상원 회의장의 발언 패턴을 연구했다. 그녀의 분석은 이와 같은 엘리트 직업 세계에서도 여성 상원 의원이 남성 상원 의원보다 훨씬 적게 말한다는 사실을 보여준다. 남성 의원의 경우 더 큰 힘을 지닌 사람이 힘이 약한 사람보다 많이 발언했지만, 여성의 경우에는 힘이 발언 패턴에 영향을 미치지 않았다. 즉 힘과 지위의 수준에 상관없이 모든 여성의 발언 횟수가 적었다. 브레스콜의 분석에 따르면, 이런 차이가 발생하는 것은 여성이 적극적으로 거침없이 말하면 부정적 반응을 초래할까 봐 걱정하기 때문이었다. 여성이 거침없이 말하면 남성이 거침없이 말할 때보다 더 부정적 판단을 받을까 봐 우려하는 것이다. 그리고 이런 추측은 맞는 것으로 드러났다. 실제로 관찰자(남성이든 여성이든)는 거침없이 말하는 여성을 거침없이 말하는 남성보다 더 부정적으로 평가했다.

아마 짐작되겠지만 이런 현상은 상원 회의장에만 나타나는 것이 아니다. 연구 결과에 따르면 모든 종류의 집단 대화에서 여성은 남성보다 더 조심스럽게 참여하며, 여기에는 부정적 반응을 피하려는 심리가 어느 정도 영향을 미친다. 이와 같은 역학은 지위가 초래하는 결과로 해석할 수 있다. 많은 집단의 지위 체계에서 여성은 남성보다 낮은 위치를 점하는 경향이 있기 때문이다. 특히 일터에서 그렇고, 전통적으로 여성 비율이 낮은 모든 조직이나 상황에서도 그렇다.

여러 연구에 따르면 여성은 말하는 시점을 더 조심해서 고른다. 따라서 지식이 남성보다 많을 때도 말을 더 적게 한다. 예를 들어 경제학자 캐서린 코프먼Katherine Coffman이 남녀 피험자들에게 각자 자신의 발언 순서를 정하라고 했을 때, 평균적으로 여성은 뒤쪽 순서를 고른 반면 같은 양의 지식을 갖춘 남성은 앞쪽 순서를 골랐다. 또 여성은 대화할 때 친밀감이 더 느껴지는 2~4명의 작은 집단을 선호하지만 남성은 5명 이상의 큰 집단을 선호하는 경향이 있다. 그리고 비교적 적은 인원인 3명이 모였을 때도 여성은 여전히 남성보다 덜 말하는 경향이 있다. 어떤 상황에서든 여성 자신이 더 많이 말하려 노력하는 것이 (완벽하진 않더라도) 하나의 해결책이 될 수 있다. 그러나 지위 체계에서 평균적으로 더 높은 위치에 있는 남성이 도움을 제공한다면 훨씬 좋을 것이다.

2인 대화보다 더 복잡하고 어려운 집단 대화를 효과적으로 진행하기 위해서는 지위가 높은 구성원(이 경우 남성)이 지위가 낮은 구성원(여성)의 기운을 북돋고 후자가 적극적으로 말할 수 있는 분위기를 조성하려 노력해야 한다. 물론 이는 단순히 성별 차원의 문제만은 아니다. 부하 직원이 업무 회의에서 제대로 의견을 내지 못하고 잔뜩 긴장해 있을 때, 오래된 친구들 모임에 새로운 멤버가 들어왔을 때, 또는 가족 중 누구도 가장 나이 어린 사촌의 말을 귀담아듣지 않는 것 같을 때, 각 상황에서 지위가 높은 사람이 이 점을 생각해야 한다. '지위가 낮은 구성원을 주변으로 밀어버리는 보이지 않는 손인 지위 체계의 부정적 효과를 어떻게 하면 완화할 수 있을까?'

지위가 높은 사람이 할 수 있는 중요한 행동 하나는 물러서는 일이다. 즉 발언을 자제함으로써 다른 사람에게 더 많은 발언 기회를 주는 것이다! 이는 얼핏 쉬워 보이지만 생각보다 어렵다. 당신이 리더 역할에 익숙하거나 전문 능력을 갖췄고 다른 이들은 어떤 말을 해야 할지 몰라 조용할 때 당신이 그 자리의 대화를 주도하지 '않기'는 어렵다. 하지만 그래도 한 걸음 물러나 있으면 다른 사람의 발언을 유도할 수 있다. 그런 기회를 주는 것은 큰 선물이다. 그러자면 때로는 노력이 필요하겠지만 말이다.

하지만 지위가 다른 사람들이 섞인 집단에서 효과적인 대화가 이뤄지려면 지위가 높은 사람이 그저 물러서 있는 것만으로는 부족하다. 집단 내에 '심리적 안전감'을 적극 조성해야 한다는 얘기다. 심리적 안전감은 의견을 말하거나 질문하거나 우려를 표현하거나 실수를 해도 처벌이나 질책, 모욕을 당하지 않을 것이라는 믿음에서 온다. 자신의 원래 모습을 보여주고 견해를 말해도 안전하다고 느낄 수 있어야 한다. 자신을 자유롭게 표현해도 부정적인 결과가 돌아오지 않으리라 믿을 수 있어야 한다.

리더십 전문가 에이미 에드먼슨Amy Edmondson의 연구 팀이 보여주었듯, 지위 체계에서 낮은 쪽에 위치한 구성원이 자유롭게 견해를 말할 수 있으려면 심리적 안전감이 반드시 필요하다. 심리적 안전감이 없으면 집단에 기여하지 못하고 소외된 상태에 머물게 된다. 그런데 집단의 규모가 커질수록 지위 낮은 구성원이 심리적 안전감을 느끼기가 더 어려워진다. 왜냐하면 그들을 판단하는 구성원의 수가 더 많아지기 때문이다. 이처럼 집단 대화에는 묘한 역설이 동반된다. 집단의 규모가 커질수록 집단의 성공을 위해서는 심리적 안전감이 더욱 필요한데도 구성원들이 그것을 느낄 가능성이 낮아지는 것이다. 다음으로는 지위가 높은 사람이 신뢰적 안전감을 촉진하려면 어떻게 해야 하는지, 그리고 지위가 낮은 사람이 자신감을 갖고 대화에 참여하려면 어떻게 해야 하는지 살펴보겠다.

지위가 높은 자의 포용

대학원 시절에 한 교수님의 으리으리한 집에서 열린 파티에 참석했다. 아방가르드 미술 작품과 엄청나게 넓은 뒤뜰이 있는 집이었다. 파티 도중에 나는 연구 관련 이야기와 어색한 대화가 뒤섞인 분위기에서 잠시 도망치고 싶어서 집 뒤쪽의 문을 열고 나갔다. 그런데 한 여성이 뒤뜰을 감상하며 계단에 앉아 있었다.

"안녕하세요, 앨리슨이라고 해요. 옆에 앉아도 될까요?" 하고 물었지만 이미 반쯤은 앉아 있었다.

"아, 그럼요!" 그녀가 대답했다.

나는 파티를 즐기고 있느냐고 가볍게 물으며 대화를 시작했다. 그녀는 최근에 항해 여행을 했다면서, 연구 때문에 출장을 자주 다니면 바다가 그리워진다고 말했다. 나도 어릴 때 핑거 레이크스의 호수에서 아버지와 배를 많이 타봤기 때문에 우리에게는 갑자기 공통 화제가 생겼다. 주제 피라미드 위쪽으로 올라갈 수 있는 확실한 공통점이었다. 나는 그녀의 항해 여행에 대해 이것저것 물어보았다. 그녀는 자신과 남편이 몇 년 전에 드디어 배를 샀다는 이야기를 신나게 들려주었고, 내가 가족과 배를 탄 이야기도 듣고 싶어 했다. 다정하고 명민하고 재미있는 여성이었다. 그녀와 나누는 대화가 정말 즐거웠다. 이 사려 깊은 뱃사람에게서 배울 것이 참 많았다.

그런데 그때 한 남자가 우리에게 합류했다. 남자는 내 대화 파트너를 보고 마치 슈퍼스타를 만난 듯한 표정을 지었다. 그 자신도 교수였음에도 말이다. "오래전부터 당신의 연구에 경탄해왔어요"라며 찬사를 보냈다.

나는 미처 몰랐지만 알고 보니 뒤뜰 계단에 앉아 있는 여성은 우리 분야에서 굉장히 존경받는 학자였다. 그녀는 대화의 새 멤버와 다정하게 말을 주고받으면서, 자신이 그동안 연구하면서 실수도 많이 했다고 웃으며 말했다. 남자는 그녀의 연구와 강의에 대해 질문을 쏟아냈다. 그러면서 미묘하게(아마 고의는 아니었을 것이다) 나를 대화에서 소외시켰다.

새 멤버가 추가되자 이야기 주제뿐 아니라 대화의 정서적 분위기도 바뀌었고 나는 투명 인간이 된 기분이었다. 어떻게 대화에 끼어들어야 할지 몰라서 한동안 그저 정중한 자세로 둘의 이야기에 귀를 기울였다. 나보다 훨씬 지위가 높은 두 교수님의 대화에 도움이 별로 안 될 것 같았다. 다시 파티로 돌아가고 싶어서 문을 흘끗거렸다.

그때 여자 교수님이 남자 교수님을 보면서 물었다. "아, 혹시 앨리슨을 아시나요?" 그가 내게 고개를 돌리자 그녀는 이어서 말했다. "핑거 레이크스에서 배를 타며 어린 시절을 보냈대요. 불안에 대한 멋진 연구를 진행하고 있고요." 그녀는 자연스럽게 나를 대화에 끌어들였다. 지위가 낮아 대화 자리에서 도망치고 싶었던 나를 구해준 것이다. 그녀는 내가 존중받는다고 느끼게 해주었고, 나는 내 존재를 인정받은 기분이 들었다.

이 일은 두고두고 기억에 남았다. 지위가 높은 사람이 그렇지 않은 다른 사람에게 먼저 손을 내밀어 대화에 참여시키는 경우는 비교적 드물기 때문이다. 지위가 높은 사람은 존중하는 언어를 덜 사용하고 상대방의 말을 덜 경청하는 경향이 있다. 애덤 갤린스키Adam Galinsky가 이끈 팀의 연구는 일반적으로 높은 지위가 타인의 관점에서 생각하는 능력을 방해한다는 사실을 보여준다. 한마디로 지위가 높으면 배려가 줄어든다. 일터의 경험 많은 팀장이든, 배구 팀의 스타 선수든, 학급에서 가장 인기가 많은 학생이든, 관현악단의 수석 첼리스트든, 집단 내에서 지위가 높은 구성원은 다른 구성원의 관점을 경청하고 이해하기 위해, 그리고 그들을 대화에 참여시키기 위해 추가적인 노력을 기울여야 한다.

다행히 지위가 높은 사람이 '항상' 높은 지위에만 있는 것은 아니다. 인생을 살다 보면 여러 지위를 경험하기 마련이다. 조직 행동 전문가 카타리나 페르난데스Catarina Fernandes와 내가 함께 수행한 연구에 따르면, 다양한 상황에서 여러 지위를 경험하면 타인의 관점에서 바라보는 능력이 향상된다. 농구 코트의 벤치에만 앉아 있어본 사람은 나중에 신입 인턴에게 정중한 언어로 말하고 그의 말에 반응하며 경청하는 직장 상사가 될 가능성이 높다. 하급 인턴으로 일해본 경험은 모임에 새로 들어온 친구에게 공감하는 데 도움이 될 수 있다. 그런 사람은 모임의 모든 이들이 암호 화폐를 주제로 이야기할 때 금융에 문외한이라 힘들어하는 사람을 배려하며 대화하게 될지도 모른다. 뒤뜰 계단에 앉아 있던 여자 교수님도 남성이 대부분인 분야에 오랫동안 몸담으며 소외되고 무시당하는 경험을 해봤기 때문에 내 기분을 이해했을 것이다. 우리는 다양한 지위 경험을 토대로 다른 이들의 생각과 기분을 이해할 수 있다. 그리고 TALK 원칙을 활용해 그들을 대화에 끌어들일 수 있다.

지위가 높을수록 TALK 원칙을 기억하라

대화할 때 지위가 높은 사람이 포용과 신뢰 분위기를 촉진할 방법은 많다. 가장 기본적인 것은 지위가 낮은 사람을 인정하고 그에게 아낌없이 공을 돌리는 것이다. 만일 당신이 앞에서 어떤 사람이 내놓은 의견을 다시 언급하는 경우 그의 이름도 함께 말하며 감사를 표하는 것이 좋다. 무의식적으로 리더나 지위가 높은 구성원에게 공을 돌리는 잘못을 저지르지 말라는 얘기다. 우리는 훌륭한 아이디어를 지위가 높거나 힘을 지닌 사람의 것이라고 자동으로 생각하는 경향이 있다. 하지만 인간 기억력에 그런 결함이 있다는 사실을 인식하고 그 결함을 바로잡으려 노력해야 한다. 공을 인정받아 마땅한 사람에게 공을 돌리도록, 그들의 존재를 인정받을 수 있도록 해야 한다.

실수나 실패를 기꺼이 드러내는 태도도 지위가 낮은 사람에게 심리적 안전감을 줄 수 있다. 조직 심리학자 애덤 그랜트Adam Grant와 콘스탄티노스 쿠티파리스Constantinos Coutifaris의 연구는 지위가 높은 사람이나 팀을 이끄는 리더가 성과에 대해 받았던 비판을 드러내놓고 이야기하면(바다를 좋아하는 그 교수님이 대학원생 시절에 한 실수를 인정한 것처럼 말이다) 다른 구성원들도 실수를 덜 두려워하고 실패 경험을 남에게 들려주기를 덜 주저하게 된다는 사실을 보여준다.

내가 연구한 바에 따르면, 지위가 높은 구성원이 자신의 실수나 실패를 드러내면 그에 대한 사람들의 존경심이 커지고 시기심이 줄어든다. 특히 성공한 사람이 그 자리에 오르기까지 겪은 고난과 실패를 들려줄 때 더욱 그랬다. 지위가 높은 사람이 취약성을 노출하는 것은 일상 대화에서도 효과를 발휘한다. 앞서 언급한 추수감사절 술집 모임에서 경제적으로 크게 성공한 프레드는 사업 초기 몇 년간 실패를 거듭했다는 이야기를 들려주거나, 자신의 일이 단순히 돈 버는 것을 뛰어넘은 만족감을 주는지 잘 모르겠다는 속내를 털어놓을 수 있다. 미모가 뛰어난 직장 동료 베로니카는 피부 관리 제품에 강박적으로 집착하는 자신에 대해 자조적인 농담을 할 수 있다. 지위가 높은 사람이 자신의 단점이나 취약한 부분을 드러내면 함께 있는 다른 사람들이 심리적 안전감을 느낀다.

지위가 높은 사람이 대화에 가벼움 요소를 가미하는 것 또한 자유롭고 편하게 이야기할 수 있는 분위기를 촉진한다. 너무 진지한 주제를 논하느라 방 안 공기가 처지거나 지위가 낮은 이들이 말수가 적어질 때, 지위가 높은 사람이 자기 비하적 유머를 구사하거나 진심 어린 칭찬을 건네거나 지위가 낮은 사람의 특별한 능력과 관련된 이야기로 화제를 바꾸는 것이다("여러분 그거 알아요? 앨리슨은 어릴 때 핑거 레이크스에서 자주 배를 탔대요", "시나는 뛰어난 통계 전문가라던데요?"). 이런 행동은 지위가 낮은 사람에게 안정감을 주고 그들이 자신의 생각을 편하게 말할 수 있는 분위기를 조성한다.

지위가 높은 사람이 배려를 발휘할 때 꼭 말로 표현해야 하는 것은 아니다. 비언어적 신호도 대단히 효과적이다. 눈 맞춤을 예로 들어보자. 내가 니콜 아비에스버Nicole Abi-Esber, 이선 버리스 Ethan Burris와 함께 업무 회의를 하는 사람들을 연구한 결과에 따르면, 눈을 맞추는 행위는 관심을 갖고 경청한다는 의미를 전달하고 그런 시선을 받는 사람은(특히 집단의 리더에게) 난처함을 느끼지 않으면서 자기 견해를 더 편하게 표현한다. "앤절라, 어떻게 생각해요? 당신은 내내 말이 없군요"라고 말하면 지적받은 사람이 곤혹스러울 수 있지만, 눈을 맞춤으로써 상대방의 존재를 인정하는 느낌을 주면 그가 견해를 자신 있게 말하기가 더 쉽다.

인정과 포용의 의미가 담긴 눈 맞춤은 여성과 소수 인종처럼 종종 사회적으로 소외되는 집단의 구성원에게 특히 더 효과적이다. 투명 인간 취급을 받는다고 느끼곤 하는 이들 말이다. 여러 인종이 섞인 집단에서 리더가 모두와 공평하게 눈을 맞추는 행위는 그들의 지위를 평등하게 여긴다는 느낌을 전달한다. 모두에게 시선을 준다는 것은 주로 지위가 높은 사람이나 발언하는 사람만 쳐다보려는 본능적 충동을 억제한다는 의미다. 모두와 공평하게 눈을 맞추는 행위가 제도적 차별을 단번에 해결해주진 않겠지만, 그러려고 노력하는 것(특히 지위가 낮은 이들에게)은 차별을 없애기 위해 가장 먼저 실천할 수 있는 방법이다.

몇 년 전 아버지와 함께 홈디포(Home Depot: 건축자재 및 인테리어 제품을 판매하는 대형 소매 체인-옮긴이)에 갔을 때 몇몇 건축업자 및 홈디포 직원들과 한참 이야기를 나누게 됐다. 나도 뭔가 직접 만들거나 수리하는 일에서는 잘한다는 소리깨나 듣는 편이었지만, 우리 아버지에 비하면 병아리 수준이었다. 아버지는 내가 어릴 때 살던 집도 직접 지었고 화학공학, 기계공학, 전자공학 등 갖고 있는 공학 학위도 여러 개였다. 우리는 호숫가에 지은 오두막의 지하실을 개조하는 중이었다. 아이들을 위한 2층 침대 방을 만들기 위해서였다. 방에 사용할 목재와 배관 설비와 관련해 조언이 필요했다. 그 대화 자리에서 나는 확실히 제일 낮은 지위였다. 흔히 남성의 것으로 여겨지는 분야의 대화가 오가는 중에 남성들 틈에 섞인 유일한 여성이었으니까 말이다. 목재와 배관에 대한 나의 지식은 보잘것없는 수준이었다. 아버지를 포함한 그 자리의 남성들이 물론 나를 대놓고 무시하거나 고약하게 굴지는 않았지만 보이지 않는 지위 체계는 분명히 작동했다. 그들은 나를 빼놓고 주로 자기들끼리만 대화를 나눴다.

하지만 이런 때야말로 아버지의 장점이 발휘되는 상황이다. 아버지는 늘 상대방이 존중받는 기분을 느끼게 하는 분이다. 남자들의 세계 한가운데에 들어온 딸도 예외가 아니다. 나만 미묘하게 소외되고 있는, 지붕의 홈통과 배수관과 화장실 환풍기에 대한 기술적 대화를 더는 못 참겠다는 기분이 들려고 할 때, 아버지는 딴 데 정신 팔지 말라고 장난스럽게 놀리며 나를 다시 대화로 끌어당겼고, 잠시 후에는 자신이 전구의 기술적 부분에 너무 집착하는 것 같다면서 자기 비하적인 농담을 던졌다. 또 '네 생각도 그렇지?' 하는 의미로 내게 미소를 날렸다. 그리고 이따금 그냥 나를 쳐다보면서 내가 그 자리에 있다는 사실을, 그리고 대화의 일원이 될 자격이 충분하다는 것을 인정해주었다. 건축업자 및 직원들과 함께 홈디포 매장의 배관 제품 코너를 뒤지며 적당한 파이프와 배관 보수제를 찾는 동안에도 아버지는 계속 에너지를 불어넣고 모두를 대화에 참여시켰다. 우리 누구나 그렇게 할 수 있다.

소외된 사람을 대화에 참여시켜라

칼은 미디어 기업의 존경받는 중역이며 스스로 외향적인 성격이라고 생각한다. 하지만 그런 그도 지위가 낮다고 느낄 때가 있다. 그는 미묘한 지위 변화로 당혹감을 느낀 경험을 내게 들려주었다. 언젠가 친구 마이클이 뉴욕증권거래소의 오프닝 벨 행사(신규 상장사가 뉴욕증권거래소의 개장을 알리는 벨을 울리는 행사-옮긴이)에 칼을 초대했다. 마이클이 이 행사에 참석한 것은 그의 고객사가 오프닝 벨을 울리는 날이었기 때문이다. 이 회사는《포천Fortune》500대 기업 한 곳과 중대한 파트너십을 체결했다는 발표도 한 상태였다. 행사장에 도착한 칼은 마이클과 그 회사의 대표와 함께 대화를 나누었다. 칼은 둘도 없는 친구인 마이클에게 이것이 업무적으로 매우 중요한 자리라는 사실을 알고 있었다. "저는 그 대표에게 좋은 인상을 주고 싶었어요. 그래야 마이클한테도 좋을 테니까요. 게다가 저는 사람들과 대화하는 능력이 뛰어납니다. 누구라도 제 편으로 만들 수 있다니까요!"

하지만 상황이 뜻대로 흘러가지 않았다. 그날따라 칼은 옷을 간소하게 입어서 행사 자리에 어울리지 않는 느낌이 들었다. 또 회사 대표는 마이클하고만 일 이야기를 나누려 했고 마이클은 거기에 맞춰줘야 했다. "마이클은 대화에서 저를 소외시키지 않으려 애썼어요. 하지만 마이클 역시 행사의 손님 입장이었으니 한계가 있었죠." 결국 상황은 더 악화됐다. "대화 바깥으로 밀려난 기분이었어요. 그쪽 업계에서 쓰는 용어도 잘 몰랐으니까요. 제가 마이클을 실망시키고 있는 것 같았어요. 게다가 그 대표는 나랑 별로 말을 섞고 싶어 하지 않는 것 같았죠. 정말 너무 당혹스러웠어요."

앞에서도 살펴봤듯 지위는 고정된 것이 아니다. 인생이나 직업의 시기에 따라 변하고, 대화 그룹에 따라서도 바뀌며, 화제에 따라서도 달라진다. 그렇기 때문에 우리가 종종 여럿이 대화하는 자리에서 위축되는 것이다. 지위 체계에서 우리의 위치는 언제라도 밑으로 뚝 떨어질 수 있다. 칼은 자신이 마이클과 마찬가지로 지위가 높다고 생각했다. 하지만 친구에게 도움을 주고 싶은 낯선 행사에서 그는 친구의 업계에 문외한이었고 그의 지위는 명백히 낮았다.

바다를 좋아하는 교수님이나 우리 아버지와 달리, 마이클의 고객사 대표는 칼을 적극적으로 대화에 끌어들이지 않았다. 이런 일은 매우 흔하다. 대부분의 집단에서 낮은 지위의 사람은 대화 참여 기회가 적고 신뢰도 잘 얻지 못한다. 심리적 안전감을 느끼기가 대단히 어려운(또는 불가능한) 현실을 인정해야 한다. 특히 집단의 규모가 크고 구성원들이 지닌 동기가 충돌하거나 그들 사이에 힘 차이가 매우 큰 경우, 또는 구성원들이 소외된 사람을 대화에 끌어들이려 노력하지 않는 경우 더 그렇다.

대화 집단에서 지위가 낮은 사람은 대개 제한된 자원과 선택지를 최대한 이용할 방법을 찾아야 한다. 이들은 발언 시간이 가장 짧은 경향이 있기 때문에, 하고 싶은 말을 하거나 대화에서 원하는 목적을 이룰 기회도 그만큼 적다. 게다가 말해도 된다고 느끼는 것의 범위가 대단히 좁다. 심리학자 애덤 갤린스키의 연구는 '지위가 말과 행동의 범위를 좌우한다'는 것을 보여준다. 지위가 낮은 구성원은 자신이 대화 자리에 꺼내놓기에 적절한 화제와 질문, 농담의 범위가 훨씬 더 좁다고 느낀다.

또 갤린스키의 연구는 '낮은 지위로 인한 약한 권력이 신뢰성 위기를 동반한다'는 것을 보여준다. 지위가 낮은 사람은 끊임없이 자신의 신뢰성을 입증해야 하며, 입증한다 해도 그들의 의견이 경청되거나 진지하게 받아들여질 가능성이 별로 크지 않다. 마이클의 업계에 대한 지식이 없는 칼의 견해처럼 말이다. 이와 같은 역학 관계는 그들을 딜레마에 빠뜨린다. 대화에 참여하지 않을 경우 투명 인간이 될 테고, 나서서 발언할 경우 용인 가능한 언행의 범위를 벗어난 탓에 부정적 판단을 받을 가능성이 커지는 것이다.

이런 딜레마 때문에 지위가 낮은 사람은 집단의 이익에 기여할 수 있는 의견이 있어도 표현하지 않고 잠자코 있기 십상이다. 이 경우 집단은 그들의 값진 유머나 건설적인 반대 의견 및 피드백을 얻을 기회를 놓친다. 집단에 새로 들어온 구성원으로서는 조용히 있는 것이 현명한 전략일지도 모른다. 하지만 언제나 침묵만 유지한다면 언제까지나 낮은 지위에만 머물 수도 있다. 그리고 집단은 그들의 유익한 견해를 영영 들을 수 없다.

또 지위가 낮은 사람이 나서서 발언할 때는 대화에 참여할 자격이 부족한 사람으로 보이거나 불쾌함을 줄지 모른다는 두려움 때문에 다양한 '인상 관리' 행동(고프먼의 표현이다)을 하는 경향이 있다. 예컨대 대화에 참여할 자격이 충분하다는 인상을 주려고 해당 분야의 전문용어를 사용하거나, 호감을 높이려고 최대한 정중한 태도로 웃을 가능성이 크다. 또 다른 사람에게 조언을 부탁하거나 자신의 어려움과 실패를 드러낼 가능성이 적다. 칼은 결국 오프닝 벨 행사에서 밝은 얼굴로 축하하고 격려하는 말만 쏟아내다 대화가 끝나버렸다. 하지만 속마음은 '허탈하고 당혹스러웠다'고 한다. 때로 우리는 지위 체계를 받아들여야 하지만 그것이 특정 화제를 다루는 동안 또는 특정 대화가 진행되는 동안만 유효하다는 사실도 인식할 필요가 있다. 그리고 우리에게는 TALK 원칙이 있다. 그다지 이상적이지 않은 상황에서도 우리는 주제, 질문하기, 가벼움, 배려를 이용해 효과적이면서도 현실적으로 실행 가능한 방법을 찾을 수 있다.

지위가 낮은 이들을 위한 TALK 전략이 있다

참여자 수에 상관없이 어떤 대화에서든 화제를 바꾸거나, 현재의 화제가 유지되도록 적극적으로 애쓰거나, 앞에서 미처 다루지 못한 화제를 다시 꺼내는 사람이 '주제 리더'다. 데이트, 가족의 저녁 식사, 직장 휴게실의 잡담 등 대부분의 일상적 대화 상황에서는 주제 리더 역할을 맡는 사람이 자연스럽게 바뀌곤 한다. 따라서 지위가 낮은 사람도 대화가 잠시 중단됐을 때 새로운 화제를 들고 대화에 끼어들 수 있다. 주제 리더가 지위 체계에 따라 정해지곤 하는 공식적인 자리라도, 지위가 낮은 사람이 주제 리더십을 발휘할 여지는 여전히 있다. 집단의 대화 목적을 잘 기억하고 있으면 대화 흐름이 주제에서 멀어지는 순간을 포착할 수 있고, 바로 그때가 대화에 뛰어들 좋은 기회다.

임시로 주제 리더가 되기 위해 발언을 길게 해야 하는 것도 아니다. 화제를 더 파고들거나("항공유 가격이 그렇게 비싼 이유를 더 자세히 설명해주시겠어요?") 화제를 전환하는 말("한 잔씩 더 마실까요? 다들 뭘 주문할래요?")로 살짝 주의를 환기하면 된다. 또 다른 말로 바꿔 표현하기(앞의 화자가 말한 내용을 반복하거나, 요약하거나, 새롭게 구성하는 것)도 매우 효과적인 방법이다. 지위가 낮은 사람은 주도적으로 말하는 다른 구성원의 이야기를 듣고 있다가 다른 말로 바꿔 표현하기에 최적의 위치에 있는 사람일지 모른다.

집단 대화에 참여하고 기여할 가장 쉬운 방법은 질문하는 것이다. 질문하기는 짧고 독립적인 행위지만 그 힘은 대단히 크다. 질문을 하기 위해 높은 지위나 전문 지식은 필요 없다. 오히려 지식이 없는 편이 더 낫다. 의사소통에서는 지식의 저주(curse of knowledge: 자신이 아는 것을 다른 사람도 알 것이라고 무의식적으로 가정하는 현상 – 옮긴이)가 나타나, 전문 지식을 갖춘 구성원이 중요한 세부 정보를 나머지 구성원에게 명확히 전달하지 못하는 일이 종종 발생한다. 그들은 나머지 사람이 무엇을 모르는지를 모른다. 이런 일은 꽤 흔하게 일어난다. 친구 셋이 모인 자리에서 같은 TV 드라마를 본 2명이 (드라마를 보지 않은) 나머지 1명도 당연히 알 것이라 짐작하고 드라마 이야기를 하는 경우를 생각해보라. 화제와 관련한 추가 설명이 필요한 이런 종류의 상황에서 지위가 낮은 사람은 후속 질문을 던지기에 최적의 상태다. 예를 들어 칼이 마이클의 고객에게 던질 수 있는 질문은 무궁무진하다. 이 업계에서 어떻게 일하게 되었어요? 사업하는 동안 어떤 장애물을 극복해왔나요? 앞으로도 계속 이 분야에서 일할 생각인가요?

아울러 가벼움도 좋은 전략적 무기다. 지위가 낮은 구성원이 유머 감각이 뛰어나면 조직에서 지위 체계 위쪽으로 올라가기가 더 쉽다. 상황에 적절하고 재치 있는 농담을 할 줄 아는 사람은 동료들에게 리더 후보로 여겨질 가능성이 더 크다. 농담이 단 '한 번'만 성공해도 그런 효과가 발생한다.

우리는 농담을 던질 엄두가 나지 않을 때가 많다. 하지만 제4강 내용을 떠올려보라. 꼭 사람들을 웃겨야 하는 것은 아니다. 가벼움의 목적은 모두가 흥미를 잃지 않고 대화에 참여하는 밝고 긍정적인 분위기를 만드는 것이다. 칭찬을 건네고, 재미있었던 일화를 떠올려 다시 언급하고, 많이 웃어라. 또는 미소라도 지어라. 이런 행동은 결코 복잡하고 어려운 것이 아니다. 누군가가 대화에 기여하는 '유일한' 방식이 순한 농담을 하거나, 칭찬하거나, 화제를 바꾸거나, 낄낄거리며 분위기를 띄우는 것뿐이라 해도 그것을 싫어할 사람은 없다. 나는 동료 피트가 회의에 참석하면 기분이 절로 좋아지는데, 그가 미소를 얼굴에 달고 살기 때문이다. 칼은 마이클의 동료에게 축하와 격려의 말을 쏟아내고서 허탈한 기분을 느낄 필요가 없었다. 대화에 가벼움을 더하는 것 자체가 의미 있고 배려 깊은 행동이기 때문이다.

어느 가족의 품격 있는 크리스마스

짙은 녹색 식탁보와 곳곳에 놓인 크리스털 촛대, 길고 가느다란 크림색 양초. 따뜻함과 평온함을 자아내는 이런 장식이 민망할 만큼 방 안은 대혼란 그 자체였다. 사람들이 시끄럽게 떠드는 실내에서 작은 촛불들이 이리저리 흔들렸다. 12월 24일이었고, 폴란드 사람인 남편 데릭의 가톨릭 집안 식구들이 비길리아Wigilia를 여는 중이었다. 비길리아는 폴란드의 전통적인 크리스마스이브 만찬이다. 데릭에게 청혼을 받고 몇 달 뒤였기 때문에, 내가 데릭의 가족과 처음으로 보내는 크리스마스였다. 비길리아 만찬이 시작되기 전 아이들은 밤하늘에 첫 번째 별이 뜨기만을 기다린다. 별이 뜨면 절인 청어(실레지에)와 붉은 양배추 절임(카푸스타) 등을 차려놓은 식탁에서 드디어 식사를 시작한다(데릭과 여동생들이 파티에 오는 길에 맥도날드에 들러 밀크셰이크와 프렌치프라이를 사 온 것도 이해할 만했다).

데릭의 가족은 1930년대에 폴란드에서 이민 온 이래 수십 년째 디트로이트 외곽에 있는 집의 지하실에서 비길리아 만찬을 열었다. 참석 인원은 누구의 집에서 열고 누구를 초대하느냐, 어떤 가족이나 지인이 디트로이트에 올 수 있느냐에 따라 10명에서 50명까지 해마다 달라졌다. 하지만 장소는 언제나 지하실이었다. 그 자체가 오랜 전통이기도 했고 그만큼 많은 인원을 수용할 만한 다른 공간이 없기 때문이기도 했다.

아일랜드 가톨릭 집안에서 자란 나는 대가족이 모이는 명절에 익숙했지만 그렇게 많은 사람이 모이는 장면은 처음 봤다. 무려 42명이 한 공간에 모여 있었다. 중서부 억양의 시끄러운 목소리가 수시로 서로에게 끼어들었다. 대화가 중단되는 틈이 잠시도 없었다. 때로는 화를 내는 것인지 장난을 치는 것인지, 또는 둘 다인지 분간이 안 되었다. 가만 보니 그 와중에 나름의 규칙도 있었다. 나이 든 여성 한 분이 식탁의 상석에 계속 앉아 있었고, 삼촌 한 분은 방해받지 않으려고 멀리 떨어진 곳으로 물러나 있었으며, 아이들은 주방에 들어오지 못하게 했다. 내밀한 대화는 여자들이 머리를 만지고 화장을 하는 위층에서 이루어졌다. 집 안 곳곳에서 사람들이 뛰어다니고 소리치고 춤추고 웃었다. 한마디로 활기가 넘치다 못해 아수라장이 되기 직전인 가족 모임이었다. 다행히 데릭은 그곳에 도착하기 전 내게 미리 귀띔을 해주었다. 내가 상상하는 차분하고 정돈된 대화가 오가는 가족 모임은 아닐 것이라고 말이다. 그는 이렇게 말했다. "아마 처음엔 좀 정신이 없을 거야. 하지만 걱정 마. 우리에겐 해결책이 있거든."

　42명 전부가 만찬용 식탁에 앉자 대화의 열기는 정점에 이르렀다. 접이식 식탁 7개를 이어 붙여 커다란 X자 형태로 배치하고 그 옆에 접이식 의자 42개를 놓은 상태였다. 10~20개의 대화가 동시에 일어났다. 누군가 불쑥 이야기했고 말이 수시로 겹쳤다. 사람들은 옆의 대화에 끼어들어 이야기하다 웃음을 터뜨리기도 했다. 어떤 때는 상대방 이야기에 몰두했고, 어떤 때는 흥미가 시들해져 눈으로 다른 대화 파트너를 찾았다. 나는 속으로 이런 생각이 들었다. '대체 다들 이야기를 제대로 듣고 있기는 한 걸까?' 저녁 내

내 이런 아수라장 상태로 보낸다고 상상하니 머리가 띵했다.

그런데 그때 갑자기 좌중이 조용해졌다. 가족 중 가장 연장자인 데릭의 증조할머니가 자리에서 일어났다. 하지만 앉아 있을 때랑 구분이 잘 안 되었다. 할머니는 키가 152센티미터 정도밖에 안돼서, 앉은 사람들 너머로 하얀 머리칼만 간신히 보였다. 그럼에도 할머니의 목소리는 모두에게 잘 들렸고 작은 체구가 뿜어내는 존재감이 대단했다. 할머니는 좌중을 향해 인사말을 한 뒤 특별한 과자를 손에 들었다. 폴란드 사람들이 비길리아 만찬에서 먹는 얇은 과자인 '오프와테크'였다. 할머니는 오프와테크를 쪼개 먹는 전통 의식을 시작한다고 선언했다. 모두가 오프와테크 조각을 받으려고 조용히 기다렸다. 그리고 잠시 뒤 사람들이 몸을 움직여 새로운 대열을 형성했다. 질서 있게 2명씩 짝을 지은 것이다. 다들 자기 옆에 있는 사람과 파트너가 되었다.

그들은 다시 대화를 나누었는데, 아까처럼 마구잡이로 떠들던 혼란스러운 분위기가 아니었다. 그들은 오프와테크를 손에 들고 쪼개 먹으면서 각자 파트너와 조용히 대화를 나눴다. 주로 지나간 한 해를 돌아보는 이야기들이었다. "니카 이모가 그리워. 정말 멋진 분이었는데." "한동안 우울해서 힘들었어요. 하지만 좋은 심리 치료사에게 상담받는 중이랍니다." "제이크, 새 직장에 들어갔다며? 축하해!" "애슐리, 라스베이거스에 구한 아파트 정말 좋은 곳 같던데?" 그리고 새해를 앞두고 서로에게 덕담도 해주었다. 삼촌은 임신한 조카딸에게 축하를 건네며 순산을 기원했다. 사촌들은 서로에게 원하는 대학에 들어가라고, 또는 주 결승 대회에 꼭

출전하라고 행운을 빌어주었다. 그들은 대학원에 진학한 내가 기특하다고 말해주었고 다음 해 10월에 있을 결혼식도 미리 축하해 주었다. 우리는 서로 상대방의 오프와테크 조각을 건네받아 먹은 뒤 다시 자리를 이동해 새로운 파트너와 짝이 되었다. 각 쌍의 대화는 2분을 넘기면 안 되었다. 전체적으로 분위기가 어수선해지며 다들 움직이기 시작하면 짝을 바꿔야 할 때라는 걸 알 수 있었다.

놀랍게도 그 공간에 있는 많은 사람들이 대화를 나누다가 눈물을 흘려 뺨이 촉촉해졌다. 데릭의 어머니는 울다가 웃다가를 반복했다. 나중에 그녀는 내게 이렇게 설명해줬다. "슬퍼서가 아니란다. 그리움 때문이야. 옛일이 떠오르니까. 특히 세상을 떠난 이가 있다면 더 그렇지. 너도 익숙해질 거야. 이런 모임은 마음의 벽을 허물고 사람들과 교감하게 해준단다." 그리고 내 눈을 쳐다보며 말했다. "주변의 모든 사람에게 그리고 모든 일에 감사해라." 그녀에게 과자를 쪼개 나눠 먹는 전통은 마음에 위안을 주는 시간이었다. 거기에는 모두가 무탈하게 또 한 해를 보냈다는 안도감도 있었다. 나는 그녀가 흘린 눈물의 의미를 이해할 수 있었다. 그것은 정말이지 아름다운 전통이었다.

과자를 나눠 먹으며 둘씩 대화하는 의식이 끝난 뒤, 모두가 X자 형태의 식탁에 다시 앉았다. 그리고 많은 사람이 수다를 떨면서 방 안은 금세 다시 북새통으로 변했다.

무질서를 막는 것도 능력이다

비길리아 만찬이 혼란스러운 통제 불능 파티로 변하지 않은 것은 놀랍다. 사실 그렇게 될 수도 있었다. 증조할머니가 없었다면 말이다. 그녀는 적절한 순간에 자신의 말에 집중하도록 모두의 주의를 환기함으로써 대혼란을 중단하고 주도권을 잡았다. 그리고 과자를 쪼개 먹는 전통 의식을 설명하고 모두가 돌아가며 2명씩 짝지어 대화하게 했다. 그녀의 섬세한 지도가 없었다면 우리는 서로 근황을 들려주고, 덕담을 하고, 감정이 북받쳐 눈물을 글썽이는 시간을 보내지 못했을 것이다.

루시드 미팅스Lucid Meetings 창립자 겸 CEO 엘리스 키스Elise Keith의 표현을 빌리자면, 비길리아의 증조할머니는 '대화 관리자'라 할 수 있다. 이는 대화 공간의 분위기를 지휘하거나 관리하는 사람이다. 관리자의 역할은 구성원들이 혼란스러운 분위기를 극복하도록 이끌고 지위 체계에 따른 조정 문제와 어려움을 피하도록 돕는 것이다. 누구나 좋은 대화 관리자가 될 수 있지만, 때로는 누군가가 보다 공식적인 형태로 그 역할을 맡아야 한다. 좋은 관리자는 구성원들의 차이를 고려하고 집단의 목적과 화제, 대화 구조를 미리 숙고한다. 그리고 어떤 사람이 좋은 관리자 역할을 하고 있느냐 아니냐는 구성원들이 금세 느낀다.

대화 관리자의 능력은 집단을 이끄는 명시적 리더나 파티 주최자에게 특히 유용하지만, 우리 누구나 그런 능력을 키워 활용할 수 있다. 좋은 대화 관리자가 되기 위해 중요한 핵심은 미리 생각하는 것(대화의 목적이 무엇인가? 사람들이 무엇을 중요하게 여기는가? 어떤 이야기를 나눠야 하는가? 대화를 망칠 수 있는 변수는 무엇인가?)과 대화가 진행되는 동안 분위기를 주의 깊게 살피는 것(대화가 이상한 방향으로 흐르지 않는가? 사람들이 만족하는가, 불편해하는가?)이다. 대화 관리자가 활용할 수 있는 도구를 살펴보자.

질서를 부여하라

　인간 이외의 많은 종이 큰 규모의 무리를 이룬 상태로 많은 시간을 보낸다. 우리는 금속성 광택이 나는 검은 깃털이 달린 중간 크기의 새인 찌르레기가 전깃줄이나 나무에 떼 지어 앉은 것을 종종 볼 수 있다. 그러나 이들이 연출하는 가장 멋진 장관은 공중에 수천 마리가 구름처럼 모여 물결치듯 움직이며 군무를 펼치는 장면이다. 이처럼 찌르레기가 엄청난 수로 군집을 형성하는 데는 여러 목적이 있다. 빽빽하게 모인 무리가 이리저리 움직이고 있으면 송골매 같은 포식자가 개별 찌르레기를 표적으로 삼기 힘들다. 군집 생활은 밤에 따뜻하게 지내는 데도 도움이 된다. 또 먹이가 풍부한 지역에 대한 정보를 빠르게 공유할 수 있다. 인간은 찌르레기에 대해 꽤 많이 알지만 그들이 어떻게 서로 충돌하지 않고 공중에서 거대한 군무를 출 수 있는지는 여전히 미스터리다.

　인간의 경우 그와 같은 대규모 조정 활동이 직관적으로 자연스럽게 이뤄지는 일을 기대하기 힘들다. 1,000명을 축구장에 모아놓고 찌르레기의 군무처럼 움직여보라고 하면 순식간에 혼란스러운 난장판이 될 것이다. 대화도 마찬가지다. 대규모 집단에서는 자유로운 형식의 대화를 성공적으로 유지하는 것이 불가능하다. 즉 주제를 효과적으로 관리하고 발언 차례를 매끄럽게 전환하며 발언 시간을 공평하게 분배하기가 좀처럼 쉽지 않다. 실제로 연구 결과를 보면, 집단 구성원 수가 6명 이상이 되면 모두가 참여하는 질서 있는 한 덩어리의 대화가 진행되기 어렵고 어느 순간에든 이 사람 저 사람이 동시에 말하는 가운데 여러 개의 대화로 쪼개지기 쉽다. 아마 그 때문에 칸트도 파티에 초대하는 사람 수에 제한을 두었을 것이다. 그는 인원이 많을수록 모두에게 이로운 대화를 나누기 어렵다고 생각했다.

따라서 대화 관리자가 의도적으로 집단 대화에 '질서'를 부여함으로써 도움을 줄 수 있다. 도로에 교통법규가 필요하듯이 때로는 집단 대화에도 구성원을 이끌어줄 명시적 규칙이 필요하다. 일반적으로 2명끼리는 특별한 규칙이 없어도 대화가 무난하게 이어지고 3~6명일 때도 발언 차례 및 발언 시간과 관련해 자연스러운(비록 모두에게 만족스럽진 않을지라도) 패턴이 형성되지만, 그보다 인원이 많아지면 적절한 길잡이가 필요하다. 때에 따라서는 많은 인원 탓에 다른 사람의 이야기를 듣기가 불편하거나 자리 배치가 효율적이지 않아서 서로 몸이 부딪히는 것과 같은 물리적 문제가 발생할 수도 있다. 하지만 발언 차례나 발언 시간, 주제 관리 등과 관련한 규칙을 만들어 질서를 부여할 수 있다. 그런 규칙은 복잡한 조정 문제를 완화하는 데 도움이 된다. 누가 다음으로 발언할지, 언제 말할지, 어떤 화제를 다룰지, 대화의 목적이 무엇인지 등을 보다 명확하게 할 수 있다는 얘기다. 예를 들어 수 세대 전부터 내려왔고 증조할머니가 주도한 비길리아 만찬의 의식은 42명의 혼란스러운 대화에 질서를 부여했다. 이 의식은 크리스마스이브 저녁을 위한 길잡이가 되었고, 그 덕분에 식구들은 자칫 북새통으로 끝났을지도 모를 모임에서 서로 의미 깊게 교감할 수 있었다.

다수가 모인 자리에 질서를 부여하는 방법은 다음처럼 크게 두 가지가 있다.

그룹 나누기: 전체 인원을 소규모 그룹으로 나누는 것이다. 이 방법은 여러 조정 문제를 해결해준다. 사람들이 발언 시간을 되는 대로 아무렇게나 선택하는 대신 보다 체계적으로 나눠 쓰게 되기 때문이다. 또 대화하는 단위의 인원이 적어지므로 조정 게임도 더 단순해진다.

대규모 집단은 소규모 그룹으로 자연스럽게 나뉘기도 한다. 크리스마스 파티 식사가 시작되기 전에 손님들이 집 안 여기저기 삼삼오오 모여 대화를 나누는 경우처럼 말이다. 이때 사람들은 원하는 대로 소그룹을 옮겨 다닌다. 하지만 리더나 대화 관리자가 의도적으로 그룹을 나눌 수도 있다. 비길리아의 과자를 쪼개 먹는 의식처럼 말이다. 이 자리의 증조할머니는 가족들이 작은 그룹으로 나눠 대화하게 유도했다. 그들은 둘씩 짝지어 과자를 먹으며 근황을 주고받고 덕담을 나누다가 2분이 지나면 파트너를 바꿨다. 친구 5명이 명절 연휴에 술집에서 만났을 때도, 또는 다른 일상적 모임에서도 이런 방법을 쓸 수 있다. 소그룹을 만들기 위해 당신이 한두 명과 대화를 시작한 뒤 필요에 따라 다른 한두 명을 합류시켜도 된다. 또는 당신이 사람들을 서로에게 소개해주고 자연스럽게 화제를 꺼내 대화가 시작되게 한 뒤 자리에서 물러나는 것도 괜찮다. 어떻게 시작되느냐와 상관없이 사람들은 그룹으로 나뉜 대화에 생각보다 꽤 잘 적응한다.

공통 대화에 집중하기: 이것은 그룹 나누기와 반대되는 방식으로, 모든 구성원이 하나의 공통적인 대화 흐름에 집중하는 것이다. 이런 대화는 보다 형식을 갖춰 진행되는 경우가 많다. 손을 드는 사람에게 또는 미리 정해진 순서나 의제에 따라, 또는 모임을 주재하는 리더나 의장의 통제에 따라 발언 차례가 주어지곤 한다. 이런 대화는 사적인 대화의 많은 멋진 장점(즉흥적 언행이 주는 활기, 각 개인의 행위 주체성 발휘, 뜻밖의 순간이 연출되는 재미 등)이 없지만, 대신 구성원이 연대감과 결속력을 느끼고 다수에게 공통의 정보를 전달할 수 있다. 방식은 다를지언정 이때도 역시 조정 게임이 단순해진다.

그룹 나누기와 공통 대화에 집중하기는 대화 관리자가 활용할 수 있는 요긴한 도구다. 대화 관리자는 둘 중 어떤 방식이 구성원의 대화 목적에 맞는지, 또 특정 방식이 얼마나 오랫동안 효과를 지속할 수 있을지 생각해봐야 한다. 집단 대화에 어떤 식으로 질서를 부여하느냐(또는 부여하지 않느냐)는 어떤 정보가 전달되느냐,

누가 정보를 전달하느냐, 사람들이 대화하면서 어떤 기분을 느끼느냐에 큰 영향을 미친다.

　루시드 미팅스의 CEO 엘리스 키스는 집단 대화를 꼭 위의 둘 중 한 가지 형태로 만들 필요는 없다고 설명한다. 시간대를 달리해 두 방식을 함께 활용할 수 있다는 것이다.* 예를 들어 휴일에 술집에서 만난 친구 5명을 생각해보자. 이들은 어떤 순간에 두 무리로 나뉘어 한 무리는 새로 생긴 스케이트 공원에 대해, 다른 무리는 최근 출산한 동창생에 대해 이야기할 수 있고, 그런 뒤 그중 한 사람이 모두에게 들려주고 싶은 이야기를 꺼내 주의를 집중시키며 모두를 다시 공통의 대화로 끌어들일 수 있다.

　시간 흐름에 따라 그룹 나누기와 공통 대화에 집중하기를 여러 번 실행할 수도 있다. 두 방식을 섞어서 활용하면 어느 한 방식 탓에 대화가 따분해지는 것을 막는 데 도움이 된다. 그리고 그런 일은 실제로 일어난다. 공통 주제에 집중하는 경우, 주도적인 구성원 몇 명만 딱딱하게 대화를 이어가고 나머지 사람은 말없이 몸을 비비 꼬는 상황이 되기 쉽다. 그러면 대화가 활기를 잃고 따분해

---

* 키스는 회의 팀장이 '그룹 나누기'와 '공통 대화에 집중하기'를 순차적으로 활용하되 시간이 흐를수록 그룹 규모가 커지는 방식을 택하는 것을 권고한다. 1-2-4-전체, 1-2-전체, 1-3-전체와 같은 방식이다. 예를 들어 1-2-4-전체는 이렇게 진행한다. 팀장이 특정한 주제나 안건을 모두에게 제시한 뒤 처음에는 구성원이 각자 혼자서(1명) 생각해보게 한다. 그다음에는 2명씩 조를 이뤄 토론하고(2명), 그다음에는 2개 조가 함께 토론하고(4명), 마지막으로 전체 인원이 모여 토론한다(전체). 이 같은 프로세스를 통해 구성원은 혼자서 비판적으로 사고하고, 2인 대화의 장점을 활용하고, 많은 구성원이 지닌 지식과 견해의 총합에 의지할 수 있다. '그룹 나누기'와 '공통 대화에 집중하기', 둘 중 어느 것을 먼저 실행하든 상관없이 신속하게 진행할 수도(몇 분 동안) 또는 오랜 시간에 걸쳐 진행할 수도 있다(며칠 또는 몇 주에 걸쳐).

지거나 조용한 사람은 투명 인간이 된 듯해서 기분이 상할 수 있다. 그럴 때는 그룹 나누기를 시도할 필요가 있다. 하지만 때로는 그룹 나누기 때문에 구성원이 단절감을 느낄 수도 있다. 원치 않는 주변 그룹에 들어가 전체 구성원과의 대화에서 얻을 수 있는 이로움을 놓친다고 느끼는 경우다. 따라서 대화 관리자는 늘 이 점을 생각해야 한다. 구성원들이 무엇을 원하고 지금 그들에게 무엇이 필요한가?

때로는 질서를 때로는 여유를

대화 관리자가 어떻게 행동하느냐에 따라 집단 대화는 답답해질 수도, 산만해질 수도 있다. 관리자가 흥미로운 화제는 옆으로 밀쳐둔 채 구성원이 별 관심이 없는 화제 쪽으로만 대화를 끌고 간다면 모두가 답답하고 지루할 것이다. 어쩌면 칸트의 식사에 초대받은 손님들은 많은 규칙을 정해놓고 특정 화제는 금지하는(예컨대 그는 프랑스혁명과 관련해 자신과 반대되는 의견을 싫어했다!) 칸트가 지나치게 세세하게 관리한다고 느꼈을지도 모른다. 반대로 여럿이 자유롭게 되는 대로 이야기를 나누다 보면(칸트가 싫어한 술집의 떠들썩한 대화처럼) 너무 산만하고 혼란스러울 수 있다. 대화 관리자의 역할은 때로는 질서를 잡고 때로는 분위기를 느슨하게 풀어주면서 적절한 균형을 맞추는 것이다.

의식적으로 질서를 부여하고 프로세스를 조절하는 것이 일과 관련된 대화에만 해당한다고 생각하기 쉽다. 회의실에서는 특정한 안건이 제시되고, 직원이 여러 소그룹으로 나뉘며, 모두가 집중하는 프레젠테이션이 진행되고, 누군가가 어색한 분위기를 푸는 역할을 하곤 하니까 말이다. 하지만 그것은 회의실 바깥의 삶에도 필요하다. 우리는 친구들과 모인 파티에서 또는 잘 모르는 사람들과 거리에서 담배를 피우며 한담을 나눌 때(보통 이런 상황에서는 대화의 목적이 불분명하고, 화제가 더 개인적이며, '자연스러움'을 중요시한다) 그 자리에 어떤 질서를 부여하는 것이 꺼려질 수 있다. 하지만 어떤 대화 상황에서든 질서나 규칙이 전혀 없으면 오히려 스트레스가 느껴지고 어색함이 가중될 수 있다.

언젠가 지인의 지인을 위해 열리는 브라이덜샤워 파티에 참석한 적이 있다. 나는 결혼을 앞둔 신부와 거의 모르는 사이나 다름없는 손님이었다. 20대 여자들끼리 하는 파티라면 당연히 한껏 재미나게 노는 분위기여야 했다. 하지만 슬프게도 그런 분위기가 전혀 아니었다. 대부분의 대화와 마찬가지로 그 모임에도 정해진 질서나 규칙이 거의 없었고, 거기 모인 15명은 뭘 해야 할지, 언제 자리를 이동해야 할지, 무슨 얘기를 나눠야 할지 망설이기 일쑤였다. 몇 명씩 소그룹이 형성됐다가도 금세 각자의 관심사를 좇아 흩어졌다. 다들 다음에 뭘 해야 할지 몰라 안절부절못했다. 애초에 '다 함께 재미있게 놀자'고 모인 자리였는데, 그 목표를 이룰 수 있을지 몹시 걱정되었다.

그 뒤로도 여자들끼리 만나는 다른 주말 모임에 종종 참석했다. 그럴 때면 모임을 어떻게 진행할지 자못 진지하게 계획을 짜는 친구는 모두에게 놀림을 받는다. 다들 '구속 없이 자유롭게 놀아야 할 파티에서 계획은 무슨 계획이야?'라고 생각한다. 하지만 나는 "다들 각자 마음에 드는 깃털 목도리를 골라. 이따가 춤출 때 필요할 테니까" 또는 "30분 뒤에 다 함께 버스를 타고 저녁 식사 장소로 이동합시다. 8시로 예약돼 있어요"라고 말하며 관리자 역할을 자처하는 사람에게 진심으로 고마워하게 됐다. 그들의 행동은 거창한 것이 아니다. 미리 생각해둔 이야깃거리를 꺼내거나, 파티에 온 사람들을 여러 그룹으로 나눠 게임을 하게 하거나, 모두가 집중할 수 있는 몇 가지 오락거리를 준비하거나, 누군가에게 건배사를 외치게 한다. 여럿이 모인 자리에서 방향을 잡아주는 것은 얼핏 고지식하고 따분한 일 같지만, 실제로 그런 자리에는 관리와 질서가 필요하다.

집단 대화, 혼란스럽지만 즐겁지 않은가

요즘 나는 데릭의 가족과 크리스마스이브를 보낼 때면 그 많은 사람들이 만들어내는 대혼란이 그렇게 즐거울 수가 없다. 또 비길리아 의식에서 다른 파트너와 일대일로 대화하면서 마음의 위안을 얻는다. 나는 여럿이 모인 자리의 대화가 순조롭게 흘러가지 않을 때 죄책감을 느끼거나 당황하거나 스트레스를 받거나 답답해할 필요가 없다는 사실을 깨달았다. 그건 지극히 자연스러운 일이다! 집단의 조정 게임은 혼란스러울 수밖에 없다. 친구들과 시끄러운 술집에 모였을 때든, 가족과 저녁 식사를 할 때든, 업무 회의든, 파티에서 사람들과 어울릴 때든, 지위 체계의 역학을 떠올리면서 대화 관리자의 마음가짐을 유지하면 대화의 질을 한층 향상시킬 수 있다. 하지만 많은 사람이 모이는 자리는 여지없이 난리법석이 되기 일쑤다. 그리고 그것이 꼭 나쁜 일만은 아니다.

SUMMARY

- **여럿이 하는 대화는 둘의 대화와 완전히 다른 종류**이며 훨씬 복잡하다(그러니 혼란스럽더라도 절망하지 마라).
- 집단 내의 **지위 체계**를 인식하라. 지위 체계는 대화 주제에 따라서도 바뀔 수 있다.
- **대화 관리자**의 마음가짐을 키워라.

TALK

'부자 증세'를 주제로 소득 구간이 다른 이들이 나누는 대화, 최저임금 인상을 두고 벌어지는 정부·노동자·사용자 간의 대화, 성적 지향이 다른 이들의 대화 등 모든 종류의 곤란한 상황을 한번 떠올려보라. 입장 차가 너무나 클 때 나누는 대화는 생각만 해도 머리가 지끈하다(실제로 이러한 상황에서 뇌도 힘들어한다). 입장 차를 조정하기 곤란한 대화를 이끌어가기는 정말 어렵다. 대화를 더욱 생산적으로 이끌어갈 수 있는 기술이 있을까?

제7강

갈등과 균열을 넘는 대화의 기술

DIFFICULT MOMENTS

우리는 한 학기 동안 TALK 강의에서 대화 나침반을 배우고 우리끼리만 통하는 농담을 만들고 TALK 원칙의 전술을 연습한다. 또 크고 작은 그룹을 만들어 상대방의 말을 집중해서 듣는 연습도 한다. 그리고 학기가 끝날 때쯤 나는 학생들에게 과제를 내준다. 그들은 사회적으로 뜨거운 쟁점이 되곤 하는 15가지 이슈에 대한 자신의 입장을 밝혀야 한다. 예를 들면 마리화나 사용 합법화, 부자에 대한 증세, 일터에서 타인의 외모에 대해 칭찬하는 것, 전 국민 의료보험, 유전자 변형 식품, 자율 주행 자동차, 성 중립 화장실, 총기 규제, 의사의 도움을 받는 안락사 등이다. 학생들은 각 이슈에 대한 입장을 1점(매우 반대)~7점(매우 동의)으로 매긴다.

또 내가 제시한 목록 이외에 자신이 생각하는 뜨거운 이슈 세 가지도 준비해 오라고 한다. 즉 '자신이 큰 관심을 가지고 있는 주제 가운데 논란을 일으키거나 의견이 극명하게 갈릴 만한 주제, 또는 자신과 친구들 사이에 의견 충돌이 생길 것 같은 주제'다. 예를 들어 지난 학기에 학생들이 생각해 온 주제는 남성이었다가 여성이 된 트랜스젠더 운동선수의 여성부 경기 참가를 허용해야 하는가, 소셜 미디어에 올린 글을 이유로 직원을 해고하는 것이 정당한가 등이었다. 나는 다음 수업 시간에 그런 주제를 두고 다른 사람과 토론할 준비를 하라고 말한다.

끔찍한 숙제라는 생각이 들지 모른다. 학생 대부분도 그렇게 느낀다. 그들은 눈에 띄게 불안해한다. 이슈 목록에 점수를 매긴 종이를 들고 다음 수업에 들어온 그들은 잔뜩 긴장한 채 조용하고 심각한 표정을 하고 있다.

나는 그들의 두려움을 달래주려 노력한다. 내가 나눠준 그 종이에는 이렇게 적혀 있다. '두려워하지 마세요! 제가 제시한 것들은 학자들이 연구에서 사용하는 주제입니다. 그리고 여러분이 원하는 토론 주제도 생각해 오세요.' 나는 우리 목적이 이런 주제를 놓고 깊이 사고하면서 생산적이고도 즐겁게 대화하는 것이라고 설명한다. 한 학기 동안 TALK 원칙을 공부하고 연습했으므로, 묵직한 주제로 대화할 때도 충분히 여러 목적(배움, 설득, 즐거움)을 동시에 달성할 수 있으리라고 자신감을 불어넣어준다. 충분히 도전해볼 가치가 있는 활동이라는 말도 덧붙인다.

먼저 나는 학생들을 3인 1조로 나눈다. 각 팀은 방음 판으로 둘러싸인 의자에 앉기 때문에 대화 내용의 보안을 어느 정도 유지할 수 있다. 만일 날씨가 좋으면 야외에 놓인 조용한 벤치나 잔디밭에서 대화해도 괜찮다. 그들은 대화를 총 세 번 진행한다. 3명이 돌아가며 둘씩 짝지어 대화하되, 이때 나머지 1명은 참여하지 않고 듣기만 한다. 나는 각 대화 라운드마다 두 사람이 논쟁적 이슈 목록에서 매긴 점수가 서로 가장 크게 차이 나는 이슈가 무엇인지 확인해보라고 한다. 즉 한 사람은 완전히 동의하고 다른 사람은 강하게 반대하는 주제 말이다. 그런 뒤 그들은 논쟁적인 주제를 놓고 본격적으로 대화를 나눈다.

어려운 대화

대부분의 학생에게, 그리고 우리 대다수에게도 이것은 생각하기도 싫은 상황이다. 우리는 가족이나 친구, 또는 직장 동료와 의견이 충돌하는 것을 가급적 피하고 싶어 한다. '어려운 대화'라고 할 때 대개 가장 먼저 떠올리는 것은 의견이 부딪치는 대화다. 가족 모임에서 벌어지는 입씨름, 배우자와의 말다툼, 연봉 협상, 누군가를 해고하는 상황, 정치적 라이벌과의 설전 등. 그런 장면을 떠올리면 자연스레 강렬한 감정 분출(눈물, 고함, 부정적 판단, 상처받은 마음)이 연상된다. 우리는 생각이 서로 다를 것 같은 신호가 조금만 감지돼도 몸을 움츠린다. 그렇기에 "어려운 대화를 나눠야겠어요"라는 말만 들어도 바짝 긴장된다.

때로는 의견 충돌이 비교적 쉽게 해결되지만 때로는 도저히 감당할 수 없는 지경에 이른다. 그러면 대화가, 그리고 어쩌면 둘의 관계도 망했다는 직감이 밀려온다. 의견 충돌은 관계에 균열을 일으킨다. 그리고 때로 그 균열은 점점 벌어져 결국 깊고 커다란 틈으로 변한다. 그럴 때 우리는 흥분도가 높고 부정적 특성도 강한 여러 감정을 경험한다.

제4강에서 소개한, 감정을 나타내는 원형 표를 떠올려보라.* 제4강에서는 가벼움 요소를 활용해 지루하고 축 처진 왼쪽 하단 사분면에서 벗어나는 것에 대해 설명했다. 여기서는 왼쪽 상단 사분면에 있는 불안과 스트레스, 두려움, 분노, 적대감에서 벗어나는 일에 집중할 것이다(319쪽 그림 참고). 왼쪽 하단 사분면의 감정이 독이 섞인 수면제처럼 조용히 대화를 질식시킨다면, 왼쪽 상단 사분면의 감정은 위협적인 칼이 되어 대화를 망친다.

왼쪽 상단 사분면에 머무는 시간이 길수록 유익하고 만족스러운 대화로 이끌어가기가 힘들어진다. 심하게 두렵거나 화가 났거나 심리적으로 괴로우면 섬세한 조정 게임을 계속하는 데 집중할 수 없다. 그리고 조정 게임을 계속 유지하느냐 못하느냐는 중대한 결과를 초래할 수 있다. 개인적으로든 일적으로든 의견 충돌 상황은 마음에 큰 상처를 입히고 가족이나 친구, 동료와의 관계에 회복할 수 없는 균열을 일으키기도 한다. 따라서 의견 충돌을 적절히 관리하고 관계의 균열을 바로잡으려 노력해야 한다. 갈등 때문에 왼쪽 상단 사분면으로 내던져지기 전에, 우리 입에서 나온 말이 대화를 망치고 상대방에게 상처를 주기 전에, 균열이 회복할 수 없는 지경에 이르기 전에 말이다. 그래야 조정 게임을 계속할 수 있다.

---

* 전문가들은 이를 '정서 원형 모델affective circumplex'이라고 부른다.

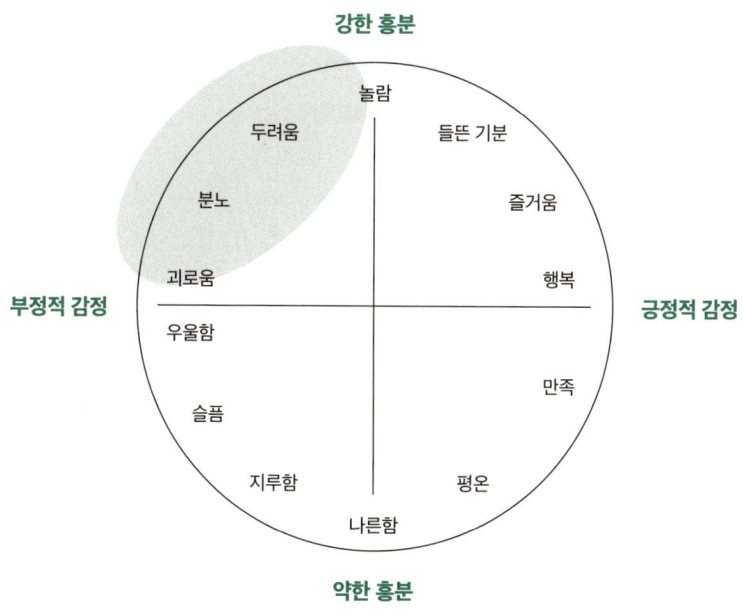

대화의 어려움이 항상 의견 충돌 때문에 생기는 것만은 아니다. 또 의견이 충돌할 때만 왼쪽 상단 사분면의 감정을 느끼는 것도 아니다. 대화 참여자 사이에 어떤 종류든 '차이'가 있으면 대화가 어려워질 가능성이 크다. 나는 학생들에게 견해가 서로 다른 주제를 놓고 이야기를 나눠보라고 했지만, 사실 다른 많은 종류의 차이가 그런 견해 형성에 영향을 미치곤 한다. 지식 차이, 이해도 차이, 취향 차이, 의도 차이, 감정 상태 차이, 가치관 차이, 정체성 차이 등이다.

사실 모든 대화는 참여자 간의 크고 작은 차이에 영향을 받는다. 당연한 얘기 같지만 모든 사람은 헤아리기 힘들 만큼 서로 다른 존재이기 때문이다. 겉으로 확연히 드러나는 특징에서도 다르고 미묘한 측면에서도 다르다(일란성쌍둥이인 세라와 나도 얼마나 다른지 모른다). 그리고 노골적인 의견 대립이 없는 '쉬운' 대화에도 어려운 순간이 발생하곤 한다. 어색하거나, 불쾌감을 느끼거나, 애매한 태도 탓에 의도를 알 수 없거나, 소통이 어긋나거나, 오해가 생긴다. 실제 대화에서는 왼쪽 상단 사분면의 감정이 생겨나지 않고 이런 상황이 금방 해결되거나 그냥 별문제 없이 지나갈 때도 많다. 하지만 설령 사소한 일이라 해도 대화 중 생긴 난관을 잘못 관리하면 분노나 불안, 두려움, 혼란, 경쟁심을 불러일으킬 수 있다. 대화가 진행되는 동안 이런 감정을 정확히 분별해 인식하지 못할 때가 많지만, 대개 '지금 뭔가 문제가 있다'는 사실은 직감적으로 느낀다.

우리는 여러 차원에서 서로 다르다

대화가 어려워지는 다양한 원인을 깊이 측면에서 생각해보자. 지구 내부 구조를 이루는 여러 층에 비유해보겠다(324쪽 그림 참고). 지표면에는 '물리적 내용의 차이'가 있다. 우리가 하는 말, 내는 소리, 비언어적 신호는 지표 위 나무나 산, 건물, 비행기에 해당한다. 즉 눈으로 보고 귀로 들을 수 있는 것들이다. 여기서는 다음과 같은 많은 조정 문제가 발생한다. 같은 대상을 두고 당신은 '야채'라고 말하지만 나는 '채소'라고 말한다. 당신이 내게 윙크를 하지만 나는 보지 못한다. 나는 영국 억양으로 농담을 하지만 당신은 호주 억양인 줄 안다. 당신은 뭔가를 보고 웃는데 나는 웃지 않는다. 당신은 농담을 액면 의미 그대로 받아들여 웃지만, 나는 그것을 반어법으로 이해하고 웃는다. 이런 불일치와 부조화는 특별한 피해를 주지 않지만(순발력이 뛰어난 사람이라면 유머로 전환할 수도 있다), 공통된 이해와 공감대 형성을 방해할 수 있고, 이미 그런 문제가 생겼음을 나타내기도 한다.

지표 근처, 즉 풀밭이나 지표 바로 아래의 흙 속에는 '감정의 차이'가 있다. 당신은 전쟁의 전략에 대해 신이 나서 떠들지만 상대방은 지루해서 죽을 지경이다. 그 사람은 정치적 이야깃거리로 농담하길 좋아하지만 당신은 질색이다. 상대방은 당신 자녀에 대한 이야기를 듣고 싶어 하지만 당신은 그가 주제넘게 나선다고 느껴져 짜증이 난다. 당신은 오후에 있었던 일 때문에 기분이 아주 좋지만 상대방은 오전에 겪은 일 탓에 우울해한다. 이런 감정에는 어떤 중대하고 심각한 이유가 없을 수도 있고, 감정의 불일치는 금방 사라지기도 한다. 또 감정의 차이는 시간과 에너지를 어디에 쏟고 싶은가에 대해 서로의 생각이 다름을 보여주는 신호인 경우도 있다.

땅속으로 조금 더 깊이 들어가면 '동기의 차이'라는 암반에 부딪힌다. 이는 대화 나침반의 목적이 충돌하는 상황이다. 상대방은 당신의 조언을 간절히 바라지만 당신은 조언해줄 마음이 없다. 그 남자는 그냥 쉬고 싶지만 그 여자는 남자가 자신에게 오늘 하루가 어땠느냐고 물어봐주길 바란다. 당신은 상대방에 대해 더 알고 싶지만 상대방은 자신에 대한 정보를 주기를 꺼린다. 당신은 집을 최대한 비싸게 팔기 위해 상대방이 낼 수 있는 최고 액수를 알고 싶지만, 상대방은 가급적 싸게 사고 싶어서 자신의 예산을 알려주려 하지 않는다.

앞서 대화 나침반을 다룰 때 살펴봤듯 동기의 차이(드러났든, 추측이든, 전혀 모르든)는 다양한 종류의 긴장과 충돌을 만들어낸다. 죄수의 딜레마처럼 동기가 충돌하면 비협력적 조정 활동이 일어난다. 동기는(그것이 초래하는 감정도 마찬가지다) 약해서 바뀌기도 하지만, 어떤 동기는 오랜 세월 동안 점점 견고해져 굳건한 상태가 된다. 동기의 차이는 때로 큰 의견 충돌을 만들어낸다. 양측이 서로 완전히 다른 지각 판에 있는 것이다. 아내는 직장이 있는 댈러스에 살고 싶지만 남편은 시애틀에 사는 부모님 근처로 이사 가고 싶어 한다. 직원은 회사를 계속 다니고 싶지만 사장은 직원을 내보내야 한다고 생각한다. 당신은 어머니를 요양원에 모시는 게 낫다고 말하지만 어머니는 그곳에 들어가길 거부하고, 당신의 형제자매도 어머니를 억지로 요양원에 보낼 수 없다고 말한다. 이처럼 서로 동기가 달라 의견이 충돌할 때 어떻게 대화를 이어가야 할까? 어떻게 하면 대화를 진전시킬 수 있을까? 지표 아래에서 강한 충돌이 일어날 때 우리는 건설적인 대화를 지속할 수 있을까?

땅속으로 더 깊이 들어가면 '정체성의 차이'라는 중심부에 도달한다. 이는 성별, 성적 지향, 인종, 민족, 종교, 연령, 전문성, 개성, 신체적 특징 등과 관련한 차이다. 인종처럼 어떤 정체성 차이는 겉으로 드러나지만 어떤 정체성(예컨대 개인적 신념)은 눈에 보이지 않는 상태로 깊은 내면에 존재하며 때로는 무의식적으로 작동한다.

장비를 동원해 지표를 뚫을 때는 서서히 땅속으로 내려가지만, 대화에서는 정체성이라는 뜨거운 마그마가 끓는 지점으로 순식간에 갑자기 내려가기도 한다. 대화할 때 마주치는 어려움이 감정이나 동기의 차이 때문인 것처럼 '보이곤' 하지만, 사실은 우리의 정체성 차이에서 비롯된 작은 균열 때문인 경우도 많다. 이런 상황은 평범하고 일상적인 대화에서도 불쑥불쑥 일어난다. 명절이라는 화제는 종교가 서로 다른 사람들을 긴장시킬 수 있다. 흑인과 백인 친구가 헤어스타일이나 패션, 음악, 부동산, 구직 인터뷰 같은 평범한 화제로 이야기를 나누다가 어느 순간 분위기가 어색하거나 불편해질 수도 있다. 우리는 아이가 없는 직장 동료 앞에서 자녀에 대해 이야기해도 괜찮은지 망설여진다. 대화 도중에 정체성과 관련된 부분을 건드리면 자신의 존재를 인정받지 못한다고 느끼게 만들 위험이 있다. 사람들은 정체성 문제에 민감하기 때문에 쉽게 방어적이 되거나, 불안감이 커지거나, 위협을 느끼거나, 상처받는다. 우리 내면의 중심부에 있는 마그마는 쉽게 끓어올라 언제라도 분출되기 쉽고 때로는 폭발하기도 한다.

내가 학생들에게 서로 강하게 대립하는 의견을 지닌 주제를 놓고 대화해보게 하는 것은 이와 같은 다양한 차원의 차이를 경험시키기 위해서다. 학생들은 지표면 위의 물리적 내용을 정확히 이해하려 애쓰고, 지표 부근의 감정을 의식하며, 각자 서로 다른 동기라는 암반을 이해하고, 상대방의 정체성을 존중하는 연습을 한다.

대화를 계속하면서 나와 상대방이 어떤 측면에서 다른지, 어떤 층에 균열이 존재하는지 이해해야 한다. 그래야 그 차이를 조화시키거나, 조정하거나, 받아들일 수 있다.

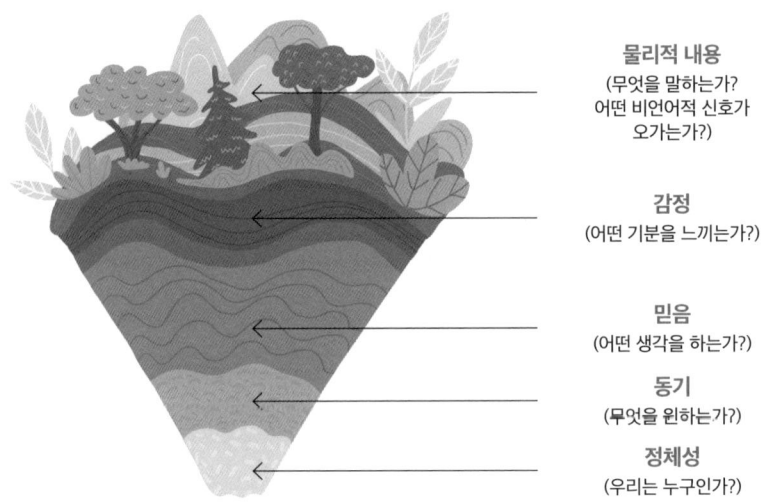

의견이 충돌할 때 뇌에서 일어나는 일

의견이 대립하는 상황을 즐기는 사람도 있을지 모르지만 우리 대부분은 싫어한다. 충분히 그럴 만하다. 의견이 충돌하면 불안하고 불편하며 에너지도 많이 소모되기 때문이다. 그리고 관계가 심각하게 악화될 위험도 있다.

의견 충돌은 정서적 부담만 주는 것이 아니라 신경학적 부담도 안긴다. 한마디로 뇌가 힘들어한다는 얘기다. 신경 과학자 조이 허시Joy Hirsch와 연구 팀은 '의견이 일치할 때보다 충돌할 때 훨씬 더 많은 뇌 영역이 사용된다'는 사실을 보여주었다. 또 이들의 연구에 따르면 사람들의 의견이 일치할 때와 충돌할 때 청각적 특징이 다르게 나타났다. 의견이 충돌할 때는 목소리 높이와 음절 속도, 음향 에너지가 높아졌다. 이것은 경쟁적 흥분을 나타내는 청각적 신호다. 연구 팀은 피험자들에게 fMRI 장비(뇌의 신경 활동을 측정해 활성화되는 부분을 화면에 다양한 색깔로 나타낼 수 있다)에 들어간 상태에서 대화를 나누게 했는데, 의견이 충돌할 때보다 일치할 때 사회적 상호작용과 시각적 주의력을 담당하는 뇌 영역에 더 강한 동기화가 일어났다. 의견이 충돌하면 뇌의 신경 활동도 조화를 이루지 못하는 것이다.

TALK 원칙으로 문제를 돌파하다

어떤 상대방과 대화할 때는 아무리 대화 기술이 뛰어나도 양측의 차이를 좀처럼 극복하기 힘들다. 특히 단 한 번의 대화에서 그것을 기대하기는 어렵다. 정체성과 관련한 여러 측면이나 깊이 뿌리박힌 가치관은 금방 바뀌지 않을 때가 많다. 하지만 그런 깊은 지각 판 차원의 차이도 때로는 바뀔 수 있다. 다만 시간을 두고 서서히 변화한다. 강한 신념이나 가치관의 경우, 특히 정체성과 연관된 경우, 상대방이 심리적 안전감을 느끼고 자신의 말이 경청된다고 느끼게 해야 그를 설득해 변화시킬 여지가 생긴다. 그래야 상대방이 자신과 다른 견해를 지닌 당신을 오랫동안 열린 마음으로 대할 수 있다.

그렇다면 단 한 번의 대화에서는 얼마만큼 성과를 얻을 수 있을까? 생각보다 많은 성과를 얻을 수 있다. 왼쪽 상단 사분면의 감정이 자극된 상태만 아니라면 어떤 대화에서든 서로의 차이를 발견하고 이해하고 극복하는 방향으로 나아갈 수 있다. 상황에 따라 작은 한 걸음이든 큰 도약이든 말이다. 내 학생들이 작성한 보고서를 보면 한 번의 대화로도 상당히 큰 진전을 얼마든지 이룰 수 있다는 것을 알 수 있다. 다음은 한 학생이 의견이 다른 친구와 대화한 뒤 쓴 보고서다.

총기 규제 문제를 놓고 A와 나눈 대화는 뜻밖에도 꽤 흥미롭고 즐거웠다. 이것은 내가 평소 대단히 확고한 의견을 지닌 주제였다. 예전에 나는 정부가 강력한 총기 규제 정책을 시행해야 한다는 당위성을 상대방에게 납득시키겠다는 목표를 품고 대화를 시작했다(일반 시민의 총기 사용을 아예 금지해야 한다고 주장하기까지 했다). 그리고 나와 같은 방향으로 생각이 바뀌지 않는 상대방을 보면서 절망적인 기분으로 대화를 끝낼 때가 많았다. 내가 보기엔 불필요한 인명 피해와 비극을 막을 수 있으므로 총기 규제의 필요성이 매우 명확했기 때문이다. 하지만 이번에 A와 대화를 나눌 때는 달랐다. 나는 의견이 일치하는 지점을 재차 언급했고(총기 규제와 관련한 추가 조치가 필요하다는 점에는 우리 둘 다 동의했다) 내 견해의 한계도 인정했다(규제 실행과 관련한 현실적 장애물, 총기 사용을 엄격히 규제하는 동아시아 국가 출신이라 편향된 문화적 시각을 갖고 있다는 점). 나는 A의 견해를 진심을 다해 경청하려 노력했고 A도 마찬가지였다. 그가 생각을 자극하는 많은 질문을 해주어서 고마웠다(예: 지금처럼 경찰에 대한 불신이 팽배한 상황에서 주州 정부가 총기에 대한 독점적 사용 권한을 갖는 것이 바람직할까?). 대화를 끝냈을 때 우리 둘은 이 주제에 대해 관점이 미묘하게 달라지게 되었다. 그리고 몇 가지 점에 대해서는 일부러 노력하지 않았는데도 서로 상대방을 설득하는 데 성공했다.

TALK 원칙을 잘 활용하면 의견이 아무리 심하게 대립해도 감정이 왼쪽 상단 사분면으로 흘러가는 것을 막을 수 있다. 그런 대화가 힘들거나 괴롭지 않다는 의미가 아니다. 하지만 주제를 능숙하게 관리하고, 좋은 질문을 던지고, 적당한 가벼움을 추가하고, 상대방을 충분히 배려하면 얼굴을 찌푸리며 대화를 끝내는 일을 막을 수 있다. 그러면 서로를 이해하고 공통점을 발견하면서 의미 깊고 만족스러운 대화를 이어갈 가능성이 생긴다.

대화가 점점 감당하기 힘든 방향으로 흐를 때 TALK 원칙을 어떻게 활용할지 막막할 수 있다. 대화가 말다툼으로 변하려 할 때, 상대방의 감정을 상하게 한 건 아닌지 걱정될 때, 편도체가 과열돼 마구 날뛰려 할 때, 당신과 상대방 사이에 건널 수 없는 큰 강이 흐르는 것처럼 느껴질 때 말이다. 다행히 이런 어려운 상황에서 TALK 원칙을 활용하는 법을 알려주는 연구 결과가 있다. 이 연구는 정체성 차이를 극복하고 과열되는 대화의 온도를 낮추면서 의견 충돌을 지혜롭게 다루는 전략을 제시했다.

대화를 연구하는 사람이 아니었다면 나 역시 학생들과 마찬가지로 대립된 의견을 보이는 누군가와 대화하는 연습에 몸서리를 쳤을 것이다. 예전부터 늘 '갈등 혐오증'이 있어서 상대방과 대립하거나 충돌하는 상황을 어떻게든 피하려 했기 때문이다. 하지만 이제는 그런 상황을 관리할 자신이 있다. 그러니 당신도 할 수 있다.

'다름'을 대하는 열린 태도

의견 충돌을 효과적으로 관리해 왼쪽 상단 사분면으로 흘러가는 일을 피하려면 어떻게 해야 할까? 의견이 대립하는 생산적인 대화에는 구체적으로 어떤 특징이 있을까? 의견이 달라도 대화가 즐거우려면, 또는 최소한 살벌하거나 적대적인 분위기가 되지 않으려면 어떻게 해야 할까? 개인적 신념이나 욕구가 다른 사람들이 불쾌해하지 않고 기분 좋은 상태로 대화를 끝낼 수 있을까?

사회과학자 줄리아 민슨과 마이크 요먼스, 한네 콜린스는 지난 10년 동안 이와 같은 문제를 연구했다. 트위터 사용자의 대화와 위키피디아 편집자의 대화, 언쟁이 벌어진 대면 대화 중 수십만 건을 검토해 의견이 충돌할 때 사람들이 사용하는 언어를 분석했다. 그리고 관계의 진전을 이끌어내는 정중한 표현과 적대감을 키우거나 의견 조율 및 설득에 실패하거나 회복할 수 없는 불화를 야기함으로써 비생산적 결과를 낳는 표현을 구분했다. 이들의 획기적 연구는 정중한(그리고 정중함이 결여된) 의견 충돌에서 쓰이는 언어를 밝혀냈다. 이는 흔히 대화 능력이 뛰어난 사람이 어려운 대화에서 사용하는 언어와 일치한다.

이들의 연구 결과에 따르면 의견이 대립해도 생산적 결과로 이어지는 대화에는 '수용성receptiveness'이라는 특징이 나타난다. 수용성은 자신과 반대되는 견해를 열린 태도로 대하는 것을 뜻한다. 반대 의견을 지닌 사람과 대화할 때는 앞서 설명한 다양한 차이로 적대감이 형성될 수 있다. 그러나 수용적 언어를 사용하면 적대감이 고조된 상태로 대화가 끝날 가능성이 줄어들 뿐 아니라 상대방이 그런 언어를 사용한 사람의 견해에 동의할 가능성이 커진다. 또 연구 팀은 적마저도 친구로 만드는 훌륭한 대화자(프리모 레비가 만난 그리스인 같은)가 사용하는 언어 전술인 일명 '수용성 레시피receptiveness recipe'를 밝혀냈다.

연구 팀은 한 실험에서 내가 강의실에서 하는 것처럼 미국인 피험자 수백 명에게 일련의 논쟁적인 대화 주제를 제시했다. 그중 하나는 이것이었다. "경찰과 소수 인종 용의자 사이에 최근 일어난 충돌 사건(경찰의 잔인한 진압과 인종차별에 대한 논란을 일으켰다)에 대중이 지나치게 강하게 반응하고 있는가?" 각 피험자는 이 주제를 읽은 뒤 자신과 완전히 다른 견해가 담긴 글을 제시받았다. 예를 들어 대중의 반응이 지나치게 과열됐으며 곳곳에서 일어난 '흑인의 생명도 소중하다Black Lives Matter, BLM' 시위가 과잉 반응이라고 생각하는 피험자는 다음과 같은 글을 제시받았다. 이 글은 피험자의 견해와 반대로 BLM 시위를 지지했다.

대중의 반응은 지나치지 않다. 오히려 대단히 약한 편이다. 최근 일어난 경찰과 소수 인종 용의자의 충돌은 오랫동안 존재해온 문제를 수면 위로 드러낸 사건에 불과하다. 소수 인종에 대한 폭행과 살해는 미국 역사 내내 발생했지만 실제보다 덜 알려졌다. 하지만 요즘은 휴대전화 동영상과 페이스북 라이브 덕분에 실시간 증거를 확보할 수 있다. 경찰과 지역 주민 사이에 심각한 문제가 존재하며, BLM을 비롯한 여러 시위를 통해 사회적 관심을 모아야 그런 문제를 해결할 수 있다.

피험자는 대화 상황에서 이런 견해에 어떻게 반응할까? 언어의 복잡한 특성을 감안하면 피험자의 반응으로 가능한 시나리오 수는 무한에 가깝다. (위 글을 쓴 사람에 비해) BLM 시위에 대해 회의적인 피험자 2명의 반응은 다음과 같았다.

A: 좋은 지적입니다. 당신 말이 무슨 뜻인지 알겠어요. 이런 문제가 오랫동안 잘 드러나지 않았다는 것은 어느 정도 맞는 사실 같습니다. 하지만 세인트루이스 출신으로서 퍼거슨 폭동 사태를 목격한 저는 상황이 침소봉대될 수 있으며 사람들로 하여금 문제를 실제보다 더 심각한 것으로 느끼게 할 수 있다고 생각합니다. 분명 문제가 있다는 사실에는 동의합니다. 하지만 때로는 대중의 관심이 엉뚱한 곳으로 쏠릴 가능성도 있습니다(2014년 세인트루이스 근

교의 퍼거슨시에서 백인 경찰관이 비무장 흑인 청년을 총으로 사살한 뒤 이에 대한 항의가 들끓으면서 시위와 약탈을 동반한 소요 사태가 발생했다-옮긴이).

B: 경찰과 용의자의 충돌 사건에 과잉 반응하는 것은 시민 모두에게 치명적 결과를 초래할 수 있습니다. 경찰에 대한 반감이 높아지면 경찰이 흑인 밀집 빈민가에 들어가는 것을 위험하다고 느끼게 됩니다. 따라서 그런 동네에 사는 주민은 자신을 스스로 알아서 지켜야 합니다. 왜냐하면 경찰이 필요해 도움을 요청해도, 경찰 자신도 총에 맞을 가능성이 있어서 그곳 주민들을 도와줄 수 없을 테니까요.

두 사람의 반응이 다르게 느껴지는가? 맞다. 이 둘은 분명 다르다. 연구 팀이 제3의 관찰자에게 수용성 측면에서 A와 B를 평가하게 했을 때 그 결과는 매우 큰 차이를 보였다. 관찰자들의 평가 결과에서 A는 전체 데이터세트 중 수용성이 가장 높은 편에 속했고 B는 수용성이 가장 낮은 편에 속했다. 아마 당신도 A가 의견 충돌에 대한 더 생산적인 접근법이라고 느낄 것이다. 왜 그럴까?

수용성 레시피를 구성하는 요소를 하나씩 살펴보자.

- 인정하기("당신 말이 무슨 뜻인지 알겠어요. 이런 문제가 오랫동안 잘 드러나지 않았다는 것은 어느 정도 맞는 사실 같습니다.")

간단한 방법 같지만 상대방이 한 말을 반복하는 것은 여러 긍정적 효과를 낸다. 먼저 상대방에게 자신의 말이 경청되고 있다는 기분을 안겨준다. 이것은 감정이 격해지기 쉬운 의견 대립 상황에서 훨씬 더 중요하다. 상대방의 말을 되풀이하며 인정하는 것에는 정보 측면의 장점도 있다. 정확히 이해하지 못했거나 오해한 지점을 알아내는 데 도움이 되므로 더 큰 문제로 악화되는 것을 막을 수 있다. 또 상대방의 말을 기억하는 데 도움이 된다. 반복한 것은 머리에 더 오래 남기 마련이다.

- 긍정적으로 평가하기("좋은 지적입니다.")

이것은 인정하기의 더 적극적인 버전이다. 상대방의 말을 다시 언급하는 것을 넘어 긍정적 평가를 덧붙인다. 상대방의 말이 마음에 든다고 표현하는 것이다. 사람은 누구나 타인에게 인정받기를 갈망한다. 하지만 우리는 남을 인정해주는 것을 잊을 때가 많다. 내 동료 애덤 마스트로이안니는 심리학자이자 스탠드업 코미디언인데, 그의 설명에 따르면 즉흥 코미디의 가장 중요한 규칙은 '예스, 앤드' 태도지만 상대적으로 덜 알려진 두 번째 규칙은 '상대 배우를 천재 코미디언처럼 생각하고 대우하라'다. 즉흥연기를 하는 상황이라 어쩔 도리가 없으므로 이를 악물고 상대 배우의 말을 다 받아주는 것이 아니라, 아무리 이상하거나 엉뚱하거나 자신이 원하는 방향과 반대되더라도 그의 연기와 실제로 사랑에 빠지라는 것이다. 그리고 그것을 표현하라는 것이다.

- 동의하는 부분 표현하기("분명 문제가 있다는 사실에는 동의합니다.")

의견이 충돌할 때 사람들은 대립하는 부분에만 집중하는 경향이 있다. 아이스크림, 부드럽게 일렁이는 파도, 음악, 좋은 책, 포근한 담요, 전구 장식의 반짝이는 불빛 등 우리가 같은 견해를 보이는 대상이 이 세상에 100만 개쯤 존재한다는 사실을 까맣게 잊는다. 어떤 대화 주제에서든 항상 우리의 생각이 일치하는 부분도 있고 다른 부분도 있기 마련이다. 게다가 특정 주제에 대해 의견이 대립한다는 것 자체는 양측 모두 그 주제가 시간을 할애할 가치가 있다고 생각한다는 암묵적 '의견 일치'를 반영한다.

안타깝게도 우리는 동의하는 부분을 표현하지 않을 때가 많다. 하지만 그런 지점을 잠깐만 언급해도 많은 것을 얻을 수 있다. 동의하는 점을 표현하면 합리적인 사람이라는 인상을 줄 수 있고, 양측 사이에 어느 정도 공감대가 형성된다. 심리학자 로더릭 스와브Roderick Swaab의 최근 연구 결과에 따르면, 힘든 협상을 시작하기 '전에' 양측 모두 달성하길 원하는 목적을 확인하는 것이 중요하다. 의견이 일치하는 부분을 발견한 협상자들은 서로를 더 우호적으로 대하고 설령 의견이 달라도 전반적으로 더 많은 가치를 만들어낸다. 우리는 의견이 대립하더라도 대화 중에 서로 동의하는 점을 얼마든지 언급할 수 있다.

- 비단정적 표현 쓰기("어느 정도 맞는 사실 같습니다." "때로는 대중의 관심이 엉뚱한 곳으로 쏠릴 가능성도 있습니다.")

'어쩌면', '아마도', '~인지도 모르겠습니다', '~일 가능성이 있습니다'처럼 애매하고 비단정적인 표현은 주장의 강도를 한 단계 낮추면서 당신이 문제의 미묘한 지점과 복잡성을 고려할 줄 아는 합리적인 사람이라는 인상을 준다. 세상에 언제나 옳은 동기란 없고, 항상 도덕적으로 훌륭한 감정도 없으며, 그 어떤 정체성도 다른 정체성보다 우월하지 않고, 어떤 사안에서든 특정한 견해를 확실하게 입증할 수 없다는 화자의 생각을 나타내는 것이다. 학자인 나는 이 점에 깊이 공감한다. 진실을 추구할 때 '100퍼센트' 확신할 수 있을 만큼 충분한 증거를 모을 확률은 낮다(또 그 진실과 관련한 주의 사항과 예외, 경계 조건을 세세하게 전부 이해하기도 어렵다).

비단정적 표현을 쓴다는 것은 우리가 가진 견해의 불확실성을 겸손하게 인정한다는 의미다. 기억날지 모르겠지만 제5강에서 살펴본 경찰 단속 사례 연구에서도 비단정적 표현은 상대를 존중하는 언어로 분류되었다. 얼핏 생각하기엔 비단정적이고 애매한 표현은 바람직하지 않은 것 같다. 확고하고 강하며 단호하게 말하는 편이 좋을 것 같다. 특히 우리가 똑똑하고 우리의 생각이 진실이며 우리 말을 믿어야 한다고 상대방을 설득하고 싶다면 말이다. 그러나 수용성에 대한 연구에 따르면, 실제로 사람들은 합리적이고 균형감을 갖췄으며 열린 태도를 지녔다는 인상을 주는 사람의 말을 믿고 그의 말에 귀를 기울일 가능성이 더 크다.

- 긍정적 방식으로 표현하기("경찰 자신도 총에 맞을 가능성이 있어서 그곳 주민들을 도와줄 수 없을 테니까요"는 부정적 표현 방식이다. 긍정적 표현 방식은 이렇다. "경찰은 시민의 안전은 물론이고 자신의 안전도 지켜야 합니다.") 의견이 일치할 때보다 충돌할 때 더 많은 인지적 노력이 필요하듯이 우리 뇌는 부정적 언어로 이뤄진 주장보다 긍정적 언어로 이뤄

진 주장을 더 쉽게 받아들인다. 경찰 단속 사례 연구에서도 긍정적 언어가 존중하는 언어로 분류되었다. 인간은 원래 손실 회피 경향이 있다. 우리는 이익을 얻을 가능성보다 손실을 볼 가능성을 감지할 때 더 강하게 흥분한다. 따라서 대화할 때도 양측이 치러야 할 대가보다 얻을 수 있는 이익에 초점을 맞추려 노력해야 한다. 긍정적 방식으로 표현한 말은 상대방이 이해하고 반응하기도 더 쉽고, 우리가 상대방과 함께 있어서 즐겁다는 느낌을 전달할 수 있다.

• **개인적 이야기 들려주기**("세인트루이스 출신으로서 퍼거슨 폭동 사태를 목격한 저는 상황이 침소봉대될 수 있다고 생각합니다.")

개인적 이야기(특히 자신의 실패나 약점과 관련된 이야기나 피해를 입은 경험)를 들려주면 상대방이 당신의 정체성과 당신이 특정한 동기나 견해를 지니게 된 이유를 이해하는 데 도움이 된다. 개인적 이야기를 공유하면 인간적인 느낌을 줄 수 있으며 공감대를 형성하고 상호 존중을 촉진할 수 있다. 반대로 사실적 정보와 설명만 나열하는 것은 글로 쓴 보고서에서는 효과적일지 몰라도 대면 대화에서는 논쟁적이고 따지기 좋아하는 사람이라는 인상을 줄 수 있다.

• **'설명용 단어' 피하기**("따라서 그런 동네에 사는 주민은 자신을 스스로 알아서 지켜야 합니다. 왜냐하면 경찰이 필요해 도움을 요청해도, 경찰 자신도 총에 맞을 가능성이 있어서 그곳 주민들을 도와줄 수 없을 테니까요.")

'왜냐하면', '따라서' 같은 설명용 단어와 '항상', '결코'처럼 확실성이나 일반화를 나타내는 단어는 독단적이고 잘난 척한다는 인상을 줄 수 있다. 이런 단어는 대중 연설 같은 일방향 소통이나 글에서는 유용할지 몰라도, 쌍방향 소통인 대화에서 자주 사용하면 상대방이 훈계를 듣는 기분을 느낄 수 있다.

다행히 내 강의실의 학생들은 앞 실험의 피험자들에 비해 강한 의견 충돌 상황을 더 잘 관리할 준비가 돼 있었다. 그 대화를 나눌 때쯤엔 수용성 레시피를 배워 연습한 상태였기 때문이다. 또 그들은 이런 대화를 통해 자신의 배려 능력을 테스트할 수 있었다. 의견이 반대되는 사람과 이야기를 나눌 때도 반응하며 듣고 존중하는 언어를 사용할 수 있는지 알아보는 것이다. 존중의 언어를 사용하고 반응하며 듣는 것은 그 자체로 좋은 접근법이지만, 의견이 대립될 때는 수용성 레시피의 특정한 요소가 꼭 필요할 때가 많다.

학생들은 논쟁적인 이슈에 대해 2인 1조로 10분 동안 대화했다. 그동안 나는 조용히 돌아다니면서 그들의 대화를 들었으며 한 팀 주변에 너무 오래 머물지 않았다. 그들은 비단정적 표현을 쓰고 상대의 말을 인정하고 긍정적으로 평가하는 등 수용성 레시피를 활용했다. 흥분해 목소리가 높아지거나 눈물을 글썽이는 경우는 없었다. 대신 계속 서로 눈을 맞추고 고개를 끄덕이고 이따금 미소를 지었고 믿기지 않겠지만 '크게' 웃음을 터뜨리는 경우도 있었다.

10분간의 대화가 끝난 뒤 모두가 다시 원래 수업 배열로 복귀했다. 그럼에도 그들의 말을 중단시키기가 어려웠다. 드디어 분위기가 차분해진 뒤 나는 대화 경험을 한마디로 표현해보라고 했다. '놀랍다', '너무 재미있다', '경이롭다', '최고의 경험이다', '대학원 과정 첫해에 이걸 가르쳤으면 좋겠다', '고등학교에서 배우면 좋겠다' 등의 대답이 나왔다. 이것은 특히 흥분한 소수의 반응이 아니었다. 내가 TALK 강의를 할 때마다 학생들 사이에 가장 인기 높은 수업 활동이다. 약 40퍼센트의 학생이 이것을 가장 재미있는 활동으로 꼽는다. 한 학기 동안 20가지가 넘는 활동(가장 친한 친구에게 전화해 대화하기와 유머 워크숍도 있다!)을 진행하는 점을 감안하면 대단히 높은 비율이다. 수용적 태도를 강화하는 도구를 충분히 활용하면 가장 골치 아픈 차이도 매끄럽게 해결할 수 있다. 한마디로 기적 같은 일이 일어난다.

처음부터 학생들의 대화는 서로의 중요한 차이를 전제하고 시작됐다. 둘 사이에 균열이 존재하는 것이다. 그들은 대화 주제에 대해 확고하게 의견이 대립했다. 하지만 이 균열은 넓고 깊은 틈으로 발전하지 않았다. 수용적 태도 덕분에, 설령 상대방을 설득하지 못한다 해도 대화하면서 왼쪽 상단 사분면의 강한 부정적 감정에 휩싸이지 않았다. 학생들은 의견이 충돌해도 괴롭거나 불편할 필요가 없다는 사실을 깨달았다. 양측의 생각이 대립해도 서로를 인정하고 즐거우며 생산적이고 뭔가를 얻는 대화를 할 수 있다.

수용하는 마인드셋

　수용성 레시피는 의견이 충돌하는 상황에서 효과적인 도구다. 하지만 다른 종류의 난관에 부딪혔을 때, 즉 감정이나 동기가 충돌하는 경우에도 유용하고 서로의 말이나 보디랭귀지를 오해하는 것을 막아주기도 한다. 수용성은 쉽지 않은 상황에서도 상대방을 이해하고 인정하려 적극적으로 노력하는 일종의 '마음가짐'이다. 그런 자세를 지니면 앞에서 설명한 수용성 레시피의 요소들이 자연스럽게 입에서 나오기 마련이다.

　어려운 대화 상황에서 우리는 동시에 여러 목적을 지니곤 한다. 상대방의 관점을 파악하고, 그의 감정을 인정해주고, 우리 의견에 동의하도록 그를 설득하고, 우리의 견해에 대한 확신을 유지하고, 상대방의 생각을 열린 마음으로 듣고, 부정적 결과를 피하고, 결정을 내리고, 때로는 결정 내리기를 피하고, 눈물이 나오지 않게 참고, 똑똑해 보이고, 서로의 감정이 폭발해 대화를 망치지 않고 싶다. 연구에 따르면 일부 목적(특히 상대방에 대해 더 '알려고' 하는 것)에 집중하고 다른 목적(특히 '설득하고' 싶은 마음)을 억누르면 수용적 마음가짐을 유지하는 데 도움이 된다. 설득하고 싶은 본능적 충동을 누르고 상대방의 생각과 입장에 대해 더 알려고 노력하는 사람은 그의 감정을 인정하고 수용적 언어를 사용할 가능성이 더 크고, 역설적이게도 결국 자기 의견에 동의하도록 상대방을 설득할 가능성도 더 크다. 내 학생들은 이렇게 말하곤 했다. "우리는 일부러 그러려고 애쓰지도 않았는데 두세 가지 점에서 서로를 설득하는 데 성공했어요."

이런 열린 태도는 본능적 반응과 반대된다. 우리는 누군가와 의견이 강하게 대립되면 본능적으로 그를 설득하고 싶어진다. 상대방이 틀렸고 내가 옳다는 사실을, 상대방이 아니라 내가 바라는 상황이 전개돼야 마땅하다는 점을 납득시키고 싶어 한다. 어차피 상대방을 설득하지 못할 바에는 최대한 빨리 대화를 끝내는 편이 낫다고 믿는다. 이는 흔히 사람의 견해가 고정적이라 바뀔 수 없다고 생각하는 경향 때문이기도 하다.

행동과학자 스타브 아티르Stav Atir와 여러 전문가가 진행한 연구는 사람들이 일상 대화에서 얻을 수 있는 정보(예를 들어 상대방의 관심사가 무엇인지, 왜 그것을 중요시하는지 등)의 양을 과소평가한다는 사실을 보여준다. 의견이 충돌하는 상황에서는 특히 더 그렇다. 우리는 의견이 다른 사람에게서 얼마나 많은 정보를 얻을 수 있는지, 그에 대해 얼마나 많은 것을 알 수 있는지 깨닫지 못한다. 대신 자신이 옳다는 생각에만 집중하면서 그것을 증명하려 애쓰곤 한다. 우리는 상대방이 자신만의 믿음에 갇혀 있다고, 그리고 견해를 바꿀 생각이 없을 거라고 가정한다. 최근 연구는 사람들이 대화 상대방이 반대 의견에 대해 알고자 하는 의지를 늘 과소평가한다는 것을 보여준다. 또 우리는 의견이 충돌하는 상대방을 다른 견해를 지녔지만 경청하는 사람이라고 믿는 대신 '경청할 줄 모르는 사람'이라고 일축하기 일쑤다.

타인의 수용성을 과소평가하는 경향은 대부분이 의견 충돌을 두려워하는 이유를 어느 정도 설명해준다. 우리가 사람들에게 반대 의견을 알고자 하는 태도가 없다고 믿으면 당연히 의견이 충돌하는 일 자체를 아예 피하고 싶어 하기 마련이다. 그리고 어쩔 수 없이 그런 상황을 맞닥뜨렸을 때도 우리는 상대방이 우리 이야기를 귀담아듣지 않는다고 생각한다. 연구에 따르면 상대방의 수용성을 과소평가할 경우 대화가 갈등을 낳을 가능성이 매우 크다. 우리가 상대방에게 우리에 대해 알고 싶은 마음이 별로 없다고 믿으면 상대방에 대한 관심과 존중이 줄어들고 대화가 만족스럽게 진행되리라는 기대치도 낮아진다. 따라서 자기 충족적 예언이 작동한다. 당신이 상대방이 당신에 대해 더 잘 알아보기보다 당신을 설득하려고만 한다고 믿으면 충돌이 생길 가능성이 높은 언행을 하게 되고, 그러면 상대방이 당신에 대해 알 수 있는 길은 점점 더 멀어지고 갈등과 불협화음만 커진다.

수용적 태도에서는 설득하려는 마음가짐이 아니라 더 알려는 마음가짐을 택한다. 상대방에 대해 더 알려는 마음가짐을 지니면 의견이 대립해도 적대적이거나 불쾌한 대화가 되지 않는다. 대신 서로 차이가 발생하는 원인을 이해함으로써 그 차이를 해결하거나 받아들일 수 있다.

더 알려는 마음가짐은 '신념 수정belief updating'이라는 심리적 프로세스가 진행될 수 있는 토대를 만들어준다. 두 사람이 서로 다른 신념을 지녔다고 가정해보자. 대니얼은 75세인 어머니를 요양원에 모시는 것이 최선이라고 믿는 반면, 동생 레이먼드는 어머니가 집에서 지내는 것이 낫다고 믿는다. 이때 두 사람이 상대방이 그런 믿음을 갖게 된 배경 정보를 알고 나면 자신의 신념을 수정할 수도 있다. '수용적' 태도를 취해야 대니얼은 레이먼드가 어머니가 한 층에서 모든 걸 해결할 수 있도록 집 구조를 개조하느라 고생했다는 사실을 알 수 있을 것이다. 레이먼드는 집을 리모델링한 것이 헛수고가 되지 않길 바라고, 그 비용을 자기가 다 부담했기 때문에 요양원 비용을 형과 나눠 낸다 하더라도 어쨌든 추가 지출이 생기는 것이 부담스럽다. 한편 레이먼드는 형이 어머니 집을 리모델링한 것을 매우 고마워하고 그 덕분에 집을 더 높은 가격에 팔 수 있다고 생각할 뿐만 아니라, 요양원 비용을 전부 낼 의향이 있다는 사실을 알게 될지도 모른다. 각자 알고 있던 정보가 업데이트되면서 현재 상황과 서로를 이해하는 방식도 달라지고, 운이 좋으면 두 사람은 합의에 도달할 수도 있다.

수용적 마음가짐을 지니고 그것을 언어로 표현하면 상대방도 그런 마음가짐을 지니도록 유도할 수 있다. 수용적 태도를 취하면 약해 보일 것 같은가? 상대방이 당신을 만만하게 보고 함부로 대할 것 같은가? 그런 걱정은 하지 마라. 여러 연구에 따르면 수용적 태도는 수용적 태도를 낳는다. 당신이 수용적 언어를 사용하면 상대방도 그럴 가능성이 매우 크다. 대화의 다른 많은 측면과 마찬가지로, 수용성에 관련해서도 사람들은 동기화되는 경향을 보인다. 즉 서로의 정중함 수준이 본능적으로 비슷하게 수렴된다. 친절하고 수용적인 태도를 지닌 상대방을 무례하게 대하는 것은 아예 불가능하진 않더라도 굉장히 어렵다. 그러므로 대화 주제가 아무리 까다롭더라도 누구나 배려와 수용성의 선순환을 일으킬 수 있다.

다름을 넘어서는 대화

어머니 문제로 이야기를 나누는 대니얼과 레이먼드 형제를 다시 소환해보자. 형제는 대화를 나누면서 서로 경제적 수준이 다르고 집을 직접 개조하는 일에 대한 생각도, 요양원에 대한 신뢰 수준도, 좋은 아들에 대한 관점도 다르다는 것을 분명히 알게 된다. 이들의 대화는 지각 구조의 가장 깊은 곳에 도달한 것이다. 즉 정체성 차이 말이다. 정체성과 관련된 문제는 사람들을 발끈하게 하고 강한 스트레스를 야기할 수 있다. 하지만 대화를 하다 보면 우리가 전혀 예상하지 못한 방식으로 정체성에 대한 부분을 건드리기 십상이다.

2013년에 나는 A. J. 워싱턴이라는 가상의 신인 쿼터백이 미식축구 팀과 계약하며 연봉을 협상하는 사례를 강의실에서 가르쳤다. 교수가 된 뒤 처음으로 맡은 협상 강의의 두 번째 수업 시간이었다. 우리는 유보 가치, 외부 대안, 합의 가능 영역, 조건부 계약 등의 개념을 사용해가며 워싱턴의 연봉 협상의 미묘한 부분과 복잡한 문제에 대해 함께 이야기를 나눴다. 수업 분위기는 매우 만족스러웠다.

나는 마지막에 학생들을 놀라게 할 깜짝 정보를 공개할 생각이었다. A. J. 워싱턴의 사례가 사실은 슈퍼스타 쿼터백 톰 브레이디Tom Brady가 뉴잉글랜드 패트리어츠 팀과 했던 연봉 협상을 토대로 구성한 것이라고 말해줄 참이었다. 내가 수업에서 활용한 워싱턴 사례 자료를 작성한 동료 교수 앤디는 과거에 뉴잉글랜드 패트리어츠의 구단 임원으로 오래 일했고, 그날 고맙게도 자신이 갖고 있는 슈퍼볼 우승 반지를 빌려주었다. 나는 학생들에게 깜짝 정보를 공개하면서 톰 브레이디 사진을 강의실 앞에 있는 스크린에 띄웠다. 눈썹을 치켜올리고 씩 웃으면서 "여학생들, 눈 호강하세요"라는 농담도 덧붙였다. 그런 다음 드라마틱하게 슈퍼볼 우승 반지를 꺼냈다. 학생들은 놀라 탄성을 질렀고 우승 반지와 사진을 찍으려고 줄까지 섰다. 신참 교수의 끝내주는 강의 연출이었다.

그로부터 며칠 뒤 이메일을 한 통 받았다. 학생 3명이 나를 만나고 싶다는 내용이었다. 구직 활동이나 행동과학에 대해 이야기를 나누거나 개인적 문제에 대해 조언을 얻고 싶어서라고 예상했다. 그런 학생은 수시로 있었기 때문이다. 내 방에 찾아온 세 학생은 먼저 강의가 너무 재미있다고 말했다. 그리고 잠시 뜸을 들이더니 한 사람이 입을 뗐다. "실은 교수님께 꼭 드리고 싶은 말씀이 있습니다." 나는 주저 말고 이야기해보라고 했다. 그는 톰 브레이디 사진이 수업에 등장한 그날 누군가는 불쾌함을 느꼈다고 말했다. 나는 깜짝 놀랐다. 아니, 혼란스러웠다. 그는 "여학생들, 눈 호강하세요"라는 말이 강의실의 모두가 당연히 이성애자이리라 단정하는 것으로 느껴졌다고 설명했다. 이성애자 학생에게만 해당하는 말이라는 것이었다. 3명의 학생은 교내 성소수자 단체의 대표로서 내가 이 점을 깨닫길 바랐다.

스스로 28세의 진보적 교수이자 성소수자 커뮤니티 지지자라고 여겨온 나는 너무 속상했다. 내가 누군가를 성적 지향 때문에 소외감을 느끼게 했다는 사실에 충격받았고, 학생들에게 정말로 미안하다고 말했다. 마음이 지독하게 불편했다. 한편으로는 마음 한구석에서 방어 심리도 작동했다. 겨우 그 말 한마디('여학생들') 때문에 학생 셋이 면담 일정을 잡고 내 방까지 찾아와 이야기한단 말인가? 내 딴에는 흔히 여자는 잘생긴 남자 운동선수한테 끌린다는 고정관념을 살짝 비꼬는 느낌으로 반어적 농담을 한 것이었다. 당연히 강의실 안 학생들은 전부 여자가 아니라 남녀가 섞여 있었고 모두가 톰 브레이디에게 호감을 느끼는 것도 아니었다. 무심코 던진 짤막한 농담이 불쾌감을 유발했다고?

하지만 가만히 생각해보니 학생들이 찾아온 이유가 이해되었다. 그들은 차이에 대한 인정과 존중을 원한 것이다. 내 농담은 모든 학생이 이성애자이고 모든 여학생이 톰 브레이디를 섹시하다고 느끼리라 가정한다는 느낌을 주었다. 그들의 정체성을 깊이 생각해보지 않고 순간적으로 내뱉은 말이 가시처럼 그들에게 꽂혔다. 그것은 성소수자 학생들이 일상에서 걸핏하면 겪는 일이었다. 그리고 설령 잠깐 던진 농담이라 해도, 제대로 바로잡지 않고 넘어가면 미세한 균열이 훨씬 심하게 벌어질 수 있다는 생각이 들었다. 학생들은 제대로 존중받지 못하고 무시당했다는 기분을 느낄 수 있고 나 역시 성소수자를 지지하는 열린 사고방식의 소유자라는 정체성과 관련해 부끄러운 기분이 들 것 같았다. 그리고 얼핏 사소해 보이지만 이런 사건은 좌절, 분노, 불신, 경멸 같은 왼쪽 상단 사분면의 강한 부정적 감정을 초래할 수 있다. 학생들은 틈만 나면 내 언행에서 차별적 편향의 신호를 찾을지 모르고, 나는 툭 하면 그들이 내 말에 민감하게 반응한다고 느낄지 모른다. 그러면 나와 학생들 사이의 신뢰와 연대감은 무너진다. 나는 다른 강의에서 이런 일이 발생하는 것을 숱하게 목격했다. 다른 사람의 국적이나 성 정체성, 종교, 모국어, 인종, 또는 그 밖에 정체성과 관련한 특성을 존중하지 않는 듯한 작은 사건이 교수와 학생 사이에 또는 학생들 사이에 일어나는 것을 말이다. 이런 일은 사소해 보여도 수업 전체 분위기를 망가뜨릴 수 있다.

그날 나는 학생들에게 진심으로 사과하고 그런 실수를 해서 민망하다고 말했다. 그들은 대다수의 교수가(사실은 대부분의 사람이) 그런 실수를 하는데, 이 문제를 툭 터놓고 말할 수 있다고 느낀 교수는 내가 처음이라고 했다(다행이다 싶으면서도 내가 처음이라는 사실이 안타까웠다). 그다음 주에 수업에 들어갈 때는 약간 긴장됐다. 하지만 다시는 비슷한 실수를 하지 않겠노라고, 더 좋은 교수가 되리라고 다짐했다.

이 일화는 정체성 차이가 있는 사람들 간의 대화에 늘 위험이 동반된다는 사실을 보여준다. 당신이 상대방의 인생 경험에 대해 아는 것이 적을수록 그에게 불쾌감을 안기는 말을 할 가능성이 크고, 상대방이 당신을 믿지 못할 가능성이 커진다. 그러면 왼쪽 상단 사분면의 감정이 자극될 가능성도 커진다. 톰 브레이디와 관련된 농담이 불쾌감을 초래한 것은 내가 학생들의 관점을 충분하게 이해하지 못했기 때문이다. 반어적 농담을 누군가는 문자 그대로 받아들여 기분이 상할 수 있다는 것을 몰랐기 때문이다. 우리는 늘 온갖 방식으로 이런 실수를 할 위험을 안고 살아간다. 어떤 화제나 말도 인종이나 종교, 성적 지향, 또는 집안의 전통과 연관된 것처럼 느껴질 수 있다. 이런 순간은 의견 충돌보다 더 큰 문제를 촉발하기도 한다. 정체성을 오해받았거나 무시당했다고 여겨지면 인간으로서 존중받지 못한다는 기분을 느끼기 때문이다.

내 입에서 타인의 정체성을 건드리는 가시 같은 말이 나온 것은 톰 브레이디 관련 농담을 했을 때뿐만이 아닐 것이다. 나도 모르는 사이에 그런 말을 얼마나 많이 하고 있을지 두렵다. 타인의 정체성에 꽂히는 가시는 눈에 보이지 않기 때문이다. 이렇듯 오해와 실수가 발생할 온갖 가능성을 감안하면 차이(서로에 대한 이해도 차이, 신념 차이, 정체성 차이 등)가 존재하는 사람과 대화하는 상황이 두렵고 부담스러울 수 있다.

따라서 많은 사람이 대화를 기피하는 것도 그리 놀랍지 않다. 실제로 심리학자 제니퍼 리치슨Jennifer Richeson과 니콜 셸턴Nicole Shelton의 최근 연구를 보면 대화하기를 조심스러워하는(즉 대화할 때 긴장하고 비난받을까 봐 불안해하는) 사람의 수가 과거 어느 때보다 많아졌음을 알 수 있다. 또 놀랍게도 이 연구는 말실수를 할 경우 자신의 정체성이 크게 위태로워지는 사람들이 대화를 기피하는 경향이 특히 강할 수 있다는 사실을 보여준다. 예를 들어 인종과 관련된 대화를 기피하는 모습은 반反인종차별주의자인 진보 성향 백인에게 특히 많이 나타난다. 철학자 타마 사보 겐들러Tamar Szabó Gendler가 지적했듯, 오랜 세월 인종차별이라는 문제가 존재해온 사회에서 살아가는 일은 인종적 편향을 직접 경험한 이들뿐 아니라 그런 뿌리 깊은 차별 문제에 저항하는 사람들, 즉 소수집단의 목소리를 열렬히 지지하는 다수 집단에도 큰 인지적 부담을 안긴다. 이들은 무심코 다른 사람의 정체성을 오해하거나 무시하는 말을 하게 될까 봐 크게 우려하므로 인종 관련 대화를 강하게 기피할 수 있다. 그럴 위험이 있는 대화에 참여하느니 차라리 아예 대화하지 않는 편이 더 쉬운 것이다.

이런 회피는 인종처럼 정치적으로 민감한 정체성 문제에만 국한되지 않는다. 앞서 언급한 대니얼과 레이먼드는 둘 다 '좋은 아들'이 되고 싶지만 방법에 대해서는 생각이 다르다. 대니얼은 만약 자신이 직접 어머니를 돌볼 수 있는데도 요양원에 보낸다면 그것이 나쁜 아들의 행동이라고 생각하는 반면, 레이먼드는 집을 리모델링했는데도 어머니를 요양원에 보내는 것이 나쁜 아들의 행동이라고 생각한다. 두 사람은 정체성과 관련해 서로 충돌하는 지점 탓에 결국 서로를 피하거나, 만나더라도 이 화제를 기피하거나, 이 문제로 싸워 상황이 더 나빠질 수도 있다.

타인의 입장에서 바라보기

나와 다른 상대방의 대화를 피하지 않고 받아들이되 왼쪽 상단 사분면의 감정에 이르지 않으려면 어떻게 해야 할까? 정체성이 다른 사람과 대화하는 것도 배려 능력을 시험하는 테스트에 해당한다. 우리는 상대방이 자신과 너무나 '다를 때도' 반응하면서 듣고 존중하는 말을 사용하며 그의 관점과 정체성을 이해할 수 있을까?

우리는 어릴 때 황금률을 배웠다. '남들이 당신에게 해주기를 바라는 대로 남들을 대하라'는 것이다. 여기에는 우리와 크게 다른 사람에게도 친절을 베풀라는 의미가 담겨 있다. 이는 꽤 바람직한 도덕적 원칙이다.

그런데 황금률은 정체성이 다른 사람과 대화할 때 생기는 난관을 극복하는 데도 도움이 될까? 어떤 면에서 사람들이 당신에게 대우받고 싶은 방식은 당신이 원하는 방식과 일치한다. 우리는 누구나 인정받기를, 귀 기울여주기를, 이해받기를 원하며 만족감을 느끼길 원한다. 하지만 다른 측면에서 보면 그들이 당신에게 대우받고 싶은 방식은 당신이 원하는 방식과 '다르다.' 왜냐하면 사람들은 저마다 다른 존재이기 때문이다. 그들은 당신과는 특징과 경험, 취향, 목적, 감정, 가치관이 다르다. 누구나 존중받고 싶어 하지만 그 의미는 사람마다 다를 수 있다.

따라서 황금률은 무조건 적용할 수 있는 절대 원칙이 아니다. 타인을 배려하며 친절을 베풀라는 조언과 함께 '다른 사람의 관점에서 생각해보라', '상대방 입장이 되어보라'라는 말을 들었을 것이다. 이론상으로는 훌륭한 말이다. 하지만 그동안 이뤄진 연구에 따르면 인간은 다른 사람의 마음을 추측하는 능력이 대단히 부족하다. 한마디로 우리는 타인 입장에서 생각하는 능력이 형편없다.

예를 들어 심리학자 탈 에얄Tal Eyal과 메리 스테펠Mary Steffel, 닉 에플리Nick Epley는 피험자들에게 다양한 상황에서 다른 사람의 관점을 상상하게 하는 실험을 했다. 피험자들은 연구 팀의 요청에 따라 다른 사람의 얼굴 표정 및 몸의 자세를 근거로 감정을 예측

했다. 또 사진에서 진짜 미소와 가짜 미소를 구분해 답했고, 영상 속 인물이 거짓말을 하는지 진실을 말하는지 추측했으며, 자신의 배우자가 여러 선택지 중 어떤 활동을 하고 싶어 할지 예측했고, 다양한 제품에 대한 소비자의 태도를 추측했다. 연구 팀은 이와 같은 다양한 상황에서 '다른 사람의 관점에서 바라보는 것'이 그의 생각을 이해하는 데 도움이 된다는 증거를 발견하지 못했다.

이때 중요한 문제가 하나 있다. 타인의 생각을 직접 들여다볼 수 없으므로 우리는 이런저런 직관적 전략을 이용해 상대방에 대해 예측하는 경향이 있다. 가장 흔한 전략은 자기 자신의 생각과 감정에서 도움을 얻는 것이다. 심리학자들은 이를 '자기중심적 투사egocentric projection'라고 부른다. 자신의 관점에 비추어 타인에 대해 예측하는 것은 때로 유용하지만, 우리는 거기에 너무 크게 의존해 타인의 관점이 우리와 다를 수 있다는 점을 제대로 인식하지 못한다. 우리의 자기중심성은 다음과 같은 여러 편향을 일으킨다. 우리는 남들이 우리와 취향이 같을 가능성을 과대평가한다(자기중심적 투사, 합의성 착각). 전문가는 비전문가와 의사소통할 때 상대의 부족한 지식을 인지하지 못한 채 설명한다(지식의 저주). 또 우리는 상대방이 우리의 감정과 기분을 잘 알 것이라고 가정하며(투명성 착각), 자신이 분노나 불안을 느끼지 않는 상태에서는 그런 감정에 휩싸인 사람에게 공감하지 못한다(흥분과 냉정 사이의 공감 격차).

하지만 다른 사람의 관점을 알 수 있는 좋은 방법이 있다. 바로 '물어보는' 것이다. 에얄과 스테펠, 에플리는 관점 수용 연구 프로젝트의 마지막(25번째) 실험에서 피험자들에게 《컨슈머 리포트 Consumer Reports》(미국의 상품 정보 잡지-옮긴이)에서 얻은 20개의 견해 표명 문장을 보여주었다. 예를 들어 '나는 충동구매를 자주 한다', '나는 집에 있는 것을 좋아한다', '내 주요 오락은 텔레비전 시청이다' 등이었다. 그리고 그들을 2인 1조로 짝지은 뒤 파트너가 각각의 문장에 동의할지 아닐지 추측해보게 했다. 그 결과 상대방의 취향이나 감정, 생각을 정확히 추측하기는 대단히 어려운 것으로 드러났다(사실상 불가능했다). 하지만 피험자들이 대화하며 상대방의 생각을 직접 묻자 서로의 관점을 제대로 이해하고 서로의 견해에 대해 훨씬 더 정확하게 대답할 수 있었다. 어찌 보면 당연한 결과 같지만 이 실험은 중요한 통찰력을 보여준다. 연구 팀은 이렇게 결론 내렸다. '타인의 생각을 이해하는 길은 그의 관점에서 '바라보는' 것이 아니라 그의 관점을 실제로 '파악하는' 것이다.'

    대화는 다른 사람의 관점을 파악할 수 있는 좋은 기회다. 우리는 우리와 정체성이 다른 사람은 물론이고 '그 누구를' 만날 때도 그 기회를 활용해야 한다. 얼핏 우리와 비슷해 보이는 사람도 겉으로 쉽게 드러나지 않는 정체성 측면에서는 우리와 완전히 다를 수 있다. 타인의 관점을 파악하면 그가 어떤 언행을 무례하거나 불쾌하다고 느낄지 짐작할 수 있다. 그래야 내가 강의실에서 한 것 같은 실수를(그리고 더 심한 실수도) 피할 수 있다. 하지만 관점 파악 자체를 목표로 삼아 대화를 위한 도구로 활용하는 것도 좋다. 상대방에 대해 아는 것이 적다는 사실을 대화의 장애물로 느끼는 대신 대화를 이어갈 추진력으로 삼을 수 있다는 얘기다. 우리가 서로에 대해 잘 모르는 부분은 늘 많으니까 말이다.

타인의 관점을 파악하기

관점 파악하기와 수용적 태도에 중요한 유사점이 있다는 사실을 알아챘을 것이다. 황금률의 기본 정신이 밑에 깔려 있는 이 둘 모두 (우리가 아닌) 상대방을 이해하고 인정하는 데 초점을 맞춘다. 즉 '타인 지향성'을 전제한다. 또 더 알려는 마음가짐도 필요하다. 상대방이 어떤 생각을 지녔는지 알려는 자세, 그의 경험과 지식에서 배우려는 자세 말이다. 특히 우리와 상대방이 많이 다를 때는 그런 마음가짐이 더욱 필요하다.

관점 파악하기는 편향된 판단을 당하거나 무례하거나 불쾌한 발언을 듣는 사람에게도 도움이 된다. 그런 사람은 불쾌한 발언을 한 상대방이 자신을 싫어하거나 혐오하거나 불공정하게 대우한다고 적대적으로 가정하는 대신 상대방의 동기를 물어볼 수 있다. 학생들이 성소수자를 대표해 나를 만나러 온 것은 퍽 다행스럽고 고마운 일이었다. 그랬기에 그들은 내게 성소수자를 배제하거나 무시하려는 의도가 없었음을 알 수 있었다. 힘든 대화 상황에서(한번에 다수를 상대하는 것은 결코 쉬운 일이 아니다!) 나름 최선을 다하며 반어적 농담을 잠깐 던진 것일 뿐이라는 사실을 말이다. 학생들이 사과를 받아준 것은 내게 중요했다. 성소수자 지지자라는 내 정체성을 인정해주는 의미도 있었기 때문이다. 이것은 학생들과 나의 관계를 위해, 건강한 강의실 문화를 위해, 나아가 하버드 비즈니스 스쿨 전체를 위해서도 중요했다. 그들의 정중하면서도 단호한 태도, 그리고 나의 수용적 태도와 더 나은 교수가 되겠다는 다짐이 함께 더 나은 대학 공동체를, 더 포용적이고 긴밀한 연대감으로 뭉친 공동체를 만들었다.

이와 같은 관점 파악하기에 도움이 되는 지침을 TALK 원칙에서 찾아보면 다음과 같다.

- 상대방에게 관심을 갖고 질문한다.
- 상대방이 별로 대답하지 않고 싶어 해도 인내심과 친절을 보인다.
- 우리 자신의 미숙함을 소재로 자기 비하적 농담을 한다.
- 존중하는 언어를 사용한다.
- 상대방의 감정을 인정해준다.
- 관대한 태도로 반응하며 듣는다.
- 크게 대립하는 견해에 대해서도 수용하는 태도를 보인다.

'타인의 관점에서 바라보는 것'은 여러 맹점 탓에 갈등 해결에 크나큰 장애물이 되는 것으로 밝혀졌지만 질문하고, 상대를 긍정하고, 수용적 태도를 보임으로써 '타인의 관점을 파악하는 것'은 상호 이해와 공감대를 형성하는 확실한 방법이다.

무엇보다 중요한 것은 나와 다른 사람과 대화하는 일을 두려워하지 않는 것이다. 설령 확신이 없다 해도 대개는 대화를 하는 것이 대화 자체를 피하는 것보다 낫다. 심리학자 키아라 산체스Kiara

Sanchez의 연구는 흑인과 백인이 인종을 주제로 이야기를 나눠도 매우 만족스러운 대화가 될 수 있다는 사실을 보여준다. 대화를 나누고 6개월 뒤에도 두 사람이 서로에게 느끼는 친밀감은 더 강해져 있었다. 또 정치학자 데이비드 브룩먼David Broockman과 조슈아 칼라Joshua Kalla가 플로리다에서 진행한 획기적 연구는 트랜스젠더인 캔버싱(canvassing: 자원봉사자가 유권자의 집을 찾아다니며 투표를 독려하는 선거운동-옮긴이) 담당자와 10분간 나눈 대화가 트랜스젠더에 대한 혐오감을 줄이고 차별 금지법에 대한 지지를 높였다는 사실을 보여주었다.

이유가 무엇일까? 그저 만나 이야기하는 것만으로도 상대방을 나와 같은 인간으로 느낄 수 있기 때문이다. 대화는 사람들로 하여금 누구나 단 하나의 정체성으로 정의할 수 없는 다면적 존재라는 사실을 깊이 느끼게 한다. 시스젠더(cisgender: 생물학적 성별과 자신이 느끼는 성별이 일치하는 사람-옮긴이)인 플로리다 주민들은 트랜스젠더 캔버싱 담당자가 재미있고 다정하며 예술이나 농구에 관심이 많고 친근하게 시선을 맞추며 사려 깊은 질문을 한다는 것을 직접 느꼈다. 또 그들도 누군가의 자식이고 누군가의 부모였다. 참여자들이 선의를 갖고 조정 게임에 임한다면 서로에 대해 많은 것을 알 수 있다. 대화를 통해 상대방을 특정한 하나의 범주(예컨대 트랜스젠더)에 속하는 단편적 개인으로 보는 대신 복잡하고 미묘한 여러 특성을 지닌 동시에 트랜스젠더이기도 한 개인이라고 보게 된다. 그것이 대화가 지닌 마법 같은 힘이다. 대화 주제가 무엇이든 간에 우리는 대화라는 행위를 함으로써 타인의 관점을 이해할 수 있다.

그것은 배려의 궁극적 목적이기도 하다. 배려는 결국 우리가 상대방이 원하는 대로 그를 인정한다는, 즉 관심과 존중을 받을 가치가 있는 소중하고 복잡한 하나의 인간으로서 인정한다는 사실을 알려주기 위한 것이다. 사실 차이를 인정하는 것은 TALK 원칙에 덧붙여지는 추가 의무 사항이 아니라 그 자체로 '핵심' 원칙이다. 우리가 만나 대화하는 모든 사람은 결코 한두 가지 특성으로 정의할 수 없다. 그리고 모든 훌륭한 대화에서는 지나치게 단순화하는 틀에 박힌 사고를 지양하고, 모든 사람을 복잡 미묘하며 고유한 가치를 지닌 개인으로 대하려고 온 힘을 다해 노력한다.

대화가 과열될 때

때로는 아무리 노력해도, 다시 말해 수용적 태도를 취하고 더 알려는 마음가짐으로 상대방의 관점을 파악하려 애써도 대화가 지나치게 과열된다. 어느새 감정이 왼쪽 상단 사분면으로 옮겨 가고 생리학적 반응까지 동반된다. 예컨대 심박수와 스트레스 호르몬이 상승하거나 눈물이 터져 나온다. 때로 이런 생리학적 반응은 제어가 불가능하다.

게다가 왼쪽 상단 사분면의 감정은 대화 상대방과 전혀 상관이 없는 온갖 이유로 촉발될 수 있다. 당신은 두통이 있거나 심하게 피곤할지도 모른다. 또는 아까 만난 사람 때문에 엄청 열이 받았는데 그 감정이 현재 나누는 대화에 영향을 미칠 수도 있다. 오후에 어려운 프레젠테이션이 예정돼 있어서 스트레스를 받고 있을 수도 있다. 원인이 무엇이든 간에 왼쪽 상단 사분면의 강한 부정적 감정이 일어나면, 수용적 태도와 상대방의 관점을 파악하려는 노력도 대화 분위기가 과열되는 것을 막지 못할 수 있다.

언젠가 친구 가족의 숲속 오두막집에서 하는 캠핑에 따라간 적이 있다. 어느 날 밤 25명쯤 되는 사람(대부분 그녀의 가족과 친척이었다)이 모닥불 앞에 둘러앉아 스피드 퀴즈 게임을 했다. 한 사람이 같은 팀의 다른 사람에게 특정 어구(예: 보헤미안 랩소디)에 대한 힌트를 주면 그 다른 사람이 정답을 맞히는 게임인데, 이때 문제 내는 사람은 힌트를 줄 때 해당 어구에 포함된 단어를 사용하면 안 되었다("퀸의 가장 유명한 노래야. 프레디 머큐리가 만든 거! 오페라 느낌이 나는 노래!").

한번은 문제를 내는 쪽인 에이미가 '발로니baloney'라는 제시어를 받았다. 에이미는 어떻게 설명해야 할지 몰라 크게 당황한 표정이었다. 그녀는 답답해하며 하늘로 잠깐 시선을 던졌다가 황급히 'baloney'와 도플갱어 격인 단어 'Bologna'를 외쳤는데 영어 알파벳 그대로 '볼로그나'라고 발음했다('baloney'는 이탈리아 도시 또는 이 도시의 유명한 소시지 이름인 'Bologna볼로냐'에서 유래했다. 두 단어는 발음도 비슷하고 일상 대화에서 호환적으로 사용된다-옮긴이). 급한 마음에 당황해서 어이없는 힌트를 내뱉은 것이다. 에이미 자신도 바보 같은 힌트를 말했음을 인정하듯 '어머나, 이거 반칙 아닌지 모르겠네'라는 표정을 지었다.

그때 에이미의 조카인 존이 그냥 지나가거나 부적절한 힌트임을 알려주고 다음 문제로 넘어가는 대신 흥분해서 따졌다.

존: '발로니'가 정답인데 '볼로냐'를 힌트로 주면 어떡해요! 반칙이에요!

도라(존의 사촌): 우리 엄마한테 그딴 식으로 말하지 마!

존: 빌어먹을, 이건 반칙이라고!

테드(존의 아버지): 할머니도 계시는데 그게 무슨 말버릇이야!

레이철(존의 어머니): 존 말이 맞네. 반칙이야.

도라: 그래도 우리 엄마한테 그런 식으로 말하는 건 좀 아니죠!

존: 너 진짜로 나한테 화내는 거야? 진심으로?! '볼로그나'라고 하는 거 못 들었어? 정말 미치겠네!

이후 사람들은 모닥불 앞을 떠나 뿔뿔이 흩어졌다. 나를 포함해 남은 대여섯 명은 이게 무슨 일인가 싶어 어안이 벙벙했다. 친구가 나중에 얘기해준 바에 따르면, 볼로냐 사건 때문에 식구들 사이가 틀어져 회복하기까지 몇 년이 걸렸다고 했다. 다른 문제로 오래전부터 있던 보이지 않는 갈등이 터졌기 때문이라고 했다. 단순히 볼로냐가 원인이 아니었던 것이다. 그날 에이미가 당황해 잘못 내뱉은 단어 하나가 순식간에 상황을 파국으로 몰고 갔다. 설령 나쁜 의도가 없었다 할지라도 이런 종류의 상황 전개는 일상에서 생각보다 자주 일어난다.

때로는 참여자들이 너무 흥분해서 대화를 중단하는 것이 최선이다. 시간이 흘러 마음을 진정시키고 이성을 되찾을 수 있도록 말이다. 하지만 흥분이 과열되기 전에 막을 길은 분명히 있다. 뚜렷한 부정적 감정을 관리하는 방법에 관련된 많은 심리학 연구가 있다. 이런 연구는 대화 도중 감정이 과열될 때 감정을 관리하는 몇 가지 구체적 방법을 알려준다.

우선 추천할 만한 방법은 부정적 감정을 긍정적 관점으로 재구성하는 것이다. 우리는 불안하거나 화가 나거나 두려우면 본능적으로 자신을 차분하게 진정시키려 애쓴다. 하지만 이런 식의 감정 전환을 하려면 흥분도와 감정가의 수준을 '동시에' 바꿔야 한다. 다시 말해 감정의 원형 표 왼쪽 상단에서 오른쪽 하단까지 대각선으로 이동해야 한다. 그러나 내 연구에 따르면 부정적 감정을 그것과 흥분도가 같은 긍정적 감정으로 재해석하는 것이 더 효과적이다. 예컨대 불안을 설렘으로, 침울함을 평온함으로, 괴로움을 열정으로 재해석하는 것이다(심리학에서는 이를 '인지적 재해석cognitive reappraisal'이라고 한다). 이렇게 하면 우리가 소비하는 정신적 에너지가 줄어든다. 감정의 원형 표 중 왼쪽에서 오른쪽으로 넘어가기만 하면 되니까 말이다. 인지적 재해석 프로세스에서는 생리학적 반응을 변화시키는 것(심박수를 떨어뜨리고, 땀이 나지 않게 하고, 코르티솔 수치를 낮추는 등)을 목표로 삼지 않는다. 단지 그런 자동적 반응을 바라보는 관점을 바꿔 마음속에서 부정적인 것이 아니라 긍정적인 것으로 재해석하는 것이다.

내가 진행한 연구에 따르면 인지적 재해석은 감정을 경험하는 방식(불안이 아니라 설렘을 느낀다)과 행동(대화 상대자로 더 좋은 사람이 된다)에, 그리고 남들에게 심어주는 인상(더 자신감 있고 유능한 사람으로 비친다)에 큰 영향을 미칠 수 있다. 예를 들어 대화 중 누군가가 "프레젠테이션을 앞두고 기분이 어때요?"라고 물을 때 "불안해 죽겠어요" 대신에 "마음이 설레요"라고 대답할 수 있다. 그러면 자신도 실수할 가능성보다 성공적으로 끝낼 가능성에 더 집중하게 된다.

우리 자신뿐 아니라 대화 상대방의 인지적 재해석도 유도할 수 있다. 때로는 질문을 활용하면 좋다. 당신의 재해석을 강요하지 않고 상대방이 스스로 감정을 들여다보도록 질문하는 것이다. "왜 불안한 것 같아요? 지금 그런 기분을 느끼는 건 마음이 설레기 때문일 수도 있지 않을까요? 당신은 일이 잘못될 가능성에만 너무 집중하는 것 같아요. 일어날 수 있는 좋은 결과는 어떤 게 있을까요?" 심리 치료사는 이런 기법으로 내담자를 돕곤 하는데, 우리도 일상 대화에서 얼마든지 활용할 수 있는 방법이다.

제4강에서 처지는 대화 분위기를 전환할 때 사용하는 '상황 수정'이라는 전략을 설명했다. 부정적 감정을 가라앉히고 대화가 과열되는 것을 막을 때도 이 전략을 사용할 수 있다. 내 친구의 아기가 울음을 멈추지 않을 때면 친구 어머니는 물을 찾으라고 조언했다. 아기를 안고 밖으로 나가 비를 맞히거나, 따뜻한 물을 받은 욕조에 앉히거나, 호숫가를 걸으며 물을 보여주거나, 싱크대 물에 담근 접시를 갖고 놀게 하거나, 분무기로 서로에게 물을 뿌리며 놀라는 것이다. 어떤 방식이 됐든 물은 아기의 울음을 그치게 한다. 아기를 둘러싼 상황을 돌연 바꾸면 아기의 기분을 바꾸는 데 효과가 있다.

이처럼 맥락을 바꾸는 전략은 아기뿐 아니라 성인에게도 효과가 있다. 예를 들어 회의실에 부정적 감정이 가득하다면 밖에 나가 점심 식사를 하면서 다시 이야기를 시작해본다. 누군가에게서 온 이메일 때문에 짜증이 나려 한다면 전화를 걸어 이야기를 나누거나 직접 만나본다. 내 친구 부부는 의견이 자꾸 엇나가는 것 같으면 함께 박수를 치면서 "자, 리셋!"이라고 외친다. 맥락을 바꾸기 위해 꼭 거창한 접근법을 동원해야 하는 것도 아니다. 방법은 무궁무진하다. 그저 자리에서 일어나거나, 불을 켜거나, 초를 꺼내 불을 붙이거나, 가볍게 한잔하거나, 밖에 나가 산책을 하거나, 제3자를 대화에 참여시키기만 해도 대화 분위기를 완전히 바꿀 수 있다. 안타깝게도 우리는 대화에 빠져 있다 보면 그런 수많은 선택지가 있다는 사실을 까맣게 잊어버리곤 한다. 하지만 대화를 잘하는 사람은 대화의 온도에 세심하게 신경 쓰며 환경의 작은 변화도 큰 효과를 낼 수 있다는 사실을 잊지 않는다.

때로는 대화가 과열되고 있다는 사실을 인정하기만 해도 과열을 막을 수 있다. 행동과학자 저스틴 버그Justin Berg와 줄리언 즐라테브Julian Zlatev가 진행한 최근 연구는 다른 사람의 감정을 언어로 나타내면("당신, 마음이 심란해 보여요", "우리의 대화 분위기가 좀 우울한 것 같아요") 상호 신뢰를 촉진할 수 있다는 것을 보여준다. 상대방의 감정을 언급하며 인정한다는 것은 그가 바라는 것을 채워주기 위해 기꺼이 시간과 노력을 쏟을 생각이 있다는 의미이기 때문이다. 내 동료 교수 신시아는 수업 도중에 가끔 이렇게 말한다.

"강의실 분위기가 왜 이래요? 자, 다 함께 분위기를 바꿔볼까요?" 아주 괜찮은 방법이다. 이런 말은 강의실 공기를 세심하게 살피고 배려심 많은 사람이라는 인상을 준다. 또 화제를 바꾸는 훌륭한 변곡점 역할도 한다.

훨씬 더 근본적인 접근법도 있다. 우리가 특정한 감정을 느끼는 '이유'를 알면 상당히 도움이 된다. 심리학자 야엘 밀그램Yael Millgram과 매슈 노크Matthew Nock, 데이비드 베일리David Bailey, 아밋 골든버그Amit Goldenberg는 사람들이 일상생활에서 느끼는 감정의 원인을 얼마만큼 이해하는지 연구했다. 이를 위해 일주일에 걸쳐 피험자들이 그때그때 감정의 원인을 평가한 답변 5,000건 이상을 수집해 분석했다. 그 결과 자신이 느끼는 감정의 원인을 잘 아는 사람일수록 더 효과적인 정서 조절 전략(인지적 재해석, 상황 수정 등)을 사용하는 것으로 드러났다. 또 그런 사람은 전반적인 삶의 만족도도 더 높았다.

감정의 원인을 찾아내면 감정을 더 잘 관리할 수 있고, 따라서 대화의 질도 높아진다. 자신이 느끼는 감정의 원인을 찾아낼 줄 아는 사람은 상대방이 특정한 기분을 느끼는 이유도 알아낼 가능성이 높다. 효과적인 주제 관리, 질문하기, 가벼움, 배려를 활용해 당신과 상대방이 함께 찾아낼 수 있다. TALK 원칙은 왼쪽 상단 사분면의 감정에 휩쓸리지 않고 지각 구조의 층들을 파헤쳐 서로의 차이를 이해하게 도와준다.

갈등과 긴장감을 해소한 사례

내 학생들은 의견이 대립하는 파트너와 대화하는 연습을 하면서, 양쪽이 수용성에 대해 배우고 나면 얼음 같은 팽팽한 긴장감이 녹아 사라질 수 있다는 것을 경험한다. 그런 뒤 나는 한 단계 더 높은 과제를 낸다. 실제 현실에서 해보게 하는 것이다. 학생들은 평소에 자신과 갈등 관계이거나 의견이 대립하는 사람에게 연락해야 한다. 나는 학생들에게 수업에서 배운 수용성 전략을 활용해 그 사람과 생산적 대화를 나누되 감정이 격해지지 않게 관리하라고 당부한다.

실제 현실에서는 의견이 충돌하거나 대화가 어려워지는 순간이 수업의 연습 활동에서처럼 명확하게 드러나거나 예측 가능하지 않을 때가 많다. 사실 많은 차이와 긴장감, 갈등이 수면 아래쪽에서, 대화 당사자와 관찰자 모두에게 보이지 않는 곳에서 휘몰아치고 있을 수 있다.

이 과제를 하면서 학생들이 녹음하는 대화의 주제는 굉장히 다양하다. 룸메이트와 집안일을 분배하는 문제, 애인과의 관계에 대한 고민, 부모님과의 해묵은 문제 해결, 사업 파트너와 상의해 전략적 결정 내리기, 일자리를 제안한 고용주와 협상하기 등등. 어떤 대화 상황은 그들이 예상한 것이지만, 어떤 경우에는 갑자기 그런 상황이 발생해 황급히 과제 제출용 대화로 결정한다. 학생들은 모두 훌륭하게 과제를 완수하지만, 그중에서 특히 기억에 남는 대화가 있다. '에마'라는 학생이 제출한 과제다.

외부인이 듣기에 에마가 여동생 서맨사와 나눈 대화는 평범하게 느껴진다. 녹음 자료를 들어보면 약간 단조로운 두 목소리가 일과 여행에 대한 생각을 주고받는다. 그들도 자신의 평범한 대화에 따분함을 느끼는 것처럼 들리기도 한다. 에마의 설명에 따르면 사실 자매의 대화는 몹시 어려운 대화였는데, 그 이유는(그리고 결국 특별한 대화가 될 수 있었던 이유도) 지표면 아래 깊은 곳에 숨겨져 있다.

다른 형제자매 없이 단둘이고 두 살 터울인 에마와 서맨사는 어릴 때 무척 친했다. 대학 졸업 후 자매는 아버지 근처에서 같이 살 아파트를 구했다. 사고로 다친 아버지가 회복하는 동안 근처에 살면서 돌봐드리고 싶었기 때문이다. 아버지가 사고를 당한 후 자매는 여러모로 힘들어졌다. 아버지를 보살피느라 정신적으로나 육체적으로 지쳐버린 에마와 서맨사의 관계에는 예전 같은 끈끈함이 사라지고 껄끄러움과 불편함이 생겨났다. 한번은 서맨사가 음식은 거의 먹지 않고 계속 운동만 한다는 사실을 에마가 알아챘다. 에마가 걱정돼 잔소리를 하자, 서맨사는 방어적 태도로 변하면서 자신을 도와주고 싶어 하는 언니의 말을 묵살해버렸다.

그 사건이 있고 얼마 안 돼 에마는 대학원에 진학하기 위해 이사했다. 최근 2년 동안 자매가 대화한 횟수는 손에 꼽을 정도였다. 아버지의 거처와 관련된 문제를 상의하거나(주로 문자메시지로 했다) 가족 모임이 있을 때 등이었다. 나중에는 서맨사도 대학원에 지원했다. 두 사람이 꼭 필요한 일 때문에 가끔 대화할 때면 어색하기 짝이 없었다. 서로에게 상처가 되는 말을 하기 일쑤였고, 마음속 앙금도 여전히 느껴졌다. 게다가 서맨사가 에마가 다니는 대학원에 불합격한 뒤로는 더 날카로워졌다. 에마는 내게 이렇게 말했다. "제가 동생의 삶에 대해 아는 정보 대부분은 부모님한테 들은 거예요." 자매의 관계에는 어릴 적 공유했던 행복감이 전혀 없었다. 에마는 이러다 영영 관계가 끊어질까 봐 걱정했다.

에마는 과제 제출용 대화를 위해 동생에게 전화하기 전에 이야기할 만한 주제를 정리했다. 대학원, 뉴욕시, 어머니날, 부모님의 반려견, 동생의 진로에 대한 조언, 달리기 등이었다. 흔히 자매가 나눌 법한 이야기지만 사실 곳곳이 지뢰투성이였다. 서맨사는 에마가 다니는 대학원에 불합격했다. 동물 이야기가 나오면 서맨사가 에마의 반려견 대퍼딜을 떠올릴 것 같았다. 서맨사는 대퍼딜을 끔찍하게 싫어했다. 둘은 2년째 어머니날 선물에 대해 의견이 엇갈려 합의에 실패했다. 또 달리기 이야기를 하면 건강 문제에 민감한 서맨사의 심기를 건드릴 것 같았다. 에마는 안전한 화제가 도저히 떠오르지 않았다. 불편한 감정을 느끼는 사건이나 각자의 정체성과 관련해 민감한 부분을 건드리지 않을 화제 말이다. 하지만 수업에서 배운 내용을 토대로 이번에는 어떤 이야기가 나와도 편안한 대화에 성공할 수 있기를 희망했다.

에마는 대화를 시작하며 "녹음에 동의해줘서 고마워"라고 말했다. "아냐. 어차피 운전하는 시간에 하는 건데 뭐." 서맨사는 처음엔 싫다고 했다가, 볼일이 있어 다른 도시로 혼자 2시간 동안 운전해 이동하는 동안 통화하는 데 동의했다.

자매는 주제 피라미드의 제일 아래쪽에 잠깐 머물며 교통 상황과 날씨에 대해 가볍게 대화를 나누었다. 그리고 에마가 생각한 주제 중 하나인 대학원 이야기가 나왔다. 둘은 이 주제에 대해 한동안 이야기를 나누었다. 에마는 MBA 과정이 끝나가는 중이고 서맨사는 가을에 다른 경영 대학원에 진학할 예정이었다. 대학원은 대화하기 좋은 공통점이지만 두 사람의 차이 탓에 조심스러운 화제이기도 했다. 서맨사가 에마의 대학원에 불합격한 것이 그리 오래전 일이 아니기 때문이다.

에마는 자기 이야기를 너무 많이 하지 않으려 노력하면서 서맨사에게 대학원 생활이 어떨 것 같으냐고 물어보았다. 서맨사는 인생의 새로운 장을 시작하게 돼서 조금 설렌다면서 새로 사귀는 대학원 친구들과 여행도 가고 싶다고 대답했다. 에마는 서맨사에게 집중하려 애쓰다가도 여행 이야기가 나오니 며칠 뒤에 멋진 곳(킬리만자로산)으로 여행을 떠나는 자신의 계획을 들려주지 않을 수가 없었다.

"언니 혼자서?" 서맨사가 깜짝 놀라 물었다.

"아니. 내가 학교 산악회 회원이거든. 거기서 이번에 다 함께 킬리만자로산에 가기로 했어."

"언니가 '산악회' 회원이라고?" 서맨사는 도저히 믿을 수 없다는 듯 되물었다.

순간 에마는 살짝 마음이 상했다. 믿기지 않는다는 동생의 반응이 한편으론 이해가 갔다. 2년 전 산악회에 가입했을 때 에마 자신도 놀랐으니까. 다른 사람이 그런 반응을 보였다면 마음이 상하지 않았을 것이다. 하지만 서맨사가 그런 식으로 말하니 둘의 불안한 관계가 불쑥 수면 위로 떠오르는 것 같았다. 동생에게 이해받지 못하는 기분, 존재를 인정받지 못하는 기분이었다. 두 사람 사이의 지리적, 정서적 거리 탓에 서맨사는 지난 2년 동안 언니가 어떻게 변했는지 전혀 모르는 것 같았다. 킬리만자로산으로 떠난다는 이야기를 듣고 축하해주거나 감탄하기는커녕 '언니가 산악회 회원이라는 게 말이 돼?'라는 듯 놀라기만 하는 말투는 에마의 정체성을 건드리며 마음에 가시처럼 꽂혔다.

이것은 아슬아슬한 순간이었다. 에마는 반사적으로 방어적인 마음이 들었다. 나는 대학원에 들어온 이후 많이 변했다고, 네가 알던 과거의 내가 아니라고 설명하고 싶었다. 그동안 언니한테 연락도 잘 안 하고 산 동생을 탓하고 싶었다.

하지만 에마는 수용성 레시피를 떠올렸다. 동생을 비난하고 방어와 공격이 오가는 악순환에 빠지는 대신 이렇게 응수했다. "그래, 나도 놀라워! 난 지금도 캠핑을 싫어하니까. 하지만 하이킹은 좋아."

에마는 자신도 처음엔 산악회에 회의적이었지만 막상 들어가니 너무 좋았다고 설명했다. 지난번에는 이집트에 가서 나일강 유람선 여행도 했다. 에마는 서맨사도 완전히 낯선 곳으로 여행을 가면 재미있을 거라고 말했다. "분명 너희 대학원에도 이런 종류의 동호회가 있을 거야. 대개 전부는 아니라도 학생들 절반 정도는 동호회 활동을 하니까."

"이집트는 내 버킷 리스트에 없지만, 음, 뭐 다른 곳이라면 괜찮을 거 같아." 서맨사의 말투에는 아직 회의적인 느낌이 남았지만 조금씩 엷어지고 있었다.

"나도 버킷 리스트에 이집트랑 킬리만자로산은 없었어." 에마가 서맨사의 말에 맞장구를 치며 말했다. "하지만 이집트는 정말 환상적이었어. 킬리만자로산도 정말 기대돼." 그러고 나서 에마는 다시 서맨사에게 초점을 옮겼다. "앞으로 2년 안에 가보고 싶은 데 있어?"

"태국에 가보고 싶어."

"아, 그렇구나. 태국 좋다고들 하더라." 에마는 긍정적인 말로 동조했다.

"응. 사실은 말이지, 여행 비용 때문에 빚을 내거나 할 필요는 없어서 다행이야. 운 좋게도 어떤 기업에서 내 대학원 등록금을 후원해주거든."

둘의 여행 이야기는 긍정적 희망이 담긴 분위기로 끝났다. 에마는 과제로 제출한 보고서에서 이 대화 부분을 되돌아보며, 원래 평소에는 자신을 변호하지 않으면 약하고 만만한 사람처럼, 즉 자신을 지키기 위해 설명할 줄도 모르는 사람처럼 보일 것이라 생각했다고 적었다. 하지만 평소와 달리 수용성 전술을 활용하자 전혀 다른 기분을 느꼈다. '산악회 활동에 대해 이야기하면서 마음이 아주 편했다. 기를 쓰고 내 입장을 변호할 필요성을 못 느꼈기 때문이다.' 에마는 이때가 겉으로는 평범해 보이지만 사실 굉장히 중요한 순간이었다고 설명했다. '평소 같으면 나를 방어적으로 만들었을 말을 서맨사가 했을 때도, 나는 내 자신과 서맨사의 잠재적 분노를 폭발시키지 않으려고 의식적으로 노력했다. 물론 쉽지

만은 않았다. 하지만 결국 해낸 나 자신이 자랑스럽다.'

에마는 고비를 넘기고 난 뒤의 대화에 대해 이렇게 적었다. '화제를 바꾸려고 특별히 노력하지 않았다. 하지만 후속 질문을 많이 하려고 의식적으로 노력했다. 그 덕분에 대화가 훨씬 순조롭고 즐거워졌다. 후속 질문을 계속하면 굳이 화제 전환을 자꾸 시도할 필요가 없다.' 백번 옳은 말이다.

녹음 자료에서 자매는 에마가 일자리 제안을 받은 회사에 대해, 그리고 그녀 앞에 놓인 미래에 대해 이야기를 나누었다. 그러다 어느 순간 서맨사가 "먼저 언니 자신에게 만족할 줄 알아야 해. 그러면 인생이 잘 풀리게 되어 있어"라고 말했다.

에마는 서맨사의 성숙한 조언에 깜짝 놀랐다. "와, 너 진짜 어른이 다 됐구나?" 그녀는 동생을 다정한 말투로 치켜세웠다.

동생과 나눈 대화를 되돌아보다가, 에마는 자신이 수업에서 배운 몇 가지 방법을 서맨사도 사용했다는 사실을 깨달았다. 서맨사는 무의식적으로 그렇게 했겠지만 말이다. 서맨사는 에마와 반대되는 의견을 말할 때 비단정적 표현을 썼고 언니의 말을 귀 기울여 듣고 있음을 언어로 표현했다. 에마는 그런 동생에게 고마운 마음이 들었다.

곳곳이 지뢰투성이였음에도 자매는 '놀랄 만큼' 훈훈한 분위기로 통화를 끝낸다. 에마는 대화 마지막에 자신의 안도감을 서맨사에게 이렇게 표현했다. "또 통화하자. 네 목소리를 들어서 정말 좋았어." 사람들은 흔히 만남이 의미 깊었다고 느낄 때 이렇게 말한다.

에마에게 이 대화는 말할 수 없이 중요하다. 꼭 수업 과제여서가 아니라 하나뿐인 동생에게 화해의 손길을 내민 중요한 시간이었기 때문이다.

서맨사는 장난스럽게 대꾸했다. "그 의례적인 마무리 말은 뭐야?" 둘은 동시에 웃음을 터뜨렸다. 40분간의 대화 중 안도감 속에서 둘의 마음이 이어진 가장 확실한 순간이었다.

• • •

흔히 대화 자체를 통해 특정한 드라마가 펼쳐진다고 생각하기 쉽다. 하지만 사실 드라마는 보이지 않는 곳에서 진행될 때가 많다. 우리의 마음속과 머릿속에서 말이다. 대화 내용을 기록한 녹취 자료는 실제 대화 상황의 감정적 색채와 결을 제대로 드러내지 못하곤 한다. 왜냐하면 대개 드라마가 우리의 머릿속에서 진행되기 때문이다. 우리 안에서는 상대방이 한 말에 대한 반응이 일어나고, 엉뚱하거나 부적절한 대꾸를 했으면 어쩌나 하는 두려움도 일어난다. 에마와 서맨사의 통화가 좋은 예다. 외부인의 눈에 이 자매의 대화는 별로 특별할 것이 없어 보인다. 심한 의견 충돌도 없고, 두 사람의 언어나 정서에서 눈에 띄는 차이도 느껴지지 않는다. 목소리도 비슷한 편이고, 발언 차례가 바뀔 때 잠깐씩 멈추는 습관도 비슷하다. 통화 연결 상태가 고르지 않아 잠시 말을 멈추고 기다리는 순간이 몇 번 있지만, 그런 순간도 사람들이 보통 운전 중에 경험하는 것보다는 적다. 한마디로 둘의 대화는 기차나 공항 대합실에서 흔히 들을 법한 대화다.

그럼에도 두 사람은 과거에 함께 경험한 일과 개인적 인생사를 참고해 매 순간 상대방의 말에 어떻게 반응할지 결정해야 했다. 에마가 이 대화를 회고하면서 한 말을 보면, 얼핏 평범해 보이지만 실은 얼마나 중요하고 깊은 대화였는지 알 수 있다. "이것은 경영 대학원에서 한 과제 중 내게 가장 많은 것을 가져다준 과제였다. 나와 동생의 관계는 망가져 있었다. 아직도 완전히 회복된 것은 아니지만, 이 대화를 계기로 우리가 올바른 방향으로 나아갈 수 있다는 희망이 생겼다."

통화 말미에 에마는 킬리만자로산에 다녀온 후 졸업식을 하는데 그때 자신의 집에 와서 자고 가라고 서맨사를 초대한다. 졸업식은 통화 시점으로부터 몇 주 뒤다. 서맨사는 언니가 한 뜻밖의 제안에 놀랐지만 며칠 뒤에 초대를 받아들였다. 에마는 마음이 설렌다면서 이렇게 적었다. '이것이 우리 둘 사이가 훨씬 끈끈해지는 출발점이 되었으면 하는 바람이다.'

SUMMARY

- 언어, 감정, 동기, 정체성의 차이 탓에 대화 도중 **어려움**에 부딪힐 수 있다.
- 반대 의견을 지닌 사람과 대화할 때는 **수용성 레시피**를 사용하라. 즉 상대방의 말을 인정하고, 긍정적으로 평가하고, 비단정적 표현을 쓰고, 상대방에 대해 더 알려는 태도를 가져라.
- 감정이 과열되려 할 때는 **상황 수정**과 **인지적 재해석**을 활용하라.

사건 하나로 서로 등을 돌리는 경우도 있지만, 아주 작은 균열이 쌓이고 쌓여 한쪽에서 폭발하는 경우도 많다. 책상 위 조금씩 쌓이는 먼지처럼 상처가 계속 쌓였기 때문에 발생하는 일이다. 이때 표면적 사건 하나에 대해 아무리 사과해봤자 관계를 회복하기는 쉽지 않다. 다시 함께하고 싶다면, 더 나은 관계로 나아가고 싶다면 어떻게 해야 할까? 다행인 것은 갈등과 균열을 넘어서는 좋은 사과 방법이 있다는 것이다.

제8강

끊어진 관계를 되살리는 사과의 힘

APOLOGIES

타시라와 드루는 벨벳 소파에 서로 약간 거리를 둔 채 앉아 있다. 둘은 이따금 천장을 쳐다보며 한숨을 내쉰다. 그들의 맞은편에는 짙은 색 머리칼을 뒤로 모아 하나로 묶은 오르나 구랄니크Orna Guralnik 박사가 앉아서 내담자의 이야기를 집중해 듣고 있다. 은은한 톤의 캐러멜색 벽지가 방 안 분위기를 평온하게 만들어준다. 하지만 이 공간의 대화 분위기는 그렇지 않을 때가 많다. 카메라와 마이크를 책들과 장식품 사이에 보이지 않게 설치한 이 방에서는 상담 치료 과정을 녹화하고 있다. 쇼타임 채널의 다큐멘터리 프로그램 〈커플스 테라피Couples Therapy〉를 위해서다.

싱글맘인 타시라는 드루와 두 달쯤 사귀다가 그의 아이를 임신했다. 현재 이 부부는 어린 두 아이를 함께 키우고 있다. 첫 상담에서 드루는 매일 롤러코스터를 타는 기분이라고 말했다. 하루도 평온한 날 없이 정신없이 흘러간다는 것이다. 타시라는 좀 더 여유롭고 편안한 삶을 원하지만 모든 것이 통제를 벗어난 기분이다. 이들은 뉴욕의 아파트에 살고 있다. 타시라는 어린 두 아들과 한

방에서 잠을 자고 드루는 다른 방에서 혼자 잔다. 타시라는 이 패턴에 만족한다. 종일 힘들게 일하고 돌아오면 애들을 재운 뒤 혼자만의 시간이 필요하기 때문이다. 하지만 드루는 불만이었다. 아내에게 거부당하고 소외되는 기분이다. 수면 공간에 대한 의견 충돌만 있는 것이 아니었다. 그것은 두 사람이 부딪치는 여러 문제 중 하나에 불과했다.

두 번째 상담에서 드루는 타시라를 비난하는 투로 이렇게 말했다. "아내는 제대로 대화할 줄 모르는 사람이에요. 특히 기분이 안 좋을 땐 더 그래요."

타시라는 몸을 살짝 앞으로 기울였다. 곧장 반박할 생각은 없어 보이지만 남편 입에서 동의하기 힘든 이야기가 더 나올 것이라 느끼는 듯한 표정이었다.

구랄니크 박사가 드루에게 예를 들어달라고 했다.

"오늘 아침만 해도 그래요. 식탁 위에 서류 같은 게 있었어요. 사실 며칠째 그 자리에 있었죠. 그것 때문에 미치겠어요." 드루는 타시라가 알아서 치웠으면 하는 마음으로 서류를 식탁 위 잘 보이는 곳에 며칠째 내버려두었다. 하지만 타시라는 치우지 않았다. "저는 듣기 싫은 잔소리를 하는 대신에 아내에게 서류를 들어 보이며 '이건 당신 거니까 그대로 여기 놔둘게'라고 웃는 얼굴로 말했어요."

그 순간 타시라는 몰아세우며 질책하지 않는 드루의 말(불만을 직설적으로 표현하지 않고 돌려서 표출하는 수동 공격적 방식이다)에 따르거나 고마워하지 않고 대신 날카롭게 맞받아쳤다. 드루는 당시 상황을 이렇게 떠올렸다. "아내가 빨래 얘기를 꺼내면서 이렇게 반격하더라고요. '내가 빨래를 개어놓으면 당신도 곧장 서랍에 정리 안 하잖아.'" 이 말을 들은 드루는 부아가 치밀었다. "왜 못 싸워서 안달이야? 별것도 아닌 일로 꼭 싸움까지 가야겠어?"

구랄니크 박사는 타시라에게 그다음 상황에 대해 말해보라고 했다.

"저는 서류를 움켜쥐고 이렇게 말했어요. '그래, 미안해. 앞으로 또 내 물건을 식탁에 올려놓나 봐라.'" 그런 뒤 출근 준비를 하러 욕실로 들어갔다. 타시라는 그렇게 문제가 해결됐다고 말했다. "그걸로 해결된 거죠. 더 얘기할 것도 없고요."

하지만 드루는 그렇게 느끼지 않았다. "아내는 사과랍시고 했지만 결국 이렇게 말하는 것과 다름없었어요. '닥치고 꺼져. 나 좀 내버려두라고.'"

드루는 타시라에게 사과받았다는 기분이 전혀 들지 않았다. 진정성 없는 사과 때문에 오히려 기분이 더 상했다. 한편 타시라는 그녀 나름대로 평소에 느끼는 불만을 제기했다. "집안일과 관련해서 당신은 내가 골백번 이야기해도 안 할 때가 많잖아. 이젠 일일이 말하는 것도 포기했어."

집안일은 원래 끝이 없다. 살림과 생활을 유지하려면 끊임없이 신경 쓰고 노력해야 한다. 특히 직장에 다니면서 아이들을 키우는 부부는 더 그렇다. 타시라가 보기엔 드루 역시 자기 몫의 가사 노동을 제대로 하지 않는 것에 대해 사과한 적이 없다. 사실 타시라는 처음에 드루와 살림을 합치길 원하지 않았다. 그렇지만 결국 같이 살게 되었고, 지금 드루는 자기 역할도 다하지 않으면서 고작 서류 따위로 그녀에게 죄책감을 느끼게 하는 것이다. 또 타시라는 남편에게 평소에 자신의 감정을 표현하기가 힘들었다. 남편은 그녀가 지나치게 부정적으로만 반응한다고 생각하기 때문이다. 그래서 타시라는 불만이 있거나 화가 나도 잠자코 속으로만 삭이다가 남편 때문에 도저히 못 참겠다 싶으면 맞받아치곤 했다.

오랜 시간 관계를 맺고 있는 사람들의 대화를 분석해보면 중요한 것은 식탁 위의 서류도, 곧장 정리하지 않은 빨래도, 또는 그 어떤 '하나의 사건'도 아니라는 사실을 알 수 있다. 각각의 사소한 사건은 관계의 기저에 있는 더 중요한 문제가 표면화된 것에 불과하다. 그 문제란 상대방에게 바라는 점이 있지만, 그것이 채워지지 않는다고 느끼는 것이다. 우리가 사과해야 할 내용은 눈앞의 사건이 아니다. 우리는 서로의 욕구와 필요를 채워주지 못한 것에 대해 사과해야 한다.

배려란 상대방의 필요와 욕구에 집중하는 것이다. 특히 상대방은 자신의 욕구가 그리 복잡하지 않다고 느끼는데, 우리가 그것을 채워주지 못하면 갈등과 상처가 생긴다. 그리고 식탁 위에 쌓이는 서류처럼 작은 상처가 계속 쌓인다.

신뢰를 회복하는 방법

당신이 살면서 만나는 모든 사람과의 관계는 시간 흐름에 따라

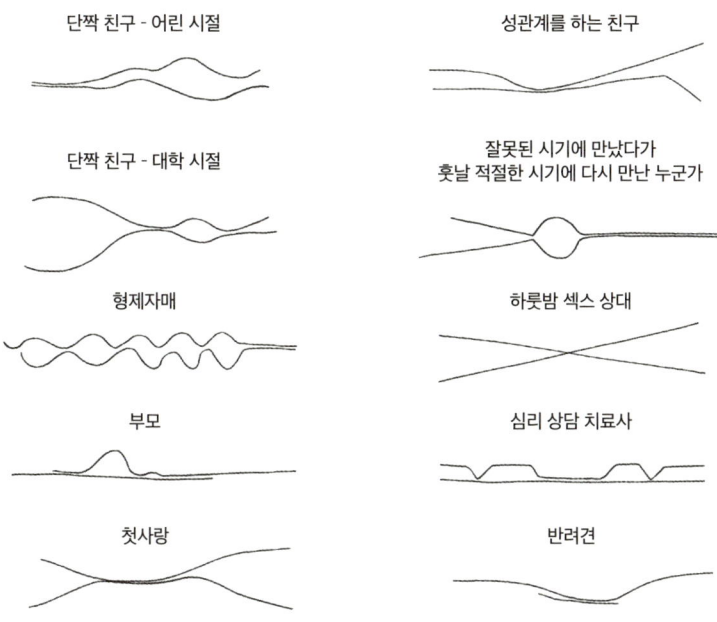

올리비아 드 레카트, 친밀함의 선, 2019년

특정한 모양의 궤적을 그린다. 《뉴욕 타임스》의 만화가이자 작가, 칼럼니스트인 올리비아 드 레카트Olivia de Recat는 이 궤적을 일명 '친밀함의 선closeness lines'으로 표현한다. 위 그림의 왼쪽에서 오른쪽으로 뻗은 2개의 선은 인생의 시간 흐름을 나타낸다. 당신이 세상에 태어나서 만나는 모든 사람과의 관계는 각각 고유한 선을 만들어낸다.

레카트의 수많은 독자가 이 단순한 그림에 마음이 뒤흔들렸다고 댓글을 남겼다. 어떤 독자는 '부모님 선을 보니 눈물이 난다'라고 했으며 또 다른 독자는 '첫사랑의 미묘한 곡선에서 이야기가 들리는 듯하다'라고 했다. 나 역시 이 그림을 보고 가슴 한구석이 저릿하며 많은 생각을 하게 됐다. 하지만 나는 이 친밀함의 선에서 '보이지 않는' 것에 더 관심이 있다. 이 말없는 선들에서 '매듭'은 어디에 있을까? 우리가 형제자매나 첫사랑, 부모님, 하룻밤 섹스 상대, 어린 시절이나 대학 시절의 단짝 친구와 대화를 나누는 시공간상의 지점 말이다. 우리의 대화는 이 선들의 곳곳에 퍼져 있는 아주 작은 매듭이다. 매듭은 불규칙하게 또는 일정한 간격으로 매어져 있고, 때로는 서로 가까이 때로는 멀리 떨어져 있다. 우리는 어떤 대화가 친밀함의 선을 꼭 붙어 있게 했는지, 어떤 대화가 선과 선을 가까이 끌어당겼는지, 어떤 대화가 선을 벌어지게 했는지 기억할 수도, 기억하지 못할 수도 있다.

타시라와 드루의 관계를 나타내는 친밀함의 선도 그들만의 스토리를 담고 있다. 두 사람은 예상치 못한 임신으로 갑자기 함께 살게 됐다. 모든 게 너무 빠르게 진행돼서 힘겨웠다. 함께 살며 아이들을 키우고 있지만 이들의 친밀함의 선은 불안정하다. 2개의 선이 서로 약간 떨어진 채 불안한 궤도를 그려 언제 사이가 벌어질지 모른다.

친밀함의 선이 불안하게 흔들리거나 서로 멀어지는 이유는 수만 가지다. 살다 보면 어떤 이유로든 자연스럽게 관계가 소원해지기도 하고, 우리의 의도적인 선택으로 멀어지기도 한다. 복잡다단한 인생을 사노라면 자연스럽게 관계가 멀어지곤 하는 게 세상사다. 어떤 사람과의 친밀감은 단지 특정한 상황 때문에 생겼다가 사라지기도 한다. 우리 인생에는 여러 계절이 있고 사람들도 계절에 따라 변화한다. 하지만 때로는 의견 충돌이나 서로의 차이점 때문에 순식간에 사이가 벌어질 수 있다. 우리 인생에 결코 반갑지 않은 악천후가 느닷없이 찾아오는 셈이다. 시간이 흐르면 친밀함의 선이 다시 만나기도 한다. 특히 직장 동료나 가족처럼 어쩔 수 없이 계속 보며 지내야 하는 사람들끼리는 그러기가 쉽다. 하지만 시간의 흐름이 만병통치약은 아니며 언제나 최선의 방법인 것도 아니다. 때로는 대화를 통해 문제를 진단하고 고치려 노력해야 한다.

상대방에게 상처를 주었을 때, 그리고 수용적 태도와 반응하며 듣기, 정서 조절 전략도 별로 도움이 안 될 때, 우리가 활용할 수 있는 가장 효과적인 도구 중 하나는 사과하기다. 그런 상황에서는 그 순간의 대화뿐 아니라 둘의 관계가 위태로워질 수 있다. 타시라와 드루의 경우처럼 말이다. 사과는(그리고 사과하지 않는 것도) 친밀함의 선을 변화시키는 결정적인 변곡점이다. 그렇기 때문에 적절한 사과는 그저 단기적으로만 중요한 것이 아니다. 적절한 사과는 서로를 지원하는 안정적인 상호작용이 반복되는 선순환을 만들어 두 사람의 관계를 더 단단하게 한다. 반면 잘못된 방식의 사과는 화를 돋우는 악순환을 만들어 관계를 망가트린다. 타시라가 빈정대며 톡 쏘듯이 "그래, 미안해. 앞으로 또 내 물건을 식탁에 올려놓나 봐라"라고 말한 것처럼 잘못된 방식의 사과는 관계를 악화시킨다. 하지만 드루처럼 사과를 하지 않는 것도 문제다.

구랄니크 박사를 만났을 때 그녀는 이렇게 설명했다. "사과는 대단히 큰 힘을 발휘합니다. 두 가지 중요한 점을 드러내기 때문입니다. 즉 사과는 (1) 내가 당신의 관점에서 상황을 이해하며 (2) 내가 준 상처에 대해 기꺼이 책임을 지겠다는 신호를 보내는 겁니다. 이 두 가지(이해와 책임)의 부재는 사람들을 화나게 합니다. 두 신호가 없을 때 우리는 사과를 받고 싶은 마음이 강해지죠. 우리는 누구나 이해받고 싶어 하고 상대방이 책임감 있는 모습을 보여주길 기대합니다."

사과는 결국 깨진 신뢰를 회복하려는 행위다. 그리고 TALK 원칙의 핵심 지향점도 신뢰다. 대화 주제를 관리하고 질문하고 밝고 가벼운 분위기를 조성하고 배려를 보여줘야 하는 것은 상대방에게 믿음을 주기 위해서다. 우리가 상대방을 진심으로 신경 쓰고 그를 이해하며 그가 대화에서 원하는 것을 얻도록 돕고 싶어 한다는 믿음 말이다. 여럿 사이에 언쟁이 발생하거나 불편한 갈등이 불거졌더라도 TALK 원칙을 활용하면 상황을 긍정적으로 변화시키고 신뢰를 형성하는 데 도움이 된다. 사실 대화 나침반에서 세로축을 중심으로 오른쪽에 있는 목적(즐거운 시간 보내기, 조언 구하기, 솔직하게 말하기, 상대방 기분을 좋게 해주기, 어색함 없애기, 추억담 나누기 등)은 전부 신뢰를 형성하고 나타내고 유지하는 데 기여한다.

신뢰를 형성하는 것은(그리고 집단 대화의 심리적 안전감을 조성하는 것도) TALK 원칙 중에서도 특히 배려의 핵심 목표다. 상대방에게 정중한 언어를 사용하고 그의 말을 성의 있게 경청하면서 배려를 보여주는 것은 배려 그 자체를 위해서가 아니라 신뢰를 쌓기 위해서다. 그렇게 행동하면 상대방은 우리가 나중에 다시 만나도

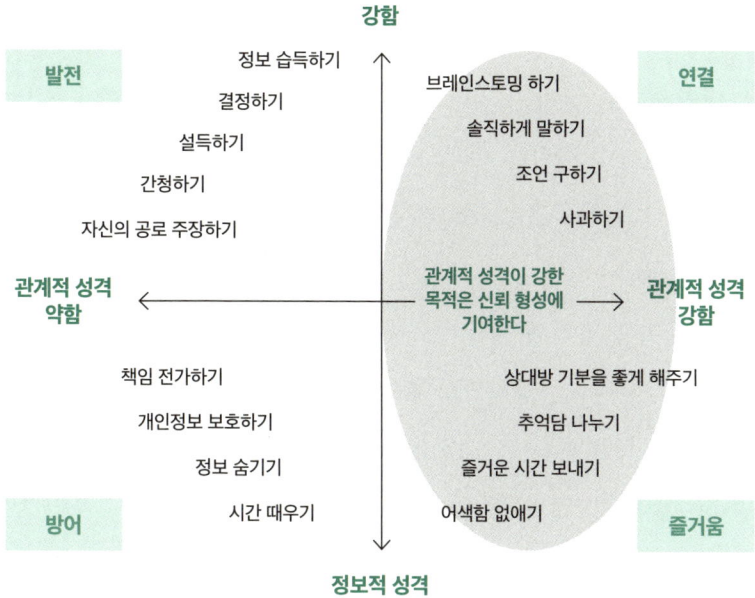

역시 자신을 배려해줄 사람이라는 믿음을 갖게 된다.

　사과는 지금까지 배운 모든 대화 기술을 합친 효과를 내는 동시에 그것을 뛰어넘는 최고의 전술이다. 사과를 잘하는 일은 어렵다. 대개 사과가 필요한 순간은 관계의 긴장도가 높아진 때이기 때문이다. 인간관계 문제로 힘들 때, 잘못했을 때, 뭔가가 어긋나거나 망가졌다고 느낄 때다. 그리고 관계를 회복하기 위해 사과할 때는 우리 자신을 깊이 들여다봐야 한다. 우리의 행동과 동기를 돌아봐야 하며, 내면에서 성숙한 자아를 불러내야 한다.

사과, 선택인가 필수인가

미안하다고 말하는 일은 어렵다. 적절한 사과가 큰 힘을 지녔음에도 대다수 사람은 사과하기를 주저한다. 여러 리스크가 따르기 때문이다. 사과하는 사람은 용서받기를 원하지만, 상대방이 반드시 용서해준다는 보장은 없다. 사과를 하면 나약해진 기분도 든다. 게다가 분명히 피해나 상처를 줬음에도 잘못을 인정하기 싫을 때도 있다. 우리는 상대방의 관점을 파악하고 겸손해지려 노력하기보다는('내가 틀릴 수 있다'고 기꺼이 인정하는 태도) 자신의 관점만 고수하면서 '내가 옳아'라는 생각을 놓지 않으려 한다. 우리 자신은 문제를(그리고 우리가 거기에 얼마만큼 책임이 있는지를) 제대로 이해하고 있다고 생각하지만 상대방은 상황을 다르게 해석할 가능성도 있다.

자기 관점에만 파묻힌 태도를 누구보다 잘 보여주는 것은 아이들이다. 아이들은 잘못 판단하기 일쑤이고, 그럼에도 자신이 옳다고 인정받고 싶어 하며, 다른 사람의 관점은 상대적으로 잘 고려하지 못한다. 우리 집 맏이 케빈은 어렸을 때 에너지가 넘치고 나름대로 아이디어는 많은데 말로 제대로 표현하지 못해서 굉장히 답답해했다. 1년간은 에너지가 넘치다 못해 공격적으로 변했다. 케빈의 양육 과정은 내가 아이를 낳기 전에 상상했던 온화하고 아름다운 풍경과 거리가 멀었다. 케빈뿐 아니라 나도 흥분하기 일쑤였다. 부아가 치밀고 좌절감에 휩싸였고 고함이 목구멍까지 올라왔다. 때로는 상황을 해결하는 데 도움이 안 된다는 걸 알면서도 케빈을 향해 소리를 질렀다. 그러면 아이와 갈등만 더 심해졌고 나는 죄책감과 당혹감을 느꼈다.

한번은 바닥에 누워 막무가내로 떼를 쓰는 케빈을 일으켜 세우느라 낑낑대고 있었다. 그러다 케빈이 고개를 홱 젖혔는데 내 얼굴에 정면으로 세게 부딪혀 코뼈가 부러졌다. 순간 눈물이 핑 돌았다. 아파서이기도 했지만 아이 하나 통제 못하는 엄마라는 좌절감 탓이기도 했다. 나는 "케빈!" 하고 소리 지르며 아이를 도로 바닥에 내려놓고 다친 곳을 확인하러 거울로 달려갔다. 내 코도, 마음도 상처를 입은 순간이었다. 케빈을 누군가를 다치게 하는 아이로 키웠다는 생각에, 그리고 그렇게 행동하지 않도록 가르치지 못했다는 생각에 너무 속상했다. 아마 케빈도 자신 때문에 엄마가 다쳤다는 걸 알고 미안했지만 그 마음을 어떻게 표현할지 몰랐을 것이다. 그리고 아이는 내 고통보다 자신이 원하는 걸 얻는 데 더 관심이 많았을 것이다.

정도는 덜할지라도 어른도 마찬가지다. 우리는 우리의 관점과 목적에 지나치게 마음이 기운다. 때로는 상황이 제어할 수 없이 악화돼 상대방이 상처를 입어도 우리는 여전히 양보하기 싫은 마음이 든다. '내가 옳다'는 생각을 접고 상대방의 욕구를 먼저 채워 주기 싫은 것이다.

사과라는 행위의 과정을 생각해보면 굳이 사과를 해야 하나 싶은 마음이 들기도 한다. 어떤 이들은 사과하며 입장을 해명하고 앞으로 달라지겠다고 약속하는 것을 무의미한 '알맹이 없는 말'로 여기기도 한다. 형체가 있는 실질적 보상(금전적 보상, 양보, 상대방이 원하는 뭔가를 해주기 등)에 비하면 아무 가치가 없다는 것이다. 구랄니크 박사도 사과를 꼭 해야 하는지 헷갈릴 때가 있다고 인정했다. 양측이 말로 사과하지 않아도 서로를 이해했음을 보여주고 잘못에 대해 책임질 수 있다면 사과라는 행위가 '불필요하게' 느껴질 수 있기 때문이다.

그러나 이 점과 관련해서는 과학이 분명한 답을 준다. 사과하는 것이 사과하지 않는 것보다 더 낫다. 연구에 따르면 사과할 줄 아는 사람이 그렇지 않은 사람보다 더 지위가 '높은' 것으로 인식된다. 얼마만큼 잘못했느냐는 흔히 생각하는 것만큼 중요하지 않다. 사과를 말로 표현하는 것은 관계의 결을 완전히 바꿔놓는다. 피해나 상처를 주었음을 인정하고 관계를 회복할 가치가 있다고 믿는다는 것을 보여주기 때문이다. '당신은 내게 중요한 사람입니다' 라는 신호를 보내기 때문이다. 다른 형태의 보상도 물론 의미가 있지만 사과의 말 한마디만으로도 큰 변화를 이끌어낼 수 있다. 사과하지 않는 것이 사과하는 것보다 낫다는 사실을 보여주는 연구는 단 한 건도 없다.

어쩌면 이런 생각이 들지도 모른다. 사과하는 것은 나한테 문제가 있다고 인정하는 것이나 마찬가지 아닐까? 그런데 나한테 문제가 있는 게 아니라면? 상대방이 터무니없는 것을 원했거나 못되게 굴었거나 무례했거나 비윤리적으로 행동한 거라면? 좋은 질문이다. 우리에게 타인의 생각이나 동기가 터무니없거나 말도 안 되는 듯이 보여도 그들 입장에서는 그렇지 않다. 그들은 다른 관점을 지니고 있기 때문이다. 만일 상대방이 당신에게 중요한 사람이라면 당신은 그가 자신의 동기를 추구하도록(또는 수정하도록) 도와야 한다. 아무리 터무니없게 보여도 말이다. 그들의 생각이나 동기는 시간이 흐르면 바뀔지도 모른다. 하지만 한 번의 대화로 바뀌지 않을 것이며 흥분한 대화로는 거의 바뀔 가능성이 없다.

또는 이런 생각이 들지 모른다. 미안하다고 말하면 내 잘못을 인정하는 것이므로 난처한 상황에 빠질 수도 있지 않을까? 피해를 입혔음을 인정하면 고소당할 수도 있지 않을까? 내게 중요한 뭔가를 희생하는 것 아닐까? 잘못했다고 인정하면 평판이 나빠지지 않을까? 충분히 그런 생각이 들 수 있다. 하지만 다음을 생각해보라. 오랫동안 의사들은 실수로 환자가 피해를 입거나 사망한 경우 사과하지 말라는 지침에 따라 행동했다. 의사 자신이나 병원 측이 골치 아픈 의료사고 소송에 휘말릴 가능성 때문이었다. 그런데 일부 병원에서 의사가 환자와 가족에게 사과하는 것을 허용하기 시작했고 어떤 병원에서는 사과를 의무화했다. 연구 결과 이런 방침을 시행하자 의료사고 소송 건수가 '줄어들었다.' 사람들은 잘못을 저지른 사람이 아니라 미안해하지 않는 사람을 고소할 가능성이 더 높다.

사과를 무능이나 태만, 잘못을 인정하는 창피한 행동으로 또는 반드시 필요하지 않은 한 가급적 피해야 하는 괴로운 속죄 행위로 여기지 마라. 대신 타인에 대한 애정을 보여주고 신뢰를 더 단단하게 할 가장 확실한 기회로 여겨라.

제대로 된 사과는 마음을 움직인다

사과는 힘이 세다. 사과는 잘못을 하지 않은 상황에서도 힘을 발휘한다.

2010년 11월 나는 모리스 슈바이처, 헹첸 다이Hengchen Dai와 함께 모르는 사람 사이의 신뢰를 연구할 때 조교 팀을 필라델피아에 있는 대규모 기차역으로 보냈다. 팀이 부여받은 임무는 사람들에게 다가가 휴대전화를 빌려달라고 부탁하는 것이었다. 행인 입장에서는 위험한 부탁이었다. 팀이 전화기를 건네받은 뒤 재빨리 도망칠 수도 있으니까 말이다. 우리는 이 실험에 특별한 상황을 조성했다. '비가 오는' 날만 그를 기차역에 보낸 것이다. 팀은 전화기를 빌려달라고 말하기 전에 일부 사람에게는 사과의 표현을 쓰고("비가 와서 안타깝네요I'm so sorry about the rain.") 일부 사람에게는 쓰지 않았다.

팀이 사과의 표현 없이 부탁했을 때는 행인의 9퍼센트가 전화기를 빌려주었다. 하지만 "비가 와서 안타깝네요"라고 말한 뒤 부탁했을 때는 행인의 무려 47퍼센트가 빌려주었다. 다섯 배나 차이가 난 것이다. 팀이 명백히 그의 잘못이 아닌 상황(비가 오는 것)과 관련해 'sorry'라는 표현을 사용했는데도 말이다.

이후 우리는 금전적 이익이 걸린 신뢰 게임(trust game: 첫 번째 사람이 두 번째 사람에게 돈을 맡기고 두 번째 사람은 받은 돈이 불어나면 일부를 첫 번째 사람에게 돌려줄 수 있는 게임으로, 서로에 대한 신뢰도에 따라 게임 결과가 좌우된다-옮긴이)을 하는 피험자의 행동을 분석했다. 이때 피험자들은 팀이 휴대전화를 빌릴 때처럼 상대방에게 불필요한 사과를 했다. 예를 들어 상대방의 비행기가 연착된 것, 차가 막힌 것, 운이 나빴던 것 등을 언급하며 'sorry'라는 표현을 사용했다(모두 화자가 통제할 수 없는 일이다). 그러자 모든 경우에 사과 표현은 신뢰감을 높였고 신뢰 행동을 강화했다. 즉 사과 표현을 사용한 사람이 더 신뢰가 간다고 여겨졌고, 더 호감을 얻었다. 사람들은 게임의 다음 라운드를 함께할 파트너로 그런 사람을 더 많이 선택했다. 사과가 힘을 발휘하는 까닭은 당신이 상대방의 불편함이나 곤경(아무리 사소해도)을 인정하고 거기에 신경 쓴다는 것을 보여주는 행위이기 때문이다. 설령 그 불편이나 곤경이 당신 탓이 아니라 할지라도 말이다.

건강한 사과 습관을 지닌 사람, 즉 쉽게 사과하며 반대로 사과받을 때는 고마워하고 기꺼이 용서하는 사람은 그렇지 않은 이들보다 관계가 더 단단할 가능성이 크다. 서로를 더 포용하고 신뢰하는 관계가 되기 쉽다. 2012년 심리학자 카리나 슈먼Karina Schumann은 부부 60쌍의 사과 행동을 추적 관찰했다. 그녀는 부부의 결혼 생활 만족도를 조사했고 이들에게 날마다 일지를 작성하게 했다. 일지에는 배우자가 잘못한 일, 배우자가 사과한 것(그리고 사과가 진심으로 느껴졌는지), 배우자를 용서할 마음이 있는지 여부를 기록했다. 슈먼이 분석해보니 결혼 생활 만족도가 높은 부부는 사과를 한 뒤 용서받는 비율도 높았다. 그들은 배우자가 사과했을 때 더 잘 받아들였다. 사과에서 진심으로 후회하는 마음을 느꼈기 때문이다.

슈먼과 연구 팀은 다른 연구에서 일부 부부는 다른 부부에 비해 더 자주 사과하는 경향이 있지만 그런 잦은 사과가 사과의 가치를 떨어뜨리지 않는다는 사실도 발견했다. 부정적 결과가 초래되는 것은 사과의 질이 낮을 때뿐이었다. 다시 말해 불충분하거나, 건성으로 하거나, 진실하지 않거나, 초점이 어긋났거나, 자신의 이익을 위한 사과의 경우였다. 요컨대 이와 같은 연구 결과는 가급적 자주 사과하는 것이 좋음을 보여준다. 물론 제대로 된 사과여야 한다.

역사상 최악의 사과

2010년 4월 20일 미국 루이지애나주 해안에서 약 65킬로미터 떨어진 해저 협곡 미시시피캐니언 위에 있는 석유 시추 시설 딥워터 허라이즌Deepwater Horizon이 폭발했다. 고압의 천연가스가 최근 설치한 콘크리트 봉합을 뚫고 분출돼 파이프를 타고 치솟으면서 폭발과 함께 화염에 휩싸였다. 불길은 루이지애나주 해안에서도 보일 정도였다. 이 사고로 11명이 사망하고 17명이 부상당했다. 화재로 엉망진창이 된 딥워터 허라이즌은 이틀도 안 돼 침몰했다.

폭발에 뒤이어 당연히 원유 유출이 발생했다. 이 시추 시설의 운영자인 석유 기업 BP는 유출되는 원유 양을 하루에 약 1,000배럴로 추정했지만, 미국 정부 측에서는 하루에 최대 6만 배럴 이상이 유출된다고 경고했다. 멕시코만에 거대한 기름띠가 형성되어서 14만 제곱킬로미터가 넘는 바다를 뒤덮었다. 이 때문에 일대의 어업과 관광산업이 막대한 타격을 입어 약 1만 2,000명이 일자리를 잃었으며 환경과 생태계에도 어마어마한 피해가 발생했다. 사상 최악의 해양 원유 유출 사고였다.

당시 BP의 CEO 토니 헤이워드Tony Hayward는 사고 수습 과정에서 여러 차례 공식 석상에 나타났는데, 시간이 갈수록 대중의 공분을 샀다. 처음에 그는 기름 유출 사고를 대단치 않은 일로 취급했다. 5월 17일에 이 사고가 환경에 미치는 영향이 "별로 크지 않을 것"이라면서 기름 피해를 입은 구역이 바다 전체 면적에 비하면 "상대적으로 작다"고 말했다. 5월 27일에는 약간 태도가 바뀌어 CNN 인터뷰에서 이 사고를 "환경 재앙"이라고 표현했다. 그는 언론 인터뷰를 할 때마다 사고의 심각성을 무시하거나 직접적 대답을 피하고 애매하게 얼버무렸다. 최악의 모습을 보인 것은 5월 30일이었다. 그날 그는 이 사고에 대해 이렇게 사과했다. "이 사고로 사람들의 삶에 엄청난 혼란을 초래한 점을 송구스럽게 생각합니다. 이 상황이 빨리 끝나기를 저보다 더 간절히 바라는 사람은 없을 겁니다. 저는 제 인생을 되찾고 싶습니다."

이것은 역사상 최악의 사과 목록에 오르고도 남을 말이었다. 헤이워드는 원유 유출 사고에 따른 피해의 심각성을 과소평가했다. 11명이 죽고 어업과 관광산업으로 먹고사는 1만 2,000명이 생계수단을 잃은 것은 단순한 '혼란'이 아니었다. 그는 자신이 이끄는 석유 기업이 초래한 거대한 재앙에 대한 죄책감과 책임을 표현할 중요한 기회를 제 발로 차버렸다. CEO를 사임하면서 수백만 달러의 퇴직금을 챙겼다는 사실이 알려지자 그가 했던 말은 더욱 빛바랜 사과가 되었다. 게다가 사고 수습 기간에 휴가를 떠나 자신의 요트 '밥Bob'이 와이트섬 앞바다에서 경기하는 모습을 관람했다는 사실이 알려지며 여론의 뭇매를 맞았다. 헤이워드는 잘못된 사과를 한 뒤 페이스북에 여러 차례 다시 사과 글을 올려야 했다.

왜일까? 헤이워드가 사과와 관련한 중죄를 저질렀기 때문이다. 즉 그는 '자기중심적으로' 말했다.* 그동안 이뤄진 많은 연구에 따르면 효과적인 사과는 사과를 하는 사람이 아니라 받는 사람에게 초점을 맞춘다. 사과하는 사람이 사과받는 사람의 감정에 신경 쓰기보다 자신의 기분이 나아지거나, 죄책감을 덜거나, 골치 아픈 상황에서 발을 빼거나, 불만을 표출하거나, 당장 눈앞의 상황을 넘기기 위해 사과한다는 느낌이 조금만 들어도 그 사과는 힘이 약해진다.

사과를 잘하려면 자기중심적으로 말해서는 안 된다. 대신 현재 상대방이 느끼는 감정에 초점을 맞추고 사과와 관련된 문제에만 집중해야 한다. 다른 문제를 들먹이며 대화에 곁가지를 치거나 자신의 불만을 꺼내놓으며 맞대응하지 말아야 한다는 얘기다. 사과에는 공감이 담겨야 한다. "네가 기분이 많이 상했다니 미안해"라는 공감 말이다. 토니 헤이워드가 자기중심적으로 사과했듯이 타

---

* 사고에 대해 충분히 생각해볼 시간이 흐른 뒤인 2010년 10월에 그는 좀 더 나은 사과를 했다. "당시 BP CEO였던 저는 멕시코만에서 일어난 이 끔찍한 비극에 대해 궁극적으로 누구에게 책임이 있는지 밝혀지느냐와 상관없이, 앞으로도 깊은 책임감을 느낄 것입니다."

시라도 식탁의 서류를 치워주길 바라는 드루의 마음에 집중하는 대신 자기중심적인 태도를 보였다. 즉 그 순간 남편이 느끼는 불만에 집중하지 않고, 그 상황을 집안일을 잘 안 하는 남편에 대한 불만을 표출할 기회로 삼았다("집안일과 관련해서 당신은 내가 골백 번 이야기해도 안 할 때가 많잖아")(내 남편은 이런 나쁜 습관을 '눈덩이 키우기'라고 부른다. 남들처럼 나 역시 이 문제가 좀 있다).

사과의 첫 단계는 상대방의 상황을 이해하려 노력하는 것이다. 헤이워드의 경우 원유 유출 사고가 일으킨 피해와 BP의 책임을 제대로 이해하지 못했다. 만일 그가 사고의 심각성을 제대로 이해하고 절감했다면 자기 자신의 곤란함은 그렇게 중요하게 느껴지지 않았을 것이다. 로이 르위키Roy Lewicki의 연구에 따르면, 우리가 책임을 인정하면 상대방의 상황과 감정을, 그리고 우리가 준 피해나 상처의 정도를 이해한다는 신호를 보내게 된다.

때로는 피해나 상처의 정도를 잘 모르다가 상대방의 설명을 듣고 나서야 알게 된다. 상대방의 입장을 이해하려는 진심 어린 태도로 이야기를 나눠본 후에야 그가 상처 입었음을 깨닫기도 한다. 우리는 지각 구조의 층들을 세세히 살펴 서로의 관점이 어긋난 부분을, 그리고 상처가 발생한 지점을 알아내야 한다. 이때 관계 진전을 위해 상대방의 관점을 진심으로 이해하고 싶다는 점을 계속 상기시키는 것이 중요하다.

힙합 밴드 더 루츠The Roots의 뛰어난 드러머이자 프런트맨 퀘스트러브(Questlove, 본명은 아미르 칼리브 톰프슨Ahmir Khalib Thompson)는 이와 같은 관점 파악 프로세스의 좋은 예를 보여준다. 그는 무심코 한 농담이 일본인에게 상처를 주었음을 뒤늦게야 알았고, 그 사실을 일깨워준 일본 팔로어를 향해 다음과 같은 글을 인스타그램에 올렸다.

애석하게도 저는 최근 일본 투어 공연 기간 중 인스타그램에 올린 글로 아시아에 계신 분들에게 상처를 주었습니다. 그 글에서 저는 한 일본 백화점 직원의 말소리가 교회 집사님이 방언하는 소리 같다고 적었습니다. 누군가에게(아시아인이든 다른 분들이든) 상처를 줄 의도는 결코 없었습니다. 그저 재미있는 비유라고만 '생각'했습니다. 제 생각이 짧았습니다.
지금 되돌아보니 저 역시 인종적 또는 문화적 몰이해가 담긴 글을 아무 생각 없이 올리는 추한 미국인과 똑같은 모습을 보이고 말았습니다. 이 점을 확실하게 말씀드립니다. **'저는 정말로 멍청한 짓을 했습니다.'**
저는 인간입니다. 게다가 유명인입니다. 이 둘 중 하나가 될 만큼 운이 좋다면, 타인에게 상처 주는 말을 입으로든 글로든 하지 말아야 하는 것은 물론이고 마음속으로 그런 생각을 하는 것도 적극적으로 경계해야 합니다. 흑인들이 '외부인'으로부터 걸핏하면 불쾌하고 모욕적인 농담을 듣는다는 점을 생각해보면, 흑인인 저는 언행에 훨씬 더 세심하게 신경 써야 마땅합니다(누가 누구를 무시한단 말입니까). 무엇보다 저는 제 안의 문화적 편견이 '반성하는 삶'을 살려는 노력보다 더 큰 힘을 갖도록 내버려둬서는 안 됩니다(누가 뭐래도 전 그렇게 믿습니다). 차별을 지양하는 사려 깊은 말을 하면 정치적 올바름을 중시한다는 이미지를 만들려 쇼를 하는 거라는 말을 듣는 세상입니다. 저 역시 그렇게 보일지도 모릅니다. 하지만 그러라죠. 상관없습니다. 이건 진짜 제 진심이니까요.

제가 또다시 한 멍청한 말실수를 공개적으로 인정하기 위해 이 글을 씁니다. 저 때문에 상처를 입은 분들께 용서받고 싶습니다. 2014년에는 더 나아진 모습을 보여드리겠습니다. 약속합니다.

이것은 꽤 훌륭한 사과다. 팬들의 기분을 염려하는 퀘스트러브의 마음이 고스란히 느껴진다. 실수를 충분히 인정할 뿐 아니라 자신이 그것을 깨닫는 과정에서 했던 생각을 세세히 밝히고 있다. 인간적 면모와 겸손함이 느껴진다. 그는 자신을 책망하고, 공개적 사과 행위가 이미지 관리를 위한 쇼처럼 보일 수 있다는 사실을 충분히 인지하고 있음을 밝히며, 앞으로 더 나아지겠다고 약속한다.

하지만 그런 그도 끝부분에서 실수를 저지른다. 용서를 청함으로써 자기중심적 태도를 보인 것이다. 흔히 사과하면서 용서를 청하기 쉽다. 잘못을 한 입장에서 용서받고 싶은 것은 인지상정이다. 하지만 그렇다 해도 사과하면서 용서를 청하는 것은 자기중심적 행동이다. 상대방의 기분이 나아지게 하기 위해서가 아니라 내 기분이 나아지고 싶어서 용서를 부탁하는 것이기 때문이다. 용서를 구하는 말은 삼가는 편이 좋다. 용서를 할지, 한다면 언제 할지는 상대방이 알아서 결정하게 하라.

사과, 그리고 변화하겠다는 약속

미국에서는 폭행, 절도, 강간, 살인 등의 범죄를 저질러 교도소에 수감된 사람이 최소 형량을 채운 뒤 가석방 심사 자격을 얻을 수 있다. 가석방이 확정되면 수감 기간이 절반 이상 줄어들 수 있다. 가석방 심사 위원회에서 범죄의 심각성, 형기 및 실제 복역 기간, 수감 생활 태도 등 여러 요소를 검토해 가석방 적격 여부를 결정한다. 이 과정에서 수감자와 가석방 심사 위원회가 대화를 나누는 가석방 심리가 진행된다.

가석방 심리는 일상 대화보다 훨씬 긴장도가 높지만 일상 대화에서는 좀처럼 보기 힘든 중요한 뭔가를 보여준다. 바로 확실한 결과다. 우리는 모든 가석방 심리 건에 대해 수감자가 이후 석방됐는지 여부를 알 수 있다. 따라서 가석방 심리에서 수감자가 사용한 언어 요소(사과 표현 등)와 심리 결과의 연관성을 분석할 수 있다. 나는 심리학자 그랜트 도널리Grant Donnelly, 한네 콜린스와 협력해 2017년 네바다주와 켄터키주에서 진행된 3,000건 이상의 가석방 심리 자료를 분석했다. 이는 지금껏 수집된 가석방 심리 자료의 최대 규모 샘플이며, 실제 대화 상황에서 사용되는 사과 언어에 대한 최초의 대규모 조사다.

학자들은 수십 년간 사과에 대해 연구하면서 사과 언어의 다양한 요소를 이론적으로 정리했다. 그리고 우리는 최근 발전한 대화의 과학을 통해 사람들이 실제 대화에서 그중 어떤 요소를 사용하는 경향이 있는지(그리고 어떤 요소를 사용하는 것이 효과적인지) 이해할 수 있다. 로이 르위키의 연구에서는 효과적인 사과의 일곱 가지 언어 특성을 다음과 같이 밝혔다. 사과 표명("미안합니다"), 후회 표현("정말 후회됩니다"), 보상 제안("제가 진 빚을 갚겠습니다"), 자책("내가 바보짓을 했어요"), 용서 요청("용서해주십시오"), 미래 행동에 대한 약속("다음번에는 더 잘할게요"), 잘못에 대한 설명("너무 화가 나서 그랬어요"). 나는 이것이 사과 행위의 다양한 측면을 고찰하기에 매우 유용한 분석 도구라고 생각한다. 이 중 몇 가지 요소는 퀘스트러브의 사과에서도 나타났다.

우리는 조교들의 도움을 받아 가석방 심리의 대화 자료를 분석하면서, 르위키가 말한 요소 중 어떤 것이 어떤 발언에 들어 있는지 분류했다. 그 결과 충분히 예상할 수 있듯이 심리에 나온 수감자가 자신이 저지른 범죄에 대해 설명할 경우("하필 그때 그곳에 있다가 그 일에 휩쓸렸고 억울하게 기소됐습니다") 가석방될 가능성이 훨씬 낮았다. "제정신이 아니었습니다. 판단력이 흐릿해져 마약에 빠졌습니다. 아내가 암으로 죽어가고 있어서 저 자신에 대한 통제력까지 잃었어요" 하는 식으로 말하는 경우도 마찬가지였다. 네바다주의 경우 범죄에 대해 설명하는 것은 중죄 전과가 있는 경우와 비슷한 정도로 가석방에 '부정적' 영향을 미쳤다. 심사 위원회 위원들에게 범죄를 저지른 상황을 상기시키는 것이 다른 중죄를 저질렀다는 사실과 비슷하게 가석방에 불리하게 작용한 것이다.

하지만 사과 요소 중 하나는 수감자가 여성인 경우만큼이나 가석방 가능성을 높이는 확실한 효과가 있었다. 가석방과 강한 긍정적 상관관계가 있는 유일한 요소는 '변화하겠다는 약속'이었다.

예를 들어 수감자가 다음과 같이 말한 경우다.

"절대 다시는 범죄를 저지르지 않을 겁니다. 제 나이가 예순다섯 살입니다. 철도 들 만큼 들었어요. 전 이제 다른 사람이에요."
"여기 들어온 순간부터 마약이랑 이별했습니다. 지금은 완전히 끊은 상태예요. 그동안 교도소 프로그램에 열심히 참여했습니다. 거기에만 집중했어요. 이제 저에겐 손자가 생겼습니다. 여기서 꼭 나가고 싶을 만큼 소중한 것이 많아졌습니다. 과거의 삶은 이제 끝났어요. 주변 사람과 세상에 진 빚을 깨끗이 갚고 싶습니다. 사회로 돌아가 열심히 일하고 싶습니다. 마약은 인생이 끝나는 길이라는 걸 누구보다 잘 압니다."
"다시 범죄를 저지를 생각은 추호도 없습니다. 그런 제 자신을 허락하지 않을 거예요. 나쁜 일에 손대지 않고 남에게 피해를 입히지 않으며 성실하게 사는 데만 집중할 겁니다. 그 외의 일에는 눈길도 안 줄 겁니다."

사과할 때 여러 언어 요소를 이용할 수 있지만 그중에서도 변화하겠다는 약속은 단연코 큰 힘을 발휘한다. 수감자들은 달라지겠다고 약속하면서 석방된 이후의 삶과 관련한 구체적 계획을 밝히는 경우가 많았다. 예를 들어 매주 알코올의존증 환자 치유 모임에 나가거나, 교회에 다니거나, 성실하고 사랑이 넘치는 가족과 함께 살겠다는 등의 계획이었다.

앞으로 달라지겠다는 약속은 사과를 듣는 사람의 마음을 미래로 향하게 한다. 우리의 과거 행동이나 신뢰가 깨진 과정이 아니라 앞으로 우리가 어떤 사람이 될 것인가에 초점을 맞추기 때문이다. 우리의 잘못이 야기한 심적 고통과 불안함을 해소하고 싶은 상대방 입장에서는 그런 약속을 들으면 안도감을 느낀다. 그리고 약속은 '알맹이 없는 말'로 느껴지기 쉬우므로 구체적이고 현실적인 내용일수록 좋다. 예컨대 변화를 위한 계획이나 같은 실수를 반복하지 않기 위한 계획을 밝히는 것이다. 또는 긍정적 행동 변화를 이미 실천하기 시작했다는 증거를 보여주면 더욱 좋다.

변화하겠다는 약속은 가석방 심리에서만 유용한 것이 아니다. 행동과학자들은 신뢰가 깨지고 회복되는 과정을 연구하기 위해 피험자들에게 '신뢰 게임'을 하게 했다. 그중 한 실험은 이렇게 진행됐다. 각 피험자는 게임 라운드를 여러 번 진행하며 돈을 파트너(가짜 피험자)에게 건네야 했다. 각 라운드에서 피험자는 돈을 혼자서 다 가질지 아니면 파트너에게 건넬지 결정했다(후자의 경우 파트너는 원래 금액의 몇 배가 되는 돈을 실험 진행자에게 받으며, 이를 상대방과 나눌지 말지 선택할 수 있다). 파트너에게 돈을 주는 것은 (기차역에서 모르는 사람에게 휴대전화를 빌려주는 것과 마찬가지로) 그를 믿어야만 할 수 있는 행동이다. 피험자 입장에서는 파트너가 어떻게 행동할지 알 수 없기 때문이다.

이때 모든 팀에서 두 라운드 연속으로 파트너가 피험자의 신뢰를 저버리고 돈을 혼자 차지했다. 신뢰가 깨진 것이다. 그런 다음 파트너가 신뢰를 회복하기 위해 다음과 같은 여러 방식을 시도했다. 달라지겠다는 약속 없이 사과의 말만 하거나("제가 상황을 망쳤습니다. 그러지 말았어야 했는데…. 두 라운드 모두에서 저 혼자 돈을 가져서 정말 미안합니다"), 사과하지 않고 달라지겠다는 약속만 하거나("약속합니다. 매 라운드마다 반드시 당신과 돈을 나누겠습니다"), 사과도 하고 달라지겠다는 약속도 하거나, 둘 다 하지 않았다. 이후 몇 라운드를 더 진행하면서 피험자는 파트너에게 믿고 돈을 맡길지 결정했고 실험이 끝난 뒤 파트너에 대한 신뢰도를 평가했다.

단기적으로는 달라지겠다고 약속하는 것이 신뢰 회복에 가장 효과적이었다. 이는 그런 약속 없이 사과만 한 경우보다 효과가 컸고, 사과의 다른 요소들과 합쳐질 때 가장 큰 효과를 냈다. 장기적으로는 실제로 달라진 모습을 보여주며 신뢰 가는 행동을 해야 신뢰가 회복되었다. 시간이 흐른 뒤 우리의 행동은 약속을 뒷받침할 수도, 약속과 어긋날 수도 있다. 변화하겠다는 약속은 긍정적 미래를 암시하며, 실천할 수 있는 구체적 계획이 있음을 상대방에게 알리는 행위다.

하지만 약속한 뒤에는 지킬 의무가 있다. 시간이 흐르면서 실제로 달라지는 모습을 보여줘야 한다. 가석방 심리에서 변화하겠다고 말한 수감자가 전부 약속을 지키지는 못했다. 다시 범죄를 저지른 경우가 많았다는 얘기다. 하지만 우리는 그들보다 잘할 수 있다. 달라지겠다는 약속을 지키기 위해서는 지속적인 자기 성찰과 겸손함이 필요하며 때로는 상대방에게 우리가 변화했다고 느끼는지 물어봐야 한다. 달라지겠다고 약속하며 사과하는 것은 화해로 가는 첫 단계다. 그 첫 단계를 거쳐야만 실제로 다른 사람이 되고 건강해진 관계의 보상을 누릴 기회를 얻을 수 있다.

상담 치료 과정이 끝나가던 어느 날 드루와 타시라는 어머니날에 집에서 있었던 일을 들려준다. 상담을 시작할 즈음 두 사람의 관계는 불안한 롤러코스터 같았지만 몇 주가 지나는 동안 이 롤러코스터를 조금씩 즐기기 시작했다. 구랄니크 박사의 상담실에 앉은 두 사람은 이제 천장을 보며 한숨을 내쉬지 않는다. 전보다 웃음이 늘었다. 지금은 잠도 같은 침대에서 잔다. 그런데 어머니날 이런 일이 있었다. 드루는 타시라에게 티셔츠를 깜짝 선물로 건넸다. 가슴에 검은색 흘림체 글씨로 '아들 맘'이라고 새겨진 티셔츠로, 타시라가 오래전부터 갖고 싶어 하던 것이었다.

드루가 물었다. "맘에 들어?"

"아니. 나 브이넥 싫어하잖아. 소재도 별로 안 좋네."

기분이 상한 드루는 "그래? 그럼 갖다 버려"라고 말한 뒤 방을 나갔다. 그리고 몇 분 뒤 다시 돌아와 말했다. "아까 당신이 한 말 때문에 상처받았어."

그 말을 듣자 타시라는 순간 안쓰러운 마음이 들었다. 그래서 직설적으로 말한 것에 대해 진심으로 사과했다. 드루의 속상한 마음을 이해하고 그의 감정을 인정해주며 상처 준 것에 대해 책임지는 모습을 보인 것이다. 상담 시간에 그날에 대해 이야기할 때도 타시라는 남편에 대한 미안함을 표현했다. 그동안 사과를 어려워하는 타시라의 모습을 보아온 시청자들과 드루 입장에서는 굉장히 만족스러웠다. 그녀는 직접적으로 "미안해"라고 말하며 자책하고("내가 바보 같았어") 후회하는("나도 그렇게 말하고 기분이 안 좋았어") 모습을 보인다.

그날 타시라는 남편에게 사과한 뒤 티셔츠를 입어봤다. 티셔츠를 입고 찍은 사진을 페이스북에도 올렸다. 그때 드루가 얼마나 기분이 좋았을지 충분히 상상이 간다. 상담실에서 타시라는 이렇게 말한다. "막상 입어보니 굉장히 예쁘더라고요." 드루도 그녀가 티셔츠를 입은 모습이 예쁘다고 했다. 타시라의 사과로 드루는 기분이 확 풀렸다. 티셔츠를 선물하길 잘했다 싶었고, 아내를 기쁘게 해준 것도, 자신에 대한 아내의 애정을 확인한 것도 기분이 좋았다.

두 사람은 상담실에서 웃으면서 그날의 사건을 회상한다. 고작 티셔츠 하나 때문에 감정이 극과 극을 오갔다는 게 우습게 느껴진다. 하지만 인생의 다른 많은 일이 그렇듯, 이것은 티셔츠 문제가 아니다. 지각 구조 아래 깊은 곳에서 일어나는 일이 그런 상황을 만든 것이다. 드루와 타시라는 각자의 감정과 후회를 솔직하게 주고받았다. 먼저 드루가 상처받았다는 사실을 인정했고, 그다음엔 타시라가 반사적으로 반응한 것에 대해 진심으로 사과했다. 몇 주 전만 해도 둘의 친밀함의 선은 언제라도 멀리 벌어질 것처럼 위태로웠다. 하지만 상담 치료와 사과하는 태도 덕분에 이제 친밀함의 선은 더 안정적으로 맞닿아 있다.

사과에도 타이밍이 있다

좋은 사과란 (우리 자신이 아닌) 상대방의 감정에, (과거가 아닌)

미래에, (즉시 용서받는 것이 아니라) 공감과 뉘우침을 표현하는 것에 초점을 맞춘 사과다. 좋은 사과에 대해 논하면서 '타이밍' 문제를 생각해보지 않을 수 없다. 특정한 대화 중에 또는 누군가와의 관계에서 언제 사과를 하는 것이 좋을까? 피해나 상처를 준 뒤 얼마나 있다가 사과해야 할까? 많은 사람들이 상황을 완벽하게 조사해 문제를 이해하고 자신이 정말로 잘못했는지 따져보기 전까지는 사과하기를 주저한다. 상황에 대한 우리 자신의 책임을 직시할 준비가 되지 않으면 사과하지 않으려 한다. 그런 준비가 되기까지는 상당한 내적 감정 노동이 필요할 때가 많다.

그럼에도 사과하는 타이밍에 대해서는 연구 결과가 명확한 답을 준다. 즉 사과는 빠를수록 좋다. 사람들은 빠른 사과를 더 진정성 있게 느낀다. 우리가 피해 상황을 제대로 파악하거나 누구의 책임인지 이해하기 전에 하는 사과라도 말이다.

그런데 이런 어려운 문제가 있다. 빨리 사과하는 것이 바람직하지만, 사과하는 사람이 문제 상황을 속속들이 이해하는 데 필요한 복잡한 작업을 즉시 해내거나 피해 보상을 위한 적절한 계획을 곧장 수립하기 힘들 때도 많다. 상황에 대한 책임 소재를 파악하는 데 시간이 걸릴 수 있고, 때로는 몇 년이 걸리기도 한다. 하지만 책임을 짊어지거나 피하는 것과 상관없이 상대방의 고통을 인정하는 사과는 즉시 할 수 있다. 가령 이렇게 말이다. "이런 일이 발생하게 되어 정말 죄송합니다. 당신이 힘들어하니 저도 속상합니다. 왜 이런 문제가 생겼는지 함께 알아봅시다."

그리고 이 점도 기억하길 바란다. 당장 사과하지 않는다고 해서 사과할 기회가 영원히 사라지는 것은 아니다. 빠른 사과가 뒤늦은 사과보다 낫긴 하지만, 늦게 사과하는 것이 무조건 나쁜 것은 아니다. 그 사이에 문제를 더 찬찬히 되짚어볼 수 있고 단순히 달라지겠다고 약속하는 대신 실제로 달라진 모습을 보여줄 수도 있다. 또 해당 사건과 어느 정도 감정적 거리를 두게 되어 얻는 이로움도 있다. 문제 발생 직후에는 강렬한 감정에 휩싸여 사과하는 일도 용서하는 일도 쉽지 않을 수 있기 때문이다.

코뼈 사건 이후 시간이 흘러 케빈은 말도 배우고 행동도 나아졌다. 서너 살 무렵에는 자신의 기분을 언어로 표현할 줄도 알게 됐다. "엄마가 그만 놀라고 해서 짜증 나요", "식탁에 이렇게 계속 앉아 있어야 되는 거 싫어"라는 식으로 기분을 언어로 표현하자 감정을 조절하는 능력도 향상됐고 막무가내로 떼쓰는 일도 줄었다. 원래 사랑스러운 아이였지만 착하게 구니 더욱 사랑스러웠다. 크나큰 안도감이 들었다.

케빈이 일곱 살이던 어느 날 우리는 아이 방에서 함께 책을 읽고 있었다. 『윔피 키드 Diary of a Wimpy Kid(주인공 그레그 헤플리가 자신의 일기장에 쓴 내용을 바탕으로 한 코미디 소설-옮긴이)』 시리즈의 주인공 그레그 헤플리가 단짝 친구 롤리에게 사과하는 장면이 나왔다. 대부분의 사람이 그렇듯 그레그에게도 사과는 용기가 필요한 행동이었다. 책을 소리 내 읽고 있던 케빈이 그레그가 사과하려 노력하는 부분에서 멈추었다. 그리고 나를 올려다보며 조용히 속삭이듯 말했다. "엄마." 나는 아이의 눈을 쳐다보았다. "내가 엄마 코뼈를 부러뜨렸던 거 기억나요?"

"그럼, 기억나지. 그런데 그건 왜 물어?"

"정말 죄송했어요."

그 사건이 있고 5년이 지났고, 그동안 남편과 케빈 앞에서 그 사건을 몇 번 언급한 적이 있었다. 케빈은 자신이 좋아하는 책의 주인공 그레그가 사과하는 모습을 본 뒤 내게 사과한 것이다. 나는 깜짝 놀라는 동시에 감동받아 또다시 눈물이 핑 돌았다. 하지만 이번엔 기쁨의 눈물이었다. 나는 그건 실수였다고, 아이의 잘못이 아니라고 케빈을 안심시켰다. 아이들은 원래 그렇게 온갖 실수를 하면서 큰다고, 더 큰 아이나 10대, 어른도 자기감정을 다스리기 힘들 때가 많다고 말해주었다. 게다가 코가 약간 비뚤어져도 엄마 얼굴은 여전히 예뻤다고 말해주었다.

케빈은 웃으며 고개를 끄덕였다. 케빈이 뭔가를(걷기, 말하기, 드리블하기, 농구, 책 읽기를) 배워나가는 것을 보는 일은 내게 큰 기쁨이었다. 그러나 사과할 줄 아는 아이의 모습을 보는 것은 그 무엇보다 뿌듯한 일이었다.

TIP 제대로 된 피드백 방법

사과나 행동 변화가 필요하다는 사실을 알려주는 일은 어려울 수 있다. 그러나 신뢰를 회복하는 과정에서 피드백은 '반드시' 필요하다. 바로잡아야 하는 문제가 사소한 것이든 중대한 것이든, 신뢰 회복은 다양한 방식의 피드백을 통해 문제를 인식하고 그 문제를 함께 해결하는 것에 달려 있다.

최근의 한 실험에 따르면, 설문 조사 담당자의 얼굴에 빵 부스러기나 립스틱이 묻어 있을 때 불과 3퍼센트의 사람만이 그 사실에 대해 피드백을 주었다. 게다가 그것은 고질적인 나쁜 습관이나 성격상의 단점 같은 것이 아니라 겨우 '빵 부스러기'나 '립스틱'을 묻힌 사소한 실수였다. 하지만 피드백은 중요하다. 당장은 싫은 소리를 하는 냉혹한 사람이 된 것 같아도 길게 보면 결국 상대방을 위하는 길이다. 다행히 최근 연구 결과가 자신감 있게 적극적으로 피드백을 주는 팁을 알려준다.

- **적절한 타이밍에 하라.** 사과와 마찬가지로 피드백도 '빨리' 줘야 받아들이기 쉽다. 즉 양측 모두 해당 사안과 관련한 구체적인 세부 정보를 아직 기억하고 있을 때 말이다. 그 정보를 언급하면서 피드백을 줘야 효과적이기 때문이다. 사과나 행동 변화가 필요함을 알리는 건설적 피드백은 한마디로 '쓴소리'다. 쓴소리는 다른 사람들 앞에서가 아니라 당사자와 '단둘이' 있는 자리에서 해야 한다. 그래야 상대방이 느끼는 창피함이나 모욕감을 최소화하고 심리적 안전과 신뢰의 분위기를 조성할 수 있다.

- **의도를 분명히 밝혀라.** 긍정적 의도를 지녔음을 분명히 밝히는 것은 이견을 말하는 사람과 듣는 사람 모두에게 효과적이라는 연구 결과가 있다. 만일 당신이 건설적 피드백을 듣고 싶다면 그렇다고 분명히 말하라. 만일 그런 피드백을 주고 싶다면 상대를 돕고 싶다는 의도를 분명히 표현하라. 피드백을 받는 입장에서는 "쓴소리라도 얼마든지 환영입니다" 또는 "직설적으로 말하길 주

저하지 않아도 됩니다. 기꺼이 듣고 싶습니다"라고 말할 수 있다. 피드백을 주는 입장이라면 "나는 당신이 잘되기를 바랍니다" 또는 "내게는 우리 관계가 정말 중요합니다"라고 말해보라.

- **긍정적인 말부터 하라.** 긍정적-부정적-긍정적 문장의 순서로 말하는 일명 '피드백 샌드위치 모델'은 종종 부당한 비난을 받는다. 긍정적 칭찬과 부정적 비판이 섞여 뭉개지곤 하는 탓이다. 불필요한 사탕발림 같은 달달하고 긍정적인 빵 사이에 끼워진 쓴소리(원래 전하려던 메시지)가 흐지부지되는 것이다. 내가 레슬리 존과 진행한 연구에 따르면 피드백 샌드위치 모델은 꽤 괜찮은 방법이다. 뒤에 어떤 말을 하든 상관없이 먼저 긍정적 피드백을 주는 것이 중요하기 때문이다. 그리고 쓴소리가 잘 받아들여지려면 서로 단단한 신뢰 관계가 형성돼 있어야 한다. 긍정적 피드백과 쓴소리를 명확히 구분해 전달하는 것도 중요하다. 둘을 섞어서 단숨에 말해버리거나 대충 한데 버무리지 말라는 얘기다. 내 동료 교수 프랜시스 프라이Frances Frei는 긍정적-부정적 피드백의 비율을 5대 1로 하는 방식을 추천한다. 구체적 내용의 진심 어린 긍정적 피드백을 다섯 번 건넨 뒤에 건설적 피드백을 명확하고 솔직한 방식으로 주라는 것이다. 이 비율의 타당성을 검증한 연구 결과는 (아직) 없지만, 내가 보기엔 아주 훌륭한 방법이다. 하지만 서로의 관계가 굳은 신뢰로 다져져 있다면 긍정적인 서두 없이 곧장 쓴소리를 해도 상대방의 기분이 상하지 않을지도 모른다. 그것이 '신뢰'의 힘이다.

- **과거 대신 미래에 초점을 맞춰라.** 피드백을 줄 때 이미 일어난 일과 되돌릴 수 없는 상황에 초점을 맞추면 상대방이 받아들일 가능성이 낮다. 행동과학자 마이크 요먼스와 아리엘라 크리스털은 과거지향적 피드백(과거에 어떻게 행동했는가)이 아닌 미래지향적 조언(앞으로 어떻게 행동해야 하는가)을 해야 상대방이 귀담아듣고 행동으로 실천할 가능성이 더 크다고 말한다.

마지막 과제

인생을 살다 보면 누구나 인간관계가 삐걱대거나 누군가와 멀어지는 경험을 한다. 사이가 틀어진 룸메이트가 나가는 바람에 당신 혼자 월세를 전부 감당하게 된다. 고등학교 때 친구와 걸핏하면 서로 싸운다. 시댁 식구가 당신에게 무례한 말을 한다. 당신과 사이가 틀어진 형제가 가족 장례식에도 오지 않는다. 서로에게 상처만 주고 애인과 헤어진다. 어떤 친구는 그냥 자연스럽게 멀어져 연락이 끊어진다. 사람들은 오만가지 이유로 우리 삶에서 사라진다. 친밀함의 선이 서로 다른 방향으로 나아가고 다른 페이지로, 다른 세상으로 흘러간다.

그런데 만일 멀어진 누군가와 관계를 회복하고 싶다면? 사이가 멀어져 오랫동안 연락이 끊겼다가 다시 만난 이들의 대화는 나의 호기심을 크게 자극한다. 서로 틀어져 영영 이어지지 않을 것만 같았던 관계가 회복되는 과정은 쉽지 않고, 또 그런 만큼 큰 감동을 준다. 그런 이들은 때로 서로에 대한 신뢰를 완전히 잃어버린 상태다. 사과를 통해 신뢰를 회복할 기회를 오래전에 놓쳐버린 이들도 있다. 깨진 신뢰를 회복하기 위해서는 양측 모두의 특별한 사과가, 그리고 비록 늦었을지라도 문제의 원인을 되짚어보는 일이 필요하다.

나는 TALK 수업의 마지막 프로젝트로 학생들에게 누군가와 나눈 대화를 녹음한 뒤 지금까지 배운 내용을 토대로 그 대화를 분석해보게 한다. 학생들은 내가 제시하는 여러 대화 상황 중 개인적으로 의미 있다고 느끼는 프로젝트를 선택할 수 있다. 그중 하나는 '관계 회복' 프로젝트다. 관계가 끊어진 사람에게 연락해 관계를 회복하는 프로젝트다. 누군가에게 고마움을 표현하거나 팟캐스트 에피소드를 제작하는 것처럼 더 쉬운 다른 선택지도 물론 있다. 학기마다 관계 회복 프로젝트를 선택하는 학생은 얼마 안 돼서, 90명 중 5명 정도다. 관계 회복 프로젝트는 놀라운 결과물을 보여주곤 한다. 하지만 지금도 내 기억에 생생히 남은 사례가 하나 있다. '데브'라는 학생이 제출한 프로젝트다.

데브는 10대 때 남다른 학생이었다. 차분하고 다정한 성격에 똑똑하고 성실했으며 친구 사귀는 것을 조금 어려워했다. 데브는 많은 부모와 교사가 바라는 유형의 학생이었다. 성적이 뛰어나서 11학년 때 일류 대학을 목표로 삼아 준비했다. 그즈음 7학년생 애닐을 알게 됐다. 데브는 애닐을 보며 자신과 많이 닮았다고 느꼈다. 두 사람 모두 캘리포니아주 새크라멘토의 교외 지역으로 이민

온 인도인 가정 출신이었다. 애닐은 데브만큼 자신감 넘치지는 않았지만 그런 데브의 모습을 닮고 싶어 했다. 성품이 착했으며, 공부도 잘하고 다방면으로 뛰어난 데브를 우상처럼 따랐다. 두 사람은 급속히 친해졌고, 애닐은 데브의 가족이나 친구와도 가깝게 지냈다. 데브는 애닐이 개인적으로나 직업적으로 잘되도록 도와줘야겠다고 마음먹었고, 애닐에게 훌륭한 멘토가 되어주었다. 애닐의 중학교와 고등학교 시절에도 내내 든든한 지원군 역할을 했다. 둘은 친형제나 다를 바 없었다. 데브는 수시로 연락해 애닐의 안부를 살폈다. 서로 멀리 떨어져 살 때도 애닐이 지망 대학을 정하고 지원서를 작성하는 과정을 도와주었다.

2018년에 애닐은 서던캘리포니아대학교를 졸업했다. 졸업 후 일자리를 찾다가 데브에게 연락해 도움을 청했다. 당시 금융 서비스 스타트업에서 일하며 출세의 사다리를 착착 오르고 있던 데브는 애닐이 그 회사의 말단 금융 애널리스트 자리를 얻을 수 있도록 기꺼이 도와주었다. 그동안 데브가 전문직에서 성공하기 위해 열심히 노력한 데는 차별받는 소수집단을, 특히 자신이 너무도 아끼는 애닐을 도와줄 기회를 만들고 싶다는 동기도 작용했다.

하지만 데브는 애닐에게 일자리를 얻는 것보다 그 자리를 유지하기가 더 어려울 것이라고 일러두었다. 실제로 그 직업에서 성공하려면 최신 정보를 놓치지 않기 위해 끊임없이 노력하면서 특히 엑셀과 여러 분석 도구를 능숙하게 다룰 줄 알아야 했다. 하지만 딱하게도 애닐은 입사 직후부터 계속 업무 능력이 뒤처졌다. 갈팡질팡하며 헤매기 일쑤였다. 여러 달이 지나도록 업무에 필요한 기술을 갖추지 못했다. 적어도 업무 수행에 차질이 없을 만큼 빠르게 익히지 못했다. 그런 애닐을 보며 데브는 실망스럽기도 하고 화도 났다. 위험을 무릅쓰고 입사를 도와줬는데, 애닐은 노력조차 하지 않는 것 같으니 말이다.

데브는 마지막 기회를 준다는 심정으로 애닐이 맡은 일을 전부 취소하고 엑셀 업무만 남겨두었다. 그리고 6주 동안 사례 연구 자료를 작성하게 했다. 그것을 완성해 능력을 보여주면 업무에 복귀시킬 생각이었다. 하지만 애닐은 이 프로젝트도 완수하지 못했다. 데브는 망연자실했고 화가 머리끝까지 치밀었다. 이제 애닐을 회사에서 내보낼 수밖에 없었다. 이 일로 둘은 완전히 사이가 틀어졌다(그리고 둘 모두와 친한 친구나 가족과의 사이도 불편해졌다).

애닐이 해고된 뒤 2년 동안 두 사람은 완전히 연락이 끊어졌다. 데브가 보기에 이건 너무나도 분명한 상황이었다. 기회를 줬는데 애닐이 그를 실망시킨 것이다. 데브의 마음은 복잡했다. 속상하고 화도 나고 실망스러웠다. 이따금 애닐에게서 문자메시지나 이메일, 전화로 연락이 왔지만 데브는 답하지 않았다. 하지만 시간이 흐를수록 마음 한구석에 무거운 돌덩이가 놓인 기분이었다.

데브는 2년 만에 애닐에게 연락하려니 몹시 긴장되었다. 전화하기에 앞서 수업 때 배운 방법을 떠올리며 대화 주제를 정리했다. 그때 그 일에 대한 애닐의 관점을 이해하고 데브 자신의 관점도 설명해야 하므로 구체적인 질문 목록도 만들었다. 또 긴장감을 풀면서 가급적 가볍고 밝은 분위기를 조성할 방법을 생각해봤다. 처음엔 스몰 토크에서 시작해 차차 애닐의 해고에 대한 이야기로 옮겨 갈 생각이었다. 한편으로는 마음이 불안했지만 언젠가는 꼭 해야 할 대화였다.

4월의 어느 수요일, 데브는 애닐에게 전화했다. 애닐은 전화벨이 한 번 울리자마자 받았다. "안녕"이라고 말하는 데브의 가슴이 쿵쾅거렸다. 애닐의 목소리에 수심이 가득한 게 곧장 느껴졌다. 데브는 그동안 잘 지냈느냐고 물으며 가볍게 대화를 열었다. 하지만 둘 다 알면서 언급하지 않는 불편한 진실의 무게감은 결코 가볍지 않았다.

애닐이 말했다. "우리 옛날에는 참 친했잖아. 형은 진짜 친형 같았는데. 그런데 나라는 존재가 형 인생에서 사라져버린 것 같았어. 솔직히 너무 힘들었어." 애닐은 감정을 억누르기 힘든 듯 목소리가 가볍게 떨렸다.

"그래. 그동안 나도 우리 관계에 대해 생각해봤어. 우리 사이가 멀어진 과정에 대해서도. 그 일에 대해 너랑 얘기하고 싶었어. 세상 모든 일에는 양쪽의 입장이 있으니까. 최근에 이런 생각이 들더라. 같이 대화하면서 우리 관계를 회복할 길을 찾아야겠다고. 그 길이 있다면 말이야."

그러자 애닐은 "분명히 내가 잘못한 점도 있어. 하지만 형한테도 어느 정도 책임이 있다는 생각이 들어"라고 말했다.

"그렇구나. 조금 더 자세히 말해줄래?"

애닐은 버려진 것 같은 기분이 들었다고 설명했다. "그때 내가 약속했잖아. 정말로 열심히 노력하겠다고. 하지만 그 약속을 할 때 형이 날 도와줄 줄 알았어. 그래서 버려진 기분이 든 것 같아."

데브는 "그때는 왜 나한테 직접 그런 얘기를 하지 않았어?"라고 물었다.

"두려웠으니까. 형을 실망시킬까 봐 너무 두려웠어. 또 빨리 실력이 늘어서 내 몫을 제대로 해내는 사람이 되지 못할까 봐 두려웠고."

두 사람은 당시에 대한 기억을 번갈아가며 이야기했다. 데브는 애닐의 업무 성과에 실망했고, 애닐은 자신을 도와주지 않고 내버려둔 데브에게 버림받았다고 느꼈다. 애닐은 데브의 높은 기대치를 만족시키고 싶었지만 금융 분야에 경험이 전혀 없는 그에게는 일이 너무 어려웠다. 애닐은 데브가 좀 더 자세히 코칭해주기를, 자신을 회의에 참석시켜주기를 기대했다. 애닐은 데브에게 기대한 그런 코칭을 얻지 못하자 더 힘들었다. 밤에 잠도 설치고 식욕도 떨어졌으며 자주 아팠다. 자신이 데브를 실망시킨다는 생각에 괴로웠다.

애닐의 이야기를 다 들은 데브는 방어적 태도 없이 이렇게 말했다. "너를 혼자라고 느끼게 하고 버려진 기분이 들게 한 것에 대해 사과하고 싶어. 사실 내가 바란 건 그 반대야. 네가 성장할 수 있는 기회를 주고 싶었어." 데브는 회사에 처음 들어갔을 때 주변에 끊임없이 묻고 스스로 알아서 노력하면서 업무를 익혔고, 애닐도 당연히 그렇게 하리라 예상했다. 하지만 사람은 저마다 다르다는 것을 이제 깨달았다. 애닐에게 사과해야 마땅했다. "애닐, 정말 미안해."

애닐은 데브의 진심 어린 사과에 깜짝 놀란 동시에 가슴이 뭉클했다. "형 덕분에 올해는 내게 특별한 해가 됐어. 내가 최선을 다하지 못해서, 그리고 형편없이 굴어서 미안해."

"아냐, 나도 마찬가지인걸. 이렇게 다시 통화해서 너무 기쁘다."

이틀 뒤 두 사람은 다시 통화했다. 서로 미안하다는 말을 하도 많이 하는 바람에 데브가 '미안하다는 말 금지'라는 규칙을 정했다. 서로의 사과를 인정하고 분위기를 가볍게 만들기 위한 장치였다. 데브는 "우리 둘 다 잘못을 자백했으니까 사과는 그만하자. 내게 너는 친동생이나 마찬가지야. 다시 예전 같은 관계로 돌아가고 싶어"라고 말했다.

나머지 대화를 나누는 동안에는 누구도 '미안'이라는 단어를 쓰지 않았지만 둘 다 과거의 실수를 인정하면서 후회되는 마음을 표현했다. 그리고 시선을 미래에 고정했다. 오래된 친구처럼 소소한 일상 이야기와 근황에 대한 소식을 주고받았다. 며칠 뒤 줌에서 만나 로스앤젤레스 레이커스 팀의 농구 경기를 함께 보자는 약속도 했다. 두 사람은 다시 친해지길 꿈꾸는 것이 아니라 이미 친해지고 있었다.

관계는 회복될 수 있다

데브와 애닐의 이야기는 상호성의 힘을 잘 보여준다. 데브가 애닐의 기분에 집중하며 자신의 부족했던 점을 인정하고 사과하자 애닐도 똑같이 했다. 데브의 다정함과 용기를 동력으로 둘의 대화는 즉시 상승 곡선을 탔다. 덕분에 둘 사이의 균열이 복구된 것은 물론이고 둘의 미래 관계는 긍정적 궤도에 진입했다. 이들의 이야기는 뒤늦은 사과도 큰 힘을 발휘한다는 것을 보여준다. 깨진 신뢰를 회복하기에 너무 늦은 때란 없을지도 모른다. 희망이 없어 보이는 관계라도 말이다. 세월이 흐르면 문제를 새로운 관점으로 보며 감정적 거리를 둘 수 있고 상대방에게 달라진 모습을 보여줄 수 있다.

TALK 원칙은 언제나 유용하지만 데브와 애닐의 사례 같은 힘든 대화에서 특히 힘을 발휘한다. 데브는 대화 주제를 미리 생각하며 이야깃거리를 준비하고 마음의 준비도 할 수 있었다. 비록 미리 적어놓은 '구체적인 질문'은 미처 던지지 못했지만, 목록을 만들어본 덕분에 감정이 동요하는 애닐에게 더 자신감 있고 침착하게 반응할 수 있었다.

데브는 대화 도중에 애닐에게 훌륭한 질문을 여러 번 했다. '관계를 회복할 길을 찾기 위해' 애닐의 생각을 들려줄 수 있는지 물었다. 데브가 던진 후속 질문들도 매우 효과적이었다. 예컨대 "그렇구나. 조금 더 자세히 말해줄래?"는 간단한 질문이지만 데브가 반응하며 듣고 있음을, 애닐의 관점을 긍정하며 그에게 관심을 쏟는다는 신호를 보냈다. 그랬기에 뒤이어 애닐이 편한 마음으로 자신의 관점을 설명할 수 있었다.

데브는 다음과 같은 질문도 했다. "그 얘기를 좀 해봐도 될까?"(주제 관리), "그래서 어떻게 됐어?"(후속 질문), "너 때문에 내가 어떤 자리로 옮겼는지 알고 있었어?"(관점 파악). 데브는 상당히 지혜롭게 질문 기술을 활용했다.

두 사람의 첫 대화는 잔뜩 긴장돼 있었지만 그럼에도 약간의 가벼움 요소가 보인다. 데브가 수업 과제 때문에 전화를 걸게 됐으며 대화를 녹음하려니 어색하다고 자조적으로 말하자 애닐도 그런 형을 놀리듯이 받아쳤다. 두 번째 통화는 전체적으로 분위기가 더 밝고 가벼웠다. 사과를 금지한다는 데브의 장난스러운 선언과 함께 더 가벼운 화제로 옮겨 갔다. 둘은 로스앤젤레스 레이커스 팀의 승리에 내기를 걸자는 이야기를 했고, 자신들의 형제가 과연 아이를 더 낳을지 아닐지 추측하며 옥신각신했다. 이런 화제 덕분에 그들 사이에 원래 있던 묵직한 주제와 상관없이 대화가 즐거워졌다.

물론 데브의 대화가 성공한 핵심 요인은 배려하는 태도였다. 애닐에게 전화하는 것은 엄청난 용기가 필요한 일이었고, 마침내 통화할 때 데브는 시종일관 애닐을 존중하는 언어를 사용했다. 자칫 애닐의 회사 생활 실패를 언급하면서 모욕감을 주는 말을 하기 쉬웠을 텐데 말이다. "그렇구나. 조금 더 자세히 말해줄래?", "이해해. 정말 미안해"라는 말로 긍정적으로 반응하며 애닐의 말에 귀를 기울였다. 데브의 대화법은 상대방에게 집중하고 그의 감정을 인정해주는 최상급 기술이다. 그는 이 과제 프로젝트의 주요 목표인 배려를 훌륭하게 보여줬다.

학기 초만 해도 데브는 수업 특성상 잘 모르는 사람들과 대면할 일이 생기는 것을 부담스러워했고 혼자 있는 편이 더 낫다고 생각했지만, 이 마지막 프로젝트를 하면서 마음이 바뀌었다. 이 수업이 아니었다면 애닐과 관계를 회복하지 못했을 것이라고 했다. 그는 자신이 변화했음을 느꼈다. TALK 원칙을 배운 뒤 더 좋은 친구이자 더 나은 인간이 되었다. 애닐과 관계를 회복한 일에 대해서도, 앞으로 살면서 만나게 될 사람들을 떠올리면서도 TALK 원칙을 배운 사실에 감사했다. 그는 이렇게 썼다. '태어나 처음으로 사람들과 사귀는 일이 설렌다.'

SUMMARY

- **사과는 힘이 세다.**
- 자주 그리고 진심을 담아 **사과하라.** 자기중심적 태도로 사과하지 마라.
- **달라지겠다고 약속하라.** 그리고 약속을 지켜라.

강의를 끝내며

대화의 빛을 밝혀라

몇 년 전 오랫동안 못 보고 지낸 친구를 만났다. 그동안 내가 다른 도시로 이사했고, 우리 둘 다 애들을 키우느라 바빴으며, 친구는 항암 치료를 받았다. 오랜만에 회포를 푸는 자리에 친구는 대화 주제 목록을 준비해 왔다. 그뿐 아니라 재치 있게도 각 주제에 휘트니 휴스턴Whitney Houston의 노래 제목으로 이름을 붙였다.

- 〈누군가와 춤추고 싶어I Wanna Dance with Somebody〉 - 최근에 춤춘 적이 언제였는지 말해줘.
- 〈더 높은 사랑Higher Love〉 - 처음으로 아기를 데리고 비행기를 탔어. 그날 겪었던 악몽 같은 경험을 들려줄게.
- 〈당신에게 달려가겠어요Run to You〉 - 네 달리기 습관에 대해 얘기해보자. 마라톤 준비할 때 어떤 훈련을 해?

우리는 많이 웃고, 포옹하고, 세상 이야기로 수다를 떨고, 옛일을 추억하고, 눈물도 흘렸다. 내 인생에서 손에 꼽을 만큼 즐겁고 행복한 대화였다.

하지만 즐거운 대화라도 이따금 삐걱거리는 순간이 있기 마련이다. 그날 친구와 이야기를 나누는 동안에도 어떤 주제는 재미가 없어서 분위기가 처졌다. 친구가 어떻게 반응해야 할지 몰라 당황하기도 했다. 어느 순간에는 내가 옛일을 떠올리며 울컥했는데 친구한테 감정을 드러내는 게 주저되었다. 하지만 그런 순간은 우리 대화의 즐거움을 전혀 손상시키지 않았다. 왜일까?

진정으로 풍요로운 삶을 위하여

2020년 이전까지 사회과학자들은 좋은 삶을 구성하는 두 요소에 집중했다. 행복(만족감을 느끼는 것)과 의미(내 인생이 어떤 목적에 기여한다고 느끼는 것)다. 하지만 이 오래된 공식에는 뭔가가 빠져 있었다. 2020년 심리학자 오이시 시게히로Shigehiro Oishi와 에린 웨스트게이트Erin Westgate는 이전에 간과된 좋은 삶의 세 번째 요소로 '심리적 풍요psychological richness'를 제안했다. 심리적으로 풍요로운 삶이란 다양한 경험으로 가득한 삶을 말한다. 안정적이고 만족스러운 직업과 가정이 있는 사람의 삶은 행복하고 뜻깊을지 모르지만, 다채롭거나 참신하거나 흥미로운 경험은 별로 없을 수도 있다.

행복하고 의미 있는 삶도 '지루'할 수 있다. 안정된 직장에 다니는 사람들이 미술관에 가거나, 마약을 하거나, 하키 팀에서 활동하거나, 기타를 배우거나, 경영자 교육 프로그램에 참여하거나, 스쿠버다이빙을 하거나, 지금 당신이 손에 든 책을 읽는 것은 심리적 풍요에 대한 욕구 때문이다. 새롭고 흥미로운 경험으로 정신세계를 자극하고 풍성하게 하는 것이다. 또 심리적 풍요 관점에서 보면 타인과의 대화가 늘 즐겁고 성공적이어야 한다고 믿는 것은 바람직하지 않다. 살다 보면 좋은 일도 생기고 나쁜 일도 벌어진다. 그런 인생의 부침은 우리에게 필요하고 이로우며 무엇보다 피할 수 없다. 그리고 다채로운 경험이 심리적 풍요를 만들어준다.

이와 같은 맥락에서 본다면, 우리는 다양한 종류의 사람들과 다양한 목적으로 다양한 주제에 대해 대화할 때 풍성한 인생을 살 수 있다. 실제로 내가 진행한 연구에서도 다양한 파트너(새로운 친구와 오래된 연인, 새로 사귄 지인, 동료, 낯선 사람 등)와 대화하는 것이 한정된 범위의 파트너와 대화하는 것보다 행복감을 더 높인다는 사실을 발견했다. 다양한 유형의 사람과 여러 색깔의 관계를 맺고 그들과 대화를 나누면 즐거움, 슬픔, 불안, 좌절감, 평온함, 흥분, 비탄 등 다양한 감정을 경험하게 된다. 그리고 이런 다양한 감정을 경험하는 것이 결국 행복으로 가는 길이다.

아직도 누군가와 대화하는 일이 긴장되는가? 괜찮다! 사람이라면 누구나 그렇다! 학생들에게도 자주 말하지만, 그저 시도하고 연습하면 된다. 다행히 연습할 기회는 얼마든지 있다. 대화를 잘하는 사람이 되고 싶다면 '거창한' 변화를 꾀할 필요가 없다. 후속 질문을 평소보다 하나 더 할 수 있지 않은가? 흥미로운 대화 주제를 하나쯤 준비하는 것은 어려운 일이 아니지 않은가? 적어도 한 번은 상대방을 웃게 할 수 있지 않겠는가? 앞에서 했던 이야기 하나를 소환해 당신이 경청하고 있다는 신호를 보낼 수 있지 않은가? 이런 작은 시도는 항상은 아니더라도 대체로 효과를 낸다. 그리고 다양한 상황에서 수없이 대화하며 작은 변화가 쌓이면 큰 변화를 만들어낸다. 대화 능력이 조금이라도 향상되면 인간만이 하는 활동, 즉 타인과의 깊은 교감에 한 걸음 더 가까워진다.

TALK 원칙만 잘 기억하면 대화할 때 흔히 하는 걱정을 떨쳐낼 수 있다. 어떤 화제로 이야기할지 걱정할 필요 없다. 미리 주제를 준비하면 된다. 실수할까 봐 걱정할 필요 없다. 신뢰 회복 전략을 활용하면 된다. 어색한 침묵이 생길 것도 걱정할 필요 없다. 과감하게 새로운 주제를 먼저 꺼내라. 해박한 지식이나 전문성으로 상대방에게 좋은 인상을 심어주는 데 실패할까 봐 걱정하지 마라. 그저 열심히 듣고 질문을 하라. 민감한 주제를 다루는 일을 두려워하거나 적대적 갈등이 생길까 봐 걱정하지 마라. 최대한 정중하고 수용적인 태도를 유지하라. 대화를 언제 끝내야 할지도 걱정할 필요 없다. 그냥 과감하게 대화를 끝내라. 당신은 얼마든지 할 수 있다.

그리고 당신이 몰랐던 사실을 하나 알려주겠다. 당신은 스스로 생각하는 것보다 대화 능력이 뛰어나다. 2023년에 심리학자 크리스토퍼 웰커Christopher Welker와 제시 워커Jesse Walker, 에리카 부스비, 톰 길로비치Tom Gilovich는 사람들이 자신의 대화 능력을 어떻게 평가하는지 분석했다. 이 연구 결과에 따르면 우리는 운전이나 독서, 달리기 같은 다른 일상 활동에 비해 자신의 대화 능력을 지나치게 비관적으로 평가한다. 대부분의 활동에서 사람들은 자기 능력이 남들보다 뛰어나다고 과대평가하는 경향이 있다. 흔히 말하는 '평균 이상 효과above-average effect'다. 하지만 대화에 대해서만은 자신이 남들보다 못하다고 믿는 '평균 이하 효과'가 나타나는 경향이 있다. 우리는 대화하며 겪은 어색한 순간이나 곤경을 자꾸 떠올리면서 그것이 우리 탓이라고 생각한다. 남들에 대해서는 타고난 능력 덕분에 카리스마가 넘치고 대화를 물 흐르듯 수월하게 한다고 생각하면서, 우리 자신에 대해서는 잘하려 노력하다가 실수한 것만 자꾸 곱씹으면서 자신을 형편없다고 여긴다. 하지만 대화는 양측이 함께 만들어가는 건축물이며 정해진 대본도 없다. 그렇기에 아무리 말을 잘하는 사람도 완벽해질 수 없다. 실수했거나 만족스럽지 못했던 점에 집착하기보다 잘한 것이 '하나라도' 있으면 그 점을 스스로 칭찬해주는 편이 낫다.

당신은 스스로 생각하는 것보다 대화를 잘한다는 점을 명심하라. 게다가 이제 훨씬 더 잘할 수 있는 방법도 배웠다. 존 스타인벡John Steinbeck의 소설 『에덴의 동쪽East of Eden』에는 이런 말이 나온다. "완벽해질 필요는 없어요. 괜찮은 사람이면 되는 겁니다." 우리 자신과 다른 이들에게 실수를 허락할 때 우리의 대화도 그들과의 관계도 한층 나아질 수 있다. 행복하고 의미 깊으며 심리적으로 풍요로운 삶을 살 수 있다.

TALK 원칙은 없다

이제 또 다른 비밀을 알려주겠다. 사실 TALK 원칙은 원칙이 아니다. "뭐라고?" 하며 놀랄지도 모르겠다. 원칙은 간결하고 명쾌한 문장으로 표현한 행동 규칙이다. 원칙은 지킬 수도 있지만 '어길' 수도 있다. 폴 그라이스는 일종의 원칙인 대화의 격률(진실함, 간결함, 관련성, 명료함)을 제시하면서 사람들이 그것을 지킬 수도, 위반할 수도 있다고 말했다. 그리고 일부러 격률을 위반할 때 대화라는 행위 특유의 힘이 발휘되며 좋은 대화가 이뤄진다고 생각했다.

TALK 원칙이 행동 규칙이 아니라면 무엇일까? TALK 원칙은 '알림 신호'다. 훌륭한 대화자가 되려 노력하고 상대방도 그렇게 되도록 도와야 한다는 것을 상기시키는 신호 말이다. 그런 알림 신호가 필요한 까닭은 여러 감정과 온갖 역학이 뒤섞인 대화라는 행위의 한가운데서 목적을 잊거나 간과하거나 저버리기 쉽기 때문이다.

TALK 강의가 끝날 때쯤 학생들은 이런 질문을 한다. TALK 원칙을 잊지 않고 늘 활용하려면 어떻게 해야 할까요? 나는 종강 선물로 '주제-질문-가벼움-배려'라는 글자를 새긴 실리콘 팔찌를 나눠준다. 몸에 지니고 다니면서 TALK 원칙을 늘 떠올리라는 의미다. 당신에게도 이런 방법이 유용할지 모른다. 하지만 무엇보다 계속 시도하고 연습하는 것이 중요하다. 사람들에게 TALK 원칙을 알려주어라. TALK 원칙을 실천하라. 그 내용을 다시 읽고 곰곰이 생각해보라. 친구나 배우자, 동료에게 당신의 대화 태도에 대해 피드백을 달라고 부탁하라. 그들과 나눈 대화를 이따금 녹음해 들어보면서 어떤 방법이 효과가 있었고 어떤 방법이 별로였는지 분석해보라. 당신이 잘한 점이 무엇이고 어떤 부분이 부족한가? 노력이 필요한 힘든 일도 계속 연습하면 좀 더 수월한 습관이 되기 마련이다. TALK 원칙을 활용하는 능력도 마찬가지다. 자꾸 연습하면 습관처럼 만들 수 있다.

대화, 세상을 밝히는 불꽃

　올리비아 드 레카트의 '친밀함의 선'을 기억하는가? 우리가 만나는 사람들과의 관계의 궤적을 그린 선 말이다. 친밀함의 선 곳곳에 있는 대화라는 매듭을 줄에 달린 전구라고 생각해보라. 모든 선에 있는 매듭은 야간 뒤뜰 파티의 분위기를 한층 돋워주는 전구들 중 하나가 될 가능성을 지니고 있다. 어떤 전구는 불안하게 깜박거리다가 이내 꺼지지만 어떤 전구는 반짝거리며 밝게 빛난다. 그 빛을 유지하게 하는 힘은 무엇일까? 이 책에서 우리는 전구에 들어가는 여러 필라멘트와 그것을 밝히는 전력의 근원을 알아봤다. 전구의 빛이 희미해지는 것을 막는 방법과 전기 배선의 끊어진 퓨즈를 복구하는 방법도 배웠다. 이제 필라멘트를 전부 동원해 전구의 빛을 밝혀야 할 때다.

　어빙 고프먼은 "세상을 밝히는 불꽃은 흔히 말하는 사랑이 아니라 바로 대화다"라고 말했다. 우리 인생 곳곳에 걸쳐진 줄에 수많은 전구가 달려 있다. 각각의 전구를 조금만 더 밝게 만들려 노력한다면 어떨까? 대화의 전구가 깜박이거나 꺼지려는 순간도 있겠지만 아름답게 빛나는 순간도 있을 것이다. 이제 일어나서 세상을 밝혀보자. 책을 덮고 이 시간 이후 당신이 가장 먼저 하는 대화가 그 출발점이다.

특강 ————————————

TALK 원칙의 올바른 실행

생각해보기

당신 인생의 대화에 대해 다음과 같은 점을 곰곰이 생각해보라.

- **대화의 목적을 떠올려라.** 누군가를 만나 대화하기 전에 대화 나침반에 당신의 목적을 표시하라. 대화의 목적은 여러 개일 수도 있고 한두 개일 수도 있다. 누구를 만나든 대화하는 목적이 적어도 하나는 있다. 그저 시간을 때우거나, 좋은 인상을 심어주거나, 재미있게 놀려는 것이라도 말이다. 또 상대방의 목적을 추측해서 적어보라. 대화를 통해 얻고 싶은 것을 생각하고 글로 적어보면 대화할 때 어떻게 행동해야 할지, 만족스러운 결과가 무엇일지, 나중에 결과를 평가할 때 무엇을 기준으로 삼을지가 명확해진다.

- **대화의 여정을 되새겨보라.** 시대와 장소에 따라 대화의 의미가 변화하듯 대화에 대한 당신의 관점도 살면서 변한다. 변화의 여러 단계를 생각해보라. 당신이 대화를 바라보는 관점이나 대화하는 방식이 어떻게 달라졌는가? 어떤 사건이나 누구와의 만남을 계기로 그런 변화가 일어났는가?

- **대화는 복잡한 조정 문제임을 기억하라.** 최근에 한 대화를 떠올려보라. 그때 당신과 상대방은 서로를 이해하기 위한 조정 활동에 실패했는가? 다시 말해 서로의 믿음이나 취향, 생각을 이해하지 못한다고 느낀 순간이 있었는가? 양측은 어떤 지점에서 엇나갔는가?

그 사실을 어떻게 알았는가? 만일 지금 그 사람을 다시 만나 대화한다면 어떨까? 둘 사이의 균열을 봉합할 수 있겠는가?

• **그라이스의 격률을 어겼다면, 왜 그랬는지 생각해보라.** 최근에 한 대화를 떠올려보라. 당신과 상대방은 진실하고 간결하게 말하며 관련성 있는 이야기를 하고 명료하게 표현했는가? 어떤 지점에서 그렇게 했는가? 왜 그랬는가? 그러지 않았다면 이유가 무엇인가? 대화의 격률을 어겼다면 의도적이었는가, 우연이었는가? 그것이 대화에 긍정적 영향을 미쳤는가, 부정적 영향을 미쳤는가?

• **대화가 어려워진 근본 이유를 파악하라.** 어려웠던 대화를 떠올려보라. 혼란스럽거나 우울하거나 부아가 치밀거나 불안하거나 짜증이 나는 순간이 있었던 대화 말이다. 무엇 때문에 그런 감정을 느꼈는가? 대화가 힘들어진 이유가 무엇이었는가? 그때 당신은 어떻게 행동했는가? 만일 다시 그 상황으로 돌아간다면 어떻게 행동하겠는가?

• **전략의 효과가 매번 같지 않음을 인지하라.** 양측 의견이 일치하느냐 충돌하느냐에 따라, 즉 협력적 분위기이냐 경쟁적 분위기이냐에 따라 같은 언행이라도 다른 효과를 내곤 한다. 듣기 좋은 칭찬, 비꼬는 말, 주제 전환, 파고드는 질문 등 당신이 대화에서 사용한 전략을 되돌아보라. 협력하는 상황에서는 효과가 좋았지만 긴장도가 높거나 어려운 상대방과 있을 때는 실패한(또는 문제를 일으킨) 전

략은 어떤 것인가?

· **정체성 지도를 그려라.** 가족, 일, 사회적·문화적·생물학적 특성, 교육 수준, 취미 등 범주별로 당신의 정체성을 적어보라(내 경우는 이렇다: 엄마, 아내, 딸, 쌍둥이, 교수, 행동과학자, 멘토, 친구, 가수, 야구 팀 구성원, 필라테스광, 잘 웃는 사람, 백인, 여성, 아일랜드 혈통, 미국인, 가톨릭 신자 등). 그 정체성들을 눈에 가장 잘 보이는 것부터 보이지 않는 것까지 구분해 나열해보라. 당신이 말하기 전까지 남들이 알 수 없는 정체성은 무엇인가? 그 정체성들은 다양한 수준의 힘이나 지위와 연관되는가? 그것이 당신의 대화 방식에 어떤 영향을 미치는가?

· **디지털에서의 의사소통을 점검하라.** 하루 중 가장 활발하게 대화가 오간 20~30분 동안 당신이 의사소통 수단(문자메시지, 이메일, 통화, 줌, 대면 대화 등)에서 보내고 받은 모든 메시지를 기록해보라. 메시지의 양이나 순서와 관련해 당신이 가장 놀란 점은 무엇인가? 당신은 누구에게 가장 빠르게 응답했는가? 누구의 메시지를 무시했는가? 이유가 무엇인가? 이와 같은 점검을 통해 어떤 질문이 마음에 떠오르는가?

· **온라인에서의 당신을 점검하라.** 구글 검색창에 당신 이름을 넣어보라. 모르는 누군가가 페이스북이나 링크드인, 인스타그램, 스냅챗에서 당신의 프로필과 활동을 살펴본다면, 또는 당신을 직접 만나

지 않고 이메일이나 문자로만 소통한다면, 그 사람이 당신의 실제 모습을 알 수 있을까? 그렇다면, 또는 그렇지 않다면 이유가 무엇일까? 직접 만났을 때 그들은 당신의 어떤 측면을 보고 놀라게 될까? 당신의 대면 대화 스타일은 온라인 소통에서도 드러나는가? 아니면 온라인에서의 대화 스타일과 완전히 다른가? 사람들이 당신을 직접 만나면 실망할 것 같은가? 놀라면서 좋아할 것 같은가? 아니면 당신 모습은 그들이 예상한 모습과 일치할 것인가?

· **가장 의미 깊은 대화를 떠올려보라.** 지금껏 살면서 가장 의미 깊고 중요한 대화를 나눈 때는 언제인가? 그 대화의 목록을 만들고 대화 내용을 정리해보라. 그 내용을 이야기로 구성해보라. 대화의 어떤 부분이 가장 기억에 남는가? 왜 그것이 당신에게 특별하거나 중요한가?

실천하기

다른 사람과 실제로 대화하면서 다음과 같은 방법으로 TALK 원칙을 실천해보기 바란다.

· **목표를 정하라.** 명확한 목표를 하나 정한 뒤 대화를 시작해보라. 예를 들면 이렇게 말이다. 상대방에 대해 최대한 많이 파악한다. 상대방을 즐겁게 해준다. 딴생각을 하지 않는다. 철저하게 정직해

진다(작은 선의의 거짓말도 하지 않는다). 최대한 호감 가는 사람이 된다. 유머를 자주 사용한다. 일단 시도해보면 다른 데 주의력을 빼앗기거나 오래된 습관이 튀어나오지 않으면서 단 하나의 목표에 집중하는 것이 생각보다 얼마나 어려운지 알게 될 것이다.

· **주제를 준비하라.** 대화에서 꺼낼 만한 주제 다섯 가지를 적어보라. 시간도 별로 오래 걸리지 않는다. 실제 대화 자리에서 꼭 그 목록을 갖고 있을 필요는 없다(하지만 때로 유용하다). 미리 글로 적어보기만 해도(또는 디지털 캘린더에 적어두는 것도 좋다) 대화 때 더 쉽게 기억해낼 수 있다. 그리고 목록에 있는 화제를 사용하지 않더라도 '언제든' 꺼내 쓸 수 있는 든든한 무기가 있다는 심리적 안정감을 얻을 수 있다.

· **주도권을 넘겨줘라.** 다음번 대화에서 상대방에게 주도권을 줘라. 화제를 바꿀지 현재의 화제를 계속 다룰지 상대방이 선택하게 하라. 이는 자제력이 필요하므로 특히 대화를 주도하길 좋아하는 사람에게는 어렵게 느껴질 수도 있다.

· **주제를 관리하는 리더가 돼라.** 어떤 대화에서는 당신이 주제를 관리하며 주도하라. 현재의 주제가 이야깃거리가 풍부하고 재미있으면 후속 질문을 던지면서 계속 그 주제를 끌고 가라. 상대방의 흥미가 시들해지는 것 같으면(어색한 웃음, 말 사이 길어진 공백, 불필요한 발언 등이 신호다) 과감하게 새로운 주제를 꺼내라. 앞에 나왔지만 충

분히 다루지 못한 것 같은 화제를 다시 꺼내는 것도 좋다. 조용하고 소심한 성격이거나 예의를 지키려 애쓰는 사람, 또는 한 주제를 오랫동안 이야기하는 습관을 지닌 사람에게는 어려운 과제일 수도 있다.

• **어려운 질문도 던져보자.** 질문 목록 네 개를 만들어라. 디너파티나 구직 면접에서 '대답하기' 어려운 질문, 같은 상황에서 '던지기' 어려운 질문을 각각 정리해보라. 믿을 만한 파트너와 함께 그 질문을 던지고 대답하는 역할극을 해보라.

• **후속 질문을 이어가라.** 대화가 끝날 때까지 계속 후속 질문을 던져보라. 상대방이 무슨 말을 하든 거기에 관련된 질문을 하는 것이다. 중간에 대화 주제를 바꿔도 상관없다. 하지만 당신이 발언할 때는 꼭 마지막에 후속 질문을 던진다. 상대방이 그 사실을 눈치채는가? 후속 질문이 대화에 어떤 도움이 되는지 살펴보라. 이렇게 하면 주제 피라미드 위쪽으로 아주 쉽게 올라갈 수 있음을 깨닫고 놀라는 이들이 많다.

• **대화의 달인에게 힌트를 얻어라.** 당신 안의 오프라 윈프리(또는 앤더슨 쿠퍼)를 끌어내라. 상대방에 대한 섣부른 가정이나 선입견을 배제하고 그에 대해 최대한 많이 알려고 노력하라. 상대방의 말허리를 끊고 당신의 견해나 이야기를 끼워 넣지 마라. 후속 질문과 주제 전환용 질문을 적절히 섞어 던져라.

- **분위기를 끌어올리는 사람이 돼라.** 상대방이 말수가 줄거나 우울해 보이거나 처져 있다면 기분을 좋게 해주려 노력해보라. 작은 유머나 다정한 말로 그가 웃도록 유도하는 것도 좋다. 지루함은 대화를 조용히 질식시킨다. 분위기가 처진다고 느껴지면 끌어올리려 노력하라.

- **때로는 분위기를 진정시킬 줄 알아야 한다.** 감정이 과열된 대화 혹은 논쟁을 목격하거나 당신이 그런 상황의 당사자가 된다면 분위기를 진정시키는 데 집중하라. 논리적으로 누가 옳고 그른지 따지는 일은 접어두고 분위기를 가라앉히려 최대한 노력하라.

- **유머의 여유를 아는 사람이 돼라.** 누군가에게 당신이 겪은 힘든 일을 최대한 자세히 설명하면서 들려줘라. 나중에 같은 이야기를 다른 사람에게 들려주되 가급적 자주 웃으면서 유머를 곁들여 전달해보라. 두 경우에 대화 분위기가 어떻게 달라지는지 살펴보라. 또는 누군가에게 그의 일에 대해 물어본 뒤 그의 열정적인 관심사나 좋아하는 활동에 대해 물어보라. 그런 다음 그 사람의 활기가 어떻게 바뀌는지 관찰해보라.

- **칭찬하라.** 다음에 누군가를 만났을 때 진심 어린 칭찬을 건네라. 그 사람의 헤어스타일, 장점, 최근에 그가 한 행동 등 무엇에 대한 것이든 좋다. 칭찬 한마디가 누군가의 삶에 미치는 영향은 생각보다 크다.

- **상대방의 말을 인정하는 것부터 시작하라.** 어떤 말을 하기 전에 언제나 상대방이 방금 말한 내용을 긍정적으로 인정하는 말부터 하라. "그 말 참 좋네", "와, 진짜 흥미로운 얘긴데?", "좋은 관점이야", "물어봐주셔서 감사합니다. 좋은 질문이네요", "당신이 그렇게 느낀 것도 당연해요" 등의 말로 상대방의 감정을 인정해라. 설령 그다음에 그의 견해나 믿음과 상반되는 말을 해야 하더라도 말이다.

- **다른 말로 바꿔 표현해보라.** 업무 회의처럼 여럿이 대화하는 상황에서 다른 사람들이 말한 내용을 다른 말로 바꿔 표현해보라. 그들이 말한 내용을 조리 있게 연관시켜 종합하거나, 여러 사람의 의견을 요약하라. 그럴 때 그들이 고개를 끄덕이는지 아닌지 살펴보라. 또는 이 사람이 한 말과 저 사람이 한 말의 차이점을 명쾌하게 정리해 말해보라. 말머리를 이렇게 꺼낼 수 있다. "그러니까 이런 말씀이군요", "제가 올바르게 이해했다면 당신의 견해는 이런 거군요", "우리 모두가 제대로 이해했는지 확인하고 싶습니다. 그러니까 당신 말의 요지는…" 등.

- **대화 환경을 설계하라.** 줌 화상 통화를 할 때 일정 시간은 화면을 켜고, 일정 시간은 화면을 끄고 대화해보라. 화면이 보일 때 당신은 상대방의 말에 귀 기울이고 있다는 사실을 어떻게 표현하는가? 화면이 안 보일 때는 어떻게 표현하는가? 두 경우에 당신의 행동이 어떻게 달라지는가? 또는 사람들을 직접 만나 대화할 때 잠시 동안 모두가 눈을 감고 이야기해보라. 듣는 태도가 어떻게 달라지는

가? 참여자들이 번갈아가며 말하기가 순조롭게 이루어지는가? 어떨 때 더 집중해서 듣게 되고 어떨 때 집중력이 떨어지는가?

• **눈을 맞춰라.** 상대방의 눈을 말없이 4분 동안 쳐다보라. 이렇게 하면 서로 친밀감이 한층 깊어진다고 한다. 할 수 있겠는가? 해보니 기분이 어떤가?

• **가끔은 침묵도 괜찮다.** 당신에게는 말하지 않아도 편안한 사람이 있는가? 그 사람은 누구인가? 얼마나 오래 알고 지냈는가? 또는 서로 말없이 있어도 편할 것 같지만 아직 실제로 그래본 적이 없는 사람이 있는가? 만일 있다면 다음번에 만났을 때 한번 시도해보라. 침묵의 공유는 서로를 더욱 가까워지게 할 수 있다.

• **묵언 수행을 해보라.** 정신 나간 소리처럼 들릴 것이다(나도 처음엔 그랬다). 하지만 묵언 수행은 해볼 만한 가치가 있다. 이는 다른 사람들이 있는 자리에서 침묵을 지키는 것이다. 당신이라면 묵언 수행을 얼마나 오랫동안 할 수 있겠는가? 그 자리가 끝날 때까지 가능한가? 또는 하루 종일? 일주일? 묵언 수행 뒤에 무엇을 느꼈거나 발견했는지 생각해보라.

• **피드백 구하기를 어려워하지 마라.** 기꺼이 해줄 만한 두 사람에게 건설적 피드백을 해달라고 요청하라. 당신의 일과 삶에 도움이 될 쓴소리는 적극적으로 구해야 한다. 특히 당신이 나아질 수 있는 부분

에 대해 직설적이고 솔직하게 말해달라고 하라. 만일 당신이 그들의 말을 듣고 내면에서 방어 심리가 작동하는 걸 느낀다면, 당신에게 진짜 필요한 점을 언급했을 가능성이 크다. 기억하라. 피드백은, 특히 쓴소리는 귀한 선물이다.

· **멀어진 관계를 되살려보라.** 당신이 좋아하지만 연락이 끊어졌거나 관계가 불편한 사람을 떠올려보라. 그 사람에게 연락해 관계를 회복하려 시도해보라. TALK 원칙을 활용해 그를 즐겁게 하고, 그의 말에 귀 기울이고, 그의 관점을 이해하려 노력하라.

· **사과하라.** 당신에게 소중한 누군가에게 진심 어린 태도로 사과하라. 아마 잘했다는 생각이 들 것이다.

· **TALK 원칙을 사람들에게 알려줘라.** 이 책에서 배운 내용에 대해 사람들과 이야기해보라(TALK 원칙 말고 다른 주제도 다루길 바란다. 좋은 대화는 한 주제에 너무 오래 머무르지 않는 법이다!).

· **대화의 달인을 찾아보라.** 당신 주변에 대화를 유독 잘하는(또는 못하는) 사람이 있는가? 그 사람에게 전화해 대화를 나눠보라. 이 책에서 읽은 내용과 관련해 그 사람에게서 어떤 점이 눈에 띄는지 살펴보라.

유용한 대화 주제

다음은 심리학자 아서 에런Arthur Aron이 제시한 '사랑에 빠지게 하는 36가지 질문'이다. 이런 질문을 주고받으며 대화하면 서로에 대해 깊이 알게 되고 친밀감이 생기기 때문이다.

1. 이 세상의 누구든 택할 수 있다면 저녁 식사에 누구를 초대하고 싶나요?
2. 유명해지고 싶나요? 어떤 식으로요?
3. 전화를 걸기 전에 할 말을 미리 연습하나요? 한다면, 이유가 무엇인가요?
4. 당신에게 '완벽한' 하루란 어떤 날인가요?
5. 가장 최근에 혼자서 노래를 부른 건 언제인가요? 다른 사람에게 불러준 때는?
6. 만약 당신이 90세까지 사는데 후반 60년 동안 30세의 정신 또는 신체를 유지할 수 있다면, 둘 중 어느 쪽을 택할 건가요?
7. 자신이 어떻게 죽을 것 같은지 남몰래 느끼는 직감이 있나요?
8. 당신과 상대방의 공통점이라 여겨지는 세 가지를 말해보세요.
9. 인생에서 가장 감사한 일이 무엇인가요?
10. 어린 시절을 바꿀 수 있다면 어떤 부분을 바꾸고 싶나요?
11. 4분간 상대방에게 당신의 삶에 대해 최대한 자세히 들려주세요.
12. 내일 아침에 눈을 떴을 때 당신에게 없던 능력이 한 가지 생긴다면 어떤 능력을 갖고 싶나요?

13. 당신의 인생이나 미래 등 무엇이든 알려주는 수정 구슬이 있다면, 무엇을 알고 싶나요?
14. 오래전부터 꼭 하고 싶었던 일이 있나요? 그것을 왜 아직 하지 못했나요?
15. 살면서 이룬 가장 큰 성취는 무엇인가요?
16. 친구 관계에서 가장 중요한 것이 무엇이라고 생각하나요?
17. 가장 소중하게 간직하고 있는 추억은 무엇인가요?
18. 가장 괴로운 기억은 무엇인가요?
19. 당신이 1년 안에 갑자기 죽는다는 사실을 알게 된다면, 현재 삶의 방식을 바꾸고 싶은가요? 이유가 무엇인가요?
20. 당신에게 우정은 어떤 의미가 있나요?
21. 당신의 인생에서 사랑은 어떤 의미가 있나요?
22. 상대방의 장점 다섯 가지를 번갈아가며 서로에게 말해주세요.
23. 가족이 얼마나 화목한가요? 당신은 대부분의 다른 사람보다 행복한 어린 시절을 보냈다고 생각하나요?
24. 어머니와의 관계가 어떤가요?
25. '우리'로 시작하는 문장을 각자 세 개씩 만들어보세요. 예: '우리는 둘 다 지금 여기서 ~를 느낀다.'
26. 다음 문장을 완성해보세요. '내게 ~를 함께할 누군가가 있었으면 좋겠다.'
27. 친한 친구가 되기 위해 상대방이 당신에 대해 알아야 할 중요한 점이 무엇인지 말해주세요.
28. 상대방에 대해 마음에 드는 점을 이야기하세요. 아주 솔직하

게 말하세요. 평소라면 처음 만난 사람에게 하지 않을 것 같은 말도 괜찮습니다.

29. 당혹스러웠던 경험을 들려주세요.
30. 누군가 앞에서 또는 혼자 있을 때 마지막으로 울어본 게 언제인가요?
31. 상대방의 장점을 말해주세요.
32. 농담으로라도 말해서는 안 되는 것이 있다면 무엇일까요?
33. 만약 그 누구와도 말할 새가 없이 오늘 저녁에 죽는다면, 무슨 말을 하지 못한 것이 가장 후회될 것 같나요? 그걸 왜 아직 그 사람에게 말하지 못했나요?
34. 당신의 집에 불이 났다고 칩시다. 사랑하는 이들과 반려동물을 구조한 뒤 마지막으로 들어가서 물건 딱 하나를 꺼내 올 수 있다면, 무엇을 가지고 나올 건가요? 그걸 왜 택했나요?
35. 가족 중에 누가 세상을 떠나면 가장 힘들 것 같나요? 그 이유는 무엇인가요?
36. 상대방에게 당신의 개인적 고민을 들려주고 그라면 어떻게 했을지 조언을 구하세요. 또 당신이 그 문제를 어떻게 느끼고 있을 것 같은지 물어보세요.

다음은 누구를 만나도 활용할 수 있는 대화 주제 50개다. 이 목록은 마이크 요먼스와 연구를 진행하면서 정리한 것이다(일부 항목은 '사랑에 빠지게 하는 36가지 질문'과 겹친다).

1. 어떤 일을 하세요? 그 일의 어떤 점이 좋아요?

2. 여가 시간에 주로 뭘 하세요?

3. 학창 시절에 스포츠 팀이나 동호회에서 활동했나요?

4. 온라인 강의를 듣게 된 이유는 무엇인가요?

5. 주말에 특별한 계획 있나요?

6. 사람들이 잘 모르는 당신의 특별한 면이 있나요?

7. 최근에 흥미롭게 읽은 책이 무엇인가요?

8. 최근에 새로운 뭔가를 시도해보고 재미있었던 적이 있나요?

9. 종교가 있나요? 왜 종교를 믿나요?

10. 지금껏 해본 게임 중 가장 기억에 남는 게 뭔가요?

11. 어떤 종류의 음악을 좋아해요?

12. 가족과 함께 뭘 할 때 가장 즐거워요?

13. 과일나무나 다른 종류의 식물을 키우나요? 집에 정원이 있나요?

14. 가장 좋아하는 영화가 뭐예요?

15. 지금 이후 시간에는 뭘 할 계획이에요?

16. 지금 사는 지역이 마음에 드나요? 아니면 다른 곳으로 이사 가고 싶은가요?

17. 여행을 자주 하나요?

18. 날씨가 좋은 날에는 어떤 활동을 즐기나요?

19. 어떤 종류의 음식을 좋아해요?

20. 인생에서 가장 감사한 일이 무엇인가요? 이유는 무엇인가요?

21. 당혹스러운 경험을 해봤나요? 어떤 일이었나요?

22. 어릴 때 살던 동네에 특이한 점이 있었다면 무엇인가요?

23. 당신이 아는 가장 운 좋은 사람은 누구인가요? 왜죠?
24. 눈을 감았다 떠서 순간 이동을 할 수 있다면 지금 어디로 가고 싶어요?
25. 가장 최근에 관람한 스포츠 경기가 뭔가요?
26. 가장 최근에 콘서트를 관람한 게 언제인가요? 왜 거길 갔나요?
27. 만일 청중 앞에서 음악 공연을 해야 한다면 어떤 공연을 하고 싶나요?
28. 최근에 어떤 TV 프로그램을 봤나요?
29. 기억에 남는 아기나 어린이의 가장 귀여운 행동이 무엇인가요?
30. 이 세상의 누구든 택할 수 있다면 저녁 식사에 누구를 초대하고 싶나요?
31. 유명해지고 싶나요? 어떤 식으로요?
32. 전화를 걸기 전에 할 말을 미리 연습하나요? 한다면, 이유가 무엇인가요?
33. 당신에게 '완벽한' 하루란 어떤 날인가요?
34. 가장 최근에 혼자서 노래를 부른 건 언제인가요? 다른 사람에게 불러준 때는?
35. 만약 당신이 90세까지 사는데 후반 60년 동안 30세의 정신 또는 신체를 유지할 수 있다면, 둘 중 어느 쪽을 택할 건가요?
36. 자신이 어떻게 죽을 것 같은지 남몰래 느끼는 직감이 있나요?
37. 어린 시절을 바꿀 수 있다면 어떤 부분을 바꾸고 싶나요?
38. 내일 아침에 눈을 떴을 때 당신에게 없던 능력이 한 가지 생긴다면 어떤 능력을 갖고 싶나요?

39. 오래전부터 꼭 하고 싶었던 일이 있나요? 그것을 왜 아직 하지 못했나요?
40. 살면서 이룬 가장 큰 성취는 무엇인가요?
41. 친구 관계에서 가장 중요한 것이 무엇이라고 생각하나요?
42. 당신이 1년 안에 갑자기 죽는다는 사실을 알게 된다면, 현재 삶의 방식을 바꾸고 싶은가요? 이유가 무엇인가요?
43. 당신에게 우정은 어떤 의미가 있나요?
44. 가족이 얼마나 화목한가요? 당신은 대부분의 다른 사람보다 행복한 어린 시절을 보냈다고 생각하나요?
45. 어머니와의 관계가 어떤가요?
46. 누군가 앞에서 또는 혼자 있을 때 마지막으로 울어본 게 언제 인가요?
47. 농담으로라도 말해서는 안 되는 것이 있다면 무엇일까요?
48. 만약 그 누구와도 말할 새가 없이 오늘 저녁에 죽는다면, 무슨 말을 하지 못한 것이 가장 후회될 것 같나요? 그걸 왜 아직 그 사람에게 말하지 못했나요?
49. 당신의 집에 불이 났다고 칩시다. 사랑하는 이들과 반려동물을 구조한 뒤 마지막으로 들어가서 물건 딱 하나를 꺼내 올 수 있다면, 무엇을 가지고 나올 건가요? 그걸 왜 택했나요?
50. 가족 중에 누가 세상을 떠나면 가장 힘들 것 같나요? 그 이유는 무엇인가요?

다음은 처음 만났거나 구면이라도 잘 모르는 사람과 대화하는 자리에서 내가 애용하는 10가지 주제다. 주제 피라미드 위쪽으로 올라가거나 즐거운 대화를 시작하는 데 활용해보길 바란다.

1. 최근에 어떤 기분 좋은 일이 있었나요?
2. 당신이 잘하지만 별로 하고 싶지 않은 일은 무엇인가요?
3. 당신이 잘 못하지만 좋아하는 일은 무엇인가요?
4. 더 깊이 배우고 싶은 것이 있나요?
5. 새로 배우고 싶은 것이 있나요?
6. 요즘 당신에게 일어난 특별하고 좋은 일이 있나요?
7. 최근에 누군가가 당신을 웃게 했나요? 어떤 상황이었나요?
8. 요즘 당신의 아이·친구·반려동물·애인·배우자가 어떤 사랑스러운 행동을 했나요?
9. 어릴 때 도시에서 살았나요?
10. 요즘 푹 빠진 음악·책·영화·TV 프로그램이 있나요?

대화에 대해 새겨볼 만한 명언

소통과 관련해 당신이 가장 좋아하는 명언은 어떤 것인가? 대화에 관련된 명언 중에 당신이 특히 공감하는 말은 무엇인가? 이 책을 읽다가 특정 부분에서 그 말이 떠올랐는가? 지혜로운 이들이 남긴 명언은 늘 울림을 준다. 내가 좋아하는 글귀 몇 개를 다음에 소개한다.

"재즈는 대화다. 단, 대단히 미묘하고 즉흥적이며 복잡한 대화다."

― 윈턴 마살리스, 트럼펫 연주자

"먼저 당신의 악기를 연주할 줄 알아야 한다. 그런 뒤에는 연습하고 연습하고 또 연습하라. 그리고 마침내 무대에 오르면 그 모든 걸 잊고 악기로 포효하라."

― 찰리 파커 Charlie Parker, 재즈 색소폰 연주자

"진지함의 결여가 온갖 종류의 멋진 아이디어를 낳는다."

― 커트 보니것 Kurt Vonnegut, 소설가

"흔히 놀이를 진지한 공부에서 해방되는 활동인 것처럼 말한다. 그러나 아이들에게는 놀이가 곧 진지한 공부다."

― 프레드 로저스 Fred Rogers, 방송인

"우리는 서로에게 이상적인 청중이었다. 우리는 그 무엇도 놓치지 않았다. 알 듯 말 듯한 풍자나 단어의 미묘한 뉘앙스 하나조차 말이다.

"만일 다른 사람에게 했다면 이해시키기 위해 5분은 설명해야 했을 농담도 그는 아주 희미한 힌트만으로 곧장 알아들었다. 누군가가 우리 대화를 우연히 듣는다면 좀처럼 이해하기 힘들었을 것이다. 우리끼리만 통하는 특별한 표현, 일부러 틀리게 인용한 문구, 고약한 말장난, 패러디, 초등학생 때 했던 짓궂은 농담으로 이뤄진 우리의 대화는 끝도 없이 이어지곤 했다."

― 크리스토퍼 이셔우드 Christopher Isherwood, 소설가

"한 고등학생이 이런 질문을 했다. '미국 역사에서 가장 위대한 사건이 무엇이었나요?' 나도 모른다. 그러나 다른 많은 '위대한' 사건과 마찬가지로 아마도 그것은 세상의 이목이 거의 또는 전혀 쏠리지 않은 아주 단순하고 조용한 일이었을 것이다(누군가가 자신에게 깊은 상처를 준 사람을 용서한 일 때문에 결국 역사의 흐름이 바뀌기도 하는 것을 생각해 보라). '진정으로' 중요하고 위대한 일은 인생이라는 연극의 중앙 무대에서 일어나지 않는다. 그것은 언제나 무대의 양옆 끄트머리에서 일어난다."

― 프레드 로저스

"진정한 침묵이 내려앉을 때 여전히 메아리는 남지만 우리는 벌거벗음에 더 가까워진다. 어떤 면에서 보면 말이란 벌거벗은 것을 가리기 위한 끊임없는 술수다."

― 해럴드 핀터 Harold Pinter, 극작가

"모든 어려운 대화는 문장 하나에서 시작되죠."

— 셀리나 마이어Selina Meyer, HBO 드라마 〈부통령이 필요해Veep〉 중

감사의 글

책을 완성하기까지 도움을 준 수많은 분께 깊이 감사드린다. 먼저 이 책을 위해 힘써준 출판계 관계자 여러분께 크나큰 감사를 전한다. 그들이 없었다면 이 책은 세상의 빛을 보지 못했을 것이다. 완벽한 저작권 에이전트인 앨리슨 매킨Alison MacKeen은 내게 동료이자 응원군, 고문, 멘토, 친구다. 시작 단계부터 나를 잘 이해해주고 그동안 수많은 대화를 견뎌줘서 고맙다. 통찰력과 유머가 넘치는 편집자 케빈 도튼Kevin Doughten은 툭 하면 자신이 이 책의 편집자로 최악일지 모른다고 농담했지만 실제로는 최고의 적임자였다. 내 비전을 정확히 이해한 뒤 다양한 편집 아이디어와 합쳐 멋진 결과물을 만들어준 그에게 감사한다. 물론 크라운 출판사에 있는 뛰어난 팀원 페니 사이먼Penny Simon과 샨텔 워커Chantelle Walker, 레이철 로드리게스Rachel Rodriguez, 에이미 리Amy Li의 역할도 컸다. 책에 대한 믿음을 갖고 최선을 다해준 그들에게 감사한다. 많은 이들에게 책이 알려지도록 힘써준 배려심 넘치는 홍보 담당자 에일린 보일Aileen Boyle에게도 감사를 전한다. 덕분에 내가 소셜 미디어에서 보내는 시간을 줄일 수 있었다. 베르토 리터러리Verto Literary의 개러스 쿡Gareth Cook, 엘리 메너릭Eli Mennerick, 케이트 로즈먼Kate Rosemann에게 감사드린다. 이들은 내가 지치지 않고 달리도록 격려하고 글에서 군더더기를 덜어내 훌륭한 결과물을 완성하도록 도와주었다. 이들 덕분에 책 쓰기라는 엄청나게 힘든 작업을 해치우는 용맹한 여전사가 될 수 있었다. 꼼꼼한 연구 조교 케이티 볼런드Katie Boland와 타쿠아 일라이시Taqua Elleithy에게 감사를 전한다. 두 사람은 내게 정신적으로 힘이 돼주고, 전문가적 안목으로 원고를 읽은 뒤 피드백을 주었으며, 많은 아이디어를 내주고, 참고 자료를 정리하고, 날마다 나를 웃게 해주었다. 이 책에 열정과 재능을 아낌없이 쏟아준 프리랜스 교정자 피오나 푸르나리Fiona Furnari에게 감사를 전한다. 지난 5년간 내가 책 쓰는 일에 집중할 수 있도록 우리 아이들을 사랑으로 돌봐준 베이비시터 서맨사 포드Samantha Ford, 세라 포드Sarah Ford, 라일리 오코넬Riley O'Connell, 클라라 콕스Clara Cox, 빅토리아 콕스Victoria Cox, 캐서린 티먼스Katherine Timmons, 니콜 보나콜토Nicole Bonaccolto, 휘트니 바이어스Whitney Byers, 어맨다 맥기니스Amanda McGinnis, 미건 스텔라Meagan Stella, 몰리 네이저Molly Naser와 많은 훌륭한 선생님께도 진심으로 감사드린다.

그동안 나와 호흡을 맞춘 협력 연구자들에게도 깊은 감사를 전한다. 15년 동안 대화를 주제로 그처럼 흥미롭고 의미 깊은 대화를 나눌 수 있을 줄 누가 알았겠는가? 그들의 뛰어난 지성과 헌신, 창의성에, 무엇보다 그들이 보여준 인내심과 사랑에 존경과 감사를 보낸다. 그들의 이름은 다음과 같다. 모리스 슈바이처, 마이크 요먼스, 한네 콜린스, 니콜 아비에스버, 케이티 볼런드, 캐런 황Karen Huang, 마이크 노턴Mike Norton, 레슬리 존, 토드 로저스Todd Rogers, 라이언 뷰엘Ryan Buell, 팅 장Ting Zhang, 그랜트 도널리, 줄리아 민슨, 아리엘라 크리스털, 외뷜 세제르Övül Sezer, 데이비드 레버리David Levari, 거스 쿠니, 애덤 마스트로이안니, 에밀리 프린슬루Emily Prinsloo, 이선 버리스, 조나 버거Jonah Berger, 브래드 비털리, 마테오 디 스타시, 호르디 쿠오이드박Jordi Quoidbach, 남지민Jimin Nam,

마야 발라크리슈난Maya Balakrishnan, 애덤 갤린스키, 줄리언 드 프레이타스Julian De Freitas, 세리나 해거티Serena Hagerty, 카타리나 페르난데스, 제러미 이프Jeremy Yip, 에마 러빈Emma Levine, 헤일리 블런던Hayley Blunden, 제니퍼 로그Jennifer Logg, 로라 황Laura Huang, 브라이언 홀Brian Hall, 리지 베일리 울프Lizzie Baily Wolf, 줄리아 리Julia Lee, 수니타 사Sunita Sah, 타미 김Tami Kim, 헹첸 다이, 이선 크로스Ethan Kross, 대니얼 길버트Daniel Gilbert. 또 본격적으로 원고를 쓰기 전 자료 조사에 세심한 도움을 준 이선 루드윈피어리Ethan Ludwin-Peery, 홀리 하우Holly Howe, 트레버 스펠먼Trevor Spelman에게도 감사를 전한다.

내 강의를 들은 하버드 비즈니스 스쿨의 MBA 학생들과 경영자들에게 깊은 고마움을 전한다. 좋은 대화자가 되기 위한 개인적 여정을 도울 수 있는 기회를 주어 고맙다. 그것이 열린 태도로 자신의 부족한 부분을 드러내야 하는 내밀한 여정임을 잘 알기에, 나를 길잡이로 선택해준 그들에게 고마울 따름이다. 내게 개인적 이야기를 들려주고 책에 소개하도록 허락해준 분들께도 특별히 감사드린다. TALK 강의를 만드는 과정에 도움을 준 마이크 노턴과 나오미 백도나스Naomi Bagdonas, 맷 와인지에를Matt Weinzierl, 크리스틴 머그퍼드Kristin Mugford, 레이철 그린월드, 애슐리 마틴Ashley Martin, 앤서니 베네치알레Anthony Veneziale, 캐슬린 맥긴Kathleen McGinn, 톰 길로비치, 거스 쿠니, 올리버 바덴호스트Oliver Badenhorst, 아이린 퀵Irene Kwok에게 감사한다. 또 TALK 강의를 대학 캠퍼스 이외의 다양한 곳에 알려준 맷 에이브러햄스Matt Abrahams, 나오미 백도나스, 제니퍼 에이커, 마야 로시낙밀론Maya Rossignac-Milon, 에리카 부스비, 모리스 슈바이처에게 감사한다. 아울러 내 강의에 초빙 강사로 와서 나와 학생들에게 지혜와 애정을 아낌없이 전해준 아밋 벤도프Amit Bendov와 엘리스 키스, 앤서니 베네치알레Anthony Veneziale, 레이첼 그린월드, 나오미 백도나스, 마이클 루이스Michael Lewis, 마이크 노턴Mike Norton, 대니 클라인 모디셋Dani Klein Modisett에게 감사한다.

무엇보다도 친구들과 가족에게 고마운 마음을 말로 다 표현할 수 없다. 친구들이 없다면 인생이 무슨 의미가 있을까? 문자메시지를 주고받으며, 밥을 먹거나 칵테일을 마시며, 산책하며, 아이들의 스포츠 경기를 함께 보며 그들과 나누는 대화는 내 삶의 소중한 보물이다. 내 음악 밴드 '더 라이츠The Lights'의 멤버 비숍 레베스크Bishop Levesque, 라이언 뷰엘, 마이크 노턴, 데릭 브룩스Derek Brooks에게 고마움을 전한다. 그들과 한 팀이 되어 호흡을 맞출 수 있어 행복하다. 음악을 만드는 일은 때론 어렵고 때론 쉽지만 언제나 기적이라 느껴진다. 무엇보다 가족에게 고마움을 전한다. 내게 가족은 저절로 굴러 들어온 당첨 복권이나 다름없다. 엄마 아빠, 제게 늘 좋은 작가라고 말해줘서 감사해요. 그리고 이따금 쉬어 가며 일하라고, 수영을 하라고, 친구들과 시간을 보내라고, 바나나를 먹으라고 잔소리해주신 것도요. 세라, 쌍둥이로 사는 행복한 인생을 선물해줘서 고마워. 네 덕분에 서로를 이해한다는 것이 얼마나 중요한지 깨달았고, 앞으로 살면서 다른 사람들도 그것을 깨닫게 돕고 싶어졌어. 브렌던, 나와 세라를 넓은 마음으로 이해해줘서 고마워요. 우리의 수다를(또는 노래를) 막을 수 있는 사람은 아무도 없으니 어쩌죠? 당신은 세상에서 가장 인내심이 강한 사람이에요. 시댁 식구들께, 저를 데릭의 아내로서 두 팔 벌려 환영해주고 친딸처럼 사랑해주셔서 감사해요. 케빈, 그레이디, 샬럿, 내 아이들로 태어나줘서 고맙다. 너희가 있어서 내 삶에 행복과 도전과 웃음이 끊이지 않는단다. 나는 너희를 영원히 핥을 거고, 사랑할 거야. 데릭, 당신은 우리 삶의 소용돌이 한가운데서 늘 조용히 뛰고 있는 심장 같은 존재, 태풍의 눈 같은 존재야. 고맙고 또 고마워.

주

강의를 시작하며: 우리는 대화를 더 잘하는 법을 배울 수 있다

15. 작은 결정을 수없이 내린다: Michael Yeomans et al., "A Practical Guide to Conversation Research", *Advances in Methods and Practices in Psychological Science* 6 (2023).
17. 대단히 다양하고 복잡하다: Michael Yeomans, Maurice Schweitzer, and Alison Wood Brooks, "The Conversational Circumplex: Identifying, Prioritizing, and Pursuing Informational and Relational Motives in Conversation", *Current Opinion in Psychology* 44 (2022): 293~302.
18. 지속적인 협업 행위다: Janet B. Bavelas, Linda Coates, and Trudy Johnson, "Listeners as Co-Narrators", *Journal of Personality and Social Psychology* 79, no. 6 (2000): 941.
19. 삶에 '큰' 변화가 찾아온다는 점이다: Amit Kumar and Nicholas Epley, "Undersociality Is Unwise", *Journal of Consumer Psychology* 33, no. 1 (2023): 199~212.
19. 피드백이 부족하기 때문이다: Robin M. Hogarth, Tomás Lejarraga, and Emre Soyer, "The Two Settings of Kind and Wicked Learning Environments", *Current Directions in Psychological Science* 24, no. 5 (2015): 379~385.
19. 영상통화를 할 때 나르시스로 변해: Jeremy N. Bailenson, "Nonverbal Overload: A Theoretical Argument for the Causes of Zoom Fatigue" Technology, Mind, and Behavior 2, no. 1 (2021).
20. 실제보다 나쁘다고 여기면서: Kenneth Savitsky, Nicholas Epley, and Thomas Gilovich, "Do Others Judge Us as Harshly as We Think? Overestimating the Impact of Our Failures, Shortcomings, and Mishaps", *Journal of Personality and Social Psychology* 81, no. 1 (2001): 44; Christopher Welker et al., "Pessimistic Assessments of Ability in Informal Conversation", *Journal of Applied Social Psychology* 53, no. 7 (2023): 555~569.
23. 협상 같은 '어려운 대화': Jared R. Curhan and Alex Pentland, "Thin Slices of Negotiation: Predicting Outcomes from Conversational Dynamics Within the First 5 Minutes", *Journal of Applied Psychology* 92, no. 3 (2007): 802.
24. 스피드 데이트: Karen Huang et al., "It Doesn't Hurt to Ask: Question-Asking Increases Liking", *Journal of Personality and Social Psychology* 113, no. 3 (2017): 430.
24. 가석방 심리: Grant E. Donnelly, Hanne Collins, and Alison Wood Brooks, "How Prisoner Apologies Influence Parole Decisions" (working).
24. 협상: Matteo Di Stasi, Alison Wood Brooks, and Jordi Quoidbach, "Asking Open-Ended Questions Increases Personal Gains in Negotiations" (working).
24. 세일즈 콜: Alison Wood Brooks and Leslie K. John, "The Surprising Power of Questions", *Harvard Business Review* 96, no. 3 (2018): 60~67.
24. 인스턴트 메시지, 낯선 타인과의 대화, 그리고 친구나 애인, 가족을 만나 나누는 일상적 대화: Alison Wood Brooks and Michael Yeomans, "Boomerasking: Answering Your Own Questions" (working); Michael Yeomans and Alison Wood Brooks, "Topic Preference Detection in Conversation: A Novel Approach to Understand Perspective Taking" (working).
25. 관계의 질과 특성에 좌우된다: Yeomans, Schweitzer, and Brooks, "Conversational

Circumplex."
25. 가급적 대화를 끝내고 싶어 한다: Alison Wood Brooks and Maurice E. Schweitzer, "Can Nervous Nelly Negotiate? How Anxiety Causes Negotiators to Make Low First Offers, Exit Early, and Earn Less Profit", *Organizational Behavior and Human Decision Processes* 115, no. 1 (2011): 43~54.
25. 일과 무관한 주제에 대해 대화를 나눈 사람들: Sean R. Martin et al., "Talking Shop: An Exploration of How Talking About Work Affects Our Initial Interactions", *Organizational Behavior and Human Decision Processes* 168 (2022): 104104.
25. 협상 테이블을 떠나버리는 경향: Brooks and Schweitzer, "Can Nervous Nelly Negotiate?"
25. 정보를 숨기려는 경향: Gerben A. Van Kleef, Carsten K. W. De Dreu, and Antony S. R. Manstead, "The Interpersonal Effects of Anger and Happiness in Negotiations", *Journal of Personality and Social Psychology* 86, no. 1 (2004): 57.
26. 강의를 시작했다: Marc Ethier, "The Most Interesting New MBA Courses at B-Schools This Year", *Poets & Quants*, September 22, 2019.
27. 오늘날 사회의 심각한 문제 중 하나인 외로움: U.S. Department of Health and Human Services, "New Surgeon General Advisory Raises Alarm about the Devastating Impact of the Epidemic of Loneliness and Isolation in the United States" (press release), May 3, 2023, www.HHS.gov.
28. 철학자 폴 그라이스: Paul Grice, *Studies in the Way of Words* (Cambridge, MA: Harvard University Press, 1991).
29. 따분함을 없애준다: Erin C. Westgate and Timothy D. Wilson, "Boring Thoughts and Bored Minds: The MAC Model of Boredom and Cognitive Engagement", *Psychological Review* 125, no. 5 (2018): 689
29. 관심과 적극적인 참여가 필요하다: Garriy Shteynberg, "A Collective Perspective: Shared Attention and the Mind", *Current Opinion in Psychology* 23 (2018): 93~97.
29. 존중과 경청하는 태도를 의미한다: Hanne K. Collins, "When Listening Is Spoken", *Current Opinion in Psychology* 47 (2022): 101402.
30. 가장 강력한 도구인지도 모른다: Daniel E. Forster et al., "Experimental Evidence That Apologies Promote Forgiveness by Communicating Relationship Value", *Scientific Reports* 11, no. 1 (2021): 13107.
30. 소중한 삶을 지킬 수 있다: Maya Rossignac-Milon etal., "Merged Minds: Generalized Shared Reality in Dyadic Relationships", *Journal of Personality and Social Psychology* 120, no. 4 (2021): 882.

제1강. 대화의 원칙을 파고들기 전에

35. 말을 주고받는 행위를 '대화'라고 부른다: Michael Yeomans et al., "A Practical Guide to Conversation Research: How to Study What People Say to Each Other", *Advances in Methods and Practices in Psychological Science* 6, no. 4 (2023): 25152459231183919.

36. '대화의 시대': Benedetta Craveri, *The Age of Conversation* (New York: New York Review Books, 2006).
36. '즐거움'을 주고 '기분 좋은' 분위기를: Immanuel Kant, "§ 88. On the Highest Ethicophysical Good", in *Anthropology from a Pragmatic Point of View* (1798), trans. Victor Lyle Dowdell (Carbondale: Southern Illinois University Press, 1996).
37. "대화는 특정한 방식으로 서로에게": Madame de Staël, *Germany, by Madame the Baroness de Staël-Holstein; with notes and appendices by O. W. Wright* (Boston: Houghton, Mifflin, and Company, 1859); Barbara R. Hanning, "Conversation and Musical Style in the Late Eighteenth-Century Parisian Salon", *Eighteenth-Century Studies* 22, no. 4 (1989): 512~528; Margaret Bloom, "Conversation in the Writings of Mme de Staël", *PMLA* 48, no. 3 (1933): 861~866.
37. '편지 공화국': Lorraine Daston, "The Ideal and Reality of the Republic of Letters in the Enlightenment", *Science in Context* 4, no. 2 (1991): 367~386.
38. 「계몽이란 무엇인가?」: Immanuel Kant, "An Answer to the Question: 'What Is Enlightenment?'" (1784).
39. '쾨니히스베르크의 왕이 여는 식사 모임에 초대받았다': Manfred Kuehn, *Kant: A Biography* (Cambridge: Cambridge University Press, 2002), 357.
39. 그가 정한 대화 규칙 때문이었다: Immanuel Kant, "§ 88. On the Highest Ethicophysical Good", in *Anthropology from a Pragmatic Point of View* (1798), trans. Victor Lyle Dowdell (Carbondale: Southern Illinois University Press, 1996); Thomas de Quincey, "The 'Dinner Parties' of Immanuel Kant", in *The Last Days of Immanuel Kant* (1827), reprinted in Anthologia (2022), www.anthologialitt.com; Alix A. Cohen, "The Ultimate Kantian Experience: Kant on Dinner Parties", *History of Philosophy Quarterly* 25, no. 4 (2008): 315~336.
40. 똑똑한 척하지 말아야 한다는 것: Alix A. Cohen, "The Ultimate Kantian Experience: Kant on Dinner Parties."
40. '품위 있거나' 고상하지 않을지라도: Jonathan Swift, "§ 17. Genteel Conversation, Directions to Servants, Argument Against Abolishing Christianity, and Other Pamphlets", in *From Steele and Addison to Pope and Swift*, vol. 9 of *The Cambridge History of English and American Literature in 18 Volumes*, ed. A. W. Ward and A. R. Waller (Cambridge University Press, 1907~1921).
40. 미국에서 들려오는 소식이: Stephen Miller, *Conversation: A History of a Declining Art* (New Haven, CT: Yale University Press, 2007), 203.
41. '타인의 행동을 끊임없이 관찰': Adam Smith, *The Theory of Moral Sentiments and on the Origins of Languages*, ed. Dugald Stewart (London: Henry G. Bohn, 1853), 6.
42. '조정 게임'이라고 부른다: Russell Cooper, *Coordination Games* (Cambridge: Cambridge University Press, 1998); Thomas Schelling, *The Strategy of Conflict* (Cambridge, MA: Harvard University Press, 1960); Oskar Morgenstern and John von Neumann, *Theory of Games and Economic Behavior* (Princeton, NJ: Princeton University Press, 1944); and John F. Nash, "Equilibrium Points in N-Person Games", *Proceedings of the National Academy of Sciences* 36, no. 1 (1950): 48~49.

44. '포컬 포인트': Thomas Schelling, *The Strategy of Conflict* (Cambridge, MA: Harvard University Press, 1960).
45. '끊임없이' 조정 결정을 내려야 한다: Yeomans et al., "Practical Guide."
45. 상대방이 대화하고 싶어 하는지: Thomas F. Pettigrew and Linda R. Tropp, "A Meta-Analytic Test of Intergroup Contact Theory", *Journal of Personality and Social Psychology* 90, no. 5 (2006): 751.
45. 무엇을 화제로 삼아야 할까?: Michael Yeomans and Alison Wood Brooks, "Topic Preference Detection in Conversation: A Novel Approach to Understand Perspective Taking" (working).
46. 친밀한 이들과 대화할 때도: Emma M. Templeton et al., "Long Gaps Between Turns Are Awkward for Strangers But Not for Friends", *Philosophical Transactions of the Royal Society B* 378, no. 1875 (2023): 20210471.
47. 언제 대화를 그만둬야 하는가?: Adam M. Mastroianni et al., "Do Conversations End When People Want Them To?", *Proceedings of the National Academy of Sciences* 118, no. 10 (2021): e2011809118; Elizabeth Stokoe, "The Sense of a Conversational Ending" Loughborough University, 2021, repository.lboro.ac.uk.
47. 무엇을 말할지, 어떤 표정을 지을지: Nicole Abi-Esber, Adam Mastroianni, and Alison Wood Brooks, "How Verbal, Nonverbal, and Paralinguistic Conversational Cues Inform Interpersonal Inference in Job Interviews" (working).
48. "자, 여러분, 이제 시작합니다!": De Quincey, "The 'Dinner Parties' of Immanuel Kant."
48. "인간의 상호작용이 만들어내는 재즈": Arlie Russell Hochschild, *Working in America* (London: Routledge, 2015), 29~36.
49. "재즈에서는 다른 이들의 결정을": Wynton Marsalis and Geoffrey Ward, *Moving to Higher Ground: How Jazz Can Change Your Life* (New York: Random House, 2009).
49. 에밀리 포스트: Emily Post, *Etiquette in Society, in Business, in Politics, and at Home* (New York: Funk & Wagnalls, 1922).
49. 데일 카네기: Dale Carnegie, *How to Win Friends and Influence People* (New York: Simon & Schuster, 1936).
50. 직접적 소통이 가능하지 않거나 바람직하지 않다: Joy Hendry and Conrad William Watson, eds., *An Anthropology of Indirect Communication* (London: Routledge, 2001).
51. '일상 언어': John Langshaw Austin, *How to Do Things with Words* (Cambridge, MA: Harvard University Press, 1975).
51. 한 가지 이상의 목적을 지니고 있다: Michael Yeomans, Maurice Schweitzer, and Alison Wood Brooks, "The Conversational Circumplex: Identifying, Prioritizing, and Pursuing Informational and Relational Motives in Conversation", *Current Opinion in Psychology* 44 (2022): 293~302.
52. '대화 나침반': Ibid.
55. 당신의 목적과 충돌한다는 사실을 깨달으면: Gráinne M. Fitzsimons, Eli J. Finkel, and Michelle R. vanDellen, "Transactive Goal Dynamics", *Psychological Review* 122, no. 4 (2015): 648; Henri Barki and Jon Hartwick, "Conceptualizing the Construct of

Interpersonal Conflict", *International Journal of Conflict Management* 15, no. 3 (2004): 216~244.

57~58. 즉흥성과 끊임없는 변화가 동반되기 때문에: Yeomans et al., "Practical Guide."

58. 대화 이론의 주요 요소를 설명했으며: Paul Grice, *Studies in the Way of Words* (Cambridge, MA: Harvard University Press, 1991).

59. 그라이스의 격률을 끊임없이 위반한다: Suellen Rundquist, "Indirectness: A Gender Study of Flouting Grice's Maxims", *Journal of Pragmatics* 18, no. 5 (1992): 431~449.

60. 정직함 대신 다정함을 택한다: Emma E. Levine and Matthew J. Lupoli, "Prosocial Lies: Causes and Consequences", *Current Opinion in Psychology* 43 (2022): 335~340; Emma E. Levine and Maurice E. Schweitzer, "Prosocial Lies: When Deception Breeds Trust", *Organizational Behavior and Human Decision Processes* 126 (2015): 88~106.

60. 짧은 답변이 의심을 불러일으키거나: Leslie K. John, Kate Barasz, and Michael I. Norton, "Hiding Personal Information Reveals the Worst", *Proceedings of the National Academy of Sciences* 113, no. 4 (2016): 954~959.

60. 주제와 '관련성이 있는' 말만 할 수 없다: Yeomans and Brooks, "Topic Preference Detection in Conversation."

60. 감탄사는 중요한 역할을 한다: Herbert H. Clark and Jean E. Fox Tree, "Using Uh and Um in Spontaneous Speaking", *Cognition* 84, no. 1 (2002): 73~111.

61. 엿듣기의 전문가였다: Francesco Ranci, "The Unfinished Business of Erving Goffman: From Marginalization Up Towards the Elusive Center of American Sociology", *American Sociologist* 52, no. 2 (2021): 390~419; Philip Manning, *Erving Goffman and Modern Sociology* (Hoboken, NJ: John Wiley & Sons, 2013).

61. 일상에서 이뤄지는 미시적 차원의 상호작용: Erving Goffman, *The Presentation of Self in Everyday life* (University of Edinburgh Social Sciences Research Centre, 1959); Erving Goffman, *Strategic Interaction* (Philadelphia: University of Pennsylvania Press, 1969); Erving Goffman, *Forms of Talk* (Philadelphia: University of Pennsylvania Press, 1981).

61. 대화 분석: Emanuel A. Schegloff, *Sequence Organization in Interaction: A Primer in Conversation Analysis* (Cambridge: Cambridge University Press, 2007), vol. 1.

62. 코를 훌쩍이는 습관도 포함됐다: Elliott M Hoey, "Waiting to Inhale: On Sniffing in Conversation", *Research on Language and Social Interaction* 53, no. 1 (2020): 118~139.

62. 달성하고자 하는 바를 알아야 하기 때문이다: Yeomans, Schweitzer, and Brooks, "Conversational Circumplex"; Stokoe, "Sense of a Conversational Ending."

62. 더 방대한 데이터가 필요했다: Yeomans et al., "Practical Guide."

63. 숫자로 바꿔서 처리한다: Ibid.; Aravind K Joshi, "Natural Language Processing", *Science* 253, no. 5025 (1991): 1242~1249.

63. 약 1만 6,000개의 단어를 말한다: Matthias R. Mehl et al., "Are Women Really More Talkative Than Men?", *Science* 317, no. 5834 (2007): 82.

63. 심리학자 질리언 샌드스트롬: Alecia J. Carter et al., "Women's Visibility in Academic Seminars: Women Ask Fewer Questions Than Men", *PLOS One* 13, no. 9 (2018): e0202743.

64. 200만 년 동안 익혀온 기술: Marc D. Hauser et al., "The Mystery of Language Evolution", *Frontiers in Psychology* 5 (2014): 401.
64. 아기 때부터 익혀온 기술: Jenny R. Saffran, Ann Senghas, and John C. Trueswell, "The Acquisition of Language by Children", *Proceedings of the National Academy of Sciences* 98, no. 23 (2001): 12874~12875.
65. 연구 과정에서도: Karen Huang et al., "It Doesn't Hurt to Ask: Question Asking Increases Liking", *Journal of Personality and Social Psychology*, no. 3 (2017): 430; T. Bradford Bitterly and Maurice E. Schweitzer, "The Impression Management Benefits of Humorous Self-Disclosures: How Humor Influences Perceptions of Veracity", *Organizational Behavior and Human Decision Processes* 151 (2019): 73~89; Matteo Di Stasi, Alison Wood Brooks, and Jordi Quoidbach, "Asking Open-Ended Questions Increases Personal Gains in Negotiations" (working); Alison Wood Brooks and Michael Yeomans, "Boomerasking: Answering Your Own Questions" (working); Yeomans and Brooks, "Topic Preference Detection in Conversation"; Nicole Abi-Esber et al., "The Power of Preparation: Brainstorming Flexible Topics Before Conversations Begin" (working).

제2강. 첫 번째 원칙, 'T'는 주제(Topics)다

77. "나훔은 평범한 그리스인이 아니었다": Primo Levi, *The Reawakening*, trans. Stuart Woolf (London: Bodley Head, 1965), 45.
77. "영성한 정신": John Sutherland, *Stephen Spender: The Authorized Biography* (New York: Viking, 2004), 251.
78. '언어적' 내용물: Michael Yeomans et al., "A Practical Guide to Conversation Research", *Advances in Methods and Practices in Psychological Science* 6 (2023).
78. 다름 아닌 대화의 주제다: Michael Yeomans and Alison Wood Brooks, "Topic Preference Detection in Conversation: A Novel Approach to Understand Perspective Taking" (working).
80. 50가지 주제를 평가해달라고 했다: Ibid.
82. 목표를 토대로 주제를 개발하는 것이 도움이 된다: Michael Yeomans, Maurice Schweitzer, and Alison Wood Brooks, "The Conversational Circumplex: Identifying, Prioritizing, and Pursuing Informational and Relational Motives in Conversation", *Current Opinion in Psychology* 44 (2022): 293~302.
82. 주제를 준비하는 것이 필요하다: Nicole Abi-Esber et al., "The Power of Preparation: Brainstorming Flexible Topics Before Conversations Begin" (working).
83. 27퍼센트의 사람들이: Ibid.
84. '시스템 1 사고': Daniel Kahneman, *Thinking, Fast and Slow* (New York: Macmillan, 2011).
85. 우리 자신이 좋은 사람임을: Mark R. Leary and Robin M. Kowalski, "Impression Management: A Literature Review and Two-Component Model", *Psychological Bul-*

letin 107, no. 1 (1990): 34.
85. 자신의 생각이 옳음을 증명하려 애쓴다: Julia A. Minson, Frances S. Chen, and Catherine H. Tinsley, "Why Won't You Listen to Me? Measuring Receptiveness to Opposing Views", *Management Science* 66, no. 7 (2020): 3069~3094.
85. 우리는 누구나 자기중심적으로 사고한다: Nicholas Epley and Eugene M. Caruso, "Egocentric Ethics", *Social Justice Research* 17 (2004): 171~187; Nicholas Epley et al., "Perspective Taking as Egocentric Anchoring and Adjustment", *Journal of Personality and Social Psychology* 87, no. 3 (2004): 327.
86. '인지적 부담 감소': Evan F. Risko and Sam J. Gilbert, "Cognitive Offloading", *Trends in Cognitive Sciences* 20, no. 9 (2016): 676~688.
86. 귀 기울여 듣고 적절한 대답과 반응을 하면서: Hanne K. Collins et al., "Conveying and Detecting Listening During Live Conversation", *Journal of Experimental Psychology: General* 153, no. 2 (2024): 473~494.
87. 대화의 질이 놀랄 만큼 향상된다: Abi-Esber et al., "Power of Preparation."
87. 관계 맺는 능력이 향상되고: Mindy Truong, Nathanael J. Fast, and Jennifer Kim, "It's Not What You Say, It's How You Say It: Conversational Flow As a Predictor of Networking Success", *Organizational Behavior and Human Decision Processes* 158 (2020): 1~10.
87. '더 많은' 주제를 다룰 수 있다: Gus Cooney et al., "Switching Topics More Frequently Makes Boring Conversations Better" (working).
88. 상대방의 관점을 더 깊이 이해하는 일과 직결돼 있다: Tal Eyal, Mary Steffel, and Nicholas Epley, "Perspective Mistaking: Accurately Understanding the Mind of Another Requires Getting Perspective, Not Taking Perspective", *Journal of Personality and Social Psychology* 114, no. 4 (2018): 547; Karen Huang et al., "It Doesn't Hurt to Ask: Question-Asking Increases Liking", *Journal of Personality and Social Psychology* 113, no. 3 (2017): 430; Matteo Di Stasi, Alison Wood Brooks, and Jordi Quoidbach, "Asking Open-Ended Questions Increases Personal Gains in Negotiations" (working).
91. 괴로움을 잘 보여준다: Matthias R. Mehl et al., "Eavesdropping on Happiness: Well-Being Is Related to Having Less Small Talk and More Substantive Conversations", *Psychological Science* 21, no. 4 (2010): 539~541.
91. 그렇게 느끼는 데는 여러 이유가 있고: Ibid.
91~92. 스몰 토크의 쳇바퀴에 갇혀: Michael Kardas, Amit Kumar, and Nicholas Epley, "Overly Shallow?: Miscalibrated Expectations Create a Barrier to Deeper Conversation", *Journal of Personality and Social Psychology* 122, no. 3 (2022): 367.
92. 대화 초반의 시험장: Justine Coupland, "Small Talk: Social Functions", *Research on Language and Social Interaction* 36, no. 1 (2003): 1~6.
93. 주제를 미리 생각해두는 것이 큰 도움이 된다: Abi-Esber et al., "Power of Preparation."
95. '룬 호숫가의 집': Ira Glass, "House on Loon Lake", *This American Life,* November 16, 2001.
97. 배에 계속 머물기 쉽다: Michael Kardas, Amit Kumar, and Nicholas Epley, "Overly

Shallow?: Miscalibrated Expectations Create a Barrier to Deeper Conversation", *Journal of Personality and Social Psychology* 122, no. 3 (2022): 367; Yeomans and Brooks, "Topic Preference Detection in Conversation."

97. "일상의 사소한 말 조각 하나가": James Parker, "An Ode to Small Talk", *Atlantic*, October 2020.
98. 아래층을 벗어나는 것을 목표로 삼을 필요가 있다: Kardas, Kumar, and Epley, "Overly Shallow?"
99. 아래층에 너무 오래 머물지는 말아야 한다: Cooney et al., "Switching Topics More Frequently."
100. 개인적 경험이나 전문성: Diana I. Tamir and Jason P. Mitchell, "Disclosing Information About the Self Is Intrinsically Rewarding", *Proceedings of the National Academy of Sciences* 109, no. 21 (2012): 8038~8043.
100. 구체적인 질문을 던지는 것이 좋다: Michael Yeomans, "A Concrete Example of Construct Construction in Natural Language", *Organizational Behavior and Human Decision Processes* 162 (2021): 81~94.
101. 내가 정보를 공개하면 상대방도: Susan Sprecher et al., "Taking Turns: Reciprocal Self-Disclosure Promotes Liking in Initial Interactions", *Journal of Experimental Social Psychology* 49, no. 5 (2013): 860~866; Lynn C. Miller and David A. Kenny, "Reciprocity of Self-Disclosure at the Individual and Dyadic Levels: A Social Relations Analysis", *Journal of Personality and Social Psychology* 50, no. 4 (1986): 713.
101. 상대방을 믿고 자신의 취약한 점을 드러내는 태도: Ann-Marie Nienaber, Marcel Hofeditz, and Philipp Daniel Romeike, "Vulnerability and Trust in Leader-Follower Relationships", *Personnel Review* 44, no. 4 (2015): 567~591.
102. 특정한 조합의 사람들에게만 적합하고: Maya Rossignac-Milon et al., "Merged Minds: Generalized Shared Reality in Dyadic Relationships", *Journal of Personality and Social Psychology* 120, no. 4 (2021): 882.
102. 상대방이 당신에게 털어놓고 싶어 하는 비밀: Michael L. Slepian and Katharine H. Greenaway, "The Benefits and Burdens of Keeping Others' Secrets", *Journal of Experimental Social Psychology* 78 (2018): 220~232; Michael L. Slepian and Edythe Moulton-Tetlock, "Confiding Secrets and Well-Being", *Social Psychological and Personality Science* 10, no. 4 (2019): 472~484; Michael L. Slepian and James N. Kirby, "To Whom Do We Confide Our Secrets?", *Personality and Social Psychology Bulletin* 44, no. 7 (2018): 1008~1023; Leslie John, Michael L. Slepian, and Diana Tamir, "Tales of Two Motives: Disclosure and Concealment", *Current Opinion in Psychology* 31 (2020).
102. 상대방의 특정한 문제: Alison Wood Brooks et al., "Mitigating Malicious Envy: Why Successful Individuals Should Reveal Their Failures", *Journal of Experimental Psychology: General* 148, no. 4 (2019): 667; Annabelle R. Roberts, Emma E. Levine, and Ovul Sezer, "Hiding Success", *Journal of Personality and Social Psychology* 120, no. 5 (2021): 1261.
102. 서로에 대해 알아가는 것이 중요한 목적이다: Emma M. Templeton et al., "Long

Gaps Between Turns Are Awkward for Strangers But Not for Friends", *Philosophical Transactions of the Royal Society B* 378, no. 1875 (2023): 20210471; Stav Atir, Kristina A. Wald, and Nicholas Epley, "Talking with Strangers Is Surprisingly Informative", *Proceedings of the National Academy of Sciences* 119, no. 34 (2022): e2206992119.

103. 미리 생각해보는 것이 매우 중요하다: Abi-Esber et al., "Power of Preparation."
103. 지난번에 만나 대화할 때: Hanne K. Collins and Alison Wood Brooks, "Call-backs in Conversation" (working).
105~106. '타이밍'도 그에 못지않게 중요하다: Grant Packard, Yang Li, and Jonah Berger, "When Language Matters", *Journal of Consumer Research* (2023): ucad080.
106. 관심과 참여도 시들해진다: Erin C. Westgate and Timothy D. Wilson, "Boring Thoughts and Bored Minds: The MAC Model of Boredom and Cognitive Engagement", *Psychological Review* 125, no. 5 (2018): 689.
106. 불편하고 어색한 침묵이 이어진다: Dennis Kurzon, "Towards a Typology of Silence", *Journal of Pragmatics* 39, no. 10 (2007): 1673~1688; Emma M. Templeton et al., "Fast Response Times Signal Social Connection in Conversation", *Proceedings of the National Academy of Sciences* 119, no. 4 (2022): e2116915119.
107. 2명씩 짝지은 뒤 실험을 진행했다: Cooney et al., "Switching Topics More Frequently."
108. 깊이 있는 대화는 포기해야 하는 것일까?: Yeomans and Brooks, "Topic Preference Detection in Conversation."
109. 상대방의 신호를 얼마나 잘 읽는지: Ibid.
110. '공동 진행자': Janet B. Bavelas, Linda Coates, and Trudy Johnson, "Listeners as Co-Narrators", *Journal of Personality and Social Psychology* 79, no. 6 (2000): 941; Hanne K Collins, "When Listening Is Spoken", *Current Opinion in Psychology* 47 (2022): 101402.
112. '분위기를 휘어잡을 수' 있다: Levi, *Reawakening*, 45.

제3강. 두 번째 원칙, 'A'는 질문하기(Asking)이다

121. 그녀가 두 살 때 이혼했다: Dave Itzkoff, "Carrie Fisher, Child of Hollywood and 'Star Wars' Royalty, Dies at 60", *New York Times*, December 27, 2016; Carrie Fisher and Rob Delaney, *Carrie Fisher: The Memoirs* (New York: Simon & Schuster, 2018).
122. 『먼 곳에서 온 엽서』: Carrie Fisher, *Postcards from the Edge* (New York: Simon & Schuster, 2008).
122. 이 소설을 시나리오로 각색했으며: Carrie Fisher, *Postcards from the Edge* screenplay (1988).
122. 『서렌더 더 핑크』: Carrie Fisher, *Surrender the Pink* (New York: Simon & Schuster, 1990).
122. 〈프레시 에어〉에 게스트로 출연했다: "Actress and Author Carrie Fisher", *Fresh Air*, NPR, February 21, 1997.

124. 그다음 인터뷰는 2004년: "Actress and Novelist Carrie Fisher", *Fresh Air,* NPR, February 4, 2004.
124. 세 번째 인터뷰는 2016년에 이루어졌다: "Carrie Fisher Opens Up About 'Star Wars', The Gold Bikini and Her On-Set Affair", *Fresh Air,* NPR, Novemer 28, 2016.
128. 인터뷰 전에 꼼꼼히 준비하는 습관: Terry Gross, *All I Did Was Ask: Conversations with Writers, Actors, Musicians, And Artists* (New York: Hachette, 2004).
129. 가장 강력한 도구다: Matteo Di Stasi, Alison Wood Brooks, and Jordi Quoidbach, "Asking Open-Ended Questions Increases Personal Gains in Negotiations" (working); Karen Huang et al., "It Doesn't Hurt to Ask: Question-Asking Increases Liking", *Journal of Personality and Social Psychology* 113, no. 3 (2017): 430.
129. 평행선 같은 독백만 할 위험: "Behavior: The Art of Not Listening", *Time,* January 24, 1969; Janet B. Bavelas, Linda Coates, and Trudy Johnson, "Listeners as Co-narrators", *Journal of Personality and Social Psychology* 79.6 (2000): 941.
129. 질문을 하면 상대방은 새로운 정보를: Julia A. Minson et al., "Eliciting the Truth, the Whole Truth, and Nothing But the Truth: The Effect of Question Phrasing on Deception", *Organizational Behavior and Human Decision Processes* 147 (2018): 76~93; Alison Wood Brooks and Leslie K. John, "The Surprising Power of Questions", *Harvard Business Review* 96, no. 3 (2018): 60~67.
129. 질문은 타인의 생각을 알 수 있는: Tal Eyal, Mary Steffel, and Nicholas Epley, "Perspective Mistaking: Accurately Understanding the Mind of Another Requires Getting Perspective, Not Taking Perspective", *Journal of Personality and Social Psychology* 114, no. 4 (2018): 547.
129. 선천적으로 지니고 있다: Eric Hedin, "Asking Questions and Human Exceptionalism", *Evolution News,* August 7, 2023.
129. 영장류 동물 보노보: Lindsay Stern, "What Can Bonobos Teach Us about the Nature of Language?", *Smithsonian Magzine,* July 2020.
130. 긍정적 결과와 상관관계를 지니는 것으로 나타났다: Huang et al., "It Doesn't Hurt to Ask"; Michael Yeomans et al., "It Helps to Ask: The Cumulative Benefits of Asking Follow-Up Questions", *Journal of Personality and Social Psychology* 117, no. 6 (2019): 1139~1144; Di Stasi, Brooks, and Quoidbach, "Asking Open-Ended Questions"; Brooks and John, "Surprising Power of Questions"; Grant E. Donnelly, Hanne Collins, and Alison Wood Brooks, "How Prisoner Apologies Influence Parole Decisions" (working).
130. 더 많은 정보를 얻는다는 점이다: Stav Atir, Kristina A. Wald, and Nicholas Epley, "Talking with Strangers Is Surprisingly Informative", *Proceedings of the National Academy of Sciences* 119, no. 34 (2022): e2206992119.
131. 정보교환의 양을 증가시킨다: Di Stasi, Brooks, and Quoidbach, "Asking Open-Ended Questions."
131. '호감을 더' 느낀다: Huang et al., "It Doesn't Hurt to Ask."
132. 좀처럼 질문을 충분히 하지 않는다는 것을: Ibid.
133. 질문 개수를 크게 '과대평가'하는 경향: Di Stasi, Brooks, and Quoidbach, "Asking

Open-Ended Questions"; Huang et al., "It Doesn't Hurt to Ask."
133. 질문을 많이 한 사람은 적게 한 사람보다: Huang et al., "It Doesn't Hurt to Ask."
134. 명확한 피드백도 받지 못한다: Robin M. Hogarth, Tomás Lejarraga, and Emre Soyer, "The Two Settings of Kind and Wicked Learning Environments", *Current Directions in Psychological Science* 24, no. 5 (2015): 379~385.
134. '더 많이' 질문하는 것부터 시작하라: Huang et al., "It Doesn't Hurt to Ask."
135. 질문을 상대방이 어떻게 느낄지: Einav Hart, Eric M. VanEpps, and Maurice E. Schweitzer, "The (Better Than Expected) Consequences of Asking Sensitive Questions", *Organizational Behavior and Human Decision Processes* 162 (2021): 136~154.
139. 우리 대부분은 지나치게 개인적이거나: Ibid.
140. 방어막을 거두는 것이다: Tami Kim, Kate Barasz, and Leslie K. John, "Consumer Disclosure", *Consumer Psychology Review* 4, no. 1 (2021): 59~69; Li Jiang et al., "Fostering Perceptions of Authenticity via Sensitive Self-Disclosure", *Journal of Experimental Psychology: Applied* 28, no. 4 (2022): 898.
140. 사랑으로 향하는 문도 열린다: Susan Sprecher, "Closeness and Other Affiliative Outcomes Generated from the Fast Friends Procedure: A Comparison with a Small-Talk Task and Unstructured Self-Disclosure and the Moderating Role of Mode of Communication", *Journal of Social and Personal Relationships* 38, no. 5 (2021): 1452~14 71; Arthur Aron et al., "The Experimental Generation of Interpersonal Closeness: A Procedure and Some Preliminary Findings", *Personality and Social Psychology Bulletin* 23, no. 4 (1997): 363~377.
141. 여러 다른 활동을 진행하며: Deepak Malhotra and Max Bazerman, *Negotiation Genius: How to Overcome Obstacles and Achieve Brilliant Results at the Bargaining Table and Beyond* (New York: BantamBooks, 2007).
143. 상대방에게 정보를 끌어내는 동시에: Di Stasi, Brooks, and Quoidbach, "Asking Open-Ended Questions."
143. 화자의 마음속 동기를: Minson et al., "Eliciting the Truth, the Whole Truth."
143. 말할 기회가 돌아가게 하거나: Michael Yeomans and Alison Wood Brooks, "Topic Preference Detection in Conversation: A Novel Approach to Understand Perspective Taking" (working).
144. 질문은 크게 다음 네 종류였다: Huang et al., "It Doesn't Hurt to Ask."
145. 질문을 많이 하면 호감도가 증가한다고: Ibid.
151. 만일 그 일이 있기 전으로 돌아갈 수 있다면: Monica Lewinsky, interview by Barbara Walters, March 3, 1999, https://www.youtube.com/watch?v=vUUATD_pfYE.
153. 스피드 데이트 참가자를 대상으로: Huang et al.,"It Doesn't Hurt to Ask."
156. 질문이 많은 것이 바람직함을 보여준다: Brooks and John, "Surprising Power of Questions"; Chris Orlob, "4 Tips for Nailing Your Sales Discovery Calls", *Gong*, June 18, 2017.
158. "주말 어떻게 보냈어요?": Alison Wood Brooks and Michael Yeomans, "Boomerasking: Answering Your Own Questions" (working).
159. 못된 의도를 드러낸다는 얘기는 아니다: Minson et al., "Eliciting the Truth, the

Whole Truth."
160. 부정적 의도를 감지하느냐에 달렸다: Daniel L. Ames and Susan T. Fiske, "Perceived Intent Motivates People to Magnify Observed Harms", *Proceedings of the National Academy of Sciences* 112, no. 12 (2015): 3599~3605.
162. 열린 질문에 답할 때 평균적으로: Di Stasi, Brooks, and Quoidbach, "Asking Open-Ended Questions."
163. '후보 답변'이라고 부른다: Anita Pomerantz, "Offering a Candidate Answer: An Information Seeking Strategy", *Communications Monographs* 55, no. 4 (1988): 360~373.
163. 협상에서 사용하는 열린 질문과 닫힌 질문: Di Stasi, Brooks, and Quoidbach, "Asking Open-Ended Questions."
165. 진정성 있는 대화로 가는 문: Aron et al., "Experimental Generation of Interpersonal Closeness."

제4강. 세 번째 원칙, 'L'은 가벼움(Levity)이다

171. 연애, 대인 관계에서의 매력: Eli J. Finkel, *The All-or-Nothing Marriage: How the Best Marriages Work* (New York: Penguin, 2019); Paul W. Eastwick, Eli J. Finkel, and Samantha Joel, "Mate Evaluation Theory", *Psychological Review* 130, no. 1 (2023): 211.
172. 대화를 녹음하고 분석한다: Rajesh Ranganath, Dan Jurafsky, and Daniel A. McFarland, "Detecting Friendly, Flirtatious, Awkward, and Assertive Speech in Speed-Dates", *Computer Speech and Language* 27, no. 1 (2013): 89~115.
172. 그웬 스테파니의 〈홀라백 걸〉: "Billboard Hot 100TM: Week of June 11, 2005", *Billboard*.
172. 브래드 피트와 제니퍼 애니스톤이 이혼했으며: Leslie Bennetts, "The Unsinkable Jennifer Aniston: Vanity Fair", *Vanity Fair*, September 2005.
177. 물론 말한 내용에만 지나치게 집중해: Nicole Abi-Esber, Adam Mastroianni, and Alison Wood Brooks, "How Verbal, Nonverbal, and Paralinguistic Conversational Cues Shape Impressions" (working).
177. 데이트가 성공한 단서를 발견할 수 있다: Harry T. Reis, Annie Regan, and Sonja Lyubomirsky, "Interpersonal Chemistry: What Is It, How Does It Emerge, and How Does It Operate?", *Perspectives on Psychological Science* 17, no. 2 (2022): 530~558.
178. 어색한 침묵이 이어지거나: Emma M. Templeton et al., "Long Gaps Between Turns Are Awkward for Strangers But Not for Friends", *Philosophical Transactions of the Royal Society B* 378, no. 1875 (2023): 20210471.
179. 인간이 느끼는 여러 종류의 복잡한 감정: James A. Russell, "A Circumplex Model of Affect", *Journal of Personality and Social Psychology* 39, no. 6 (1980): 1161.
180. 자꾸 딴생각을 하고: Jonathan Smallwood and Jonathan W. Schooler, "The Science of Mind Wandering: Empirically Navigating the Stream of Consciousness", *Annual Review of Psychology* 66 (2015): 487~518.
180. 눈을 덜 마주친다: Daniel Smilek, Jonathan S. A. Carriere, and J. Allan Cheyne, "Out

of Mind, Out of Sight: Eye Blinking as Indicator and Embodiment of Mind Wandering", *Psychological Science* 21, no. 6 (2010): 786~789.
180. 부정적인 말을 더 많이 한다: Grant Packard, Yang Li, and Jonah Berger, "When Language Matters", *Journal of Consumer Research*, December 22, 2023; Jonah Berger, Wendy W. Moe, and David A. Schweidel, "What Holds Attention? Linguistic Drivers of Engagement", *Journal of Marketing* 87, no. 5 (2023): 793~809.
181. 끼어드는 일이 줄어들고: Hanne K. Collins et al., "Conveying and Detecting Listening During Live Conversation", *Journal of Experimental Psychology: General* 153, no. 2 (2023): 473~494.
181. 상체를 앞으로 기울이고: Jinni A. Harrigan, Thomas E. Oxman, and Robert Rosenthal, "Rapport Expressed Through Nonverbal Behavior", *Journal of Nonverbal Behavior* 9 (1985): 95~110; Sophie Wohltjen and Thalia Wheatley, "Eye Contact Marks the Rise and Fall of Shared Attention in Conversation", *Proceedings of the National Academy of Sciences* 118, no. 37 (2021): e2106645118.
181. 맞장구치는 반응을 적극적으로 한다: Herbert H. Clark and Susan E. Brennan, "Grounding in Communication", in L. B. Resnick, J. M. Levine, and S. D. Teasley, eds., *Perspectives on Socially Shared Cognition*, 127~149 (New York: American Psychological Association, 1991).
181. 상대방 말에 빠르게 반응하고: Emma M. Templeton et al., "Fast Response Times Signal Social Connection in Conversation", *Proceedings of the National Academy of Sciences* 119, no. 4 (2022): e2116915119.
181. 더 자주 끼어든다: Collins et al., "Conveying and Detecting Listening."
183. 무작위로 선택한 피험자들로 하여금: Andrew J. Oswald, Eugenio Proto, and Daniel Sgroi, "Happiness and Productivity", *Journal of Labor Economics* 33, no. 4 (2015): 789~822.
183. 즐거운 기분을 느끼면 창의성이 높아져: Teresa M. Amabile et al., "Affect and Creativity at Work", *Administrative Science Quarterly* 50, no. 3 (2005): 367~403; Teresa Amabile and Steven Kramer, *The Progress Principle: Using Small Wins to Ignite Joy, Engagement, and Creativity at Work* (Cambridge, MA: Harvard Business Press, 2011).
183. 실행 가능한 아이디어가 많다는 사실을: Alison Wood Brooks, "Get Excited: Reappraising Pre-Performance Anxiety as Excitement", *Journal of Experimental Psychology: General* 143, no. 3 (2014): 1144.
183. "웃음보다 더 좋은 방아쇠는 없다": Walter Benjamin, "The Author as Producer", in Victor Burgin, ed., *Thinking Photography* (Red Globe Press, 1982): 15~31.
183. 즐거운 심리 상태가 되면: Barbara L Fredrickson, "The Role of Positive Emotions in Positive Psychology: The Broaden-and-Build Theory of Positive Emotions", *American Psychologist* 56, no. 3 (2001): 218.
183. 웃음은 신체적 긴장을 완화하고: Rachel Hajar, "Laughter in Medicine", *Heart Views* 24, no. 2 (2023): 124.
183. 스트레스 회복력: Anthony D. Ong, "Pathways Linking Positive Emotion and Health in Later Life", *Current Directions in Psychological Science* 19, no. 6 (2010): 358~362.

184. 심리적 안전감: Amy C. Edmondson, *The Fearless Organization: Creating Psychological Safety in the Workplace for Learning, Innovation, and Growth* (Hoboken, NJ: John Wiley & Sons, 2018).

184. 그 결과 이와 같은 요소는: Tami Kim, Kate Barasz, and Leslie K. John, "Consumer Disclosure", *Consumer Psychology Review* 4, no. 1 (2021): 59~69.

185. 사용하길 잊어버리거나 주저한다: Jennifer Aaker and Naomi Bagdonas, *Humor, Seriously: Why Humor Is a Secret Weapon in Business and Life (And How Anyone Can Harness It. Even You.)* (New York: Crown Currency, 2021); Brad Bitterly and Alison Wood Brooks, "Sarcasm, Self-Deprecation, and Inside Jokes: A User's Guide to Humor at Work", *Harvard Business Review,* July-August 2020.

186. 경박하거나 부적절하거나 무례하게 비칠까 봐: Bradford T. Bitterly, Alison Wood Brooks, and Maurice E. Schweitzer, "Risky Business: When Humor Increases and Decreases Status", *Journal of Personality and Social Psychology* 112, no. 3 (2017): 431.

187. 확장 및 구축 접근법: Fredrickson, "Role of Positive Emotions."

187. '예스, 앤드' 태도: Kelly Leonard and Tom Yorton, *Yes, and: How Improvisation Reverses "No, But" Thinking and Improves Creativity and Collaboration* (New York: Harper-Collins, 2015).

189. 유머 사용에 대한 사람들의 불안감: Bitterly, Brooks, and Schweitzer, "Risky Business."

190. '온건한 침해 이론': A. Peter McGraw and Caleb Warren, "Benign Violations: Making Immoral Behavior Funny", *Psychological Science* 21, no. 8 (2010): 1141~1149.

191. 자기 자신을 표현하는 방식만 해도 그렇다: Aaker and Bagdonas, *Humor, Seriously.*

193. "아마 엘리자베스 테일러의": Yitzi Weiner, "Social Impact Authors: How & Why Author Ric Keller Is Helping to Change Our World", *Medium,* August 19, 2022.

194. 프랭크 시나트라를 면전에서 놀릴 수 있는: "Don Rickles Roasts Frank Sinatra", https:// www.youtube.com/watch?v=K-KeTNU-ods.

194. 치러야 할 대가가 더 적기 때문이다: Bitterly, Brooks, and Schweitzer, "Risky Business."

197. 비교와 대조: Aaker and Bagdonas *Humor, Seriously.*

199. 그 사람의 자신감을 높이 평가했다: Bitterly, Brooks, and Schweitzer, "Risky Business."

200. '턱수염을 기른 재치 넘치는 영혼': Benedict Carey, "Robert Provine, an Authority on Laughter, Is Dead at 76", *New York Times,* October 28, 2019.

200. "외계에서 온 방문자라면": Robert R. Provine, *Laughter: A Scientific Investigation* (New York: Viking, 2001).

202. '상황 수정': James J. Gross, "Emotion Regulation: Current Status and Future Prospects", *Psychological Inquiry* 26, no. 1 (2015): 1~26.

203. 과거에 함께 이야기 나눈 화제를: Hanne K. Collins and Alison Wood Brooks, "Callbacks in Conversation" (working).

204. 일상을 재발견하는 기쁨: Ting Zhang et al., "A 'Present' for the Future: The Unexpected Value of Rediscovery", *Psychological Science* 25, no. 10 (2014): 1851~1860.

206. 특이하고 엉뚱한 화제: Nicole Abi-Esber et al., "The Power of Preparation: Brainstorming Flexible Topics Before Conversations Begin" (working); Gus Cooney et al., "Switching Topics More Frequently Makes Boring Conversations Better" (working); Michael Yeomans and Alison Wood Brooks, "Topic Preference Detection in Conversation: A Novel Approach to Understand Perspective Taking" (working).

207. 웃음소리는 긍정적 효과의 신호다: Matthew Gervais and David Sloan Wilson, "The Evolution and Functions of Laughter and Humor: A Synthetic Approach", *Quarterly Review of Biology* 80, no. 4 (2005): 395~430; Robert R. Provine, "Contagious Laughter: Laughter Is a Sufficient Stimulus for Laughs and Smiles", *Bulletin of the Psychonomic Society* 30, no. 1 (1992): 1~4.

208. '소리 내서 크게 웃는 것은': Jo-Anne Bachorowski, Moria J. Smoski, and Michael J. Owren, "The Acoustic Features of Human Laughter", *Journal of the Acoustical Society of America* 110, no. 3 (2001): 1581~1597.

208. 우리가 재미있다고 생각하는 사람이: Robert R Provine, "Laughter", *American Scientist* 84, no. 1 (1996): 38~45; Robert R Provine, "Laughing, Tickling, and the Evolution of Speech and Self", *Current Directions in Psychological Science* 13, no. 6 (2004): 215~218.

208~209. 웃음의 70퍼센트 이상이: Bitterly et al., "Gender and Laughter."

211. '이렇게 연락드리는 것은': Elaine Chan and Jaideep Sengupta, "Insincere Flattery Actually Works: A Dual Attitudes Perspective", *Journal of Marketing Research* 47, no. 1 (2010): 122~133.

211. 민망해할지 모른다고 생각한다: Erica J. Boothby, and Vanessa K. Bohns, "Why a Simple Act of Kindness Is Not as Simple as It Seems: Underestimating the Positive Impact of Our Compliments on Others", *Personality and Social Psychology Bulletin* 47, no. 5 (2021): 826~840; Vanessa Bohns, *You Have More Influence Than You Think: How We Underestimate Our Powers of Persuasion, and Why It Matters* (WW Norton, 2021).

213. 이상형의 조건에 들어맞는 상대를: Lorne Campbell and Garth J. O. Fletcher, "Romantic Relationships, Ideal Standards, and Mate Selection", *Current Opinion in Psychology* 1 (2015): 97~100.

214. 임종을 앞둔 사람들에게: Aaker and Bagdonas, *Humor, Seriously*.

제5강. 네 번째 원칙, 'K'는 배려(Kindness)다

219. 글로리아 밴더빌트: Robert D. McFadden, "Gloria Vanderbilt Dies at 95; Built a Fashion Empire", *New York Times*, June 17, 2019.

220. 쿠퍼와 콜베어의 대화: "Stephen Colbert and Anderson Cooper's Beautiful Conversation About Grief", YouTube (2019), https://www.youtube.com/watch?v=YB46h-1koicQ.

224. '최고의 TV 장면': Hank Stueber, "2019's Best TV Moment? It Was Stephen Colbert

Answering Anderson Cooper's Question About Grief", *Washington Post,* December 23, 2019.

225. "우리 누구나 상실을 경험합니다": Robin Pogrebin, "Anderson Cooper Explores Grief and Loss in Deeply Personal Podcast", *New York Times,* November 28, 2022.

228. '극단적 자기중심성' 상태: David Elkind, "Egocentrism in Adolescence", *Child Development* 38, no. 4 (1967): 1025~1034.

228. 좋은 대화 주제를 택하지 못하게 방해한다: Michael Yeomans and Alison Wood Brooks, "Topic Preference Detection in Conversation: A Novel Approach to Understand Perspective Taking" (working).

229. 자기중심적으로 판단하는지 보여준다: Becky Ka Ying Lau et al., "The Extreme Illusion of Understanding", *Journal of Experimental Psychology:General* 151, no. 11 (2022): 2957.

231. "의사소통의 가장 큰 문제는": Conor Kenny, "The Single Biggest Problem in Communication Is the Illusion That It Has Taken Place", *The Irish Times,* November 9, 2020.

231. 욕구와 필요가 있기 때문이다: Michael Yeomans, Maurice Schweitzer, and Alison Wood Brooks, "The Conversational Circumplex: Identifying, Prioritizing, and Pursuing Informational and Relational Motives in Conversation", *Current Opinion in Psychology* 44 (2022): 293~302.

233. 오티스 레딩: Jacob uitti, "Who Wrote the Historic Song 'Respect'?" AmericanSongwriter.com, 2023.

234. 981건의 보디캠 녹화 자료: Rob Voigt et al., "Language from Police Body Camera Footage Shows Racial Disparities in Officer Respect", *Proceedings of the National Academy of Sciences* 114, no. 25 (2017): 6521~6526.

234. 22가지 언어적 특징 그룹: Laurence R. Horn and Gregory L. Ward, eds., *The Handbook of Pragmatics* (Oxford: Blackwell, 2004).

238. "이 혼란스러운 세상에": Amartya Sen, *Identity and Violence: The Illusion of Destiny* (New York: W.W. Norton, 2007).

241. '편도체의 납치': Daniel Goleman, *Emotional Intelligence,* 10th ed. (New York: Bantam Books, 2007).

242. '감기처럼': Trevor Foulk, Andrew Woolum, and Amir Erez, "Catching Rudeness Is Like Catching a Cold: The Contagion Effects of Low-Intensity Negative Behaviors", *Journal of Applied Psychology* 101, no. 1 (2016): 50; Andrew Woolum, Trevor Foulk, and Amir Erez, "A Review of the Short-Term Implications of Discrete, Episodic Incivility", *Social and Personality Psychology Compass* 18, no. 1 (2024): e12918.

243. 작은 무례한 행동을 한 번만 목격해도: Olga Stavrova, Daniel Ehlebracht, and Kathleen D. Vohs, "Victims, Perpetrators, or Both? The Vicious Cycle of Disrespect and Cynical Beliefs About Human Nature", *Journal of Experimental Psychology: General* 149, no. 9 (2020): 1736.

245. '적극적으로 듣기'의 중요성: Carl R. Rogers and Richard Evans Farson, *Active Listening* (Connecticut: Martino Fine Books, 2015).

245. '좋은 청자'라는 느낌을 주는 사람은: Avraham N. Kluger et al., "A Meta-Analytic Systematic Review and Theory of the Effects of Perceived Listening on Work Outcomes", *Journal of Business and Psychology* 39, no. 2 (2024): 295~344.
246. 실제로 열심히 듣고 있음을 나타내는 것은: Hanne K. Collins et al., "Conveying and Detecting Listening During Live Conversation", *Journal of Experimental Psychology: General* (2023); Hanne K Collins, "When Listening Is Spoken", *Current Opinion in Psychology* 47 (2022): 101402.
246. '반응성'의 지표: Harry T. Reis and Shelly L. Gable, "Responsiveness", *Current Opinion in Psychology* 1 (2015): 67~71.
247. 산만해지도록 설계되어 있기 때문이다: Malia F. Mason et al., "Wandering Minds: The Default Network and Stimulus-Independent Thought", *Science* 315, no. 5810 (2007): 393~395.
248. 피험자의 27~42퍼센트가: Bruno Galantucci, Simon Garrod, and Gareth Roberts, "Experimental Semiotics", *Language and Linguistics Compass* 6, no. 8 (2012): 477~493.
248. "무색의 초록색 개념들이 맹렬하게 잔다": Gareth Roberts, Benjamin Langstein, and Bruno Galantucci, "(In) Sensitivity to Incoherence in Human Communication", *Language and Communication* 47 (2016): 15~22.
248. 76퍼센트 동안 집중해서 듣고: Collins et al., "Conveying and Detecting Listening."
250. '기반 다지기': Herbert H. Clark and Susan E. Brennan, "Grounding in Communication", in L. B. Resnick, J. M. Levine, and S. D. Teasley, eds., *Perspectives on Socially Shared Cognition*, 127~149 (New York: American Psychological Association, 1991).
250. 세 단계로 구성된다고 밝혔다: Janet B. Bavelas et al., "The Theoretical and Research Basis of Co-Constructing Meaning in Dialogue", *Journal of Solution Focused Practices* 1, no. 2 (2014): 3.
251. 추임새는 화자가 정보를: Janet B. Bavelas, Linda Coates, and Trudy Johnson, "Listeners as Co-narrators", *Journal of Personality and Social Psychology* 79, no. 6 (2000): 941.
255. 되풀이하거나 다른 말로 표현하는 것: Michael Yeomans et al., "Conversational Receptiveness: Improving Engagement with Opposing Views", *Organizational Behavior and Human Decision Processes* 160 (2020): 131~148.
256. 경청을 드러내는 언어적 표현: Hanne K Collins, "When Listening Is Spoken", *Current Opinion in Psychology* 47 (2022): 101402.
258. "눈앞에서 떠다니는": Wesley Morris, "'Taylor Swift: Miss Americana' Review: A Star, Surprisingly Alone", *New York Times*, January 30, 2020.
258. 방을 배정했다: Bitterly et al., "Gender and Laughter."

제6강. 그룹 대화를 성공적으로 이끄는 방법

272. 여러모로 문제를 동반한다: Gus Cooney et al., "The Many Minds Problem: Disclosure in Dyadic Versus Group Conversation", *Current Opinion in Psychology* 31 (2020): 22~27.

273. 매끄러운 대화에서는: Emma M. Templeton et al., "Fast Response Times Signal Social Connection in Conversation", *Proceedings of the National Academy of Sciences* 119, no. 4 (2022): e2116915119.

273. 두 사람이 번갈아 말하는 일: Elizabeth Stokoe et al., "When Delayed Responses Are Productive: Being Persuaded Following Resistance in Conversation", *Journal of Pragmatics* 155 (2020): 70~82.

273. 시선 마주침 같은 미묘한 신호: So-Hyeon Shim et al., "The Impact of Leader Eye Gaze on Disparity in Member Influence: Implications for Process and Performance in Diverse Groups", *Academy of Management Journal* 64, no. 6 (2021): 1873~1900; Sophie Wohltjen and Thalia Wheatley, "Eye Contact Marks the Rise and Fall of Shared Attention in Conversation", *Proceedings of the National Academy of Sciences* 118, no. 37 (2021): e2106645118.

274. 말이 겹치는 순간이 훨씬 많고: Lynn Smith-Lovin and Charles Brody, "Interruptions in Group Discussions: The Effects of Gender and Group Composition", *American Sociological Review* (1989): 424~435.

274. 인원이 많을수록 소수의 사람이: Cooney et al., "Many Minds Problem."

276. 존경과 신망의 수준이라고 설명한다: J. Stuart Bunderson and Ray E. Reagans, "Power, Status, and Learning in Organizations", *Organization Science* 22, no. 5 (2011): 1182~1194.

277. 누구를 쳐다보는지를 좌우한다: Joey T. Cheng et al., "Two Ways to the Top: Evidence That Dominance and Prestige Are Distinct Yet Viable Avenues to Social Rank and Influence", *Journal of Personality and Social Psychology* 104, no. 1 (2013): 103; Dana R Carney, "The Nonverbal Expression of Power, Status, and Dominance", *Current Opinion in Psychology* 33 (2020): 256~264.

278. 지위가 높은 사람이 대화를 장악하고: Elad N. Sherf et al., "Centralization of Member Voice in Teams: Its Effects on Expertise Utilization and Team Performance", *Journal of Applied Psychology* 103, no. 8 (2018): 813.

280. 미국 상원 회의장: Victoria L. Brescoll, "Who Takes the Floor and Why: Gender, Power, and Volubility in Organizations", *Administrative Science Quarterly* 56, no. 4 (2011): 622~641.

281. 여성은 뒤쪽 순서를 고른 반면: Katherine Coffman et al., "Gender Stereotypes in Deliberation and Team Decisions", *Games and Economic Behavior* 129 (2021): 329~349.

283. 자유롭게 견해를 말할 수 있으려면: Amy C. Edmondson and Zhike Lei, "Psychological Safety: The History, Renaissance, and Future of an Interpersonal Construct", *Annual Review of Organizational Psychology and Organizational Behavior* 1, no. 1 (2014): 23~43; Amy C. Edmondson, *The Fearless Organization: Creating Psychological Safety in the Workplace for Learning, Innovation, and Growth* (Hoboken, NJ: John Wiley & Sons, 2018).

286. 타인의 관점에서 생각하는 능력을 방해한다는: Adam D. Galinsky, Derek D. Rucker, and Joe C. Magee, "Power and Perspective-Taking: A Critical Examination", *Journal of Experimental Social Psychology* 67 (2016): 91~92.

286. 여러 지위를 경험하면: Catarina R. Fernandes et al., "What Is Your Status Portfolio? Higher Status Variance Across Groups Increases Interpersonal Helping but Decreases Intrapersonal Well-Being", *Organizational Behavior and Human Decision Processes* 165 (2021): 56~75.
287. 비판을 드러내놓고 이야기하면: Constantinos G. V. Coutifaris and Adam M. Grant, "Taking Your Team Behind the Curtain: The Effects of Leader Feedback-Sharing and Feedback-Seeking on Team Psychological Safety", *Organization Science* 33, no. 4 (2022): 1574~1598.
288. 실수나 실패를 드러내면: Alison Wood Brooks et al., "Mitigating Malicious Envy: Why Successful Individuals Should Reveal Their Failures", *Journal of Experimental Psychology: General* 148, no. 4 (2019): 667
289. 그런 시선을 받는 사람은: Nicole Abi-Esber, Ethan Burris, and Alison Wood Brooks, "Eye Gaze" (working).
289. 공평하게 눈을 맞추는 행위: So-Hyeon Shim et al., "The Impact of Leader Eye Gaze on Disparity in Member Influence: Implications for Process and Performance in Diverse Groups", *Academy of Management Journal* 64, no. 6 (2021): 1873~1900.
289. 본능적 충동을 억제한다는 의미다: Tom Foulsham et al., "Gaze Allocation in a Dynamic Situation: Effects of Social Status and Speaking", *Cognition* 117, no. 3 (2010): 319~331.
293. '지위가 말과 행동의 범위를 좌우한다': Adam Galinsky, "How to Speak up for Yourself", TED Talk, November 23, 2016
294. '인상 관리' 행동: Mark R. Leary and Robin M. Kowalski, "Impression Management: A Literature Review and Two-Component Model", *Psychological Bulletin* 107, no. 1 (1990): 34.
294. 전문용어를 사용하거나: Zachariah C. Brown, Eric M. Anicich, and Adam D. Galinsky, "Compensatory Conspicuous Communication: Low Status Increases Jargon Use", *Organizational Behavior and Human Decision Processes* 161 (2020): 274~290.
294. 정중한 태도로 웃을 가능성이 크다: Christopher Oveis et al., "Laughter Conveys Status", *Journal of Experimental Social Psychology* 65 (2016): 109~115.
295. 다른 말로 바꿔 표현하기: Maria Seehausen et al., "Effects of Empathic Paraphrasing—Extrinsic Emotion Regulation in Social Conflict", *Frontiers in Psychology* 3 (2012): 31892.
296. 지위가 낮은 구성원이 유머 감각이 뛰어나면: Bradford T. Bitterly, Alison Wood Brooks, and Maurice E. Schweitzer, "Risky Business: When Humor Increases and Decreases Status", *Journal of Personality and Social Psychology* 112, no. 3 (2017): 431.
301. 비길리아의 증조할머니: J. Elise Keith, *Where the Action Is: The Meetings That Make or Break Your Organization* (Portland, OR: Second Rise, 2018).
302. 인간은 찌르레기에 대해 꽤 많이 알지만: Charles Siebert, "Letter of Recommendation: Starlings", *New York Times*, February 11, 2020.
304. 소규모 그룹으로 나누는 것이다: Cooney et al., "Many Minds Problem."
305. 생각보다 꽤 잘 적응한다: Tanya Stivers, "Is Conversation Built for Two? The Parti-

306. tioning of Social Interaction", *Research on Language and Social Interaction* 54, no. 1 (2021): 1~19.
306. 둘 중 한 가지 형태로 만들 필요는 없다고 설명한다: Keith, *Where the Action Is*.
306. 여러 번 실행할 수도 있다: Francesca Valsesia, Joseph C. Nunes, and Andrea Ordanini, "I Am Not Talking to You: Partitioning an Audience in an Attempt to Solve The Self-Promotion Dilemma", *Organizational Behavior and Human Decision Processes* 165 (2021): 76~89.
306. 주도적인 구성원 몇 명만: Tanya Stivers, "Is Conversation Built for Two? The Partitioning of Social Interaction", *Research on Language and Social Interaction* 54, no. 1 (2021): 1~19.
307. 답답해질 수도, 산만해질 수도 있다: Michele L. Gelfand, Rule Makers, *Rule Breakers: Tight and Loose Cultures and the Secret Signals That Direct Our Lives* (New York: Scribner, 2019).

제7강. 갈등과 균열을 넘는 대화의 기술

316. '두려워하지 마세요!': Michael Yeomans et al., "Conversational Receptiveness: Improving Engagement with Opposing Views", *Organizational Behavior and Human Decision Processes* 160 (2020): 131~148.
318. 감정을 나타내는 원형 표: James A. Russell, "A Circumplex Model of Affect", *Journal of Personality and Social Psychology* 39, no. 6 (1980): 1161.
318. 심리적으로 괴로우면: Gerben A. Van Kleef, Carsten K. W. De Dreu, and Antony S. R. Manstead, "The Interpersonal Effects of Anger and Happiness in Negotiations", *Journal of Personality and Social Psychology* 86, no. 1 (2004): 57; Alison Wood Brooks and Maurice E. Schweitzer, "Can Nervous Nelly Negotiate? How Anxiety Causes Negotiators to Make Low First Offers, Exit Early, and Earn Less Profit", *Organizational Behavior and Human Decision Processes* 115, no. 1 (2011): 43~54.
321. 특별한 피해를 주지 않지만: Herbert H. Clark and Susan E. Brennan, "Grounding in Communication", in L. B. Resnick, J. M. Levine, and S. D. Teasley, eds., *Perspectives on Socially Shared Cognition,* 127~149 (New York: American Psychological Association, 1991); Herbert H. Clark, *Using Language* (Cambridge: Cambridge University Press, 1996)
321. 감정의 불일치는: Joseph P. Forgas, "Feeling and Doing: Affective Influences on Interpersonal Behavior", *Psychological Inquiry* 13, no. 1 (2002): 1~28.
321. 생각이 다름을 보여주는 신호인 경우도 있다: Luiz Pessoa, "How Do Emotion and Motivation Direct Executive Control?", *Trends in Cognitive Sciences* 13, no. 4 (2009): 160~166.
321. 대화 나침반의 목적이 충돌하는 상황: Michael Yeomans, Maurice Schweitzer, and Alison Wood Brooks, "The Conversational Circumplex: Identifying, Prioritizing, and Pursuing Informational and Relational Motives in Conversation", *Current Opinion in Psychology* 44 (2022): 293~302.

324. 의견이 대립하는 상황을 즐기는 사람: Deepak Malhotra, "The Desire to Win: The Effects of Competitive Arousal on Motivation and Behavior", *Organizational Behavior and Human Decision Processes* 111, no. 2 (2010): 139~146.

325. '의견이 일치할 때보다': Joy Hirsch et al., "Interpersonal Agreement and Disagreement During Face-to-Face Dialogue: An fNIRS Investigation", *Frontiers in Human Neuroscience* 14 (2021): 606397.

325. 깊이 뿌리박힌 가치관: Julia A. Minson and Frances S. Chen, "Receptiveness to Opposing Views: Conceptualization and Integrative Review", *Personality and Social Psychology Review* 26, no. 2 (2022): 93~111; Julia A. Minson, Frances S. Chen, and Catherine H. Tinsley, "Why Won't You Listen to Me? Measuring Receptiveness to Opposing Views", *Management Science* 66, no. 7 (2020): 3069~3094.

328. 의견 충돌을 지혜롭게 다루는 전략: Yeomans et al., "Conversational Receptiveness."

329. 정중한(그리고 정중함이 결여된) 의견 충돌에서 쓰이는 언어: Yeomans et al., "Conversational Receptiveness."

329. 대중의 반응이 지나치게 과열됐으며: Michael Yeomans, "Argue Better by Signalling Your Receptiveness with These Words", *Psyche* (2021).

335. 개인적 이야기를 공유하면: Emily Kubin, Kurt J. Gray, and Christian von Sikorski, "Reducing Political Dehumanization by Pairing Facts with Personal Experiences", *Political Psychology* 44, no. 5 (2023): 1119~1140; Emily Kubin et al., "Personal Experiences Bridge Moral and Political Divides Better Than Facts", *Proceedings of the National Academy of Sciences* 118, no. 6 (2021): e2008389118.

338. 수용적 마음가짐을 유지하는 데 도움이 된다: Hanne K. Collins et al., "Underestimating Counterparts' Learning Goals Impairs Conflictual Conversations", *Psychological Science* 33, no. 10 (2022): 1732~1752.

339. 과소평가한다는 사실을 보여준다: Stav Atir, Kristina A. Wald, and Nicholas Epley, "Talking with Strangers Is Surprisingly Informative", *Proceedings of the National Academy of Sciences* 119, no. 34 (2022): e2206992119.

339. '경청할 줄 모르는 사람': Zhiying Ren and Rebecca Schaumberg, "Disagreement Gets Mistaken for Bad Listening", *Psychological Science* 35, no 5 (2024): 09567976241239935.

340. '신념 수정': Robin M. Hogarth and Hillel J. Einhorn, "Order Effects in Belief Updating: The Belief-Adjustment Model", *Cognitive Psychology* 24, no. 1 (1992): 1~55.

346. 대화하기를 조심스러워하는: J. Nicole Shelton and Jennifer A. Richeson, "Interracial Interactions: A Relational Approach", *Advances in Experimental Social Psychology* 38 (2006): 121~181.

346. 대화를 기피하는 경향: J. Nicole Shelton et al., "Ironic Effects of Racial Bias During Interracial Interactions", *Psychological Science* 16, no. 5 (2005): 397~402.

346. 차별 문제에 저항하는 사람들: Tamar Szabó Gendler, "On the Epistemic Costs of Implicit Bias", *Philosophical Studies* 156, no. 1 (2011): 33~63.

349. '다른 사람의 관점에서 바라보는 것': Tal Eyal, Mary Steffel, and Nicholas Epley, "Perspective Mistaking: Accurately Understanding the Mind of Another Requires

Getting Perspective, Not Taking Perspective", *Journal of Personality and Social Psychology* 114, no. 4 (2018): 547.

349. '자기중심적 투사': Clayton R. Critcher and David Dunning, "Egocentric Pattern Projection: How Implicit Personality Theories Recapitulate the Geography of the Self", *Journal of Personality and Social Psychology* 97, no. 1 (2009): 1.

349. 타인에 대해 예측하는 것은 때로 유용하지만: Zidong Zhao, Haran Sened, and Diana I. Tamir, "Egocentric Projection Is a Rational Strategy for Accurate Emotion Prediction", *Journal of Experimental Social Psychology* 109 (2023): 104521.

349. 우리는 거기에 너무 크게 의존해: Jeff C. Cho and Eric D. Knowles, "I'm Like You and You're Like Me: Social Projection and Self-Stereotyping Both Help Explain Self-Other Correspondence", *Journal of Personality and Social Psychology* 104, no. 3 (2013): 444.

349. 취향이 같을 가능성을 과대평가한다: Gary Marks and Norman Miller, "Ten Years of Research on the False-Consensus Effect: An Empirical and Theoretical Review", *Psychological Bulletin* 102, no. 1 (1987): 72.

349. 비전문가와 의사소통할 때: Susan A. J. Birch and Paul Bloom, "The Curse of Knowledge in Reasoning About False Beliefs", *Psychological Science* 18, no. 5 (2007): 382~386; Ting Zhang, Kelly B. Harrington, and Elad N. Sherf, "The Errors of Experts: When Expertise Hinders Effective Provision and Seeking of Advice and Feedback", *Current Opinion in Psychology* 43 (2022): 91~95; Ting Zhang, Dan J. Wang, and Adam D. Galinsky, "Learning Down to Train Up: Mentors Are More Effective When They Value Insights from Below", *Academy of Management Journal* 66, no. 2 (2023): 604~637.

349. 기분을 잘 알 것이라고 가정하며: Thomas Gilovich, Kenneth Savitsky, and Victoria Husted Medvec, "The Illusion of Transparency: Biased Assessments of Others' Ability to Read One's Emotional States", *Journal of Personality and Social Psychology* 75, no. 2 (1998): 332.

349. (흥분과 냉정 사이의 공감 격차): Loran F. Nordgren, Kasia Banas, and Geoff MacDonald, "Empathy Gaps for Social Pain: Why People Underestimate the Pain of Social Suffering", *Journal of Personality and Social Psychology* 100, no. 1 (2011): 120

349~350. 관점 수용 연구 프로젝트: Eyal, Steffel, and Epley, "Perspective Mistaking."

352. 갈등 해결에 크나큰 장애물이: William Friend and Deepak Malhotra, "Psychological Barriers to Resolving Intergroup Conflict: An Extensive Review and Consolidation of the Literature", *Negotiation Journal* 35, no. 4 (2019): 407~442.

353. 인종을 주제로 이야기를 나눠도: Kiara L. Sanchez, David A. Kalkstein, and Gregory M. Walton, "A Threatening Opportunity: The Prospect of Conversations About Race-Related Experiences Between Black and White Friends", *Journal of Personality and Social Psychology* 122, no. 5 (2022): 853.

353. 차별 금지법에 대한 지지를 높였다는 사실을: David Broockman and Joshua Kalla, "Durably Reducing Transphobia: A Field Experiment on Door-to-Door Canvassing", *Science* 352, no. 6282 (2016): 220~224.

353. 인간으로 느낄 수 있기 때문이다: Thomas F. Pettigrew and Linda R. Tropp, "A Meta-Analytic Test of Intergroup Contact Theory", *Journal of Personality and Social Psychology* 90, no. 5 (2006): 751.

354. 이런 생리학적 반응은: Alison Wood Brooks, "Get Excited: Reappraising Pre-Performance Anxiety as Excitement", *Journal of Experimental Psychology: General* 143, no. 3 (2014): 1144.

354. 왼쪽 상단 사분면의 감정: Jennifer S. Lerner, Deborah A. Small, and George Loewenstein, "Heart Strings and Purse Strings: Carryover Effects of Emotions on Economic Decisions", *Psychological Science* 15, no. 5 (2004): 337~341.

357. 뚜렷한 부정적 감정을 관리하는 방법: James J. Gross, "Emotion Regulation: Conceptual and Empirical Foundations", *Handbook of Emotion Regulation* 2 (2014): 3~20; James J. Gross, "Emotion Regulation: Current Status and Future Prospects", *Psychological Inquiry* 26, no. 1 (2015): 1~26.

357. 불안을 설렘으로: Alison Wood Brooks, "Get Excited: Reappraising Pre-Performance Anxiety as Excitement", *Journal of Experimental Psychology: General* 143, no. 3 (2014): 1144; Elizabeth Baily Wolf et al., "Managing Perceptions of Distress at Work: Reframing Emotion as Passion", *Organizational Behavior and Human Decision Processes* 137 (2016): 1~12.

358. 내담자를 돕곤 하는데: Jennifer Hettema, Julie Steele, and William R. Miller, "Motivational Interviewing", *Annual Review of Clinical Psychology* 1 (2005): 91~111.

358. '상황 수정'이라는 전략: Stefan G. Hofmann et al., "How to Handle Anxiety: The Effects of Reappraisal, Acceptance, and Suppression Strategies on Anxious Arousal", *Behaviour Research and Therapy* 47, no. 5 (2009): 389~394; Jordi Quoidbach, Moïra Mikolajczak, and James J. Gross, "Positive Interventions: An Emotion Regulation Perspective", *Psychological Bulletin* 141, no. 3 (2015): 655.

359. 다른 사람의 감정을 언어로 나타내면: Alisa Yu, Justin M. Berg, and Julian J. Zlatev, "Emotional Acknowledgment: How Verbalizing Others' Emotions Fosters Interpersonal Trust", *Organizational Behavior and Human Decision Processes* 164 (2021): 116~135.

360. 더 효과적인 정서 조절 전략: Yael Millgram et al., "Knowledge About the Source of Emotion Predicts Emotion-Regulation Attempts, Strategies, and Perceived Emotion-Regulation Success", *Psychological Science* 34, no. 11 (2023): 1244~1255.

제8강. 끊어진 관계를 되살리는 사과의 힘

373. 다큐멘터리 프로그램 〈커플스 테라피〉: Sarah Bahr, "Feeling a Bit Cramped? 'Couples Therapy' May Look Familiar", *New York Times*, April 16, 2021.

376. 작은 상처가 계속 쌓인다: Monnica T Williams, "Microaggressions: Clarification, Evidence, and Impact", *Perspectives on Psychological Science* 15, no. 1 (2020): 3~26.

376. 더 중요한 문제가 표면화된 것에 불과하다: Matthew Fray, "The Marriage Lesson

That I Learned Too Late", *Atlantic,* April 2022.
377. '친밀함의 선': Olivia de Recat, *Drawn Together: Illustrated True Love Stories* (New York: Voracious, 2022).
379. 결정적인 변곡점이다: Barry R. Schlenker and Bruce W. Darby, "The Use of Apologies in Social Predicaments", *Social Psychology Quarterly* (1981): 271~278.
379. 선순환을 만들어: Ryan Fehr and Michele J. Gelfand, "When Apologies Work: How Matching Apology Components to Victims' Self-Construals Facilitates Forgiveness", *Organizational Behavior and Human Decision Processes* 113, no. 1 (2010): 37~50.
380. 깨진 신뢰를 회복하려는 행위다: Peter H. Kim et al., "Removing the Shadow of Suspicion: The Effects of Apology Versus Denial for Repairing Competence-Versus Integrity-Based Trust Violations", *Journal of Applied Psychology* 89, no. 1 (2004): 104.
382. 미안하다고 말하는 일은 어렵다: Karina Schumann, "The Psychology of Offering an Apology: Understanding the Barriers to Apologizing and How to Overcome Them", *Current Directions in Psychological Science* 27, no. 2 (2018): 74~78.
382. 사과하기를 주저한다: Donald L. Ferrin, et al., "Silence Speaks Volumes: The Effectiveness of Reticence in Comparison to Apology and Denial for Responding to Integrity-and Competence-Based Trust Violations", *Journal of Applied Psychology* 92, no. 4 (2007): 893.
383. '알맹이 없는 말': Maurice E. Schweitzer, John C. Hershey, and Eric T. Bradlow, "Promises and Lies: Restoring Violated Trust", *Organizational Behavior and Human Decision Processes* 101, no. 1 (2006): 1~19.
386. 잘못을 하지 않은 상황에서도: Alison Wood Brooks, Hengchen Dai, and Maurice E. Schweitzer, "I'm Sorry About the Rain! Superfluous Apologies Demonstrate Empathic Concern and Increase Trust", *Social Psychological and Personality Science* 5, no. 4 (2014): 467~474.
387. 관계가 더 단단할 가능성이 크다: Karina Schumann, Emily G. Ritchie, and Amanda Forest, "The Social Consequences of Frequent Versus Infrequent Apologizing", *Personality and Social Psychology Bulletin* 49, no. 3 (2023): 331~343.
387. 부부 60쌍의 사과 행동: Karina Schumann, "Does Love Mean Never Having to Say You're Sorry? Associations Between Relationship Satisfaction, Perceived Apology Sincerity, and Forgiveness", *Journal of Social and Personal Relationships* 29, no. 7 (2012): 997~1010.
388. 딥워터 허라이즌이 폭발했다: "Deepwater Horizon: Oil Spills", Damage Assessment, Remediation, and Restoration Program, National Oceanic and Atmospheric Administration, https://darrp.noaa.gov/oil-spills/deepwater-horizon; "Environmental Costs", Encyclopædia Britannica.
389. "환경 재앙": "Gulf Oil Leak", CNN, May 27, 2010, transcript.
389. "이 사고로 사람들의 삶에 엄청난 혼란을": "BP Chief to Gulf Residents: 'I'm Sorry'", CNN, May 30, 2010, transcript.
391. 우리가 책임을 인정하면: Roy J. Lewicki, Beth Polin, and Robert B. Lount, Jr, "An Exploration of the Structure of Effective Apologies", *Negotiation and Conflict Man-*

agement Research 9, no. 2 (2016): 177~196.
392. 애석하게도 저는 최근: Ahmir Thompson, "Questlove Apologizes for Offensive Japan Comments", Okayplayer (2017), https://www.okayplayer.com/news/questlove-apologizes-offensive-japan-instagrams.html.
393. 용서를 청하기 쉽다: Roy J. Lewicki, and Chad Brinsfield, "Trust Repair", *Annual Review of Organizational Psychology and Organizational Behavior* 4 (2017): 287~313.
394. 3,000건 이상의 가석방 심리 자료: Grant E. Donnelly, Hanne Collins, and Alison Wood Brooks, "How Prisoner Apologies Influence Parole Decisions" (working).
395. 일곱 가지 언어 특성: Roy J. Lewicki, Beth Polin, and Robert B. Lount, Jr., "An Exploration of the Structure of Effective Apologies", *Negotiation and Conflict Management Research* 9, no. 2 (2016): 177~196.
396~397. 미래로 향하게 한다: Maurice E. Schweitzer, John C. Hershey, and Eric T. Bradlow, "Promises and Lies: Restoring Violated Trust", *Organizational Behavior and Human Decision Processes* 101, no. 1 (2006): 1~19.
401. 사과하지 않으려 한다: Schumann, "Psychology of Offering an Apology."
401. 사과는 빠를수록 좋다: Jimin Nam et al., "Speedy Activists: How Firm Response Time to Sociopolitical Events Influences Consumer Behavior", *Journal of Consumer Psychology* 33, no. 4 (2023): 632~644; Schumann, Ritchie, and Forest, "Social Consequences of Frequent Versus Infrequent Apologizing."
404. 불과 3퍼센트의 사람만이: Nicole Abi-Esber et al., "'Just Letting You Know…': Underestimating Others' Desire for Constructive Feedback", *Journal of Personality and Social Psychology* 123, no. 6 (2022): 1362.
404. 냉혹한 사람이 된 것 같아도: Emma E. Levine and Maurice E. Schweitzer, "Are Liars Ethical? On the Tension Between Benevolence and Honesty", *Journal of Experimental Social Psychology* 53 (2014): 107~117; Emma Levine and David Munguia Gomez, "'I'm Just Being Honest': When and Why Honesty Enables Help Versus Harm", *Journal of Personality and Social Psychology* 120, no. 1 (2021): 33.
404. 긍정적 의도를 지녔음을 분명히 밝히는 것: Emma E. Levine et al., "Who Is Trustworthy? Predicting Trustworthy Intentions and Behavior", *Journal of Personality and Social Psychology* 115, no. 3 (2018): 468; Emma E. Levine, Annabelle R. Roberts, and Taya R. Cohen, "Difficult Conversations: Navigating the Tension Between Honesty and Benevolence", *Current Opinion in Psychology* 31 (2020): 38~43.
405. 먼저 긍정적 피드백을 주는 것: Alison Wood Brooks and Leslie John, "Start with Positive Feedback" (working).
406. 미래지향적 조언: Hayley Blunden et al., "Eliciting Advice Instead of Feedback Improves Developmental Input" (working).
407. 그런 만큼 큰 감동을 준다: Lara B. Aknin and Gillian M. Sandstrom, "People Are Surprisingly Hesitant to Reach Out to Old Friends", *Communications Psychology* 2, no. 1 (2024): 34.

강의를 끝내며: 대화의 빛을 밝혀라

418. 좋은 삶의 세 번째 요소: *심리적 풍요*: Shigehiro Oishi and Erin C. Westgate, "A Psychologically Rich Life: Beyond Happiness and Meaning", *Psychological Review* 129, no. 4 (2022): 790.
418. 행복하고 의미 있는 삶도 '지루'할 수 있다: Erin C. Westgate and Timothy D. Wilson, "Boring Thoughts and Bored Minds: The MAC Model of Boredom and Cognitive Engagement", *Psychological Review* 125, no. 5 (2018): 689.
418. 인생의 부침은: Jordi Quoidbach et al., "Emodiversity and the Emotional Ecosystem", *Journal of Experimental Psychology: General*, 143, no. 6 (2014): 2057; Jordan Etkin, "Choosing Variety for Joint Consumption", *Journal of Marketing Research* 53, no. 6 (2016): 1019~1033.
418. 다양한 종류의 사람들과: Hanne K. Collins et al., "Relational Diversity in Social Portfolios Predicts Well-Being", *Proceedings of the National Academy of Sciences* 119, no. 43 (2022): e2120668119.
419. 다양한 감정을 경험하는 것: Jordi Quoidbach et al., "Emodiversity and the Emotional Ecosystem", *Journal of Experimental Psychology: General* 143, no. 6 (2014): 2057.
420. 생각하는 것보다 대화 능력이 뛰어나다: Christopher Welker et al., "Pessimistic Assessments of Ability in Informal Conversation", *Journal of Applied Social Psychology* 53, no. 7 (2023): 555~569; Erica J. Boothby et al., "The Liking Gap in Conversations: Do People Like Us More Than We Think?", *Psychological Science* 29, no. 11 (2018): 1742~1756; Adam M. Mastroianni et al., "The Liking Gap in Groups and Teams", *Organizational Behavior and Human Decision Processes* 162 (2021): 109~122; Gus Cooney, Erica J. Boothby, and Mariana Lee, "The Thought Gap After Conversation: Underestimating the Frequency of Others' Thoughts About Us", *Journal of Experimental Psychology: General* 151, no. 5 (2022): 1069.
421. "완벽해질 필요는 없어요.": John Steinbeck, *East of Eden* (Penguin, 2002).
421. 폴 그라이스는 일종의 원칙인: Paul Grice, *Studies in the Way of Words* (Cambridge, MA: Harvard University Press, 1991).
422. 간과하거나 저버리기 쉽기 때문이다: Daniel C. Richardson, Rick Dale, and Natasha Z. Kirkham, "The Art of Conversation Is Coordination", *Psychological Science* 18, no. 5 (2007): 407~413; Adam M. Mastroianni et al., "Do Conversations End When People Want Them To?", *Proceedings of the National Academy of Sciences* 118, no. 10 (2021): e2011809118; Sophie Wohltjen and Thalia Wheatley, "Eye Contact Marks the Rise and Fall of Shared Attention in Conversation", *Proceedings of the National Academy of Sciences* 118, no. 37 (2021): e2106645118.
422. 수월한 습관이 되기 마련이다: Adrian M. Haith and John W. Krakauer, "The Multiple Effects of Practice: Skill, Habit and Reduced Cognitive Load", *Current Opinion in Behavioral Sciences* 20 (2018): 196~201.
423. "세상을 밝히는 불꽃은": Erving Goffman, *Interaction Ritual: Essays in Face-to-Face Behavior* (Garden City, N.Y.: Doubleday, 1967).

특강: TALK 원칙의 올바른 실행

435. '사랑에 빠지게 하는 36가지 질문': Daniel Jones, "The 36 Questions That Lead to Love", *New York Times,* January 9, 2015.

대화에 대해 새겨볼 만한 명언

443. "재즈는 대화다": Katie Koch, "Jazz as Conversation", *The Harvard Gazette,* April 18, 2013.
443. "먼저 당신의 악기를": Jason Pugatch, *Acting Is a Job: Real-life Lessons About the Acting Business* (New York: Allworth, 2006), 73.
443. "진지함의 결여가": J. Rentilly, "Kurt Vonnegut: The Last Interview with One of America's Great Men of Letters", *US Airways Magazine,* June 2007.
443. "흔히 놀이를 진지한 공부에서": Fred Rogers, *You Are Special: Neighborly Words of Wisdom from Mister Rogers* (New York: Penguin Books, 1995), 47.
443. "우리는 서로에게 이상적인 청중이었다": Christopher Isherwood, *Lions and Shadows: An Education in the Twenties* (London: Hogarth Press, 1938), 65.
444. "한 고등학생이 이런 질문을 했다": Fred Rogers, *The World According to Mister Rogers* (New York: Hyperion, 2003), 160.
444. "진정한 침묵이 내려앉을 때": Harold Pinter, *Various Voices: Prose, Poetry, Politics 1948-1998* (London: Faber, 1998), 34.
445. "모든 어려운 대화는": *Veep,* season 5, episode 1, "Morning After", directed by Chris Addison, written by David Mandel and Armando Iannucci, aired on April 24, 2016 on HBO.

찾아보기

ㄱ

가벼움 29, 36, 65, 67, 178, 180~187,
  189~190, 194~195, 200, 202, 204, 207,
  212, 214~215, 225, 227, 229, 239, 253,
  261, 264, 273, 288, 294, 296, 318, 327,
  360, 414, 422
가석방 심리 24, 130, 394~395, 397~398
거울 질문 144~147
게임 이론 45
고프먼, 어빙 61~62, 188, 423
공격적 유머 192
관점 파악하기 351~352
격률 58~60, 64, 421, 426
그라이스, 폴 28, 58~61, 64, 421, 426
그로스, 테리 122~130, 134, 149~150, 152
그룹 나누기 304~307
그룹 대화 66, 266
긍정적 언어 238, 334~335
깊은 대화 68, 92, 97~99, 103, 108, 116,
  152, 166, 369, 428, 448
꼬투리 잡기 질문 160~161

ㄷ

닫힌 질문 162~163
대화 관리자 301~305, 307, 310
대화 나침반 52~53, 55~57, 64~66, 129,
  143, 160, 184, 231, 261, 315, 321~322,
  380
도입부 질문 144~145
되풀이 질문 161
디킨스, 찰스 41

ㄹ

렉시그램 129
로저스, 프레드 443~444

ㅁ

마샬리스, 윈턴 48~49, 443
마이어, 셀리나 445
맞춤 대화 68, 98~99, 102
머신 러닝 62
물리적 내용 320, 323~324
미세 결정 47, 63, 82, 134
민감한 질문 29, 135~137, 140, 160, 206

ㅂ

반응성 246~247
발언권 278
발언 시간 274, 278~279, 292, 303~304
배려 29, 36, 65, 67, 216, 222~223,
  226~228, 231~233, 236, 238, 241,
  243, 245, 247, 252~253, 261~264, 271,
  273, 286, 288, 294, 296, 327, 336, 341,
  347~348, 354, 360, 376, 380~381, 414,
  422
부메랑 질문 158~161, 166, 187
부정적 언어 238, 334
분위기 엘리베이터 182
비교와 대조 197~198
비길리아 297, 299, 301, 304
비언어적 내용물 78
비단정적 표현 235, 333~334, 336, 367, 369
비협력적 조정 활동 322
비협력적인 조정 결정 58

ㅅ

사과 30, 47, 51, 53, 234~235, 239~240,
  265, 345, 351, 370~371, 375~376,
  379~391, 393~404, 407, 411~415, 434
사랑에 빠지게 하는 36가지 질문 435, 438
사인펠드 효과 195~196
상호작용 22~23, 41, 48, 61~62, 64, 78,

129, 188, 201, 242~243, 280, 325, 379
상황 수정 202, 360, 369
설명용 단어 335
성 대결 게임 43
셸링, 토머스 44~45, 55
수용성 레시피 331, 336, 338, 365, 369
수용적 언어 329, 338, 341
수용적 태도 337, 340~341, 351~352, 354~355, 379, 420
스미스, 애덤 32, 36, 41~42, 50
스몰 토크 68, 89, 91~93, 95~99, 102, 105, 116, 144~145, 166, 205, 409
시스템 1 사고 84, 86, 93, 108
시스템 2 사고 85~86, 93
신념 수정 340
신뢰 게임 386, 397
심리적 안전감 184, 192, 283, 287~288, 292, 325, 380

ㅇ

암묵적 지위 276~277
언어적 내용물 78
열린 질문 89, 100, 162~164
예스, 앤드 태도 187, 332
유머 22, 126, 187~195, 197~200, 202~203, 212~214, 221~222, 229, 277, 279, 288, 293, 321, 337, 429, 431, 447
이셔우드, 크리스토퍼 444
이야기 상자 205
인상 관리 294
인지적 부담 346
인지적 재해석 357~358, 360, 369

ㅈ

자기 비하적 유머 191~193, 288
정서 원형 모델 318
정서 조절 전략 360, 379

조정 게임 28, 30, 32, 42~45, 50, 55, 64, 66, 68, 79, 82, 129, 143, 166, 182, 227, 261, 264~265, 271, 273, 304~305, 309, 318, 353
조정 퍼즐 43, 50
존중의 언어 216, 233, 236, 238, 240~241, 336
죄수의 딜레마 42, 55, 322
주제 관리 36, 82, 84, 182, 273~274, 303, 360, 413
주제 피라미드 98~101, 105, 108, 122~123, 140, 144, 146~147, 178, 185, 284, 363, 430, 441
지식의 저주 295, 349
ZQ(Zero Questions) 132~133, 142, 165
질문하기 29, 36, 65, 67, 133~134, 156, 182, 261, 264, 273, 295, 360
집단 대화 272, 275, 277~283, 295, 303, 305~307, 309, 380

ㅊ

추임새 피드백 249~250
치킨 게임 43
친밀함의 선 377~379, 400, 406, 423
친화적 유머 192~193

ㅋ

칸트, 이마누엘 32, 38~40, 47~48, 50, 59~60, 64, 280, 303, 307
케이사, 보아즈 229~231, 244
콜베어, 스티븐 220~225, 232~233, 249, 250, 252~254, 257
쿠퍼, 앤더슨 219~226, 232~233, 249~250, 252, 254, 257, 430

ㅌ

타인 지향성 351
TALK 원칙 28~30, 65, 79, 129, 227, 246,
　　261, 264~265, 287, 294, 315~316, 325,
　　327, 352, 354, 360, 380, 413, 415, 419,
　　421~422, 424, 428, 434
투쟁 반응 241

ㅍ

파커, 찰리 443
편지 공화국 37, 40
편도체의 납치 241
포컬 포인트 44, 46~47
프리모, 레비 76~78, 85, 112, 329
피드백 샌드위치 모델 405
피셔, 캐리 121, 134
핀터, 해럴드 444

ㅎ

협력적 조정 게임 43
화제 전환 질문 144, 146~149, 153, 164,
　　166
확장 및 구축 이론 186
후속 질문 109, 136, 144, 148~153, 157,
　　161, 164, 166, 246, 254~256, 296, 367,
　　413, 419, 429~430

옮긴이 이수경

한국외국어대학교를 졸업했으며 전문 번역가로 활동하고 있다. 인문교양, 경제경영, 심리학, 자기계발, 문학 등 다양한 분야의 영미권 책을 우리말로 옮겼다. 옮긴 책으로 『불변의 법칙』, 『부서지는 아이들』, 『케플러』, 『슬로푸드 선언』, 『마음을 돌보는 뇌과학』, 『그들의 생각을 바꾸는 방법』, 『사람은 무엇으로 움직이는가』, 『스무 살에 알았더라면 좋았을 것들』, 『완벽에 대한 반론』 등이 있다.

어떻게 말해야 사람의 마음을 얻는가

초판 1쇄 발행 2025년 9월 19일
초판 2쇄 발행 2025년 11월 24일

지은이 앨리슨 우드 브룩스
옮긴이 이수경
발행인 윤승현 단행본사업본부장 신동해
편집장 김예원 교정교열 고영숙 디자인 studio forb
마케팅 최혜진 이은미 홍보 허지호
국제업무 김은정 김지민 제작 정석훈

브랜드 웅진지식하우스
주소 경기도 파주시 회동길 20
문의전화 031-956-7352(편집) 02-3670-1123(마케팅)

홈페이지 www.wjbooks.co.kr
인스타그램 www.instagram.com/woongjin_readers
페이스북 www.facebook.com/woongjinreaders
블로그 blog.naver.com/wj_booking

발행처 ㈜웅진씽크빅
출판신고 1980년 3월 29일 제406-2007-000046호

한국어판 출판권 ⓒ ㈜웅진씽크빅, 2025
ISBN 978-89-01-29737-8 03190

- 웅진지식하우스는 ㈜웅진씽크빅 단행본사업본부의 브랜드입니다.
- 이 책은 저작권법에 의해 한국 내에서 보호를 받는 저작물이므로 무단 전재와 무단 복제를 금합니다.
- 책 내용의 전부 또는 일부를 이용하려면 반드시 저작권자와 ㈜웅진씽크빅의 서면 동의를 받아야 합니다.
- 책값은 뒤표지에 있습니다.
- 잘못된 책은 구입하신 곳에서 바꿔드립니다.